ZRomSD 16,1 (2022)

Herausgegeben von CHRISTOPH BÜRGEL, JENS F. HEIDERICH,
CORINNA KOCH, CLAUDIA SCHLAAK & JUDITH VISSER

AF211692

Zeitschrift

für Romanische Sprachen und ihre Didaktik

(ZRomSD)

Heft 16,1

Frühjahr 2022

ISSN: 1863-1622

ibidem-Verlag
Stuttgart

Bibliografische Information der Deutschen Nationalbibliothek
Die Deutsche Nationalbibliothek verzeichnet diese Publikation in der Deutschen Nationalbibliografie; detaillierte bibliografische Daten sind im Internet über http://dnb.d-nb.de abrufbar.

Zeitschrift für Romanische Sprachen und ihre Didaktik, Ausg. 16,1 — Stuttgart: *ibidem*-Verlag

Erscheinungsweise: halbjährlich; Aufnahme nach Ausg. 1,1 (2007)

ISSN 1863-1622

Ausg. 1,1 (2007) -

Bezugsbedingungen: Der Abonnementpreis der *Zeitschrift für Romanische Sprachen und ihre Didaktik* beträgt € 58,00 pro Jahr (zzgl. Versandkosten; € 6,00 p.a. Inland / € 10,00 p.a. Ausland). Das Abonnement ist jederzeit kündbar.
Das Einzelheft ist für € 34,00 (zzgl. Versandkosten; € 3,00 je Exemplar Inland / € 4,50 je Exemplar Ausland) beziehbar.

ISBN 978-3-8382-1723-9

© *ibidem*-Verlag
Stuttgart 2022

Das **Herausgeberteam** besteht aus:

Prof. Dr. Christoph Bürgel (Universität Paderborn)

Jens F. Heiderich (Frauenlob-Gymnasium Mainz)

Prof. Dr. Corinna Koch (Westfälische Wilhelms-Universität Münster)

Prof. Dr. Claudia Schlaak (Universität Kassel)

Prof. Dr. Judith Visser (Ruhr-Universität Bochum)

➢ Kontakt mit den Herausgebenden: **Redaktion@ZRomSD.de**

Der **wissenschaftliche Beirat** umfasst folgende Fachexpertinnen und -experten:

Romanische Sprachwissenschaft

Prof. Dr. Silke Jansen (Universität Erlangen-Nürnberg)

Prof. Dr. Andre Klump (Universität Trier)

Prof. Dr. Johannes Kramer (Universität Trier)

Prof. Dr. Nadine Rentel (Universität Zwickau)

Prof. Dr. Dr. h.c. Wolfgang Schweickard (Universität Saarbrücken)

Didaktik der romanischen Sprachen

Ao. Univ.-Prof. Dr. Simona Bartoli-Kucher (Universität Graz)

Prof. Dr. Mark Bechtel (Universität Osnabrück)

Prof. Dr. Christiane Fäcke (Universität Augsburg)

Prof. Dr. Andreas Grünewald (Universität Bremen)

Prof. Dr. Eynar Leupold (Troyes/Frankreich)

Prof. Dr. Christine Michler (Universität Bamberg)

Prof. Dr. Christiane Neveling (Universität Leipzig)

Prof. Dr. Daniel Reimann (Universität Duisburg-Essen)

Prof. Dr. Birgit Schädlich (Universität Göttingen)

Prof. Dr. Gérald Schlemminger (Pädagogische Hochschule Karlsruhe)

Prof. Dr. Sylvia Thiele (Johannes Gutenberg-Universität Mainz)

Schulpraxis/Studienseminare

Christine Blauth-Henke (Gymnasium am Steinwald, Neunkirchen)

Geoffroy Drouville (Studienseminar Trier)

Dr. Michael Frings (Sebastian-Münster-Gymn. Ingelheim & Zentr. für Schulleitung)

Dr. Judith Leinen (Gutenbergschule Wiesbaden)

Dr. Jochen Strathmann (Helmholtzschule Frankfurt a.M.)

Muttersprachliche Expertinnen und Experten

Französisch:	Anne Xhonneux (Frauenlob-Gymnasium & Institut Français Mainz)
Italienisch:	Prof. Dr. Sergio Lubello (Universität Salerno)
Katalanisch:	Manuel Armenteros del Olmo (Johannes Gutenberg-Universität Mainz)
Portugiesisch:	Cristina Bastos (Universität Würzburg)
Rumänisch:	Gabriela Carstea (Westfälische Wilhelms-Universität Münster)
Spanisch:	Eva Alario (Universität Trier)

Inhaltsverzeichnis

AUFSÄTZE

Für die Unzertrennlichkeit von Form und Inhalt. Überlegungen zur Verbindung von Gegenstands- und Kompetenzorientierung im Umgang mit literarisch-ästhetischen Texten im Fremdsprachenunterricht

Victoria del Valle (Paderborn)

1. Einleitung

Jüngere Entwicklungen in der Fremdsprachendidaktik lassen erkennen, dass im Umgang mit literarisch-ästhetischen Texten nicht mehr nur deren geltendes Bildungspotenzial hervorgehoben, sondern auch mit dem – im Einklang mit den Bildungsstandards stehenden – kompetenzfördernden Wert argumentiert wird (vgl. z. B. Altmayer et al. 2014, 8; Bredella & Hallet 2007; Diehr & Surkamp 2015; Hallet et. al. 2015; Küster et al. 2015; Steinbrügge 2016, 9). Literarische Kompetenz(en) sind mittlerweile für den Fremdsprachenunterricht modelliert (vgl. z. B. Bergfelder 2008; Caspari 2009; Rössler 2010) und Methoden zur Förderung literaturbezogener Kompetenzen konzipiert worden (vgl. z. B. Diehr & Surkamp 2015, 2020). Dass dabei die Nachfrage aus der Praxis nach kompetenzorientierten Anleitungen für den Umgang mit literarisch-ästhetischen Lerngegenständen wächst, davon zeugen neuere kreativitäts- und handlungsbezogene Handreichungen (vgl. z. B. Kräling 2020). In diesem Zusammenhang sei auch die Ergänzung des Gemeinsamen europäischen Referenzrahmens (GeR) um die drei neuen Skalen[1] für „kreative Texte und Literatur" erwähnt (vgl. Europarat 2020, 28), die als eine willkommene Weiterentwicklung erachtet werden, wenngleich sie – aufgrund der unscharfen Deskriptoren bezüglich der „möglichen Spezifika der Auseinandersetzung mit literarischen Texten" (Schädlich 2019, 211) – auch kritisch diskutiert werden.

Der literarisch-ästhetische Text wird vor allem deswegen für den Fremdsprachenunterricht als besonders wertvoll erachtet, weil er einen interaktiven Raum zwischen Text und Lernenden eröffnet, der mit nicht-literarischen Texten nicht

---

[1] Diese sind: Lesen als Freizeitbeschäftigung, persönliche Reaktion auf kreative Texte, Analyse und Kritik kreativer Texte.

im gleichen Maße erreicht werden kann (vgl. Bredella & Hallet 2007, 2). Es ist unumstritten, dass er durch seinen „appellativen Charakter die Imaginationskraft" der Leserinnen und Leser fordert und dabei „intensive Alteritätserfahrungen" (Rössler 2010, 132) ermöglicht, die wiederum multiperspektivische Auseinandersetzungen mit vielfältigen Welten mit sich bringen. In Anlehnung an ein persönlichkeitsförderndes Bildungsziel, das das Subjekt und seine individuellen Erfahrungen in der Wahrnehmung und im Verständnis von Welt zum Zentrum des Lernprozesses erhebt, ist auch in der Fremdsprachendidaktik der Verzicht auf literarisch-ästhetische Texte nicht mehr vorstellbar. Allerdings richtet sich das Augenmerk hierbei in der Regel mehr auf die inhaltliche als auf die formale Dimension des literarisch-ästhetischen Gegenstandes. Dessen spezifische Beschaffenheit, seine gestalterischen Merkmale und formalen Charakteristika sowie deren Effekte auf Wahrnehmung und Wirkung geraten dabei meist aus dem Blick.

Den Umgang mit literarisch-ästhetischen Texten im Fremdsprachenunterricht betreffend stellt sich folglich die Frage, ob der Gegenstand den Lernprozess – in psychologischer wie didaktischer Hinsicht – aufgrund seiner formalen Qualitäten nicht ebenso beeinflusst wie durch seine Bedeutung. Ohne die inhaltliche Dimension des literarisch-ästhetischen Textes zu vernachlässigen, geht es im Folgenden darum, für eine Formästhetik zu plädieren und die Untrennbarkeit von Form und Inhalt in den Fokus zu rücken. Aus diesem Grund wird der Begriff „Gegenstandsorientierung" verwendet, denn in ihm – insbesondere auf den literarisch-ästhetischen Lerngegenstand bezogen – lässt sich gleichermaßen die inhaltliche wie die formale Dimension fassen.

In diesem Beitrag wird zudem die These aufgestellt, dass es nicht nur möglich ist, gleichzeitig gegenstands- und kompetenzorientiert auf literarisch-ästhetische Texte zu schauen, sondern, dass mehr noch, eine Verbindung von Gegenstands- und Kompetenzorientierung im fremdsprachlichen Literaturunterricht unbedingt erforderlich ist.

2. Gegenstandsorientierung – *revised*

Die Gegenstandsorientierung der 1980er Jahre und beginnenden 1990er Jahre setzt im Literaturunterricht auf fachliche Inhalte, Theorien der literarischen Analyse und auf den Erwerb von Fachwissen, das aus dem literarisch-ästhetischen Lerngegenstand hervorgeht (vgl. u. a. Haas & Menzel & Spinner 1994, 17). Die Hinwendung zum Lerngegenstand ist eine philologisch motivierte, die je nach Gegenstand zwischen sprach-, literatur- und kulturwissenschaftlichen Theorien oszillieren kann. So wird beispielsweise an strukturalistische Literaturtheorien angeknüpft, wenn es darum geht, den literarisch-ästhetischen Text auf seine Form und Gestaltung hin zu analysieren. Nach Roman Jakobson (1979) bedeutet die strukturalistische Analyse eines Textes, ihn als ein strukturiertes System zu betrachten, seine Gesetzmäßigkeiten im Einzelnen zu bestimmen und seine Differenzqualität gegenüber anderen Gegenständen zu untersuchen.

Insbesondere im Umgang mit poetischen Texten bewährt sich eine strukturalistische Herangehensweise, weil sie sich in der Regel – mehr noch als narrative oder dramatische Texte – durch Überdeterminierung der einzelnen Textelemente und durch die Gestaltung des textuellen Gefüges charakterisieren (vgl. del Valle 2018, 173). Wenn beispielsweise der Frage nachgegangen wird, was die poetische Sprache von der Alltagssprache unterscheidet, kann mit dem strukturalistischen Ansatz unter anderem festgestellt werden, dass eine Differenzqualität bereits im formalen Entstehungsprozess zu verzeichnen ist: Während nicht-poetische Sprache eine meist planlose Ausdrucksform darstellt, kommt dagegen die poetische Sprache geplant zustande. Poetische Sprache kennzeichnet sich formal betrachtet unter anderem in ihren Gestaltungsprinzipien, diese beruhen auf den grundlegenden Operationen von „Selektion" und „Kombination" (vgl. Jakobson 1979, 94). Für die Makroebene des Literaturunterrichts bedeutet dies, sowohl in rezeptiven als auch in produktiven Lernprozessen, die Aufmerksamkeit auf die sprachliche Gestaltung des Textes zu lenken (z. B. Warum werden welche Elemente selektiert und kombiniert?), um darüber die Wirkung und Bedeutungskonstruktion von literarisch-ästhetischer Sprache überhaupt greifbar machen zu können (vgl. Spinner 2006, 9).

Zu Gunsten der Lernerorientierung verlor die Gegenstandsorientierung in den 1990er Jahren in der Literaturdidaktik zunehmend an Gewicht, weil die Belange der Schülerinnen und Schüler stärker in den Fokus gerückt wurden und die philologisch ausgerichtete Sicht auf den Gegenstand diese wenig berücksichtigt (vgl. Köpcke & Winkler 2017, 47). Dies erscheint insofern nicht überraschend, als die Gegenstandsorientierung sich in der Tat nicht zwingend mit der Rolle des beteiligten Subjekts im Lernprozess sowie dessen Neigungen und Bedarfen befasst.

Im fremdsprachendidaktischen Diskurs wird der Begriff der Gegenstandsorientierung wenig bis gar nicht verwendet. Dies bedeutet jedoch nicht, dass formale Eigenschaften literarisch-ästhetischer Gegenstände nicht berücksichtigt würden, Ansätze dazu finden sich nicht zuletzt in der Inhaltsorientierung. Unter Inhalten werden Themen und, im weitesten Sinn, die dazugehörigen lexikalischen Felder und Texte verstanden (vgl. Küster 2009, 114).

Ein inhaltsorientierter Unterricht entwickelt sich in erster Linie aus einem ausgewählten Inhalt heraus, sei es ausgehend von einem Thema oder von einem bestimmten Text. Dabei umfasst Inhaltsorientierung Lerner- und Themenorientierung insoweit, als es insbesondere darum geht, interessante Unterrichtsgegenstände im Gleichgewicht zwischen den Bedürfnissen der Lernenden, den Anforderungen des schulischen Unterrichts und der möglichst authentischen Repräsentation der Zielkultur einzusetzen. Hier zeigt sich die Bedeutung der Auswahl von Unterrichtsgegenständen, die einen an gesellschaftlichen Entwicklungsprozessen ausgerichteten Fremdsprachenunterricht repräsentiert. Bestimmte Kriterien wie die „Relevanz für die Gegenwart und Zukunft der Schülerinnen und Schüler", die „Repräsentativität der Themen und Texte für die Zielsprachenkulturen", die „Motivationskraft, Altersangemessenheit" und die „Vereinbarkeit mit dem Lehrplan" (Nieweler 2017, 139) stehen dabei im Vordergrund. In diesem Zusammenhang wird auch der Aspekt der „Klarheit des Gegenstandes" (ebd.) erwähnt, was auf eine Berücksichtigung der Form des literarisch-ästhetischen Gegenstandes schließen lässt, z. B. klarer sprachlicher Stil, klare Struktur des Textes und übersichtliche Gliederung.

Obwohl hier die formalen Qualitäten des Textes eine Rolle spielen, scheint es doch in erster Linie um deren Verhältnis zu den Lernenden zu gehen. Das bedeutet, dass der Text aus der Perspektive der Schülerinnen und Schüler (Sprachniveau, Alter etc.) auf eine formale „Klarheit" (im Sinne von nicht diffus) hin überprüft wird. Die Form des literarisch-ästhetischen Gegenstandes bleibt hier ein schülerorientiertes Auswahlkriterium und nicht ein Aspekt, den es im Unterricht zu thematisieren gilt. Die Inhaltsorientierung stellt eine adressatengerechte, kulturrepräsentative und situationsbezogene Auswahl von Themen und Texten im Fremdsprachenunterricht in den Mittelpunkt. Während dem Gegenstand als Auslöser didaktischer Transformationen hier durchaus Bedeutung beigemessen wird, scheint seine formale Qualität und deren Wirkung auf Lernprozesse weiterhin nur bedingt in Betracht gezogen zu werden. Infolgedessen wird mit dem didaktischen Prinzip der Inhaltsorientierung nicht explizit auf die formalen Charakteristika, die besondere Struktur des „Signifikanten" hingewiesen (vgl. Steinbrügge 2016, 117).

Am ehesten noch hat die prozessorientierte Mediendidaktik nach Gienow & Hellwig die Eigenschaft des Gegenstandes als isolierten Aspekt im fremdsprachlichen Literatur- und Medienunterricht im Fokus (vgl. Gienow & Hellwig 1996, 1997; auch Küster 2003, 129). Die Autoren haben es sich zur Aufgabe gemacht, Gegenstandsorientierung, Lernerautonomie sowie Handlungs- und Kreativitätsorientierung in einem methodisch-didaktischen Ansatz miteinander zu verknüpfen. In ihrem Konzept wird der Gegenstand als ästhetisches Produkt – inklusive seiner formalen und inhaltlichen Spezifika – unter Rückgriff auf hermeneutische Texttheorien offengelegt und greifbar gemacht (vgl. Gienow & Hellwig 1996, 5). Insgesamt wird ein integratives fremdsprachendidaktisches Konzept vorgelegt, das die Verbindung der einzelnen Prinzipien (Gegenstandsorientierung, Lernerautonomie, Kreativitätsorientierung etc.) in einem Lernprozess für erforderlich hält. Gienow & Hellwig (ebd., 6) plädieren für den Einsatz „bedeutungs- und belangvolle[r]" Gegenstände, die nicht nur an die Lebenserfahrungen der Schülerinnen und Schüler anknüpfen, sondern darüber hinaus eine „Tiefe" bereithalten, die im Fremdsprachenunterricht ausgefaltet werden kann. Ausgehend vom erweiterten Textbegriff beziehen sie sich dabei auf „kunsthaltige Texte" (ebd.), die im besonderen Maße die Kriterien für belangvolle Gegenstände erfüllen. Ohne explizit die formstrukturellen Eigenschaften zum Thema zu machen, begreifen die Autoren unter der „Tiefe" kunsthaltiger Texte sowohl deren formale Überdeterminierung als auch ihre inhaltliche Vieldeutigkeit.

Über das Konzept der prozessorientierten Mediendidaktik hinaus verstehe ich Gegenstandsorientierung im Rahmen des fremdsprachendidaktischen Umgangs mit literarisch-ästhetischen Texten als ein didaktisches Prinzip, das die formalen und inhaltlichen Charakteristika des Gegenstandes als Ausgangspunkt für die Planung und Gestaltung des Unterrichts betrachtet. Der Leitgedanke der Gegenstandsorientierung ist die These, dass ein Lerngegenstand aufgrund seiner spezifischen (formalen wie inhaltlichen) Beschaffenheit Gesetzmäßigkeiten mitbringt, die den Sprachlernprozess – neben lernpsychologischen und kognitiven Faktoren – steuern. Es geht demnach darum, die formalen Qualitäten des literarisch-ästhetischen Gegenstandes neben den inhaltlichen konzeptionell in der methodisch-didaktischen Transformation zur Geltung kommen zu lassen.

Um es in strukturalistischen Worten auszudrücken: Jedes Signifikat (Bedeutung) äußert sich über einen Signifikanten (Form). Sie stehen in untrennbarer Beziehung zueinander. Dieser Untrennbarkeit ist in didaktischen Transformationen Rechnung zu tragen, indem an den Gegenstand Fragen gestellt werden, wie: Wie gestaltet sich die Beziehung von Form und Inhalt? Welche Tendenzen lassen sich ausdifferenzieren? Wird die Form des Textes durch seine Bedeutung konstruiert? Und umgekehrt: Welche Bedeutung wird durch bestimmte formale Qualitäten generiert? Welcher Inhalt nimmt welche Gestalt an?

In der Aufwertung des Signifikanten und der Zuwendung zu seiner Beziehung zum Signifikaten verbirgt sich die Chance, die besondere sprachliche und mediale Form von literarisch-ästhetischen Texten als didaktisches Potenzial zu definieren. Letzteres besteht darin, dass durch die Beobachtung und Analyse sprachlicher und medialer Gestaltung der Form Erkenntnisse über die Wirkung und Funktion literarisch-ästhetischer Sprache gewonnen werden können.

Die Kraft der Gegenstandsorientierung kann für die Förderung literarisch-ästhetischer Fertigkeiten im Fremdsprachenunterricht jedoch nur in der Verbindung mit der Kompetenzorientierung entfaltet werden, weil, wie im Folgenden erörtert wird und wie Köpcke & Winkler (2017, 46) pointiert äußern, diese beiden didaktisch-konzeptionellen Ansätze „nur im Zusammenspiel tragfähig sind!".

3.   Zur Verbindung von Gegenstands- und Kompetenzorientierung

Kompetenzen sind – dem von Weinert (2001, 27) geprägten psychologisch-pädagogischen Begriff zufolge – vorhandene und erlernbare kognitive Fähigkeiten und Fertigkeiten eines Individuums, die es in die Lage versetzen, bestimmte Probleme zu lösen, sowie die „motivationale, volitionale und soziale" Bereitschaft und Fähigkeit, diese Problemlösungsfähigkeit in unterschiedlichen Situationen zu nutzen. Kompetenzen werden darüber hinaus für den Fremdsprachenunterricht auch im GeR beschrieben (Europarat 2001, 24). Zusammengefasst werden sie dort als die Fähigkeit ausgelegt, zwischen Wissen und Können eine Verbindung herzustellen, wie auch als Befähigung, dank dieser Fähigkeit unterschiedliche kommunikative Situationen zu bewältigen (vgl. Caspari 2009, 74).

Kompetenzorientierung bedeutet folglich, dass die Verbindung von Wissen und Können das Ziel des Unterrichts bildet (vgl. z. B. Leupold 2010, 58). Werden Kompetenzen als mehrdimensionales Zusammenwirken von Wissen, Können und Handeln verstanden, eröffnen sich im kompetenzorientierten Unterricht direkte Anbindungen an fremdsprachendidaktische Prinzipien wie Lernerzentrierung, Prozessorientierung, Produktions- und Handlungsorientierung, Ganzheitlichkeit und Autonomieförderung (vgl. Caspari 2009, 78). Insbesondere die Lernerzentrierung ist in der Kompetenzorientierung, wie sie hier beschrieben wird, als inbegriffen zu verstehen. So sind Motivation und Volition beispielsweise Aspekte, die von den Lernenden ausgehen und im GeR als „persönlichkeitsbezogene Fähigkeiten" gefasst werden (Europarat 2001, 24).

In fremdsprachendidaktischen Diskussionen ist die Kompetenzorientierung vor allem durch die Vernachlässigung bildungsrelevanter Inhalte in die Kritik geraten. Weil Kompetenzen im Fremdsprachenunterricht auf den *output*, d. h. auf die zu erreichenden Fähigkeiten und Fertigkeiten, ausgerichtet sind, besteht die Gefahr, dass kulturelle Inhalte (beispielsweise literarisch-ästhetische Texte) vernachlässigt werden oder sogar völlig aus dem Blick geraten (vgl. z. B. Rössler 2008, 35). Denn Kompetenzen „können zwar fachbezogen ausdifferenziert werden, sie sind im Wesentlichen jedoch inhaltsneutral oder inhaltsindifferent, da sie an vielen unterschiedlichen Gegenständen erworben werden können" (Küster 2009, 113). So hat sich das Spannungsfeld zwischen Kompetenz- und Inhaltsorientierung zu einer vieldiskutierten Thematik innerhalb der Fremdsprachendidaktik entwickelt (vgl. Bausch et al. 2009).

An dieser Stelle möchte ich mit der Verbindung von Gegenstandsorientierung und Kompetenzorientierung anknüpfen. Dabei geht es mir weder um die Rechtfertigung oder ‚Re-sozialisation' der Gegenstandsorientierung noch um die (doch rasch ermüdende) Kritik an der Kompetenzorientierung, sondern darum, beides integrativ und konstruktiv miteinander zu kombinieren. Denn diese beiden didaktischen Konzepte sind geradezu dazu prädestiniert, aneinandergekoppelt zu werden, wie Köpcke & Winker überzeugend beschreiben:

> Während Kompetenzorientierung im Verdacht steht, die fachlichen Gegenstände zu Gunsten übertragbarer Strategien zu suspendieren, kann als Problem der Gegenstandsorientierung gelten, dass erworbenes fachspezifisches Wissen im ungünstigen Fall isoliert und träge bleibt. [...] Jedes der beiden Konzepte ist also anfällig für unerwünschte Effekte in der Umsetzung, jedes der beiden Konzepte kann zugleich potenzielle Schwächen des jeweils anderen kompensieren (2017, 47).

Wenn die Kompetenzorientierung sogenannte inhaltsneutrale Muster bietet, die die Vergleichbarkeit von Kompetenzerwartungen und -ziele sowie die Handlungsfelder sichtbar machen und darüber hinaus die Bedarfe der Lernenden berücksichtigen, dann ist die Gegenstandsorientierung die perfekte Verbündete, da sie sich genau die Aspekte des Lernens vornimmt, die bei der Kompetenzorientierung aus dem Blickfeld geraten: Die formalen und inhaltsbezogenen Spezifika des Lerngegenstandes.

Mit der Verbindung der Gegenstands- und Kompetenzorientierung wird so eine didaktische Konzeption vorgelegt, die ausgehend von der spezifischen Charakteristik des literarisch-ästhetischen Gegenstandes danach fragt, welche Kompetenzen in besonderer Weise in welchen Lernkontexten gefördert werden können. Der literarisch-ästhetische Text gilt dabei als ein Lerngegenstand, der auch und gerade aufgrund seiner formalen Beschaffenheit bestimmte Fragen oder auch Probleme aufwirft, die es zu beantworten und zu lösen gilt.

Versteht man mit Weinert einerseits Kompetenzen als Problemlösungsfähigkeit und ein Problem als Aufgabe und andererseits die besonderen Eigenschaften eines literarischen-ästhetischen Textes als Einladung zur Aufgabenlösung, dann liegt genau hierin die Verbindungsstelle zwischen Kompetenzorientierung und Gegenstandsorientierung: Bestimmte Kompetenzen sind für die Lösung bestimmter Aufgaben, die sich durch die Spezifik eines bestimmten Gegenstandes ergeben, erforderlich. Umgekehrt argumentiert und auf den fremdsprachlichen Literaturunterricht angewandt bedeutet dies, dass ein literarisch-ästhetischer Lerngegenstand formale und inhaltliche Eigenschaften mitbringt, deren Erschließung und Deutung bestimmter Kompetenzen bedarf, die zugleich mit ihm gefördert und ausgebaut werden können.

4. **Konzeptuell-methodische Überlegungen zur Gegenstands- und Kompetenzorientierung am Beispiel visuell poetischer Texte**

Poemas visuales sind poetische Kürzesttexte, die sich durch einen besonders hohen Grad an sprachlicher und bildlicher Verdichtung und Überdeterminierung auszeichnen. Strukturalistisch-mediensemiotisch betrachtet, handelt es sich um eine poetische Textsorte, die durch die Hauptmerkmale der Hybridität und Inter-medialität gekennzeichnet ist. Beide Merkmale ergeben sich aus dem Zusammenspiel von Schrift und Bild, von symbolischen und ikonischen Zeichen. Unter Rückgriff auf mediensemiotische Modelle kann das Zusammenspiel in drei Kategorien von Schrift-Bild-Kompositionen gegliedert werden, die wiederum die Grundlage für eine didaktisch-funktionale Typologisierung von visuell-poetischen Texten darstellen können: *poema verbal* (vorwiegend symbolische Zeichen), *poema verbo-visual* (Mischformen) und *poema imagen* (vorwiegend ikonische Zeichen) (vgl. del Valle 2018, 164-167).

Das Zusammenspiel aus Schrift und Bild ist im visuell-poetischen Text (was im Übrigen genauso für andere Textsorten gelten mag) aus zwei Gründen inte-ressant: die quantitative Zusammensetzung (Schrift-Bild-*Komposition*) und die qualitative Bedingtheit (Schrift-Bild-*Relation*).

Wie sich ikonische und symbolische kommunikative Zeichen nun im *poema visual* zusammensetzen, in welcher Relation sie zueinanderstehen, wie sie dabei welche Botschaft – also welchen Inhalt – transportieren und welche Wirkung dieses Zusammenspiel auf den rezeptiven und produktiven Lernprozess haben kann, sind richtungsweisende Fragestellungen für eine didaktische Aufarbei-tung. Sie betreffen gemäß dem oben dargelegten Verständnis von Gegenstands-orientierung die Ebene der Form und des Inhalts gleichermaßen: In formaler Hinsicht wird danach gefragt, wie sich Schrift und Bild zusammenfügen, wie Bedeutung hergestellt wird und wie sich ihre Zusammensetzung von alltags-sprachlichen Schrift-Bild-Kompositionen unterscheidet; auf der Ebene des Inhalts, welche Themen durch Schrift-Bild-Kombinationen zum Ausdruck ge-

bracht und welche (kulturspezifischen oder kulturübergreifenden) Deutungs-
muster und Fragestellungen konstruiert werden.

In diesem Sinne dient eine vorgeschaltete literatur- und medienwissenschaft-
lich gestützte Sachanalyse des Gegenstands in didaktischer Perspektive als
Grundlage für die Beantwortung der Frage, welche Kompetenzen im fremdsprachlichen Unterricht (hier Spanisch) mit diesem literarisch-ästhetischen Lerngegenstand besonders gut gefördert werden können. Dabei kristallisieren sich,
wie im Folgenden näher ausgeführt wird, drei Kompetenzbereiche heraus, die
aus den Spezifika des Gegenstandes hervorgehen: a) die literarisch-ästhetische
Kompetenz, b) die lexikalische Kompetenz und c) die inter- und transkulturelle
Kompetenz.[2] Freilich sind diese Bereiche pauschal auf das Genre der *Poesía
Visual* ausgerichtet, was bedeutet, dass es in Einzelfällen graduelle Abweichungen geben kann. Diese drei Kompetenzbereiche können und müssen nicht
mit allen *poemas visuales* abgedeckt sein.

Die didaktisch-methodische Kompetenzförderung ist für die drei Bereiche
prozess- und handlungsorientiert angelegt. Alle Bereiche (zwar nicht in glei-
chem Maße aber ausnahmslos) stoßen individuelle Sprachgebrauchs- und Sinn-
bildungsprozesse an. Auf der Ebene der Rezeption werden in allen drei Bereichen individuelle Verstehensprozesse initiiert, die auf der Ebene der Produktion
in partizipativen, kreativitätsfördernden Prozessen münden. Der Zugang ist
offen zu gestalten, er soll selten bestimmte Lösungswege vorgeben und sowohl
bei kognitiv-analytischen als auch bei produktiv-imaginativen Herangehensweisen unterschiedliche Deutungswege unbedingt zulassen.

---

[2] Die hier vorgeschlagenen Kompetenzbereiche stimmen begrifflich nicht mit jenen aus den
Bildungsstandards überein, weil sie als Teilkompetenzbereiche gemeint sind, deren
Definition und Modellierung hier nicht im Vordergrund stehen (vgl. dazu del Valle 2018,
182, 202, 226).

Abb. 1: „*Libertad vigilada*" (Peralto 2008)

a)   Hybridität und Intermedialität als gegenstandsspezifische Merkmale zur Förderung der literarisch-ästhetischen Kompetenz

Formal betrachtet fordern visuell-poetische Texte als literarische Hybride das ikonische und symbolische Wahrnehmen und Lesen (Dekodieren) gleichermaßen ein. Inhaltlich wird über das Zusammenspiel von Schrift und Bild ein intermedialer Deutungszusammenhang präsentiert, der sowohl auf andere Texte oder Medien als auch auf sich selbst rekurrieren kann.

Das Zusammenspiel von Schrift und Bild lässt sich beispielhaft am visuellen Gedicht „Libertad vigilada" (siehe Abb. 1) vorführen. Das Poem setzt sich aus zwei symbolischen Zeichensystemen und einem ikonischen zusammen. Die Wörter „LIBERTAD" im Gedicht und „Libertad vigilada" im Titel sind schriftsymbolisch dargestellt. Das Bild des Auges, das von der Mitte des Gedichtes auf den Betrachter bzw. die Betrachterin schaut, ist ein ikonisches Zeichen.

Bedeutung erzeugt zum einen die grafische Darstellung des symbolischen Zeichens „Libertad", die schwarz, in lang gezogenen Großbuchstaben und fett gedruckt ist: ohne Frage ein großes, ein gewichtiges Wort. Zum anderen generiert das geöffnete, schauende Auge – in der Mitte der Schrift positioniert – insofern Bedeutung, als es als fotografische Abbildung eines menschlichen Sinnesorgans erstens ein Subjekt hinter sich versteckt, das schaut, und zweitens den Vorgang des Schauens auf den Betrachter bzw. die Betrachterin projiziert (er bzw. sie wird angeschaut). Das Auge verdeckt die Schrift, aber nur zu einem geringen Teil; es zerstört den Schriftzug nicht, macht ihn nicht unlesbar.

Der Titel „Libertad vigilada" nimmt das Schlüsselwort des Gedichts wieder auf und stellt ihm ein Attribut zur Seite, das doppeldeutig ist: „Libertad vigilada" kann in der deutschen Übersetzung sowohl „überwachte Freiheit" als auch „bewachte Freiheit" bedeuten.

Durch die additiv-interpretative Schrift-Bild-Relation und den Titel (der in visuell-poetischen Texten ähnlich wie bei anderen Kunstwerken eine Schlüsselrolle spielt) werden inhaltliche Fragen aufgeworfen, beispielsweise, welcher Wert Freiheit hier beigemessen wird, ob er sich auf bestimmte Gesellschaftsformen richtet, ob *vigilancia* – verstanden als Überwachung und (in gewisser Weise störende) Kontrolle – die Freiheit einschränkt und stört oder ob sie – verstanden als Bewachung und Schutz – die Freiheit erst möglich macht und sichert. Eine Antwort darauf liefert das Gedicht genauso wenig, wie es das Abstraktum „Libertad" mit Bedeutung füllt.

Darstellung und Wahrnehmung sowie Funktion und Wirkung der beiden Zeichensysteme können im Rahmen der literarisch-ästhetischen Kompetenzentwicklung sowohl im Kontrast als auch in der Beziehung zueinander reflektiert und analysiert werden. Nachdem die Darstellung von Schrift und Bild neutral beschrieben worden ist, kann auf die Wahrnehmung und Funktion gelenkt werden, indem zunächst die Schrift-Bild-Relation bestimmt wird, zum Beispiel indem danach gefragt wird, wie die Schrift bzw. das Bild wahrgenommen werden und welche Funktionen deren Verwendung haben können.

Über die Funktion und Bedeutung der einzelnen Elemente können Lernende spekulieren und das Verhältnis der Zeichensysteme zueinander reflektieren und analysieren. Die Gegenüberstellung von symbolischen und ikonischen Zeichen dient hierbei nicht der Betonung der medialen Darstellungsdifferenz, sondern vielmehr dazu, das Zusammenspiel von Schrift und Bild nachvollziehbar und die besonderen Eigenschaften beider Zeichensysteme bewusst zu machen. Auf diese Weise können nicht nur die Eigenschaften von Schrift und Bild, sondern darüber hinaus auch deren Wirkungen herausgearbeitet werden: Welches Zeichensystem hat welche Wirkung und warum?

Aufgrund der Bedeutungsoffenheit von „Libertad" lädt das Gedicht zu deutenden Anschluss- bzw. Rezeptionsgesprächen in besonderer Weise ein. Dabei wird es zu unterschiedlichen Deutungen des ikonischen Zeichens und damit des

Verhältnisses zwischen Freiheit und Bewachung oder Überwachung (s. o.) kommen, wodurch an die persönlichen Lebenswelten der Lernenden angeknüpft und Diskussionen wie etwa über die Anbringung von Kameras im öffentlichen Raum angestoßen werden können.

Die literarisch-ästhetische Kompetenz lässt sich freilich nicht nur auf der sinnlich-reflexiven Ebene ausbilden. Erst in produktiven und kreativ-handlungsorientierten Zugängen werden prozedurale Verstehensprozesse in Gang gesetzt. Erst dann werden Gestaltung und Wirkung erfahrbar, was zu fruchtbaren Erkenntnissen über die ästhetische Beschaffenheit des jeweiligen Gegenstandes (hier dem *poema visual*) führen kann. Sich im poetischen Zusammenspiel von Schrift und Bild selbst zu erproben, ein visuelles Gedicht selbst zu kreieren, selbst einer bestimmten Bedeutung/Aussage verschiedene mediale Darstellungsformen zu geben, bzw. damit zu spielen und zu erkennen, dass Darstellungsformen unterschiedliche Wirkungsfaktoren mit sich bringen, führt zu Handlungsbewusstsein und -wissen im Sinne einer ästhetischen (Sprach)Praxis. Ob das produktive Arbeiten mit visueller Poesie anhand von Collagen, Fotografien, Verarbeitung von Zeitungstexten, digitalen Computertypografien oder mit Stift und Papier umgesetzt wird, spielt dabei keine Rolle. Die Erfahrung zeigt, dass die Ergebnisse der Lernenden immer überraschend sind.[3]

b)   Grafisch-visuelle Hervorhebungen und Bilder als Argumente zur Förderung der lexikalischen Kompetenz

Sprache wird in *poemas visuales* auf zweierlei Weise visualisiert, durch die grafisch-visuelle Hervorhebung einzelner Wörter und durch die Verwendung von Bildern. Die Förderung der lexikalischen Kompetenz liegt nahe, weil *poemas visuales* Sprache nicht selten zu einem einzigen Wort (oder zu wenigen Wörtern) oder zu einem einzigen Konzept verdichten. Sie spielen mit Wörtern und ihren oft bildlichen Bedeutungen, mit Denotationen und Konnotationen und nicht zuletzt mit ihrem Klang und ihrer Orthografie: Sie setzen sie visuell in Szene. Daher können sie zur Wortschatzarbeit einladen: zur Semantisierung, zur Memorisierung und zur kreativen Wortschatzarbeit.

---

[3] Diese Erkenntnis geht auf etliche Unterrichtserprobungen in den Fächern Französisch und Spanisch von der Sek I bis zu universitären Lerngruppen zurück.

Das Gedicht „Libertad vigilada" visualisiert zwar das Abstraktum „Libertad" und schenkt dem schriftsymbolischen Text ein ikonisches Zeichen, da die Schrift-Bild-Relation aber eine additiv-interpretative ist, was bedeutet, dass das Auge hier dem Schriftzug eine mögliche Bedeutungsrichtung gibt und umgekehrt, eignet es sich nur bedingt für die Wortschatzarbeit, zumindest nicht im Sinne des Aufbaus einer funktional kommunikativen Kompetenz in der Spracherwerbsphase. Freilich könnte das *poema* zur visuell-gesteuerten Wortschatzarbeit mit abstrakten sprachlichen Konzepten eingesetzt werden, wenn das Wortfeld der *sociedad de la vigilancia* thematisiert und unter Umständen auch kulturspezifische und -übergreifende lexikalische Dimensionen davon aufgegriffen werden sollen.

Auf höheren Niveaustufen könnte die Sprachbewusstheit im Rahmen des lexikalischen Lernens gefördert werden, beispielsweise indem die Bedeutungsnuancen von „vigilar" in der deutschen Übersetzung (‚bewachen' vs. ‚überwachen') genauer betrachtet werden. Ferner ist die adjektivische Verwendung des Partizips „vigilada" und die damit einhergehende Frage der dahinterstehenden Bedeutungsleerstelle zu diskutieren: „Vigilada" (vigilar) ist kein Adjektiv, sondern ein Verb im Partizip. Dahingehend stellt sich die Frage, wer die Freiheit bewacht oder überwacht. Dass lexiko-grammatische Phänomene Konsequenzen für Bedeutungskonstruktionen haben können, lässt sich hier offenlegen. An dieser Stelle wird nochmal deutlich, inwiefern Form und Inhalt nicht zu trennen sind.

c)   **Kulturspezifische Wissensbestände und gesellschaftskritische Perspektiven als Anlässe zur Förderung der inter- und transkulturellen Kompetenz**

> In [literarischen] Texten beobachten sich Kulturen selbst, ob im Sinne einer Differenzierung (oder Durchkreuzung) von *popular culture* und Hochkultur oder unter Gesichtspunkten einer nach verschiedenen Gattungen und Diskursen bestimmten Ordnung im jeweiligen Literatursystem als Teil des gesellschaftlichen Gesamtsystems. Literarische Texte sind spezifische Formen des individuellen und kollektiven Wahrnehmens von Welt und Reflexion dieser Wahrnehmung (Voßkamp 2003, 77; Ergänzung: V. del Valle).

Was Voßkamp hier für literarische Texte im Allgemeinen postuliert, gilt für die visuelle Poesie im Besonderen. Durch das intermediale Zusammenspiel von Schrift und Bild können sich im *poema visual* kulturelle Themen manifestieren, die, ausgehend von einer individuellen Wahrnehmung, sowohl kulturspezifische Wissensbestände als auch kulturübergreifende globale Lesarten von Welt widerspiegeln. Das soziokulturelle Thema wird im *poema visual* poetisch verdichtet in Schrift und Bild als fiktionale Medien zum Ausdruck gebracht. Das Bild fordert dabei eine besondere Wahrnehmungssensibilität ein, da Bilder womöglich – eher als in schriftsymbolische Texte – eine realitätsgetreue Darstellung vermuten lassen. Es bleibt jedoch auch im Kontext des inter- und transkulturellen Lernens (insbesondere bei *poemas imagen*, die oftmals aus fotografischem Bildmaterial bestehen) eine konstruierte, verdichtete und überdeterminierte visuell-poetische Darstellungsform. Trotzdem – oder gerade deshalb – lassen sich thematische ‚Fenster' öffnen, die sich für die Förderung verschiedener Teilaspekte der inter- und transkulturellen Kompetenz anbieten, insbesondere die Erarbeitung von analytisch-kognitiven Orientierungswissens mit dem Ziel der politischen Bildung.

Im Hinblick auf das Gedicht „Libertad vigilada" lädt die Bedeutungsoffenheit des Schlüsselbegriffs „Libertad" und sein Verhältnis zum adjektivischen Attribut „bewacht" oder „überwacht" zu tiefgehenden Sinnbildungsgesprächen ein. Neben den bereits erwähnten Diskussionen, wie etwa die Debatte über die Anbringung von Kameras im öffentlichen Raum, kann es in soziokultureller Betrachtung auch darum gehen, den abstrakten Begriff „Libertad" mit (individueller und/oder kollektiver) Bedeutung zu füllen. Somit kann im Fremdsprachenunterricht ein Nachdenken darüber angeregt werden, was Freiheit für jeden Einzelnen und für das Kollektiv bedeuten und welchen Stellenwert sie kulturspezifisch und kulturübergreifend in Gesellschaften haben kann.

5. Schlussbetrachtung

Im vorliegenden Beitrag habe ich mich mit der Verbindung von Gegenstands- und Kompetenzorientierung im Hinblick auf den didaktisch-konzeptuellen Umgang mit literarisch-ästhetischen Texten im Fremdsprachenunterricht auseinandergesetzt. Dabei bestand das Hauptanliegen darin, die Kompatibilität dieser beiden didaktischen Prinzipien nicht nur offenzulegen, sondern deren Ergänzungspotenzial herauszustellen. Die daran angelegte Analyse am Beispiel eines visuellen Gedichtes hat gezeigt, dass das vertiefte Verstehen literarisch-ästhetischer Texte auch (oder besonders) im Fremdsprachenunterricht nur unter Berücksichtigung der formalen und inhaltlichen Dimensionen erreicht wird.

Dass die Form des Gegenstandes nicht unbeachtet gelassen werden kann, wenn kompetenzorientiert an literarisch-ästhetische Texte herangegangen wird, offenbart sich im Ansatz von Diehr & Surkamp (2015, 2020). Wenngleich der Fokus auf den zu entwickelnden Kompetenzen der Schülerinnen und Schüler liegt, ist auffällig, dass die medienspezifische, formale Beschaffenheit des literarisch-ästhetischen Textes (Genre- oder Gattungsspezifik) eine Rolle spielt. Wenn sie sich auf die methodischen Zugänge beziehen, merken die Autorinnen dementsprechend an, dass

eine wichtige Voraussetzung darin [besteht], dass den Lernenden die Gattung des Zieltextes bekannt ist und sie über die generischen Merkmale verfügen können, denn ein Tagebucheintrag erfordert eine andere Gestaltung des Textprodukts als eine E-Mail oder ein eigener Haiku (Diehr & Surkamp 2015, 37; Ergänzung: V. del Valle).

In einer mediendidaktisch angelegten methodischen Analyse wird deutlich, dass die Auseinandersetzung mit der formalen Dimension eines Gegenstandes und die Herausarbeitung seiner ästhetischen Mittel unabdingbar ist. Für die Literaturdidaktik kann sie hilfreich sein, um die subtilen Unterschiede von natürlicher und medial aufgearbeiteter ‚ästhetisierter' Sprache zu lernen und die Wirkungskräfte zu (er)kennen. Die Frage nach der Form und ihrer Beziehung zum Inhalt, darf – so ließ sich anhand der visuellen Poesie beispielhaft darlegen – mithin mehr auf die medienspezifische und sprachliche Gestaltungsebene gerichtet sein und sollte sich nicht nur in der Kategorisierung von Textsorten erfüllen.

Literaturverzeichnis

ALTMAYER, Claus & DOBSTADT, Michael & RIEDNER, Renate & SCHIER, Carmen. 2014. „Vorwort", in: diess. edd. *Literatur in Deutsch als Fremdsprache und internationaler Germanistik. Konzepte, Themen, Forschungsperspektiven.* Tübingen: Stauffenburg Verlag, 7-12.

BAUSCH, Karl-Richard & BURWITZ-MELZER, Eva & KÖNIGS, Frank G. & KRUMM, Hans-Jürgen. edd. 2009. *Fremdsprachenunterricht im Spannungsfeld von Inhaltsorientierung und Kompetenzbestimmung.* Tübingen: Narr.

BERGFELDER, ANGELA. 2008. „Literarische Kompetenz", in: *Praxis Fremdsprachenunterricht* 6/5, 59-60.

BREDELLA, Lothar & HALLET, Wolfgang. edd. 2007a. *Literaturunterricht, Kompetenzen und Bildung.* Trier: WVT.

BREDELLA, Lothar & HALLET, Wolfgang. 2007b. „Einleitung: Literaturunterricht, Kompetenzen und Bildung", in: diess. edd. *Literaturunterricht, Kompetenzen und Bildung.* Trier: WVT, 1-9.

CASPARI, Daniela. 2009. „Kompetenzorientierter Französischunterricht: Zentrale Prinzipien und ihre Konsequenzen für die Planung von Unterricht", in: *französisch heute* 40/2, 73-78.

CASPARI, Daniela & GRÜNEWALD, Andreas & HU, Adelheid & KÜSTER, Lutz et al. 2008. *Kompetenzorientierung, Bildungsstandards und fremdsprachliches Lernen – Herausforderungen an die Fremdsprachenforschung. Positionspapier von Vorstand und Beirat der DGFF*; https://www.dgff.de/assets/Uploads/Kompetenzpapier-DGFF.pdf, Zugriff: 08.06.2021.

DEL VALLE, Victoria. 2018. *Poesía Visual im Spanischunterricht. Von der literaturwissenschaftlichen Analyse zur gegenstands- und kompetenzorientierten Didaktik.* Tübingen: Narr.

DIEHR, Bärbel & SURKAMP, Carola. 2015. „Die Entwicklung literaturbezogener Kompetenzen in der Sekundarstufe I: Modellierung, Abschlussprofil und Evaluation", in: Hallet, Wolfgang & Surkamp, Carola & Krämer, Ulrich. edd. *Literaturkompetenzen Englisch. Modellierung – Curriculum – Unterrichtsbeispiele.* Seelze: Klett-Kallmeyer, 21-40.

DIEHR, Bärbel & SURKAMP, Carola. 2020. „Methoden zur Entwicklung literaturbezogener Kompetenzen", in: Hallet, Wolfgang & Königs, Frank G. & Martinez, Hélène. edd. *Handbuch Methoden im Fremdsprachenunterricht.* Seelze: Klett-Kallmeyer, 268-272.

EUROPARAT, Rat für kulturelle Zusammenarbeit. ed. 2001. *Gemeinsamer europäischer Referenzrahmen für Sprachen: lernen, lehren, beurteilen.* Berlin: Langenscheidt.

EUROPARAT, Rat für kulturelle Zusammenarbeit. ed. 2020. *Gemeinsamer europäischer Referenzrahmen für Sprachen: lernen, lehren, beurteilen. Begleitband.* Stuttgart: Klett.

GIENOW, Wilfried & HELLWIG, Karlheinz. 1996. „Prozeßorientierung – ein integratives fremdsprachendidaktisches Konzept", in: *Der Fremdsprachliche Unterricht Englisch* 21, 4-12.

GIENOW, Wilfried & HELLWIG, Karlheinz. 1997. „Prozeßorientierung als subjekt- und medienbezogenes Konzept: Sprach- und Sinnbildung im neusprachlichen Unterricht", in: *Rostocker Beiträge zur Sprachwissenschaft* 3, 13-38.

HAAS, Gerhard & MENZEL, Wolfgang & SPINNER, Kaspar H. 1994. „Handlungs- und produktionsorientierter Literaturunterricht", in: *Praxis Deutsch* 123, 17-24.

HALLET, Wolfgang & SURKAMP, Carola & KRÄMER, Ulrich. edd. 2015. *Literaturkompetenzen Englisch. Modellierung – Curriculum – Unterrichtsbeispiele.* Seelze: Klett-Kallmeyer.

JAKOBSON, Roman. 1979 [1960]. „Linguistik und Poetik", in: ders. & Holenstein, Elmar. edd. *Poetik. Ausgewählte Aufsätze 1921-1971.* Frankfurt a. M.: Suhrkamp, 83-121.

KÖPCKE, Klaus-Michael & WINKLER, Iris. 2017. „Kontroverse 4: Nur im Zusammenspiel tragfähig! Zum Verhältnis von Kompetenzorientierung und Gegenstandsorientierung in der Fachdidaktik Deutsch", in: *Der Deutschunterricht* 69/2, 46-57.

KRÄLING, Katharina. ed. 2020. *Literaturwerkstatt Spanisch. Kreative Arbeit mit spanischsprachiger Literatur in der Sekundarstufe I.* Stuttgart: Klett.

KÜSTER, Lutz. 2003. *Plurale Bildung im Fremdsprachenunterricht. Interkulturelle und ästhetisch-literarische Aspekte von Bildung an Beispielen romanischer Fachdidaktik.* Frankfurt a. M.: Lang.

KÜSTER, Lutz. 2009. „Gegen den Geist der Vereinheitlichung. Perspektiven einer Verbindung von Kompetenz- und Inhaltsorientierung schulischen Fremdsprachenunterrichts", in: Bausch, Karl-Richard et al. edd. *Fremdsprachenunterricht im Spannungsfeld von Inhaltsorientierung und Kompetenzbestimmung.* Tübingen: Narr, 113-121.

KÜSTER, Lutz & LÜTGE, Christiane & WIELAND, Katharina. edd. 2015. *Literarisch-ästhetisches Lernen im Fremdsprachenunterricht. Theorie – Empirie – Unterrichtsperspektiven.* Frankfurt a. M.: Lang.

LEUPOLD, Eynar. 2010. „Kompetenzorientiert Französisch lehren und lernen – und alles bleibt beim Alten?", in: *französisch heute* 41/2, 57-62.

NIEWELER, Andreas. 2017. „Inhaltsorientierung", in: Surkamp, Carola. ed. *Metzler-Lexikon Fremdsprachendidaktik. Ansätze – Methoden – Grundbegriffe.* Stuttgart: Metzler, 138-139.

RÖSSLER, Andrea. 2008. „Standards ohne Stoff? Anmerkungen zum Verschwinden bildungsrelevanter Inhalte aus den curricularen Vorgaben für den Französisch- und Spanischunterricht", in: *Beiträge zur Fremdsprachenvermittlung* (Sonderheft 13), 35-58.

RÖSSLER, Andrea. 2010. „Literarische Kompetenz", in: Meißner, Franz-Joseph & Tesch, Bernd. edd. *Spanisch kompetenzorientiert unterrichten.* Seelze: Klett-Kallmeyer, 131-136.

SCHÄDLICH, Birgit. 2019. „Die neuen Skalen des Companion Volume zu Literatur: ein Beitrag zur Modellierung literarisch-ästhetischer Kompetenzen im schulischen Fremdsprachenunterricht?", in: *Zeitschrift für Fremdsprachenforschung* 30/2, 181-198.

SPINNER, Kaspar H. 2006. „Literarisches Lernen", in: *Praxis Deutsch* 200, 6-16.

STEINBRÜGGE, Lieselotte. 2016. *Fremdsprache Literatur. Literarische Texte im Fremdsprachenunterricht.* Tübingen: Narr.

VOßKAMP, Wilhelm. 2003. „Literaturwissenschaft als Kulturwissenschaft", in: Nünning, Ansgar & Nünning, Vera. edd. *Konzepte der Kulturwissenschaften. Theoretische Grundlagen – Ansätze – Perspektiven.* Stuttgart: Metzler, 73-85.

WEINERT, Franz E. 2001. „Vergleichende Leistungsmessung in Schulen – eine umstrittene Selbstverständlichkeit", in: ders. ed. *Leistungsmessung in Schulen.* Weinheim & Basel: Beltz, 15-31.

Schulische und lebensweltliche Mehrsprachigkeit in digitalen Lernumgebungen fördern

Svenja Haberland (Münster)

1.   Einführung

Zunehmende Digitalisierung sowie die Weiterentwicklung und Etablierung neuer Technologien formen zentrale Charakteristika der sprachlich-kulturell heterogenen Gesellschaft des 21. Jahrhunderts (vgl. Elsner 2011, 27). In Anbetracht dessen finden authentische Kommunikations- sowie Lehr-Lernsituationen in Erst-, Zweit- oder Fremdsprachen vermehrt im digitalen Raum oder unter Zuhilfenahme entsprechender Medien statt, was durch die Covid-19-Pandemie nochmals forciert wurde. Entsprechend dieser gesellschaftlichen Entwicklungen nehmen digitale Lehr-/Lernszenarien in der fremdsprachlichen Bildung einen immer größeren Stellenwert ein und auch Lehrkräfte zeigen eine wachsende Bereitschaft, digitale Unterrichtsangebote bereitzustellen (vgl. Eibensteiner & Schlaak 2021, 165). Das durch die KMK (2016, 7) geforderte Ziel, bei „der Gestaltung von Lehr- und Lernprozessen […] digitale Lernumgebungen entsprechend curricularer Vorgaben dem Primat des Pädagogischen folgend systematisch" einzusetzen und so die „Individualisierung und Übernahme von Eigenverantwortung bei den Lernprozessen" zu stärken, erweist sich demnach als fortwährend aktuell. Im Hinblick auf die unterrichtliche Nutzung mehrsprachiger Ressourcen (vgl. Eibensteiner & Schlaak 2021, 165) sowie die bildungspolitisch geforderte Vorbereitung Lernender auf ein Handeln in einer sprachlich und kulturell heterogenen Welt (vgl. z. B. Ministerium 2019a, 8) kommt digitalen Lernformaten ebenfalls eine relevante Bedeutung zu. Mit dem Ziel, durch die handlungsorientierte Förderung einer mehrsprachigen und plurikulturellen[1] Kompetenz eine aktive Teilhabe an der modernen Gesellschaft anzustreben, soll der Fremdsprachenunterricht Lernende dazu befähigen, ihr individuelles mehrsprachiges Repertoire autonom, eigenverantwortlich und reflektiert für die Bewälti-

---

[1] Es wird sich an der Terminologie des *Gemeinsamen europäischen Referenzrahmens für Sprachen* (vgl. Europarat 2001a, 132-133) sowie des *Referenzrahmens für plurale Ansätze zu Sprachen und Kulturen* (vgl. Candelier et al. 2012, n. pag.) orientiert.

gung mündlicher und schriftlicher – analoger sowie digitaler – Kommunikationssituationen (vgl. ebd., 31; 35) einzusetzen. Dies geht u. a. mit der Notwendigkeit einher, Lernende darin zu schulen, mehrsprachige „Kommunikations- und Kooperationsprozesse mit digitalen Werkzeugen zielgerichtet [zu] gestalten" und zu reflektieren (Ministerium 2019b, 3.1; 3.3[2]). Infolgedessen lässt sich die Förderung von Mehrsprachigkeit bzw. mehrsprachiger und plurikultureller Kompetenz in digitalen Lernumgebungen als zeitgemäße und notwendige Zielsetzung des Fremdsprachenunterrichts ableiten (vgl. z. B. Elsner 2011, 27-29). Ungeachtet dessen bildet die systematische und intensive Kombination beider Aspekte in Anlehnung an Kepser (2018, 247-268) sowie Rösler (2019, 245) nach wie vor ein Desiderat, da in der mehrsprachigkeitsdidaktischen Forschung bisher kaum Arbeiten vorliegen, die sich mit den Potenzialen digitaler Medien für die Mehrsprachigkeitsförderung beschäftigen (vgl. auch Eibensteiner & Schlaak 2021, 177).

Vor diesem Hintergrund werden im vorliegenden Beitrag die Aspekte „Mehrsprachigkeit" und „digitale Medien" stärker zusammengedacht. Konkret wird der Frage nachgegangen, wie ausgewählte digitale Werkzeuge für die Förderung schulischer und lebensweltlicher Mehrsprachigkeit eingesetzt werden können, damit sowohl eine Eigenverantwortung für individuelle – das mehrsprachige Repertoire einschließende – Lernprozesse gefördert wird als auch authentische mehrsprachige Kommunikationssituationen im digitalen Raum gestaltet und eingeübt werden können. In diesem Sinne werden zunächst für den Beitrag zentrale Begrifflichkeiten definitorisch eingegrenzt, um daraufhin konkrete Potenziale digitaler Medien für die Förderung von Mehrsprachigkeit herauszustellen. Daran anknüpfend werden die digitalen Werkzeuge „App" sowie „Lernspiel" hinsichtlich ihrer (mehrsprachigkeits-)didaktischen Mehrwerte diskutiert und anschließend konkrete Anwendungsbeispiele[3] für den Unterricht romanischer Sprachen vorgestellt.

---

[2]   Diese Angaben beziehen sich auf die Deskriptoren des Medienkompetenzrahmens NRW (Ministerium 2019b).

[3]   Hier werden sowohl per se mehrsprachige digitale Angebote diskutiert als auch Vorschläge unterbreitet, wie digitale Werkzeuge, die keinen Mehrsprachigkeitsfokus haben, für deren Förderung dienlich genutzt werden können. Selbstredend können die diskutierten Werkzeuge auch für die Förderung weiterer Kompetenzen eingesetzt werden.

2. Terminologische Bestimmung: „Mehrsprachigkeit", „mehrsprachige und plurikulturelle Kompetenz" und „Mehrsprachigkeitsdidaktik"

Um für diesen Beitrag zunächst eine grundlegende Begriffsbestimmung vorzunehmen, gilt es den – im fachwissenschaftlichen und -didaktischen Diskurs sehr heterogen geführten – Terminus „Mehrsprachigkeit" einer näheren Betrachtung zu unterziehen und einzugrenzen. In den auffindbaren Definitionen wird Mehrsprachigkeit sowohl als „verschiedene Formen von gesellschaftlich oder institutionell bedingtem und individuellem Gebrauch von mehr als einer Sprache" (Riehl 2014, 9) als auch als individuelles Verfügen mehrerer Sprachen zu Kommunikationszwecken (vgl. Bermejo Muñoz 2019, 15) ausdifferenziert. Da in dieser Abhandlung die unterrichtliche Förderung lernendenseitiger Sprachenvielfalt durch digitale Medien im Zentrum stehen soll, wird sich fortan dem Individuum und dessen Sprachkenntnissen sowie Spracherfahrungen in mehr als zwei Sprachen[4] angenommen (vgl. z. B. Europarat 2001a, 17) und gemäß dieser Eingrenzung der Begriff „individuelle Mehrsprachigkeit" jeglichen Ausführungen zugrunde gelegt. Die determinierte Sprachenanzahl intendiert eine Abgrenzung von dem Konzept der „Zweisprachigkeit" bzw. des „Bilingualismus" und orientiert sich dabei an der durch den Europarat formulierten Forderung, Schülerinnen und Schüler additiv zu ihrer Erstsprache mit zwei weiteren Fremdsprachen auszustatten (Erstsprache + 2) (vgl. Europarat 2001b, n. pag., siehe auch Bertrand & Christ 1990, 208). Es gilt dabei selbstredend zu unterstreichen, dass im Diskurs ebenfalls Argumentationen vorliegen, die ab einer Kenntnis zweier Sprachen (vgl. z. B. Weskamp 2007, 7-31) oder einem individuellen Repertoire mehrerer Sprachvarietäten (vgl. Beacco 2007, 8) die Verwendung des Begriffes „Mehrsprachigkeit" postulieren.

„Individuelle Mehrsprachigkeit" lässt sich ihrerseits in die beiden Unterformen „lebensweltliche bzw. herkunftsbedingte" sowie „schulische bzw. fremdsprachliche Mehrsprachigkeit" unterteilen (vgl. z. B. Bermejo Muñoz 2014, 120-122; Gogolin & Lüdi 2015, n. pag.). Während erstere sich auf außerschu-

---

[4] In diesem Beitrag wird sich bewusst auf (Erst-, Zweit- und Fremd-)Sprachen fokussiert, da die im Folgenden referierten digitalen Werkzeuge Standardsprachen in den Mittelpunkt stellen, welche in den unterrichtspraktischen Vorschlägen ebenfalls aufgegriffen werden. Dies erfolgt mit dem Wissen, dass der Mehrsprachigkeitsbegriff weiter gefasst werden kann und mitunter auch Sprachvarietäten (z. B. Dialekte) umfasst (vgl. z. B. Riehl 2014, 9).

lisch – also im familiären oder privaten Umfeld – erworbene Sprachkenntnisse und Spracherfahrungen bezieht, legt letztere den Fokus auf institutionell generierte sprachliche sowie außersprachliche Bestände in den entsprechenden Schulfremdsprachen. All diese Komponenten formen individuumsabhängig ein mehrsprachiges Repertoire (vgl. z. B. Berthele 2010, 225-227; Lüdi & Py 2009, 157). Innerhalb dessen sind die benannten Ressourcen

> nicht in strikt voneinander getrennten mentalen Bereichen gespeichert, sondern bilden vielmehr gemeinsam eine kommunikative Kompetenz, zu der alle Sprachkenntnisse und Spracherfahrungen beitragen und in der Sprachen miteinander in Beziehung stehen und miteinander interagieren (Europarat 2001a, 17).

Die durch den Europarat herausgestellte kommunikative Kompetenz, welche darin besteht, in konkreten produktiven und rezeptiven Handlungssituationen reflektiert auf das eigene mehrsprachige Repertoire zurückzugreifen, um Phänomene in einer Zielsprache und -kultur einzuordnen, zu festigen und auf diese angemessen zu reagieren (vgl. Gogolin & Lüdi 2015, n. pag.), wird im Diskurs mit dem Terminus „mehrsprachige und plurikulturelle Kompetenz" umschrieben (vgl. Europarat 2001a, 18-22). Die systematische Förderung dieser Kompetenz soll im Fremdsprachenunterricht durch die Implementierung von Mehrsprachigkeitsdidaktik erfolgen, welche in Anlehnung an die Definition Wiaters (2006, 60)[5] zunächst als das „kombinierte und koordinierte Unterrichten und Lernen" von Sprachen verstanden werden kann. Durch die zielgerichtete Nutzung von Beziehungen zwischen Sprachen sowie den Aufbau auf lernendenseitig vorhandene Sprachressourcen soll u. a. das Lernen ökonomisiert, die Motivation für lebenslanges Sprachenlernen gefördert sowie eine Verantwortung für den eigenen Lernprozess mittels Individualisierung geschaffen werden (vgl. ebd.). Als besonders aktuelle und offene Ausprägung benannter Mehrsprachigkeitsdidaktik lässt sich die „aufgeklärte Mehrsprachigkeit" (Reimann 2016) anführen. Im Rahmen derer wird betont, dass im mehrsprachigkeitsorientierten Zielsprachenunterricht neben den oftmals – z. B. in der Interkomprehensionsdidaktik – fo-

---

[5] In seiner Schrift differenziert Wiater (2006, 60-69) drei Modelle der Mehrsprachigkeitsdidaktik: „Mehrsprachigkeit als Sprachgruppendidaktik", innerhalb derer Sprachverwandtschaften zwischen Sprachen für das Lernen genutzt werden; „Mehrsprachigkeitsdidaktik als integrierte Herkunftssprachendidaktik", welche den Einbezug von Herkunftssprachen intendiert und „Mehrsprachigkeitsdidaktik als Förderung mehrsprachiger Identität", welche eine multilinguale und multikulturelle Identitätsfindung anstrebt.

kussierten rezeptiven Kompetenzen ebenfalls produktive mehrsprachige Fertigkeiten in den Fokus genommen werden sollten (vgl. ebd., 29). Gleichermaßen
soll eine unterrichtliche Integration des gesamten sprachlichen Repertoires der
Lernenden erfolgen und es sollen sowohl weitere Schulfremdsprachen (insbesondere das Englische und Lateinische) als auch das Deutsche (als Erst-, Zweit-
und Fremdsprache) sowie Herkunftssprachen und Varietäten der Zielsprache in
den Lernprozess einbezogen werden (vgl. ebd.). Eine ähnliche Zielsetzung wird
bei der Implementierung „pluraler Ansätze zu Sprachen und Kulturen" (Candelier et al. 2009) angestrebt. Als weitere zeitgemäße Ausprägung der Mehrsprachigkeitsdidaktik legen diese Ansätze den Fokus auf „sprachenübergreifende
Lehr- und Lernverfahren, die mehrere Sprachen bzw. sprachliche Varietäten
und/oder Kulturen sowie einen übergreifenden Kompetenzbegriff einbeziehen"
(Candelier et al. 2009, 5). Ähnlich wie im Falle der „aufgeklärten Mehrsprachigkeit" (Reimann 2016) sollen je nach Ansatz[6] ebenfalls alle im mehrsprachigen Repertoire befindlichen Sprachen der Lernenden in den Unterricht einbezogen und für den Aufbau und die umfassende Förderung einer mehrsprachigen
und plurikulturellen Kompetenz genutzt werden (vgl. Candelier et al. 2012, n.
pag.). Um letztere für den Unterricht detailliert zu operationalisieren, stellt der
Referenzrahmen für plurale Ansätze zu Sprachen und Kulturen (RePA) (Candelier et al. 2012) in Anknüpfung an den *GeR* (Europarat 2001a) konkrete Deskriptoren für die Implementierung mehrsprachigkeitsdidaktischer Verfahren
bzw. pluraler Ansätze zur Verfügung (vgl. auch Schröder-Sura 2020, 58-59).
Angelehnt an die traditionellen Großkategorien des *GeR* (vgl. auch Byram 1997)
sind benannte Beschreibungen in die Bereiche „deklaratives Wissen (*savoir*)",
„lernerpersönlichkeitsbezogene Kompetenz (*savoir être*)" und „prozedurales
Wissen (*savoir faire*)" aufgeteilt (vgl. Candelier et al. 2009, 19-20). Untergle-
dert in Haupt- und Subkategorien bildet der *RePA* so Kompetenzen und Ressourcen ab, die durch die Umsetzung pluraler Ansätze entwickelt bzw. gefördert

---

6   Unterschieden werden hier die Ansätze „Éveil aux langues" (Fokus auf nicht primär schu-
    lisch erworbene Sprachen, z. B. Herkunftssprachen), „Interkomprehension" (paralleler Er-
    werb zweier oder mehrerer verwandter Sprachen), „Interkulturelles Lernen" (Deuten und
    Verstehen kultureller Phänomene) und „Integrative Sprachendidaktik in unterschiedlichen
    gelernten Sprachen" (Fokus auf eine begrenzte Sprachenanzahl, z. B. Schulfremdsprachen)
    (vgl. Candelier et al. 2012, n. pag.).

werden können. Auch im zugrundeliegenden Beitrag sollen benannte Deskriptoren als relevante Argumentationsgrundlage herangezogen werden, um die Potenziale digitaler Medien für die Förderung individueller Mehrsprachigkeit bzw. mehrsprachiger und plurikultureller Kompetenz zu untermauern (siehe z. B. Kapitel 2.2.; 3).

2.1   Mehrsprachigkeit und digitale Medien

Um im Fremdsprachenunterricht die Aktivierung sowie Nutzung des mehrsprachigen Repertoires in vielfältigen und authentischen Kommunikationssituationen zu fördern, können „digitale Medien" – wie eingangs erwähnt – besondere Potenziale bieten (vgl. z. B. Nárosy 2015, 142-149; Rösler 2019, 245-246). Unter dem genannten Terminus werden in diesem Beitrag „alle elektronischen Medien, die auf Basis digitaler Informations- und Kommunikationstechnologien arbeiten" (Grünewald 2017, 227), verstanden, wobei auch hier darauf zu verweisen gilt, dass die Begrifflichkeit im Diskurs eine recht heterogene Anwendung erfährt und z. B. durch Synonyme wie „neue Medien", „neue Technologien" oder „neue (digitale) Medien" geprägt wird (vgl. z. B. Rieß 2018, 118). Der ebenfalls in diesem Beitrag referierte Begriff „digitale Werkzeuge" (auch: „digitale Tools") bezieht sich darauf aufbauend auf konkrete Anwendungen oder Programme, die auf entsprechenden Endgeräten verwendet werden können (vgl. Narr 2016, 2).

Im Hinblick auf die Förderung individueller Mehrsprachigkeit bzw. mehrsprachiger und plurikultureller Kompetenz im Fremdsprachenunterricht können digitale Medien zunächst als Brücke zwischen verschiedenen Sprachen und Kulturen fungieren, da unter Einsatz entsprechender digitaler Werkzeuge sowohl mündlicher (z. B. via „Zoom"[7] oder „Skype") als auch schriftbasierter (z. B. via „Blogger" oder „Weebly for Education") zeit- und ortsunabhängiger Kontakt zu einer Vielzahl von ziel- und mehrsprachigen Individuen weltweit ermöglicht wird (vgl. Nárosy 2015, 142-149). So können auf einfache Weise – sowohl unterrichtlich als auch außerunterrichtlich – authentische (mehrsprachige) Kommunikationssituationen geschaffen und eingeübt werden (siehe z. B. Rückl

---

[7]   Die Zugangsinformationen (Link/QR-Code) zu den im Beitrag exemplarisch angeführten digitalen Werkzeugen werden tabellarisch im Anhang dargestellt.

2017, 23-29), was andernfalls nur über direkten *Face-to-Face-* oder analogen, deutlich langsameren und weniger multimedialen Schriftkontakt möglich wäre. Im Rahmen digitaler Kommunikationssituationen wird den Lernenden somit unkompliziert die Möglichkeit geboten, ihr mehrsprachiges Repertoire zielgerichtet zu aktivieren und im Sinne einer mehrsprachigen Handlungskompetenz „mehr als eine Sprache für vielfältige Kommunikationszwecke zu nutzen" (Rückl 2020, 117) bzw. „die in einer Sprache verfügbaren Kenntnisse und Fertigkeiten für Handlungen des Sprachverstehens oder der Sprachproduktion in einer anderen Sprache" (Candelier et al. 2012, S5[8]) anzuwenden. Auf diese Weise erlaubt der planvolle Einsatz digitaler Medien zu Kommunikationszwecken in „Kontaktsituationen mit Sprachen oder Kulturen interagieren [zu] können" (ebd., S6), sodass neben der Ausbildung einer mehrsprachigen und plurikulturellen Kompetenz auch die Förderung von Sprachbewusstheit, funktional kommunikativer-, interkultureller kommunikativer- sowie Text- und Medienkompetenz (vgl. KMK 2012, 14-20; Woerfel 2020, 1) in digitalen Lernumgebungen umgesetzt werden kann.

Weiterhin ermöglichen digitale Medien einen vereinfachten Zugang zu mehrsprachigen Sprachmaterialien und Originalquellen in verschiedenen Sprachen (vgl. ebd.). Dies bietet die Möglichkeit, im Fremdsprachenunterricht mit einer Vielfalt authentischer (mehrsprachiger) Texte (im Sinne des erweiterten Textbegriffes z. B. durch Anwendungen wie „Bilingual Picturebooks", „Youtube" oder „Duolingo Podcast") zu arbeiten. Die Auseinandersetzung mit diesen zielsprachigen und zielkulturellen Artefakten, welche mitunter von mehrsprachigen Autorinnen und Autoren stammen und bspw. deren Identitätskonflikte thematisieren, ermöglichen u. a. „[s]prachliche oder kulturelle Phänomene verschiedener Sprachen oder Kulturen" (Candelier et al. 2012, S1-S3) beobachten, analysieren (S1), identifizieren (S2) oder vergleichen (S3) zu können, um so bestenfalls eine „Aufgeschlossenheit gegenüber der Vielfalt der Sprachen, Menschen oder Kulturen auf der Welt" (ebd., A5) anzubahnen. Folglich wird neben der zielgerichteten Aktivierung des individuellen mehrsprachigen Repertoires zum Verstehen und Deuten entsprechender Artefakte insbesondere die Text- und Medienkom-

---

[8] Diese Quellenangaben beziehen sich auf die Deskriptoren des *RePA* in den Bereichen Wissen (K), Einstellungen und Haltungen (A) und Fertigkeiten (S).

petenz sowie die interkulturelle kommunikative Kompetenz der Lernenden geschult (vgl. KMK 2012, 19-21). Die mehrkanalige Auseinandersetzung mit (v. a. literarischen) mehrsprachigen Textprodukten kann überdies einen Beitrag zur multilingualen und multikulturellen Identitätsfindung leisten (vgl. Wiater 2006, 60-69) und die Lernenden mitunter befähigen, die „[e]igene (sprachliche oder kulturelle) Identität an[zu]nehmen" (Candelier et al. 2012, A16).

Ein weiterer Vorteil des zielgerichteten Einsatzes digitaler Medien im Zusammenhang mit der Mehrsprachigkeitsförderung ist die Möglichkeit, individuelle mehrsprachige Ressourcen kontrollierter in den Unterricht einzubeziehen und so sprachliche Differenzierung sowie Individualisierung einfacher und autonomer zu gestalten. Insbesondere in Bezug auf die oftmals unterrichtlich ausgeklammerten, jedoch potenzialreichen Herkunftssprachen (vgl. z. B. Bredthauer & Engfer 2018, 10-13), könnten digitale Werkzeuge – z. B. aufgrund der schnellen Verfügbarkeit oder der direkten (didaktischen) Rückmeldefunktion – einen positiven Effekt auf lehrendenseitige Unsicherheiten (vgl. z. B. ebd.) haben und im Idealfall eine unterrichtliche Öffnung für Herkunftssprachen evozieren. Dies würde Lernenden wiederum ermöglichen, ihre Herkunftssprachen aktiv in den Lernprozess einzubeziehen und diese bei Verständnisproblemen oder Lernhindernissen (z. B. Probleme in der Instruktionssprache) aktiv zu nutzen. Im Rahmen der Vokabel- oder Textarbeit könnten so z. B. Online-Wörterbücher (z. B. „DeepL") oder digitalisierte Paralleltexte (z. B. äquivalente literarische Texte, Wikipedia-Einträge etc.) selbstständig herangezogen werden, um die Zielsprache mit einer individuell ausgewählten Sprache (z. B. Herkunftssprache) in Beziehung zu setzen (z. B. unter zusätzlicher Anwendung von mehrsprachigen Wörterbüchern oder Hypothesengrammatiken). Dies hat zum Vorteil, dass problematische sprachliche Strukturen nicht alleinig über die Instruktionssprache verstanden und erlernt werden müssen und „die in einer Sprache verfügbaren Kenntnisse und Fertigkeiten für Handlungen des Sprachverstehens" (Candelier et al. 2012, S5) genutzt werden können.

Des Weiteren können sowohl leistungsstarke als auch -schwächere Lernende – beispielsweise mittels internetbasierter Tools oder Apps mit Rückmeldefunktion (z. B. mehrsprachige Karteikarten[9] via „Quizlet" oder mehrsprachige Lernspiele) – im Unterricht behandelte Aspekte zeit- und ortsunabhängig sowie im Einklang mit ihrem individuellen mehrsprachigen Repertoire vertiefen, weiterführen oder wiederholen, ohne dass es notwendigerweise einer Rückmeldung seitens der Lehrenden bedarf (vgl. z. B. Falk 2015, 18-19). Dies kann sich positiv auf die Lernendenautonomie auswirken und generiert im Idealfall ein „Interesse für Lern- und Arbeitstechniken oder für den eigenen Lernstil" (Candelier et al. 2012, A19.2) sowie damit einhergehend einen aktiven und eigenständigen Aufbau auf individuelle Sprachressourcen. Weiterhin können kollaborative Formate (z. B. mehrsprachige Rechercheaufgaben unter Nutzung verschiedensprachiger Berichterstattungen, mehrsprachige Informationszusammenstellung über „ZUMPad" oder „Flinga") die zwischensprachliche Zusammenarbeit erleichtern (vgl. Woerfel 2020, 4) und so auch ortsunabhängig den gemeinsamen Austausch und gegenseitige Hilfestellungen zwischen leistungsstarken und leistungsschwächeren Lernenden fördern. Dies eröffnet ebenfalls die Chance, mit „anderen über bestimmte Aspekte der eigenen Sprache, der eigenen Kultur, anderer Sprachen oder anderer Kulturen sprechen [zu] können" (ebd. S4) oder diese unter Anwendung benannter Tools abzubilden. In diesem Sinne wird nicht nur ein Sichtbarmachen der eigenen sprachlichen Identität im Klassenkontext ermöglicht, sondern ggf. auch eine „Neugier oder Interesse für ‚fremde' Sprachen, Kulturen und Menschen [...]" (Candelier et al. 2012, A3) sowie eine „[p]ositive Akzeptanz der sprachlichen oder kulturellen Vielfalt des Anderen oder des Fremden" (ebd., A4) evoziert. Auch die Option, bewährte mehrsprachigkeitsdidaktische Aufgabenformate, wie das Sprachenportrait, mittels digitaler Medien mehrkanalig und unter Einbezug von Illustrationen, Liedern oder Videos darzustellen (z. B. via „Blogger" oder „Padlet"), kann zahlreiche Vorteile für die Berücksichtigung individueller Lernstile und -präferenzen bieten.

Da digitale Medien letztlich aus dem Alltag nicht mehr wegzudenken sind und „vielfältige Perspektiven und Anknüpfung an die Lebenswelt der Lernenden" (Woerfel 2020, 3) zulassen, kann deren systematischer und kontinuierli-

---

[9] Das digitale Werkzeug erlaubt es den Lernenden, unterrichtlich erlernten Wortschatz auf Karteikarten niederzuschreiben und diesen beliebig mit erst-, zweit- oder fremdsprachigen Entsprechungen gegenüberzustellen. Überdies können die Wörter über eine Audioausgabe in beiden gewählten Sprachen angehört werden.

cher Einsatz ebenfalls einen positiven Einfluss auf die Motivation zum (Mehr-)-Sprachenlernen ausüben (vgl. Goetheinstitut 2021, n. pag.; Herzig 2014, 13; Korb & Schwender 2019, 4). Im besten Falle entwickeln die Lernenden durch die Arbeit mit vertrauten Werkzeugen und die dadurch entstehende Verbindung formeller und informeller Lernsituationen den „Wunsch oder Wille[n] sich zu engagieren oder zu handeln im Kontext sprachlicher oder kultureller Vielfalt" (Candelier et al. 2012, A8) sowie die Motivation, ihr mehrsprachiges Repertoire auch in nicht-analogen Kommunikationssituationen stetig zu aktivieren und zu erweitern.

Die dargestellten positiven Effekte eines unterrichtlichen Einsatzes digitaler Medien zur Förderung individueller Mehrsprachigkeit bilden im Folgenden die Grundlage für die Präsentation und Diskussion ausgewählter Werkzeuge. Diese werden zunächst hinsichtlich ihres (mehrsprachigkeits-)didaktischen Mehrwerts charakterisiert, um daraufhin mögliche Lehr-Lernszenarien für den Fremdsprachenunterricht zu skizzieren.

3. Sprachliche Differenzierung und Individualisierung mittels Lernapps gewährleisten

Wie bereits in Kapitel 2.2 herausgestellt, empfiehlt es sich im mehrsprachigen Fremdsprachenunterricht stets auf die individuellen mehrsprachigen Repertoires der Lernenden aufzubauen und diese in unterrichtlichen Verfahren kontinuierlich zu berücksichtigen bzw. systematisch einzubeziehen (vgl. z. B. Schädlich 2020, 37). Infolgedessen sollten Lehrkräfte stets aus Mehrsprachigkeit resultierende Potenziale und Hemmnisse individuell diagnostizieren und geeignete Differenzierungs- und Individualisierungsmaßnahmen anbieten (vgl. z. B. Krumm & Reich 2011, 1-4; Wiater 2006, 60). Dies sollte fortwährend mit dem Ziel erfolgen, die Lernenden zu einer bewussten und autonomen Ausgestaltung des eigenen Lernprozesses zu führen, um diese so zu einem lebenslangen Sprachenlernen unter Einbezug des individuellen mehrsprachigen Repertoires zu befähigen (vgl. ebd., Candelier et al. 2012, A19.2). Aufgrund der mobilen und ortsunabhängigen Anwendbarkeit, der oftmals integrierten Rückmeldefunktion, der mehrkanaligen Darstellung von Inhalten sowie dem Motivationsfaktor durch

Lebensweltbezug bietet sich u. a. das digitale Werkzeug „App" als individueller Lernbegleiter zur sprachlichen Differenzierung und Förderung von Lernenden-autonomie an (vgl. z. B. Falk 2015, 15-21; Pursche & Gerschner 2018, 138; Haberland in Vorbereitung). Unter dem Terminus „Lernapp" wird in diesem Kontext ein leicht bedienbares digitales Werkzeug verstanden, welches ausgewählte Lerninhalte bereitstellt, auf die von verschiedenen Endgeräten zugegriffen werden kann (vgl. z. B. Falk 2015, 15-21; Pursche & Gerschner 2018, 138). Eine Lernapp kann sich verschiedenen inhaltlichen und sprachlichen Schwerpunkten widmen und für eine aktive und autonome sowohl unterrichtsbegleitende als auch ergänzende Sprachanwendung sowie Kompetenzentwicklung eingesetzt werden (vgl. z. B. Falk 2015, 28; Haberland in Vorbereitung). Im Hinblick auf die Förderung individueller Mehrsprachigkeit bzw. mehrsprachiger und pluri-kultureller Kompetenz finden sich trotz der Vielzahl an Sprachlernapps wenige Anwendungen mit explizitem Mehrsprachigkeitsfokus (vgl. Eibensteiner & Schlaak 2021, 178). Nichtsdestotrotz lassen sich einzelne finden, – z. B. „Euro-ComDidact ToGo" zur Förderung der romanischen Interkomprehension oder „Polylino" zur auditiven und visuellen Rezeption mehrsprachiger Kinderbücher. Neben dem Einsatz vorhandener mehrsprachiger Anwendungen besteht für Lehrkräfte zudem die Möglichkeit, passgenaue Minianwendungen für die jeweiligen heterogenen Lernkontexte oder einzelne Lernende selbst zu konzipieren, was sich beispielsweise mittels des browserbasierten digitalen Werkzeuges „LearningApps.org" realisieren lässt. Beide Varianten sollen im Folgenden einer praxisorientierten Betrachtung unterzogen werden.

3.1 Praktisches Beispiel: „EuroComDidact ToGo"

Name, Urheber und Erscheinungsjahr	Fokus/Ziel des digitalen Werkzeuges	Zugang (Link, QR-Code)
„EuroComDidact To-Go" • EuroCom/ EuroComDidact (2019-2020)	Ausbildung rezeptiver Kompetenzen sowie Ausbau produktiver Fertigkeiten in romanischen Sprachen durch die Bearbeitung des Übungs-formates „Lückentext" bzw. lexikalischer Serien	Abrufbar über Google Play oder den Microsoft Store: https://eurocomdidact.eu/?page_id=290

Tab. 1: Kurzzusammenfassung „EuroComDidact ToGo" (eigene Darstellung)

Die von EuroComDidact entwickelte gleichnamige Lernapp verfolgt die Zielset-zung, rezeptive Kompetenzen in einer bestimmten oder – je nach individuellem Übungsziel – in vier unterschiedlichen romanischen Zielsprachen gleichzeitig auszubilden sowie darauf aufbauend produktive Fertigkeiten auszubauen (vgl. EuroComDidact 2021, n. pag.). Um dabei die Niveaustufe B1/B2 des *GeR* zu erreichen, soll auf bereits vorhandenes Sprachwissen aufgebaut sowie mehrspra-chiges Wissen gefestigt werden, damit neues Vokabular in einer Zielsprache un-ter Anknüpfung auf bereits bekannte Lexeme gelernt werden kann. Bei Verwen-dung der App können die Lernenden zwischen zwei Übungstypen[10] wählen: Bei Übung 1 werden den Lernenden Serien der 5.000 häufigsten Vokabeln des ro-manischen Kernwortschatzes nach beispielsweise folgendem Schema präsen-tiert: *„beaucoup,* LÜCKE ITALIENISCH, *muito, mucho, much"* (ebd.; Ergän-zung: S. H.). Die Lernenden haben nun die Aufgabe, das fehlende Element der zufällig präsentierten Zielsprache – in diesem Fall das italienische *molto* – basie-rend auf Interproduktion in die Lücke einzutragen, wobei die App stets eine di-rekte Rückmeldung[11] zur Korrektheit des eingesetzten Lexems gibt. Sollte das Wort nicht gefunden oder falsch notiert werden, wird dieses den Lernenden in korrekter Schreibung angezeigt. Übung 2 verfährt nach einem ähnlichen Sche-ma, jedoch können die Lernenden hier eine Zielsprache sowie eine dienliche Brückensprache (Auswahl zwischen Französisch, Italienisch, Spanisch und Por-tugiesisch) vorselektieren. In der Folge werden den Lernenden die relevanten lexikalischen Elemente auf Deutsch, Englisch sowie in der gewählten Brücken-sprache präsentiert, wobei die Entsprechung in der Zielsprache erneut ergänzt werden muss: z. B. *„Sommer, summer, verano* [gewählte Brückensprache], LÜ-CKE PORTUGIESISCH [gewählte Zielsprache]" (ebd.; Ergänzung: S. H.). Bei inkorrekter Wortergänzung, wird den Lernenden erneut die richtige Form ange-zeigt. Überdies besteht die Möglichkeit in einem Schreibfeld individuelle Noti-

---

[10] Die App verfügt mittlerweile (Stand Januar 2022) über zwei weitere Übungen. In Übung 3 werden opake Wörter des romanischen Kernwortschatzes ausgehend von einer gewählten Zielsprache fokussiert, in Übung 4 die englische Sprache als Brückensprache in das Zent-rum gerückt.

[11] In Anlehnung an Eibensteiner & Schlaak (2021, 179) kann sich diese Feedbackform je-doch als recht undifferenziert werten lassen, da nur bedingt metasprachliche Reflexionen angeregt werden.

zen zum Lexem festzuhalten. Die Lernenden können mittels besagter App insgesamt 9.550 mehrsprachig wortserielle Einsatzübungen (vgl. Meißner 2021, 93-107) bearbeiten. Hierbei werden der Lernfortschritt sowie Fehler mit Hilfe eines Algorithmus stets memoriert, sodass Aufgaben nur dann wiederholt werden, wenn dies dem individuellen Lernprozess zweckmäßig ist (EuroComDidact 2021, n. pag.). In einem mehrsprachigkeitsorientierten Fremdsprachenunterricht bietet sich die App besonders für die autonome Wiederholung und Festigung zielsprachigen Vokabulars im fortgeschrittenen Stadium an (laut EuroComDidact eignet sich die App insbesondere für Lernende der Klassen 9-13). Hierbei erweist sich der Aufbau auf bzw. der Vergleich mit ggf. vorgelernten (oder noch unbekannten) romanischen Sprachen, welche ggf. auch Herkunftssprachen sein könnten, im Sinne der sprachlichen Differenzierung als besonders geeignet, da auch andere Sprachen als das Deutsche als Kontrastsprachen zur jeweiligen Zielsprache eingebunden werden können. So könnte die App Lernenden unterrichtsunabhängig an die Hand gegeben werden, um produktive Kompetenzen in der Zielsprache auszubauen oder den sprachenübergreifenden Wortschatzerwerb zu üben, was sich positiv auf die Sprachenbewusstheit und Sprachlernkompetenz auswirken würde (vgl. Candelier et al., S3; KMK 2012, 22). Im Zuge dessen empfiehlt es sich laut EuroComDidact, die Lernenden anzuregen, ein begleitendes Lerntagebuch zu führen, in welches relevante Vokabeln eingetragen werden. Als sinnvolle Strukturierung wird dabei eine Unterscheidung zwischen einfachen und schwierigen Vokabeln sowie eine Bildung von Assoziationsnetzen vorgeschlagen (vgl. EuroComDidact 2021, n. pag.). Weiterhin könnte die App zur Vor- oder Nachbereitung von textbasierten interkomprehensiven Aktivitäten im Fremdsprachenunterricht genutzt werden, wobei folgende Schritte bei einer Unterrichtsausgestaltung angedacht werden könnten:

1. Durchführung einer ausgewählten Anzahl an appbasierten Einsatzübungen unter Fokussierung der jeweiligen Unterrichtssprache.
2. Eintragung der gespielten Lexeme in ein individuelles mehrsprachiges Wörterbuch (s. o.) oder individuelles Lerntagebuch (Ergänzung und Besprechung im Unterricht).
3. Angeleitete Interkomprehension eines *EuroComRom*-Übungstextes (vgl. Klein & Stegmann 2000), welcher im Idealfall die erarbeitete Lexik aufgreift.
4. Fragengeleitete Reflexion der Interkomprehension sowie der sprachenübergreifenden Wortschatzarbeit.
5. Kommunikative Sprachhandlung unter Anwendung der erarbeiteten Sprachmittel.

Tab. 2: Schritte für die Unterrichtsausgestaltung zum Thema „Interkomprehension"
(eigene Darstellung)

Die App „EuroComDidact ToGo" lässt sich somit als nützlicher Lernbegleiter werten, welcher sowohl autonom und unterrichtsunabhängig als auch unterrichtsergänzend zum Einsatz kommen kann. Neben der daraus resultierenden Differenzierungsmöglichkeit unter Aktivierung des individuellen mehrsprachigen Repertoires zur Stärkung von Wortschatz sowie rezeptiven Kompetenzen in einer oder mehreren romanischen Sprachen bietet das digitale Werkzeug auch Anlass für die Ausgestaltung oder Festigung interkomprehensionsbasierter Lernszenarien, welche sich der Förderung von Sprachlernkompetenz und Sprachbewusstheit verschreiben (vgl. KMK 2012, 21-22). Es gilt jedoch zu beachten, dass sich die Lehrkraft bei Planung und Ausgestaltung entsprechender Szenarien eng am romanischen Kernwortschatz orientieren sollte, da dieser in der App fokussiert und in beliebiger und für die Lernenden individueller Reihenfolge dargeboten wird, wodurch ein Vergleich der gespielten Übungen im Unterrichtskontext nicht immer erfolgen kann. Auch wäre es im Rahmen der Unterrichtsausgestaltung sowie im Sinne der Kommunikationsorientierung angebracht, die Übungen in einen authentischen Kommunikationskontext einzubetten, da die in der App präsentierten Lemmata den Lernenden ohne kontextuelle Einbindung dargeboten werden (vgl. Eibensteiner & Schlaak 2021, 179-180; Reissner & Klos 2018, 59).

3.2   Praktisches Beispiel: „Learningapps.org"[12]

Name, Urheber und Erscheinungsjahr	Fokus/Ziel des digitalen Werkzeuges	Zugang (Link, QR-Code)
„LearningApps.org: multimediale, interaktive Lernbausteine erstellen einfach gemacht" • Pädagogische Hochschule Bern et al. (o. J.)	Lehrenden- und lernendenseitige Erstellung multimedialer Lernbausteine, welche in bestehende Unterrichtsszenarien eingebettet werden, um vermehrt multimediale Inhalte zu nutzen	Abrufbar über den Browser: https://learni ngapps.org

Tab. 3: Kurzzusammenfassung „LearningApps.org" (eigene Darstellung)

„LearningApps.org" ist eine browserbasierte Anwendung, welche einem Forschungsprojekt der Pädagogischen Hochschule Bern in Kooperation mit weiteren Hochschulen sowie praktizierenden Lehrpersonen entstammt. Das digitale Werkzeug wurde mit dem Ziel konzipiert, „neben den im Unterricht verbreiteten Medien Text und Bild vermehrt auch Audio- und Videoinhalte zu nutzen" (Pädagogische Hochschule Bern et al. o. J., 1). In diesem Sinne soll es Lehrkräften sowie Lernenden ermöglichen, thematisch und zum individuellen Unterrichtskontext passende multimediale Lernbausteine bzw. Apps zu erstellen oder vorhandene Minianwendungen innerhalb und außerhalb des Unterrichtskontextes durchzuführen, was sich auch für den unterrichtlichen Einbezug individueller mehrsprachiger Repertoires als wertvoll erweisen kann. Unter den vorhandenen Lernbausteinen kann zwischen verschiedenen Fächern ausgewählt werden. Für Französisch, Italienisch und Spanisch ist eine große Anzahl von Grammatik-, Wortschatz- und Textverstehensbausteinen verfügbar, welche direkt in den Unterricht eingebunden werden können. Diese sind größtenteils zielsprachig ausgerichtet, jedoch finden sich auch Apps mit explizitem Mehrsprachigkeitsfokus (siehe: https://learningapps.org/index.php?s=mehrsprachigkeit). Neben der unterrichtlichen Anwendung vorhandener Lernbausteine besteht ebenfalls die Möglichkeit, eigene multimediale und mehrsprachige Lernbausteine zu konzipieren und diese auf die individuellen Bedürfnisse der fokussierten Lerngruppe anzupassen. Hierbei können Lehrende und Lernende aus vorgegebenen Formatvorlagen gängiger Aufgabentypen (z. B. Zuordnungsspiele, Kreuzworträtsel,

---

[12] Weitere Informationen zum referierten digitalen Werkzeug können unter nachfolgendem Link konsultiert werden: https://learningapps.org/LearningApps.pdf, Zugriff: 26.06.2021.

Frage-Antwortspiele, Lückentexte etc.) wählen oder neue Formate unter Einbezug bestehender digitaler Werkzeuge entwickeln (vgl. ebd., 4). Die eigens ausgestalteten Lernbausteine können alleinig im Klassenkontext genutzt oder aber für ein breiteres Publikum veröffentlicht werden.

Für den mehrsprachigkeitsorientierten Fremdsprachenunterricht kann das nicht per se auf Mehrsprachigkeit ausgerichtete digitale Werkzeug „LearningApps.org" besonders aufgrund der individuellen Ausgestaltungsmöglichkeit dienlich sein. So können im Sinne der sprachlichen Differenzierung unter Fokussierung des individuellen mehrsprachigen Repertoires, etwa im Zuge der Wortschatzarbeit, sprachenübergreifende Lernbausteine gestaltet werden, mittels derer die Lernenden unterrichtsrelevante Lexik unter Rückbezug auf vorgelernte Schulfremdsprachen (oder individuelle Herkunftssprachen) multimedial erarbeiten oder festigen. Als vorteilhaft lässt sich in diesem Kontext hervorheben, dass die Konzeption der Bausteine mit Rückbindung zum verwendeten Lehrwerk bzw. den unterrichtlich implementierten Texten und Thematiken vonstattengehen kann, sodass in diesem Falle eine Freiheit bzgl. der dargebotenen Sprachmittel oder Inhalte für die Lehrenden besteht. Auch eignen sich die Lernbausteine für eine multimediale Aufbereitung und Ergänzung analoger mehrsprachigkeitsdidaktischer Aufgabenformate, wie z. B. Wortserien oder mehrsprachiger Wörterbücher (vgl. z. B. Meißner 2005, 89-91; Reissner 2012, 199). In diesem Sinne könnte, z. B. unter Fokussierung des Anfangsunterrichts Italienisch, ein sprachenübergreifender Lernbaustein zum Wortfeld „Farben – *I colori*" wie folgt ausgestaltet werden[13]:

---

[13] Das Hinzufügen von Bild-, Audio- und Videomaterial könnte den konzipierten Lernbaustein zusätzlich bereichern (z. B. durch Darbietung von Farbbildern oder auditiver Wiedergabe der jeweiligen Vokabel).

Übung: *I colori* **Lernjahr:** 1. Lernjahr **Fokussierter Kompetenzbereich:** sprachliche Mittel (Wortschatz) **Involvierte Sprachen:** Italienisch, Französisch, Spanisch, Englisch **Zusatzmaterial:** mehrsprachiges Wörterbuch	**Zugang:** https://learningapps.org/ watch?v=pymg41zfa21 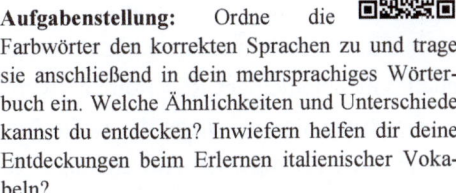 **Aufgabenstellung:** Ordne die Farbwörter den korrekten Sprachen zu und trage sie anschließend in dein mehrsprachiges Wörter- buch ein. Welche Ähnlichkeiten und Unterschiede kannst du entdecken? Inwiefern helfen dir deine Entdeckungen beim Erlernen italienischer Voka- beln?

Tab. 4: Exemplarischer Lernbaustein zum Thema „Farben – *I colori*" (eigene Darstellung)

Für die Konzeption und Implementierung der eigens kreierten Lernbausteine gilt lehrendenseitig stets zu entscheiden, ob diese konkret in den Unterricht einge-baut und ggf. durch eine handlungsorientierte Aktivität komplettiert oder der Lerngruppe (bzw. einzelnen Lernenden) als zusätzliche Wiederholungs- oder Festigungsmaßnahme autonom an die Hand gegeben werden. Im Sinne kon-struktivistischer Lernszenarien bestünde überdies die Möglichkeit, von den Ler-nenden eigene Lernbausteine erstellen zu lassen (vgl. ebd., 3). Hierbei könnten Wortschatz oder grammatikalische Strukturen noch expliziter mit dem individu-ellen mehrsprachigen Repertoire in Verbindung gesetzt und insbesondere Her-kunftssprachen aktiv in den Übungsprozess eingebunden werden, was im Sinne von „Éveil aux langues" (Candelier et al. 2012, n. pag.) bzw. einer „aufgeklärten Mehrsprachigkeit" (Reimann 2016) anzustreben wäre.

Zusammenfassend kann „LearningApps.org" bei der Ausgestaltung mehr-sprachiger Lernszenarien oder der Konstruktion ergänzender (mehrsprachiger) Aktivitäten für einzelne Lernende hilfreich sein. Aufgrund der vielfältigen Ge-staltungsmöglichkeiten können die Lernbausteine je nach Ausrichtung und Ziel-setzung zur Förderung sämtlicher Kompetenzbereiche genutzt werden und dabei das jeweilige mehrsprachige Repertoire der Lernenden zielgerichtet einbeziehen. Auch ermöglicht die Anwendung, bewährte mehrsprachigkeitsdidaktische Auf-gabenformate (z. B. mehrsprachige Wörterbücher oder Interkomprehensionsauf-gaben) zu ergänzen oder in ein multimediales Format zu überführen, sodass hier ein besonderes Potenzial für ein mehrsprachiges Lernen in digitalen Lernumge-bungen geschaffen wird, welches im Idealfall eine Vielzahl von Lern- und Wahrnehmungstypen anspricht.

Es wurde deutlich, dass das digitale Werkzeug App zahlreiche positive Aspekte für die Ausgestaltung und Durchführung individualisierter Aufgaben und Übungen bereithält, welche im Idealfall dabei unterstützen, den heterogenen Bedürfnissen einer mehrsprachigen Lerngruppe zu begegnen und deren individuelles mehrsprachiges Repertoire aktiv in Lernprozesse einzubeziehen.

Daran anknüpfend bietet das meist App-basierte digitale Lernspiel – als besondere Art der digitalen Anwendung – weitere Potenziale, welche sich besonders im Hinblick auf die handlungsorientierte Förderung einer mehrsprachigen und plurikulturellen Kompetenz als wertvoll erweisen. Dieses bildet dementsprechend den Fokus der nachfolgenden Betrachtung.

4.   Mehrsprachige Kommunikationssituationen mittels digitaler Lernspiele einüben

Mit der Zielsetzung, die praktische Anwendung von Sprache(n) im geschützten Raum zu realisieren, bietet sich u. a. der unterrichtsbegleitende oder unterrichtsergänzende Einsatz (App-basierter) digitaler Lernspiele an (vgl. z. B. Le & Weber & Ebner 2013, 3). Unter einem „digitalen Spiel" versteht man in Anlehnung an Wagner (2008) zunächst ein auf Regeln basierendes und interaktives Medium, in dem Handlungen „innerhalb eines von der objektiven Realität abgegrenzten Raums stattfinde[n]" (ebd., 49) und dessen „zugrunde liegende Interaktionstechnologie rein digitaler Natur ist" (ebd., 50). Die Bedeutsamkeit erwähnter Spiele für das Lernen wurde mit Aufkommen des „Game-Based-Learning" in den 2000ern herausgestellt (vgl. Le & Weber & Ebner 2013, 2), wobei im Zuge dessen zahlreiche Vorteile für die Gestaltung und Unterstützung von Lernprozessen ausgearbeitet wurden (vgl. z. B. Gee 2007; Johnson 2006; Van Eck 2006).

Für den mehrsprachigkeitsorientieren Fremdsprachenunterricht lässt sich hierbei besonders die damit einhergehende Möglichkeit als dienlich bewerten, kommunikative Situationen und Strategien unter Anwendung des individuellen mehrsprachigen Repertoires zu trainieren und in sprachlichen sowie kulturellen Kontaktsituationen spielerisch interagieren zu können (vgl. Candelier et al 2012, S6). Folglich ist die Einübungsfunktion besagter Spiele als wertvolles Potenzial hervorzuheben (vgl. z. B. Einsiedler 1989, 291-308; Imlig-Iten 2019, 8). Des Weiteren wird dem Spiel per se eine kulturelle Funktion zugeschrieben, da dieses motivieren und anleiten kann, kulturspezifische Tätigkeiten auszuführen und auf diese Weise nachzuahmen (vgl. Hauser 2013; nach Imlig-Iten 2019, 8), sodass auch hier plurikulturelle Aushandlungsprozesse im digitalen Raum erlebt und trainiert werden können (vgl. Candelier et al. 2012, S7). Letztlich erweisen sich die stetigen Rückmeldungen über die ausgeführten Handlungen sowie die damit verbundenen Erfolgserlebnisse als wertvoll für ein aktives und selbstgesteuertes Lernen, welches die Motivation und Selbstwirksamkeit der Lernenden positiv beeinflussen kann (vgl. Petko 2008, 6; 9). Die beschriebenen positiven Effekte von digitalen Spielen auf ein Verstehen und Handeln in realen und digitalen mehrsprachigen und plurikulturellen Kontaktsituationen wurde auch von zahlreichen internationalen Projektteams und Ministerien erkannt. Im Folgenden werden deshalb die mehrsprachigen digitalen Spiele „Romanica" (Ministère de la culture (France) 2019) und „EU·DO·IT" (Goethe Universität Frankfurt am Main et al. 2019) exemplarisch in ihrem Aufbau und den Zielsetzungen beschrieben, um daraufhin mögliche Einsatzszenarien für den mehrsprachigen Fremdsprachenunterricht zu skizzieren.

4.1   Praktisches Beispiel: „Romanica"[14]

Name, Urheber und Erscheinungsjahr	Fokus/Ziel des digitalen Werkzeuges	Zugang (Link, QR-Code)
„Romanica" • Ministère de la culture (France) (2019)	Spielerische Erarbeitung von lexikalischen Elementen in romanischen Sprachen, mit dem Ziel, mehrsprachige Rezeptionshandlungen durchzuführen	Abrufbar über den App Store oder Google Play:

Tab. 5: Kurzzusammenfassung „Romanica" (eigene Darstellung)

Das App-basierte Lernspiel „Romanica" wurde 2019 vom französischen Ministère de la culture veröffentlicht und fokussiert die sprachenübergreifende Erarbeitung von Lexik, damit diese für mehrsprachige Rezeptionshandlungen (ba-

---

[14] Weitere Informationen zum referierten Lernspiel können auf der offiziellen Webseite des Ministère de la culture konsultiert werden: https://www.culture.gouv.fr/Sites-thematiques/Langue-francaise-et-langues-de-France/Ressources/Ressources-pedagogiques-et-sensibilisation/Romanica, Zugriff: 26.06.2021.

sierend auf Interkomprehension und Paralleltexten) in acht verschiedenen romanischen Sprachen (Französisch, Rumänisch, Italienisch, Spanisch, Portugiesisch, Katalanisch, Okzitanisch und Korsisch) angewendet werden kann. Die Navigation erfolgt in französischer Sprache. Die Rahmenhandlung gibt vor, dass in der fiktiven Welt „Romanica" nur noch eine Sprache gesprochen wird und die Spielenden die Sprachenvielfalt durch unterschiedliche Übungen wieder aufleben lassen sollen (vgl. Ministère de la culture 2019, n. pag.). Im Verlauf des Spieles bestreiten die Spielenden einen Weg auf einer Landkarte und können in fünf verschiedenen Welten sowie fünfzehn Levels sprachenübergreifende Wortschatzübungen zu fünf verschiedenen Themenbereichen absolvieren: Begrüßung, Zeit, Essen und Trinken, Reisen, Kunst. Innerhalb der Übungen sind die Spielenden aufgefordert, von oben fallende lexikalische Elemente in verschiedenen romanischen Sprachen[15] einer korrekten Schatztruhe zuzuordnen, wobei mit steigender Progression die Geschwindigkeit des Fallens sowie die Hindernisse zu den Truhen zunehmen. Die Zuordnung der fallenden Elemente kann mit unterschiedlichen Zielsetzungen erfolgen: So sollen diese beispielsweise der korrespondierenden Sprache (z. B. *E posibil.* → *Roumain*; *Es posible.* → *Espagnol*)[16] oder aber der entsprechenden semantischen Bedeutung (z. B. *Salut !* → *Hello!*[17]; *Bon voyage !* → *Bye bye!*) zugewiesen werden. Bei korrekter Zuordnung erfolgt zu Zwecken der Verstehenssicherung stets eine Übersetzung in die Instruktionssprache Französisch. Nach jeder Etappe können die Lernenden eine Postkarte im Format eines Paralleltextes freispielen, auf der Informationen über den erarbeiteten Themenbereich in zwei romanischen Sprachen (Französisch + weitere romanische Sprache) dargeboten werden (z. B. über das Begrüßen in Rumänien). Diese Paralleltexte enthalten diejenigen lexikalischen Elemente, welche im Zuordnungsspiel eingeübt worden sind, sodass die Texte mit entsprechender Vorentlastung interkomprehensiv erschlossen werden können. Letztlich soll „Romanica" die Spielenden befähigen, die fokussierten romanischen Sprachen zu verstehen,

---

[15] Pro Level werden meist zwei romanische Sprachen in den Fokus genommen, z. B. Rumänisch und Französisch, Spanisch und Rumänisch etc.

[16] Das erste Wort in der Klammer stellt das jeweils von oben fallende lexikalische Element dar, das zweite die Beschriftung der jeweiligen Truhe, der dieses Element zugeordnet werden muss.

[17] Bei den semantischen Zuordnungen kommt zeitweise auch das Englische zum Einsatz.

ohne sie notwendigerweise erlernt zu haben, um so ihr mehrsprachiges Repertoire bzw. Potenzial zu aktivieren (vgl. ebd.) sowie ihre Sprachenbewusstheit und Sprachlernkompetenz zu fördern.

Im mehrsprachigen Fremdsprachenunterricht romanischer Sprachen bietet das beschriebene Lernspiel die Möglichkeit zur unterrichtlichen oder eigenständigen Erarbeitung oder autonomen Festigung themenrelevanter Lexik. So könnten je nach unterrichtlich fokussierter Thematik und Lernjahr (z. B. sich begrüßen, 1. Lernjahr Spanisch neueinsetzend) einzelne Level herausgegriffen und entweder direkt im Unterricht oder als vorbereitende Hausaufgabe durchgeführt werden. Die im jeweiligen Level gespielten Wörter bzw. *Chunks* könnten daraufhin in einer Einstiegsphase gesammelt (z. B. via „Mentimeter") und unter Fokussierung der zielsprachigen Bedeutung und Form sowie im Hinblick auf Ähnlichkeiten und Unterschiede zu anderen romanischen Sprachen besprochen werden. Es bietet sich ebenfalls eine Festigung des Wortschatzes mittels Anwendung eines mehrsprachigen Wörterbuches (vgl. z. B. Reissner 2012, 199) an, indem die erarbeiteten lexikalischen Elemente den individuell beherrschten Sprachen gegenübergestellt und im Hinblick auf Ähnlichkeiten und Unterschiede reflektiert werden (vgl. Candelier et al. 2012, S3), hier exemplarisch für den Spanischunterricht (ca. 2. Lernjahr) dargestellt:

1. Recuerda las palabras que has descubierto en el juego y escríbelas en la tabla siguiente. Después explica qué similitudes y diferencias hay entre ellas con referencia a la forma y el significado.

Palabras descubiertas:	Español	Otros idiomas (p. e. inglés, francés, latín etc.)	Similitudes y diferencias
benvenuto (it.) *binevinit (rum.)*	*¡bienvenidos!*	*welcome (ing.)* *bienvenue (fr.)*	*En todas las lenguas romances las palabras se parecen mucho. Pero tengo que prestar atención a la ortografía distinta. En inglés, se utiliza una palabra completamente diferente. Esta es más parecida al alemán (Willkommen).*
(…)			

2. Refleja sobre las siguientes preguntas de manera escrita:
   o ¿Qué has aprendido haciendo una comparación entre palabras de varios idiomas? ¿Qué ha sido nuevo para ti?
   o ¿Cómo puedes utilizar comparaciones lingüísticas para mejorar tus técnicas de aprendizaje de idiomas?

Tab. 6: Exemplarischer Lernbaustein unter Anwendung des mehrsprachigen Wörterbuchs (eigene Darstellung)

Nach einer sprachenübergreifenden Erarbeitung und Reflexion der relevanten Lexik könnten im Anschluss daran die durch das Spiel bereitgestellten Postkarten im Unterricht genutzt werden, um eine rezeptive Interkomprehension durchzuführen, mittels des Paralleltextes zu prüfen und den Mehrwert dieser Aktivität für das Lernen der Zielsprache zu reflektieren. Hierbei bietet es sich – je nach fokussiertem Ausgangstext – an, den Interkomprehensionsprozess mit Fragen zum Global- und Selektivverstehen zu begleiten und relevante bzw. unbekannte Lexeme unter stetigem Rückbezug zum mehrsprachigen Wörterbuch zu erarbeiten. Im Sinne der Handlungsorientierung sollten im Anschluss an die rezeptive Texterschließung die verfügbaren und neu erworbenen „Kenntnisse und Fertigkeiten für Handlungen […] der Sprachproduktion" (Candelier et al. 2012, S5) genutzt werden, sodass sich beispielsweise die schriftliche Produktion einer eigenen Karte in der Zielsprache oder gar zielsprachige oder polyglotte Dialoge, z. B. zur Thematik der Begrüßung, als geeignet erweisen würden.

Letztlich bietet das Lernspiel „Romanica" vielfältige Einsatzmöglichkeiten sowohl innerhalb als auch außerhalb des Unterrichts, sodass unter gezielter und für den individuellen Lernkontext dienlicher Formulierung entsprechender Arbeitsaufträge zahlreiche Kompetenzen im Bereich funktional kommunikativer Kompetenz, Sprachlernkompetenz und Sprachbewusstheit im Einklang mit der individuellen Mehrsprachigkeit der Lernenden gefördert werden können. Allerdings sollten jegliche Unterrichtsvorhaben vom Spiel ausgehend geplant werden, da dieses die zu erwerbende Lexik sowie die zu rezipierenden Texte vorgibt. Für die Lehrenden empfiehlt sich demnach eine intensive vorherige Auseinandersetzung mit „Romanica" sowie eine zielführende Rückbindung an die unterrichtsrelevante Thematik und das zu erarbeitende Vokabular.

4.2   Praktisches Beispiel: „EU·DO·IT"[18]

Name, Urheber und Erscheinungsjahr	Fokus/Ziel des digitalen Werkzeuges	Zugang (Link, QR-Code)
„European Digital Online-Game for Intercultural Learning and Translanguaging" (EU·DO·IT) • Goethe Universität Frankfurt et al. (2019)	Einüben von kommunikativen Szenarien basierend auf dem Konzept des *Translanguaging* zur Ausbildung von Sprachkompetenzen auf dem A1 Niveau einer ausgewählten Zielsprache sowie interkulturellen Kompetenzen	Abrufbar über den Browser: http://eudoit.eu

Tab. 7: Kurzzusammenfassung „EU·DO·IT" (eigene Darstellung)

Das browserbasierte Lernspiel „EU·DO·IT" wurde im Rahmen eines internationalen Projektes unter der Koordination der Goethe Universität Frankfurt am Main konzipiert und verschreibt sich der Zielsetzung, sprachliche und kulturelle Integrationsprozesse insbesondere von Migrantinnen und Migranten in Europa zu unterstützen (vgl. Goethe Universität Frankfurt am Main 2018, n. pag.). Hierbei sollen Sprachkompetenzen auf dem Niveau A1 sowie interkulturelle Kompetenzen ausgebildet werden. Es kann zwischen den Zielsprachen Katalanisch, Englisch, Französisch, Deutsch, Luxemburgisch, Spanisch und Türkisch gewählt werden, wobei diese unter Rückbezug auf drei wählbare *support languages* – Englisch, Französisch und Arabisch – in fiktiven mehrsprachigen Kom-

---

[18] Weitere Informationen zum referierten Lernspiel können auf der Webseite der Goethe Universität Frankfurt am Main konsultiert werden: https://www.uni-frankfurt.de/66757716 /EU_DO_IT, Zugriff: 26.06.2021.

munikationssituationen vermittelt werden. Das mehrsprachige Lernspiel basiert hierbei auf dem Konzept des *Translanguaging* – also dem Verständnis, dass das individuelle Repertoire an Sprachen als ein Ganzes zu sehen ist, welches kreativ genutzt und weiterentwickelt werden kann (vgl. Jessner & Allgäuer-Hackl 2019, 39). In diesem Sinne werden den Spielenden zwei Module bereitgestellt, in denen sie ihr vorhandenes mehrsprachiges Repertoire aktiv in formellen und informellen Kommunikationssituationen nutzen können. Zunächst können die Spielenden nach individueller Präferenz aus drei verschiedenen und durch das Spiel vorgegebenen Charakteren einen Avatar auswählen. Diese verfügen über ein jeweils unterschiedliches mehrsprachiges Repertoire unter Fokussierung verschiedener *support languages* (nachfolgend unterstrichen) (z. B. Maureen: Eng-lisch und die afrikanische Sprache Hausa). Mit dem jeweils gewählten Charakter bestreiten die Spielenden – im Sinne der kommunikativen Didaktik (vgl. Eibensteiner & Schlaak 2021, 181) – anschließend tägliche Kommunikationssituationen (z. B. nach Informationen fragen, Einkaufen etc.) „in einer (serious-)game-basierten Umgebung, welche komplexe und nicht-lineare Dialoge[19] umfasst, in denen auch inter- und intrasententiales *code-switching* und *code-mixing* möglich gemacht wird" (Goethe Universität Frankfurt am Main 2018, n. pag.). Hierbei werden die schriftlich und auditiv präsentierten Szenarien zunächst in der *support language* gespielt, um sie dann in der gewählten Zielsprache erneut zu bestreiten. Allerdings gilt anzumerken, dass sich die mittels des Avatars vollzogene Sprachanwendung – ähnlich wie im anknüpfenden Modul 2 *MElang-E*[20] – auf „das Auswählen vorgefertigter Sprachstimuli, mithilfe derer die Dialoge vervollständigt werden" (Eibenstiener & Schlaak 2021, 181) beschränkt und die Lernenden so wenig zielsprachigen Output selbst produzieren.

Für eine Integration des Lernspiels in den mehrsprachigen Fremdsprachenunterricht werden auf der offiziellen Internetseite (http://eudoit.eu/) konkrete Ideen

---

[19] Die Spielenden werden in diesen Dialogen beispielsweise aufgefordert, auf die Äußerung weiterer (nicht durch die Spielenden gesteuerter) Charaktere zu reagieren, indem sie bspw. die korrekte Antwort auf eine gestellte Frage aus drei Möglichkeiten auswählen (z. B. A: *Would you like some breakfast?* B: *Yes, please. Some cereal.*). Inkorrekte Antworten werden durch den nicht-spielerbasierten Charakter rückgemeldet.

[20] Eibensteiner & Schlaak (2021, 180-182) nehmen in ihrem Artikel eine detaillierte Beschreibung und Bewertung des zweiten Moduls *MElang-E* vor.

zum Einbezug einzelner Level in den Unterrichtskontext sowie ausgearbeitete Lehr-Lernmaterialien unter Fokussierung der jeweils relevanten Zielsprache bereitgestellt.[21] Ausgehend von den jeweiligen „EU·DO·IT"-Kommunikationsszenarien werden Unterrichtsvorschläge (inklusive Themenbereichen, Lernzielen, Zeitangaben und Arbeitsblättern) präsentiert, welche auf die jeweiligen Dialoge vorbereiten und diese für den Unterricht weiterdenken. Dabei wird zeitweise explizit Bezug auf die sprachlichen Repertoires der Lernenden genommen, indem beispielsweise Tabellen dargeboten werden, welche dazu anregen, den zielsprachig erarbeiteten Wortschatz in weitere bekannte Sprachen zu übertragen (z. B. französische Version: S. 12, Ex. 3; S. 30, Ex. 2) oder die Wurzel (*racine*) einzelner Prä- und Suffixe über bekannte Sprachen nach folgendem Schema herzuleiten: *racine*: **-logy** → *signification*: **study of**; *origine*: **Greek**; *examples*: **biology** (Anglais), **biologie** (Français) (siehe z. B. S. 14, Ex. 2).

„EU·DO·IT" bietet somit eine Möglichkeit, zielsprachige Kommunikationsprozesse unter aktivem Rückbezug auf das individuelle mehrsprachige Repertoire einzuüben und mit – primär sprachmittelorientierten mehrsprachigen Übungen – vorzubereiten oder zu festigen. Die Option, sowohl im Rahmen der Übungen als auch beim Spielen der Dialoge Herkunftssprachen wie z. B. das Türkische und Arabische einzubinden, lässt sich als besonders positiv werten, da diese oftmals noch nicht aktiv in den Fremdsprachenunterricht integriert werden (vgl. Bredthauer & Engfer 2018, 10-12; Bermejo Muñoz 2019, 110-111). Bei einer Einbindung des Spiels in den Unterricht gilt jedoch zu bedenken, dass sämtliche Lernaktivitäten stets ausgehend vom Spiel geplant werden sollten, da die Dialoge sowie relevante sprachliche Mittel vorgegeben und nicht modifizierbar sind. Auch konnte kein Weg gefunden werden, um zielgerichtet auf Einzeldialoge zurückzugreifen, was vermutlich dem Progressionscharakter des Spiels geschuldet ist. Dies gilt es bei der Planung ebenfalls zu berücksichtigen.

---

[21] Z. B. Materialpaket für die Zielsprache Französisch, siehe: http://eudoit.eu/wp-cc829-content/uploads/2019/06/The-EU-DO-IT-Handbook_Part-2-French_Teaching-Material.pdf, Zugriff: 26.06.2021.

5.   Schlussbetrachtung

In Anbetracht des im Einleitungskapitel herausgestellten Desiderats, Mehrsprachigkeit und neue Medien stärker zu verbinden (vgl. Rösler 2019, 245), damit bestehende Potenziale besser genutzt und Lernende auf ein Handeln in mehrsprachigen und digitalen Lernumgebungen vorbereitet werden, intendierte der dargebotene Beitrag konkret aufzuzeigen, wie Differenzierung und Individualisierung sowie mehrsprachige und plurikulturelle Kommunikationssituationen unter Einsatz ausgewählter digitaler Werkzeuge gestaltet werden können. Im Hinblick auf die Gewährleistung und Durchführung sprachlicher Differenzierung und Individualisierung mit der Zielsetzung, auf individuelle Sprachkompetenzen und Sprach(lern)erfahrungen einzugehen und diese zu fördern (vgl. z. B. Schädlich 2020, 37; Wiater 2006, 60), bietet das digitale Werkzeug App aufgrund der didaktischen Rückmeldefunktion, des orts- und zeitunabhängigen Einsatzes sowie der mehrkanaligen Aufbereitung entsprechender Inhalte besondere Vorteile (vgl. z. B. Falk 2015, 15-21; Pursche & Gerschner 2018, 138). So zeigen „EuroComDidactToGo" sowie „Learningapps.org" hilfreiche Wege auf, um mithilfe von zielgerichteten Übungsformaten auf sprachliche Vorkenntnisse der Lernenden einzugehen, diese zu festigen sowie dem Unterricht zuzuführen. Als eine handlungsorientierte Ausprägung der App kann darauf aufbauend das Format „digitales Lernspiel" für das Einüben mehrsprachiger und plurikultureller Kommunikationssituationen im geschützten Raum Verwendung finden. Dieses bietet Lernenden u. a. die Gelegenheit, ihr mehrsprachiges Repertoire in konkreten (fiktiven) Handlungssituationen zu aktivieren, um darauf basierend rezeptive und produktive Sprachhandlungen autonom und spielerisch durchzuführen. „Romanica" und „EU·DO·IT" liefern hierbei anregende Impulse für eine unterrichtsunabhängige sowie unterrichtsbegleitende Förderung rezeptiver und produktiver mehrsprachiger Kompetenzen, wobei bei der Ausgestaltung entsprechender Lernszenarien stets die immanenten Grenzen, wie z. B. die starke Steuerung durch das entsprechende Spiel oder die Beschränkung auf bestimmte Sprachmittel, zu berücksichtigen sind.

Literaturverzeichnis

BEACCO, Jean-Claude. 2007. *De la diversité linguistique à l'éducation plurilingue. Le Guide pour l'élaboration des politiques linguistiques éducatives.* Strasbourg: Conseil de l'Europe.

BERMEJO MUÑOZ, Sandra. 2014. „Implementierung schulischer und lebensweltlicher Mehrsprachigkeit in ein aufgabenorientiertes Unterrichtskonzept im Spanischunterricht der Sekundarstufe II", in: *Zeitschrift für Interkulturellen Fremdsprachenunterricht* 19/1, 119-137.

BERMEJO MUÑOZ, Sandra. 2019. *Berücksichtigung schulischer und lebensweltlicher Mehrsprachigkeit im Spanischunterricht. Eine empirische Studie.* Trier: WVT.

BERTHELE, Raphael. 2010. „Mehrsprachigkeitskompetenz als dynamisches Repertoire – Vorüberlegungen zu einer integrierten Sprachendidaktik", in: Bitter Bättig, Franziska & Tanner, Albert. edd. *Sprachen lernen – durch Sprache lernen.* Zürich: Seismo, 225-239.

BERTRAND, Yves & CHRIST, Herbert. 1990. „Vorschläge für einen erweiterten Fremdsprachenunterricht", in: *Neusprachliche Mitteilungen aus Wissenschaft und Praxis* 43/4, 208-213.

BREDTHAUER, Stefanie & ENGFER, Hilke. 2018. „Natürlich ist Mehrsprachigkeit toll! Aber was hat das mit meinem Unterricht zu tun?" Köln: Kölner Universitäts Publikations Server. https://kups.ub.uni-koeln.de/8092, Zugriff: 11.12.2021.

BYRAM, Michael. 1997. *Teaching and Assessing Intercultural Communicative Competence.* Clevedon, UK: Multilingual Matters.

CANDELIER, Michel et al. 2009. *Referenzrahmen für Plurale Ansätze zu Sprachen und Kulturen.* Graz: Europäisches Fremdsprachenzentrum des Europarates. https://archive.ecml.at/mtp2/publications/C4_RePA_090724_IDT.pdf, Zugriff: 06.01.2022.

CANDELIER, Michel et. al. 2012. *RePA – Referenzrahmen für plurale Ansätze zu Sprachen und Kulturen. Kompetenzen und Ressourcen.* Graz: Europäisches Fremdsprachenzentrum des Europarats.http://carap.ecml.at/Descriptorsofresources/tabid/2654/language/de-DE/Default.aspx, Zugriff: 22.06.2021.

EIBENSTEINER, Lukas & SCHLAAK, Claudia. 2021. „Potenziale der Digitalisierung für die Mehrsprachigkeitsdidaktik – von analogen zu digitalen Konzeptionen. Forschungen und Forschungsperspektiven aus der romanistischen Fremdsprachendidaktik", in: *Zeitschrift für Romanische Sprachen und ihre Didaktik* 15/2, 165-194.

EINSIEDLER, Wolfgang. 1989. „Zum Verhältnis von Lernen im Spiel und intentionalen Lehr-Lernprozessen", in: *Unterrichtswissenschaft* 17/4, 291-308.

ELSNER, Daniela. 2011. „Developing multiliteracies, plurilingual awareness & critical thinking in the primary language classroom with multilingual virtual talkingbooks", in: *Encuentro* 20, 27-38.

ERASMUS+ STRATEGIC PARTNERSHIP. 2019. *THE EU·DO·IT HANDBOOK Part 2: Teaching Material (French).* http://eudoit.eu/wp-cc829-content/uploads/2019/06/The-EU-DO-IT-Handbook_Part-2-French_Teaching-Material.pdf, Zugriff: 28.06.2021.

EUROCOMDIDACT. 2021. *EuroComDidact ToGo.* https://eurocomdidact.eu/?page_id=290, Zugriff: 28.06.2021.

EUROPARAT. ed. 2001a. *Gemeinsamer europäischer Referenzrahmen für Sprachen. Lernen, Lehren, Beurteilen.* Berlin: Langenscheidt.

EUROPARAT. ed. 2001b. *Europäisches Jahr der Sprachen 2001.* https://eur-lex.europa.eu/legal-content/DE/TXT/HTML/?uri=LEGISSUM:c11044&from=DE, Zugriff: 28.06.2021.

FALK, Simon. 2015. „Ap(p)ropos mobil – Über den Einsatz von Apps im DaF-Unterricht", in: *German as a foreign language* 2, 14-31. http://www.gfl-journal.de/2-2015/falk.pdf, Zugriff: 28.06.2021.

GEE, James P. 2007. *What video games have to teach us about learning and literacy.* Basingstoke: Palgrave Macmillan.

GOETHEINSTITUT. 2021. *Medieneinsatz im frühen Fremdsprachenunterricht.* https://www. goethe.de/de/spr/unt/kum/fru/med.html, Zugriff: 29.12.2021.

GOETHE UNIVERSITÄT FRANKFURT AM MAIN. 2018. *EU·DO·IT – European Digital Online-Game for Intercultural Learning and Translanguaging.* https://www.uni-frankfurt.de/66757716/EU_DO_IT, Zugriff: 28.06.2021.

GOETHE UNIVERSITÄT FRANKFURT AM MAIN et al. 2019. *Project Info EU·DO·IT.* http://eudoit.eu/project-info, Zugriff: 28.06.2021.

GOGOLIN, Ingrid & LÜDI, Georges. 2015. „Mehrsprachigkeit: Was ist Mehrsprachigkeit? In vielen Sprachen sprechen". München: Goetheinstitut. https://www.goethe.de/de/spr/mag/20492171.html, Zugriff: 28.06.2021.

GRÜNEWALD, Andreas. 2017. „Förderung der Text- und Medienkompetenz", in: Grünewald, Andreas & Küster, Lutz. edd. *Fachdidaktik Spanisch – Das Handbuch für Theorie und Praxis.* Stuttgart: Ernst Klett Sprachen, 200-244.

HABERLAND, Svenja. in Vorbereitung. „Digitale Medien und ausgewählte Ansätze der Mehrsprachigkeitsdidaktik im Spanischunterricht zielgerichtet kombinieren", in: Arriagada, Melanie & Bär, Marcus & Gropper, Alexander. edd. *Diálogos en el aula.* o.O.: o.V.

HAUSER, Bernhard. 2013. *Spielen. Frühes Lernen in Familie, Krippe und Kindergarten.* Stuttgart: Kohlhammer.

HERZIG, Bardo. 2014. *Wie wirksam sind digitale Medien im Unterricht?* Gütersloh: Bertelsmann Stiftung. https://www.bertelsmann-stiftung.de/fileadmin/files/BSt/Publikationen/Graue Publikationen/Studie_IB_Wirksamkeit_digitale_Medien_im_Unterricht_2014.pdf, Zugriff: 29.12.2021.

IMLIG-ITEN, Nina. 2019. *Lernen mit digitalen Lernspielen im Unterricht: Einfluss von angebots- und nutzungsspezifischen Faktoren.* https://www.zora.uzh.ch/id/eprint/171089/1/171089.pdf, Zugriff: 28.06.2021.

JESSNER, Ulrike & ALLGÄUER-HACKL, Elisabeth. 2019. „Code-Switching", in: Fäcke, Christiane & Meiner, Franz-Joseph. edd. *Handbuch Mehrsprachigkeits- und Mehrkulturalitätsdidaktik.* Tübingen: Narr Francke Attempto, 37-40.

JOHNSON, Steven. 2006. *Neue Intelligenz: Warum wir durch Computerspiele und TV klüger werden.* Köln: Kiepenheuer & Witsch.

KEPSER, Matthis. 2018. „Digitalisierung im Deutschunterricht der Sekundarstufe. Ein Blick zurück und Einblicke in die Zukunft", in: *Mitteilungen des Deutschen Germanistenverbands* 65/3, 247-268.

KMK = Sekretariat der Ständigen Konferenz der Kultusminister der Länder in der Bundesrepublik Deutschland 2012. *Bildungsstandards für die erste Fremdsprache (Englisch/Französisch) für die Allgemeine Hochschulreife.* München: Luchterhand.

KMK = Sekretariat der Ständigen Konferenz der Kultusminister der Länder in der Bundesrepublik Deutschland. 2016. *Bildung in der digitalen Welt. Strategie der Kultusministerkonferenz.* München: Luchterhand.

KORB, Fabienne & SCHWENDER, Philipp. 2019. „Le français en route plurilingue. Französisch sprachenvernetzend unterrichten mithilfe digitaler Lernangebote", in: *PRAXIS Fremdsprachenunterricht* 2, 4-8.

KRUMM, Hans-Jürgen & REICH, Hans. 2011. *Curriculum Mehrsprachigkeit.* http://oesz.at/download/cm/CurriculumMehrsprachigkeit2011.pdf, Zugriff: 28.06.2021.

LE, Son & WEBER, Peter & EBNER, Martin. 2013. „Game-Based Learning. Spielend Lernen?", in: Ebner, Martin & Schön, Sandra. edd. *L3T. Lehrbuch für Lernen und Lehren mit*

Technologien. Frankfurt am Main: peDOCS, 1-9. https://www.pedocs.de/volltexte/2013/ 8352/pdf/L3T_2013_Le_Weber_Ebner_Game_Based_Learning.pdf, Zugriff: 28.06.2021.

LÜDI, Georges & PY, Bernard. 2009. „To be or not to be ... a plurilingual speaker", in: *International Journal of Multilingualism* 6/2, 154-167.

MEIßNER, Franz-Joseph. 2005. „Aufgabenbeispiele im Bereich der Interkomprehensionsdidaktik", in: Müller-Hartmann, Andreas & Schocker v. Ditfurth, Marita. edd. *Aufgabenorientierung im Fremdsprachenunterricht – Task Based Language Learning and Teaching*. Tübingen: Narr, 83-98.

MEIßNER, Franz-Joseph. 2021. „Das didaktische Potential mehrsprachig-wortserieller Einsatzübungen (EuroComDidact ToGo)", in: Grünewald, Andreas et. al. edd. *Fremdsprachendidaktik als Wissenschaft und Ausbildungsdisziplin*. Tübingen: Narr Francke Attempto, 93-107.

MINISTERE DE LA CULTURE. 2019. *Romanica*. https://www.culture.gouv.fr/Sites-thematiques/ Langue-francaise-et-langues-de-France/Ressources/Ressources-pedagogiques-et-sensibilis ation/Romanica, Zugriff: 28.06.2021.

MINISTERIUM = Ministerium für Schule und Bildung des Landes Nordrhein-Westfalen 2019a. *Kernlehrplan für die Sekundarstufe I Gymnasium/Gesamtschule in Nordrhein-Westfalen. Spanisch*. https://www.schulentwicklung.nrw.de/lehrplaene/lehrplan/138/gym8_spanisch.pdf, Zugriff: 28.06.2021.

MINISTERIUM = Ministerium für Schule und Bildung des Landes Nordrhein-Westfalen. 2019b. *Medienkompetenzrahmen NRW*. https://www.schulministerium. nrw.de/docs/Schul system/Medien/Medienkompetenzrahmen/index.html, Zugriff: 28.06.2021.

NÁROSY, Thomas. 2015. „(Mehr)Sprachliche Bildung mit digitalen Medien und Werkzeugen – Sprachen lernen in Zeiten des digitalen Transits", in: *ide* 4, 142-149.

NARR, Kristin 2016. *Digitale Werkzeuge. Der DIE-Wissensbaustein für die Praxis*. https:// www.die-bonn.de/wb/2016-digitale-werkzeuge-01.pdf, Zugriff: 28.06.2021.

PÄDAGOGISCHE HOCHSCHULE BERN et al. o. J. *Learningapps.org: multimediale, interaktive Lernbausteine erstellen einfach gemacht*. https://learningapps.org/LearningApps.pdf, Zugriff: 28.06.2021.

PETKO, Dominik. 2008. „Unterrichten mit Computerspielen. Didaktische Potenziale und Ansätze für den gezielten Einsatz in Schule und Ausbildung", in: *MedienPädagogik. Zeitschrift für Theorie und Praxis der Medienbildung* 15, 1-15.

PURSCHE, Anne & GERSCHNER, Katharina. 2018. „Umsetzung und Evaluation eines Fernlehrgangs für die Vorbereitung zur Prüfung zum/zur ‚geprüften Prozessmanager/-in Produktionstechnologie (IHK)'", in: Kannek, Monique & Hoppe, Annekatrin. edd. *Gestaltungskompetenzen für gesundes Arbeiten. Arbeitsgestaltung im Zeitalter der Digitalisierung*. Berlin: Springer, 133-139.

REIMANN, Daniel. 2016. „Aufgeklärte Mehrsprachigkeit – Sieben Forschungs- und Handlungsfelder zur (Re-)Modellierung der Mehrsprachigkeitsdidaktik", in: Rückl, Michaela. ed. *Sprachen und Kulturen: vermitteln und vernetzen. Beiträge zur Mehrsprachigkeit und Inter-/Transkulturalität im Unterricht, in Lehrwerken und in der Lehrer/innen/bildung*. Münster & New York: Waxmann, 15-33.

REISSNER, Christina. 2012. „Den Sprachenunterricht vernetzen: Das Englische als Brückensprache zum Spanischen", in: Leitzke-Ungerer, Eva & Vences, Ursula et al. edd. *English-Español: Vernetzung im kompetenzorientierten Spanischunterricht*. Stuttgart: ibidem, 181-201.

REISSNER, Christina & Klos, Fabienne. 2018. „Mehrsprachenlernen 2.0: Sprachen vernetzen mit der EuroComRom-App", in: Tinnefeld, Thomas. ed. *Fremdsprachenunterricht im 21. Jahrhundert. Lerner. Methoden. Herausforderungen*. Saarbrücken: htw Saar, 53-69.

RIEß, Michael. 2018. *Zum Einfluss digitaler Werkzeuge auf die Konstruktion mathematischen Wissens*. Wiesbaden: Springer Spektrum.

RIEHL, Claudia M. 2014. *Mehrsprachigkeit: Eine Einführung*. Darmstadt: WBG.

RÖSLER, Dietmar. 2019. „Mehrsprachigkeit und digital gestütztes Lernen und Lehren fremder Sprachen", in: Meißner, Franz-Joseph & Fäcke, Christiane. edd. *Handbuch Mehrsprachigkeits- und Mehrkulturalitätsdidaktik*. Tübingen: Narr Francke Attempto, 245-250.

RÜCKL, Michaela. 2017. „Vernetztes Lernen: Ein sprachenübergreifender Einstieg in den Französischunterricht mit WhatsApp-Aktivitäten", in: *Der Fremdsprachliche Unterricht Französisch* 148, 23-29.

RÜCKL, Michaela. 2020. „‚Mehrsprachige Handlungskompetenz' und ‚interkulturelle Bildung' als Leitziele eines demokratiebildenden Fremdsprachenunterrichts", in: Ammerer, Heinrich & Geelhaar, Margot & Palmstorfer, Rainer. ed. *Demokratie Lernen in der Schule. Politische Bildung als Aufgabe für alle Unterrichtsfächer*. Münster & NewYork: Waxmann, 117-129.

SCHÄDLICH, Birgit. 2020. „Mediatorisches Handeln und Symbolische Kompetenz: Ansätze für reflektierte Mehrsprachigkeit in antinomischen Spannungsfeldern schulischen Fremdsprachenunterrichts", in: García García, Marta et al. edd. *Mehrsprachigkeit im Unterricht der romanischen Sprachen*. Tübingen: Narr Francke Attempto, 31-56.

SCHRÖDER-SURA, Anna. 2020. „Der Referenzrahmen für plurale Ansätze zu Sprachen und Kulturen (RePA) – Beispiele zum Einsatz und Nutzen der Deskriptoren", in: García García, Marta et al. edd. *Mehrsprachigkeit im Unterricht der romanischen Sprachen*. Tübingen: Narr Francke Attempto, 57-77.

VAN ECK, Richard. 2006. „Digital Game-Based Learning: It's Not Just the Digital Natives Who Are Restless", in: *Educause Review* 41/2, 16-30. https://er.educause.edu/articles/20 06/1/digital-gamebased-learning-its-not-just-the-digital-natives-who-are-restless, Zugriff: 28.06.2021.

WAGNER, Michael. 2008. „Interaktionstechnologie im gesellschaftlichen Spiel", in: Mitgutsch, Konstantin & Rosenstingl, Herbert. edd. *Faszination Computerspielen. Theorie – Kultur – Erleben*. Wien: Braumüller, 47-55.

WESKAMP, Ralf. 2007. *Mehrsprachigkeit. Sprachevolution, kognitive Sprachverarbeitung und schulischer Fremdsprachenerwerb*. Braunschweig: Schroedel & Diesterweg.

WIATER, Werner. 2006. „Didaktik der Mehrsprachigkeit", in: ders. ed. *Didaktik der Mehrsprachigkeit. Theoriegrundlagen und Praxismodelle*. München: Vögel, 57-72.

WOERFEL, Till. 2020. *Mehrsprachigkeit gezielt nutzen und fördern*. https://www.mercator-institut-sprachfoerderung.de/fileadmin/Redaktion/PDF/Publikationen/200804_Handreichung_A3_final.pdf, Zugriff: 28.06.2021.

Anhang
Übersicht und Zugangsinformationen zu den im Beitrag zusätzlich referierten digitalen Werkzeugen (Einteilung nach Verwendungsmöglichkeiten):

Name des digitalen Werkzeuges	Zugangslink	QR-Code
Digitale Werkzeuge zur videobasierten Kommunikation		
Zoom	https://zoom.us	
Skype	https://www.skype.com/de/	
Digitale Werkzeuge zur schriftbasierten Kommunikation		
Blogger	https://www.blogger.com	
Weebly for Education	https://education.weebly.com/?lang=de	
Digitale Werkzeuge zur Rezeption mehrsprachiger Texte		
Bilingual Picturebooks	https://www.bilingual-picture-books.org/de/home	
Duolingo podcast	https://podcast.duolingo.com/spanish	
Polylino	https://www.polylino.de/	
Digitale Werkzeuge zur autonomen Arbeit mit sprachlichen Mitteln		
DeepL	https://www.deepl.com/translator	
Quizlet	https://quizlet.com/de	
Digitale Werkzeuge zur Zusammenarbeit		
ZUMPad	https://zumpad.zum.de	
Flinga	https://flinga.fi	
Padlet	https://padlet.com	
Mentimeter	https://www.mentimeter.com/	

Der direkte französische Fragesatz in mündlicher Rede und seine Verwendung in Lehrwerken der neokommunikativen Ära – ein korpusbasierter Vergleich

Jürgen Mertens (Ludwigsburg)

1. Fragestellung

Der Fragesatz im Französischen ist ein komplexer Bereich der Syntax, so dass es nicht verwundert, dass er über die letzten Jahrzehnte hinweg mehrfach zum Gegenstand der Betrachtung wurde (vgl. den Literaturüberblick in Reinhardt 2019). Diese Komplexität beruht, wie Farmer (2013) zurecht postuliert, auf einer Vielfalt an syntaktischen Möglichkeiten, die mit Sprachstilen (formell/informell), Sprachniveaus und sozioökonomischen Zuschreibungen einhergehen und somit eine breite Variabilität begründen. Reinhardts (2019) umfangreiche Studie nimmt die morphosyntaktischen und intonatorischen Ausprägungen der direkten mündlichen Frage in den Blick und erweitert den sprachwissenschaftlichen Zugriff auf das Feld durch eine fremdsprachendidaktische Perspektive, indem sie das schulisch vermittelte Sprachmodell (via Lehrbuch) zum tatsächlichen Sprachgebrauch (via Reality TV Shows, Hörbuch) in Beziehung setzt und aus dieser Konfrontation eine „pädagogische Norm" (2019, III) ableitet.

In diesem Beitrag wird der Ansatz von Reinhardt insoweit modifiziert, als aus forschungsökonomischen Gründen einerseits allein die Morphosyntax des Fragesatzes betrachtet werden soll. Andererseits wird ein Vergleichskorpus erstellt und für die Analyse herangezogen, das mündlichen Sprachgebrauch in einem filmisch dargestellten Rahmen mimt, zugleich aber das Feld hin zu einem informelleren Register erweitert. Darüber hinaus wird mit der Eröffnung einer diachronischen Perspektive der Versuch unternommen, aufzuzeigen, inwieweit sich die Präsentation der direkten Frage in den letzten 50 Jahren in Lehrwerken, die in Deutschland konzipiert und vertrieben wurden und werden, verändert hat.

2.   Datenkorpus I

Grundlage des Korpus sind 30 Folgen der Miniserie *Un si grand soleil* (Sende-zeitraum: 13.04.-21.05.2021). Es handelt sich um eine *série feuilletonnante*, („dont le récit se poursuit d'épisode en épisode" (Esquenazi 2017, 107)), bei der die verschiedenen Handlungsstränge in kurzen, ca. 1- bis 3-minütigen Sequenzen, mit i. d. R. zwei bis maximal vier beteiligten Personen, über die Einzelepisode hinaus miteinander verwoben sind. Das untersuchte Sprachmaterial (Dauer der Folge abzüglich Vor- und Abspann) hat einen Umfang von 9:53:21, was einer durchschnittlichen Länge von 20 Minuten pro Folge entspricht. Jede Einzelepi-sode setzt sich aus ca. 15 Teilsequenzen zusammen. Die soziale Schichtung der Protagonistinnen und Protagonisten ist breit angelegt und umfasst die Alters-spanne vom älteren Jugendlichen bis zur Pensionärin. Die Gesprächskonstellati-onen sind vielfältig und reichen, um eine Auswahl zu nennen, vom Austausch Eltern – Kind, Arbeitgeber – Angestellte und Angestellter, von Gesprächen inner-halb einer Wohngemeinschaft, über Routinedialoge zwischen dem Polizeiperso-nal und der verdächtigten Person beim Verhör bis zum Beratungsgespräch einer Rechtsanwältin mit ihrer Mandantin. Die allermeisten Gespräche sind nähe-sprachlich geprägt (vgl. Koch & Österreicher 1985), deutlich informeller Natur und beziehen sich überwiegend auf den privaten Bereich (Familie, Freizeit) oder das Arbeitsumfeld (Polizei, Schule, Fabrik, …).

Die Miniserie *Un si grand soleil* ist u. E. für die Abbildung aktuellen Sprach-gebrauchs, hier am Beispiel der direkten Frage, aus mehrerlei Gründen geeignet. Sicherlich basieren die Textdialoge auf einer medial schriftlich konzipierten Drehbuchvorlage. Die von den Schauspielerinnen und Schauspielern gesproche-nen Dialoge sind daher keine Belege für Spontansprache, was sich etwa am Feh-len hierfür typischer Merkmale wie Satzabbrüche, Wiederholungen, Planungs-pausen, usw. zeigt (vgl. auch Blanche-Benveniste & Bilger 1999). Dennoch bildet die hier untersuchte Miniserie, im Gegensatz zum klassischen Theaterstück, keine literarisch ambitionierte, sondern eine realitätsnahe, die Handlungskonstellatio-nen glaubhaft wiedergebende familiäre, informelle Sprechsprache ab. Es ist denk-bar, dass Drehbuchvorgaben aus dem Spiel heraus weiterentwickelt und angepasst werden, und im Ergebnis, ein, wenn auch vorbedachter, aber realistischer sprech-sprachlicher Diskurs entsteht.

Für die Korpuserstellung wurden die jeweilige Folge zweimalig angesehen und parallel die darin vorkommenden Fragesätze handschriftlich notiert. Unter Zuhilfenahme der Untertitelfunktion beim zweiten Durchgang wurde die Transkription komplettiert. Aufgrund von Diskrepanzen zwischen der Untertitelformulierung und der artikulierten Frage wurde i. d. R. eine Textpassage mehrfach angehört, um den exakten Wortlaut erfassen zu können. Nach Bereinigung des Rohkorpus – Tilgung von 1) Einwortfragen, 2) Grußformeln, 3) Alternativfragen und 4) elliptischen Fragen – verblieben im Korpus 1.230 Fragesätze, die semantisch eindeutig bestimmbar waren. Analog zu Reinhardt (2019, 146) erfolgte die Klassifizierung des Datenmaterials nach morphologischen Kriterien:

- Fehlen/Vorhandensein eines Fragewortes (Vor- bzw. Nachstellung)
- Reihenfolge von Subjekt und Verb
- Art des Subjekts (nominal oder pronominal)
- Fehlen oder Vorhandensein einer Fragepartikel (*est-ce que* bzw. *que*)

In einem mehrschrittigen Verfahren wurden die Fragesätze mithilfe des Datenprogramms Excel in die Grobkategorien Total- und partielle Fragen aufgeteilt. Anschließend erfolgte die Bildung von Unterkategorien (in Anlehnung an Farmer 2013; Coveney 2011): a) bzgl. der Entscheidungsfrage: 1. Inversion, 2. Periphrastische Frageform, 3. Intonationsfrage; b) bzgl. der partiellen Frage: 1. Inversion, 2. periphrastische Frage, 3. Desinvertierte Frageform, 4. Nachstellung. Auf dieser Grundlage konnte die Frequenz der einzelnen Grob- und Feinkategorien ermittelt werden, auf die nachfolgend näher eingegangen wird.

3. Frequenzen der Fragetypen in Korpus I

In Korpus I verteilen sich die beiden Hauptkategorien mit zwei Dritteln (N= 769) auf die Totalfrage und mit einem Drittel auf die Teilfrage (N=461).

3.1 Der Anteil der Totalfrage in Korpus I

Eine Totalfrage (auch: Entscheidungsfrage) bezieht sich auf den Wahrheitsgehalt einer Aussage, der durch eine bestätigende („oui") oder ablehnende Reaktion („non") bestimmt wird (vgl. Abeillé & Godard 2021, 1403). Diese Frageform hat

im Gesamtkorpus einen Anteil von 62,50%. Innerhalb dieser 769 Datensätze entfällt der Hauptteil mit 97,40% auf die Intonationsfrage. Die periphrastische Frage
(bei der *est-ce que* als formales Mittel der Kennzeichnung einer Frage unter Beibehaltung der Satzstellung S-P-O verwendet wird; auch als Umschreibung mit
est-ce que bezeichnet; vgl. Riegel et al. 2016, 672) hingegen liegt mit einer absoluten Häufigkeit von 19 bei etwas über 2 Prozent (2,47%). Damit lässt sich weder
die Hypothese ihrer hohen Frequenz („particulièrement fréquent en francais moderne", Riegel et al. ^{6}2016, 672) noch ihre Verbreitung im mündlichen Medium
(„s'emploie aujourd'hui aussi bien à l'oral qu'à l'écrit", ebd.) belegen. Auch die
Zuordnung der periphrastischen Frage zu einem eher informelleren Register („relève de la langue courante", Struve-Debeaux 2010, 259) lässt sich angesichts ihrer
geringen Vorkommenshäufigkeit im Korpus nicht bestätigen.

Von den in Behnstedt (1973, 196-199) beschriebenen Funktionen der *est-ce*
que-Frage (1. Expressivität, 2. Formulierung eines Einwands, 3. Betonung der
Frage) scheint weitgehend die letztgenannte zuzutreffen. Es handelt sich bei den
folgenden Beispielen aus Korpus I um Teile der Rede, in denen die erfragte Information (bzw. Reaktion) mit Nachdruck eingefordert wird, da sie für die Frage-
stellerin oder den Fragesteller relevant ist: in seiner Rolle als Polizist („Est-ce que
votre femme avait une tendance à rouler un peu vite?", „Le jour de la mort de
votre femme est-ce que vous avez quitté la chambre?"), in ihrer Rolle als Ange-
hörige einer Patientin („Est-ce qu'elle peut garder des séquelles", „Est-ce qu'il va
a avoir des complications?"), in seiner Rolle als Ehemann („Est-ce que tu penses
que tu pourras me pardonner?") oder in ihrer Rolle als Erziehungsberechtigte
(„Est-ce que tu peux aligner deux mots pour former une phrase correctement s'il
te plaît?").

Der Typus der Inversionsfrage ist in Form der komplexen Inversion mit einem
einzigen Beleg vertreten (0,13%). Bei dieser Variante, auch absolute Fragestellung genannt, behält das nominale Subjekt seine Frontposition im Satz, wird aber
durch das korrespondierende Personalpronomen (*il/s* oder *elle/s*) nach der konju-
gierten Verbform mit einem Bindestrich wieder aufgenommen (vgl. Riegel et al.
2016, 252; vgl. Abeillé & Godard 2021, 1402ff)). Eine solche Frage wird in Korpus I im Rahmen eines polizeilichen Verhörs von einem Rechtsanwalt geäußert.

Aus dem Textzusammenhang wird deutlich, dass die Verwendung einer schrift-sprachlich markierten Frageform an dieser Stelle eine Art professionellen Sprach-reflex darstellt und der Sprecher sich in einem dem Plädoyer ähnlichen Redebei-trag konzeptionell der Distanzsprache bedient, „cette géolocalisation indiquait-t-elle précisément l'appartement de ma cliente …?", und seine (rhetorische) Frage sogleich selbst verneint.

3.2   Der Anteil der Teilfrage in Korpus I

Eine Teilfrage (auch: partielle Frage) hat zum Ziel, einen fehlenden Bestandteil einer Aussage durch die erwartete Antwort zu identifizieren (vgl. Riegel et al. 2016, 669; ähnlich Abeillé & Godard 2021, 1404). Formal wird das fehlende Ele-ment durch ein Fragepronomen markiert und inhaltlich fokussiert (z.B. „Qui t'a dit ça?"). Bei diesem Typus kristallisieren sich drei Schwerpunkte heraus. Mit 40,56% entfällt der Hauptteil dieses Fragetyps auf die Nachstellung (Bsp.: *„Tu penses à qui?"*); hier folgt das Fragepronomen der eigentlichen Aussage und nimmt den Platz der gesuchten Komponente ein, so dass die Satzstellung unver-ändert bleiben kann. Die *est-ce que*-Frage liegt mit 29,50% deutlich dahinter, dicht gefolgt, mit 27,11%, von der desinvertierten Frageform. Bei dieser (z. B: „Pourquoi tu te mets dans cet état?") steht das Fragepronomen in Frontstellung unter Beibehaltung der Abfolge Subjekt-Prädikat. ‚Desinvertiert' ist zu verstehen im Sinne der Umkehrung einer eigentlich erwarteten Inversion. Das genannte Er-gebnis bestätigt in etwa die Befunde von Reinhardt (2019, 148). Einen großen Unterschied markiert allerdings das Ergebnis für die Inversionsfrage. Während Reinhardt (ebd.) mit „almost a fifth (19,20%) of the structures were inverted" die Inversion häufig feststellt, ist diese Frageform in unserem Korpus sehr marginal vertreten (1,52%). Bei näherer Betrachtung zeigt sich ein differenzierteres Bild.

a) Die desinvertierte Fragestellung
Bei den 125 Belegen für desinvertierte Fragesätze zeichnet sich ein deutlicher Schwerpunkt bei den Fragewörtern *comment* (40,80%) und *pourquoi* (44,00%) ab. Die restlichen Fragewörter *de quoi* (4,0%), *comment ça se fait que* (2,4%), *à quoi, depuis quand, d'où, quel* (jeweils 1,6%) sowie *combien, depuis combien* und *quand* (jeweils 0,8%) sind äußerst selten vertreten.

b) Die *est-ce que*-Frage

Wenn die *est-ce que*-Frage als Frageform mit einer Frequenz von einem Drittel aller Teilfragen (N= 136+1 („que')) überraschend häufig im Korpus vertreten ist, so zeigt sich bei der differenzierten Betrachtung der Frequenz einzelner Fragewörter, dass dieses Ergebnis vor allem auf *qu'est-ce que* und *qu'est-ce qui* beruht. Mit knapp zwei Dritteln für *qu'est-ce que* (61,31%) bzw. einem Drittel der Datenbelege für *qu'est-ce qui* (32,85%) wird der Befund von Farmer bestätigt, die schreibt: „the interrogative word *que* so often occurs with *est-ce que* across speaker, class and sex – in every style and in every decade – that it appears to be lexicalized" (Farmer 2013, 67). Unterziehen wir die Fragestrukturen *qu'est-ce que* und *qu'est-ce qui* einer näheren Betrachtung, so erkennt man, dass sie sich auf wenige semantisch-pragmatische Grundideen rückführen lassen und verstärkt im Kontext bestimmter Verben vorkommen:

- *qu'est-ce que* (Verben*: faire 32, vouloir 11, dire/raconter/... 8, avoir 5)*
    - sich nach einem Vorgang erkundigen / „*Qu'est-ce qu'il y a?"* (8)
    - nach einem Rat fragen / „*Qu'est-ce que tu veux que ...?"* (3)
    - sich nach etwas erkundigen / „*Qu'est-ce que c'est?"* (2)
- *qu'est-ce qui* (Verben: *se passer* 29, *arriver* 6, *prendre à qn* 5)
    - sich nach einem Vorgang erkundigen / „*Qu'est-ce qui se passe?"* (29)
    - sich nach dem Verhalten erkundigen / „*Qu'est-ce qui lui/te prend?"* (5)
    - sich erkundigen, was mit jdm. passiert / „*Qu'est-ce qui t'arrive?"* (6)

Für die periphrastische Frage stellt Farmer generell fest: „Data from films suggest that other *wh*-words simply do not appear with *est-ce que*" (2013, 68), eine Tendenz, die sich auch in Korpus I mit der geringen Frequenz anderer Fragewörter zeigt (*où*, 2,19%; *comment; 1,46%, quand* und *pourquoi,* jeweils 0,73%). Ebenso selten kommt im Korpus die Sonderform mit *que* vor („depuis quand que ...,* 0,74%; „terme interrogatif suivi de *que*", Riegel et al. [6]2016, 679), die als eine im populären Sprachgebrauch verwendete, phonetische Rückbildung aus *est-ce que* gedeutet wird: „Ces structures très familières constituent des réductions de l'interrogation au moyen du terme complexe *est-ce que*" (ebd.).[1]

---

[1] Im Gegensatz dazu die Position von Behnstedt, der von einer Analogiebildung ausgeht (1973, 36-40).

c) Die Nachstellung

Vom Typus der nachgestellten Frageform finden sich 187 Belege in Korpus I. Diese verteilen sich prozentual folgendermaßen auf einzelne Fragewörter:[2]

- (*à/avec/dans/de/sur*) *quoi* (58,82%),
- (*d'*)*où* (12,83%)
- *comment* (9,09%)
- (*à/de*) *combien* (6,95%)
- (*depuis*) *quand* (4,81%)
- (*à/de*) *qui* (4,28%)
- (*à*) *quel* (3,21%)

Die Nachstellung kommt überwiegend in folgenden Verbindungen vor:

- Präsentativ *c'est* (37)/*c'était* (5) + *quoi (31)*, *qui (5)*, *comment (3)*, *quel* + Nomen (2), *où* (1),
- mit dem Verb *faire* (32) (v. a. +*quoi* (22), z. B. *Il /Elle/On fait quoi?*, *Ça fait quoi?* = „kosten"),
- mit dem Verb *aller* (5) (z. B. *On va où là?*)
- mit der Wendung *Ça veut dire quoi?* (5),
- mit einfachen Verbformen (v. a. *présent*), selten dem *imparfait*, noch seltener in zusammengesetzten Verbformen.

d) Frage mit Inversion

Das geringe Vorkommen der Teilfrage mit Inversion – sieben Belege – geht mit den Befunden von Myers (2007) und Kelly (2013) einher, steht aber im Gegensatz zu den Befunden von Reinhardt (s. o.). Die Inversion tritt in unserem Korpus vor allem in Verbindung mit *comment* auf. Es handelt sich hier um lexikalisierte Chunks, die Folgendes ausdrücken:

- Vorwurf: *Comment peux-tu ...?* → Wie kannst du nur ...?,
- Infragestellen einer Handlung: *Comment veux-tu que je* [+subj.] *...?* → Wie soll ich denn ...?.

---

[2] Der Anteil der zusammengesetzten Fragewörter beträgt insgesamt 12,29%, die übrigen 87,71% entfallen auf die Basisfragepronomen *combien*, *comment*, *où*, *quand*, *quel*, *quoi*.

Die weiteren Belege mit Inversion dienen der Frage nach dem Befinden in Zusammenhang mit einem nominalen Subjekt (z. B. *„Comment va ma cliente préférée?"*, semantisch ähnlich bei: *„Que fait ma cliente préférée…?"*).

e) Die Teilfrage – *Qui*-Subjekt

Das Fragepronomen *qui* („Wer") wird im Korpus 9-mal verwendet. Fünf Belege entfallen auf die Inversionsvariante (*„Qui t'a dit ça?"*) gewählt, vier auf die nachgestellte Version mit dem Präsentativ *C'est* (*„C'est qui Marc dont parlait Deville?"*). Die möglichen Alternative *Qui est-ce qui* kommt nicht im Korpus vor, ebenso wenig die desinvertierte Form (*qui* als Objektpronomen).

3.3   Die Verteilung der Fragewörter auf die Fragetypen

Vergleicht man die Fragewörter im Hinblick auf ihre Vorkommenshäufigkeit nach der Frageform, so ergibt sich folgendes Bild:

a) Das Fragewort *que* (+ Varianten)

Das deutsche Fragewort „was" hat im Französischen je nach Fragekonstruktion und syntaktischer Funktion unterschiedliche morphologische Entsprechungen: *qu(e), qu'est-ce qu(e)/qu'est-ce qui, quoi*. Mit 247 Belegen entfällt beinahe jede zweite Teilfrage auf eine ‚was'-Frage (N gesamt: 461). Unter den verschiedenen Realisierungsmöglichkeiten für ‚was' verteilen sich diese Nachweise auf die Nachstellung (*quoi*, 44,53%) und die periphrastische Frageform (*qu'est-ce que/qui*, 52,23%). Unterdurchschnittlich vertreten sind die desinvertierte Frageform (N: 7; 2,83%) und die Inversion (N: 1, 0,40%). Dieses Ergebnis spiegelt ältere Studien wider (Druetta 2002, 2003; Coveney 2011), die Ähnliches zeigen. Auch die Ergebnisse von Reinhardt (2019, 153-155) weisen in dieselbe Richtung.

b) Das Fragewort *comment*

Comment ist mit 76 Belegen das zweithäufigste Fragepronomen in Korpus I. Es wird mit allen Frageformen zusammen verwendet. Im Gegensatz zu Reinhardt (2019, 157), die Werte von 45,45% bzw. 28,57% erheben konnte, ist die Datenlage bei *comment* noch eindeutiger zugunsten der desinvertierten Frageform ausgefallen. Mit 67,11% gegenüber 22,37% für die Nachstellung ist sie weitaus frequenter. Allein bei der Häufigkeit der verschiedenen Ausprägungen der Inversionsfrage (einfach vs. komplex) ist ein signifikanter Unterschied feststellbar. Während in unserem Korpus allein die einfache Inversion mit 6,89% (N= 6) auftritt, ist diese Frageform bei Reinhardt (ebd.) mit 20,89% (N=19; einfache und komplexe Inversion) deutlich präsenter.

c) Das Fragewort *pourquoi*
Das Fragepronomen *pourquoi* hat eine Häufigkeit von 56 im Korpus. Diese entfallen mit 98,21% überdurchschnittlich auf die desinvertierte Frageform. Nur in einem Fall wird der kausale Fragesatz mit der periphrastischen Teilfrage konstruiert. Dieser Befund deckt sich mit dem von Reinhardt (2019, 158). Auch kann anhand der hier vorliegenden Daten bestätigt werden, dass ein Großteil der Belege mit *pourquoi* auf Einwortfragen ohne Verb entfällt.[3]

d) Das Fragewort *où*
Mit 29 Belegen ist das Fragepronomen *où* durchschnittlich frequent. Bei einem Vorkommen von 24 wird es überdurchschnittlich oft in Verbindung mit der Nachstellung konstruiert (82,76%). Die periphrastische Frage (10,34%) und die desinvertierte Frageform (6,90%) sind mit nur wenigen Belegen im Korpus als marginal einzustufen. Bei Reinhardt konnte ein ähnlicher Trend – Schwerpunkt auf der Nachstellung (76,19%) – festgestellt werden, mit leichten ob der geringen Frequenz vernachlässigbaren Verschiebungen bei den anderen Frageformen.

e) Das Fragewort *combien*
Einen ähnlichen Status wie *quand* hatte mit 15 Belegen das Fragewort *combien*. Auch hier ist die präferierte Frageform die Nachstellung (86,67%), während die zwei nachgewiesenen desinvertierten Fragen 13,33% ausmachen. Tendenziell spiegeln sich hier die Verhältnisse wie bei Reinhardt wider, wo auf die Nachstellung 70,96%, auf die desinvertierte Form 22,58% und 6,46% auf zwei Inversionsfragen entfallen (2019, 156).

---

[3] Die semantische Variante „*Comment ça se fait que...*" kam dreimal als desinvertierte lexikalisierte Form vor.

f) Das Fragewort *quand*

Die Fragesätze mit *quand* sind im Korpus mit einer Frequenz von 14 eher selten, was tendenziell von Reinhardt bestätigt wird, wo dieses Fragewort noch weniger frequent ist (2019,156-157). Schwerpunktmäßig sind knapp zwei Drittel mit der nachgestellten Frageform gebildet worden, die restlichen Anteile entfallen auf die *est-ce que*-Frage und die desinvertierte Frageform.

g) Das Fragewort *quel*

Mit 8 Nennungen ist das Fragewort *quel* am wenigsten häufig im Korpus vorhanden, wobei die Nachstellung mit 6 Fragesätzen dominiert; bei zwei weiteren handelt es sich um desinvertierte Fragen (z. B. „*Quel âge il a?* "). Aufgrund der wenigen Belege kann der Vergleich zu Reinhardt nicht gezogen werden, wo bei einer Vorkommenshäufigkeit von 64 der Schwerpunkt auf der Inversion liegt.

3.4   Zwischenfazit

Als Zwischenergebnis kann festgehalten werden:

- Die systemisch zur Verfügung stehenden Möglichkeiten zur Formulierung von Fragesätzen werden sprechsprachlich in tendenziell informellen Gesprächssituationen nicht genutzt (vgl. Reinhardt 2019 147, Abb. 17).
- Bei der Totalfrage dominiert die Intonationsfrage. Die *est-ce que*-Frage stellt eine stilistische Variationsmöglichkeit (Betonung) bereit.
- Was die Teilfrage angeht, so gestaltet sich das System differenzierter:
  - Die Inversion ist nur in wenigen, festen Wendungen präsent.
  - Die Verwendung der periphrastischen Frage beschränkt sich weitgehend auf die lexikalisierte Form *qu'est-ce que/qu'est-ce qui*.
  - Für die Fragewörter *comment, combien, où, quand, pourquoi, que* und *quel* zeichnen sich folgende Tendenzen bzw. Präferenzen ab:
    - COMBIEN + Nachstellung
    - COMMENT + desinvertierte Frageform
    - OÙ + Nachstellung
    - POURQUOI + desinvertierte Frageform
    - QUAND + Nachstellung
    - QUE + Nachstellung (*quoi*)
    - QUEL + Nachstellung

Anhand mehrerer Korpora aus unterschiedlichen Kontexten konnten im Laufe der vergangenen Jahrzehnte belastungsfähige Aussagen zur Verwendung der direkten Fragesätze gemacht werden (z.b. Behnstedt 1973, Farmer 2013, Druetta 2002, 2003, Myers 2007, Reinhardt 2019). Die vorliegende Korpusanalyse konnte diese Befunde für einen weiteren Kontext bestätigen und konkretisieren. Ob, und wenn ja wie diese Erkenntnisse in bildungspolitische Rahmentexte und Lern-/Lehrmaterialien einfließen, soll im folgenden Abschnitt diskutiert werden.

4.   Die direkte Frage als Lerngegenstand im Französischunterricht

Als zentrales Steuerungsinstrument definiert die Textsorte Lehr-/Bildungs-/Rahmenplan grundlegende inhaltliche und methodische Rahmenbedingungen für den Unterricht und gibt nicht nur den beteiligten Lehrkräften und Eltern Orientierung für den Unterricht im Allgemeinen und den Fachunterricht (hier: den Französischunterricht) im Besonderen, sondern beeinflusst maßgeblich die Gestaltung der Unterrichtsmaterialien, der fremdsprachlichen Lehrwerke.

4.1   Aussagen ausgewählter Bildungspläne zur direkten Frage

Von den 16 Bundesländern werden in regelmäßigen Abständen Bildungsinhalte neu formuliert und den jeweiligen didaktischen Überzeugungen angepasst. Im Folgenden sollen daher Aussagen, die im Näheren das sprachliche Mittel der direkten Frage betreffen, vorgestellt und kommentiert werden. Ausgewählt wurden bezogen auf die Sekundarstufe 1: a) der Rahmenlehrplan für die Länder Berlin und Brandenburg (2017), b) der Kernlehrplan für das Land Nordrhein-Westfalen (2019), c) der Bildungsplan für das Land Baden-Württemberg (2016) und d) der Lehrplan plus für das Land Bayern (2017).[4]

---

[4]   Diese Länder sind teils wegen ihrer Bedeutung für den Schulbuchmarkt, teils ob ihrer besonders anspruchsvollen Haltung im Genehmigungsverfahren für die Zulassung von Schulbüchern von besonderer Relevanz.

a) Rahmenlehrplan von Berlin und Brandenburg (2017)

Der gemeinsame Rahmenlehrplan von Berlin und Brandenburg präsentiert das Konzept der direkten Frage als Teil der kommunikativen Rede, die in mehr oder weniger komplexer Form es zu verstehen und mitzugestalten gilt. Nur selten ist explizit von „Frage" die Rede (z. B. „einfache Fragen ... mit sprachlichen Hilfen formulieren und auf diese reagieren"; Senatsverwaltung 2017, 25). Meist wird das syntaktische Konzept der Frage als Bestandteil des Diskurses gesehen. Der Rahmenlehrplan verwendet hierfür auf der Diskursebene angesiedelte Konzepte wie „Dialog führen", „in vertrauten Alltagssituationen mit vorhersehbarem Ablauf zusammenhängend sprachlich agieren und reagieren", „ein Gespräch [...] initiieren, an ihnen teilnehmen und sie aufrechterhalten" (ebd.). Sprachliche Mittel werden nicht im Detail aufgelistet, sie finden nur allgemein als „Wortschatz, Grammatik, Orthografie, Aussprache, Prosodie (Akzentsetzung und Intonation" (ebd., 29) Erwähnung. Der Bildungsplan verzichtet auf die explizite Auflistung grammatikalischer Kategorien, weswegen auch zum Thema der Frageformen keine Aussagen vorliegen. Sprachliche Mittel werden ganz allgemein als Voraussetzung für das Erreichen unterschiedlicher Kompetenzniveaus angesehen (vgl. ebd., 29). So soll im Laufe des Spracherwerbsprozesses „ein Repertoire an sprachlichen Mitteln" quantitativ und qualitativ an Format gewinnen, indem es „zunehmend spontan" und „zunehmend sicher" (ebd.) verwendet werden kann. Das Abschlussniveau für die Sekundarstufe 1 lautet: „[die Schülerinnen und Schüler können] ein hinreichend breites Spektrum sprachlicher Mittel zunehmend sicher anwenden und sich [...] zunehmend differenziert äußern und Stellung beziehen" (ebd.).

b) Kernlehrplan von Nordrhein-Westfalen (2019)

Im nordrhein-westfälischen Kernlehrplan findet das Konzept der Frage in seiner Funktion als Teil der dialogischen Rede Erwähnung, z. B. „Ge- und Verbote, Aufforderungen und Bitten, Fragen, Wünsche und Erwartungen sowie Verpflichtungen in einfacher Form ausdrückend" (Ministerium NRW 2019, 17). Es wird als Teil des Kompetenzrepertoires der Lernenden thematisiert, die [sich] „in unterschiedlichen Rollen an Gesprächen [...] beteiligen" (ebd.). Der Konkretisierungsgrad, was die sprachlichen Mittel angeht, ist in diesem Richtlinienpapier in den Hintergrund gerückt. Zwar wird das Ziel Erwerb von Fragesätzen (vgl. ebd., 19) *expressis verbis* erwähnt. Eine Differenzierung nach den verschiedenen sprachlichen Codes oder nach Sprachregistern erfolgt aber nicht. Allein die Intonationsfrage wird im Zusammenhang mit der Aussprache (hier: Intonation) erwähnt.

c) Bildungsplan des Landes Baden-Württemberg (2016)

Wie die beiden vorgenannten Bildungsplänen so thematisiert auch der baden-württembergische aus dem Jahr 2016 (Gymnasium, 2. FS, Französisch) die direkte Frage unter den Kompetenzbeschreibungen für „Sprechen – an Gesprächen teilnehmen" (Ministerium BW 2016, 18, 31). In diesem Zusammenhang listet das Dokument unter „sprachlichen Mitteln" folgende Grammatikkonzepte auf: 1) Intonationsfrage, 2) Fragen mit *est-ce que*, 3) Fragewörter (*qui, que, où, quand, pourquoi, combien, comment*), 4) Interrogativbegleiter (*quel*), 5) die Inversionsfrage (ebd., 24, Klassen 6-8) und ergänzt für die Klassen 9 und 10 die 6) absolute Frage (vgl. ebd., 36). Mit diesen Mitteln sollen die Lernenden bis Ende der Jahrgangsstufe 10 „Informationen differenziert erfragen und weitergeben" (ebd., 31) können. Der Bildungsplan trifft keine Unterscheidung nach dem gesprochenen bzw. geschriebenen Französisch und macht auch keine Vorschläge für eine registerkonforme Sprachverwendung. Das Nebeneinander der verschiedenen Typen von Interrogativsätzen einerseits und der Nennung von Fragewörtern/Interrogativbegleitern auf der anderen Seite verdeckt die vorhandenen Differenzierungen bei der Frage im authentischen Sprachgebrauch und schließt zugleich im Mündlichen gängige Formen aus.

d) Lehrplan plus des Freistaats Bayern (2017)

In Bezug auf die Kompetenz Sprechen sollen Lerner im bayrischen Lehrplan plus (Staatsministerium Bayern 2017, 2; Gymnasium 2. Fremdsprache) in den ersten drei Lernjahren (Klasse 6 bis 8) zunehmend komplexere Fragen äußern und beantworten. Als sprachliche Mittel werden folgende Grammatikkonzepte genannt:

- *„interrogation avec « est-ce que », avec et sans pronom interrogatif*
- *interrogation par inversion avec pronom interrogatif et sujet nominal (« Que fait Nathalie ? »)*
- *adjectif interrogatif « quel » (aussi « quel est »/« quels sont » etc.)"* (Staatsministerium Bayern 2017, 5; für Klasse 6).
- *„interrogation par inversion avec pronom sujet*

- *pronom interrogatif « lequel »*
- *interrogation avec « Qu'est-ce qui ? » et « Qui est-ce que ? »"* (Staatsministerium Bayern 2017, 4; für Klasse 8).

Wie im Baden-Württembergischen Lehrplan wird die Palette an theoretischen Ausdrucksmöglichkeiten für das Einholen von Informationen im bayrischen Text nicht differenziert. Explizit wird Folgendes verlangt: „Alle genannten Phänomene, soweit nicht anders vermerkt, müssen im schriftlichen und mündlichen Bereich rezeptiv und produktiv beherrscht werden" (Staatsministerium Bayern 2017, 4; Klasse 6). Es ist auch hier ein konservatives Beharren an einem Grammatikkanon erkennbar, der subjektive Vorstellungen tradiert, Grammatik nach vermuteter Lernzugänglichkeit strukturiert und sowohl die Anwendungs- wie Inhaltsdimension bei der direkten Frage ausklammert.

e) Fazit

Die vier im Hinblick auf die Behandlung der direkten Frage betrachteten Bildungspläne verstehen die direkte Frage als wichtige grammatikalische Kategorie, die produktiv wie rezeptiv im Diskurs kompetent benutzt werden soll. Während im nordrhein-westfälischen und vor allem im Berliner Bildungsplan der Kompetenzgedanke im Vordergrund steht und die sprachliche Realisierung der Frage kaum bzw. nicht thematisiert wird, fokussieren die Bildungspläne von Baden-Württemberg und Bayern die formalgrammatische Seite, ohne mit Blick auf die Kommunikationssituation weiter zu differenzieren, sei es nach dem verwendeten Sprachmedium, dem Register, dem Formalitätsgrad, etc.. Des Weiteren wird die Frage vornehmlich in ihrer Funktion als Mittel zur Informationsgewinnung gesehen. Dass Fragen auch pragmalinguistisch gesehen andere Funktionen erfüllen können (Kontaktaufnahme, Klärung der Beziehungsebene, Erstaunen, Ärger, etc.) oder in Form von Frageellipsen ihre Rolle im Diskurs spielen, ist nicht Gegenstand der staatlichen Richtlinien.

Aufgrund eines eher kleinen Marktes sind Französischlehrwerke in der Regel nicht länderspezifisch, sondern überwiegend bundeseinheitlich konzipiert. Dies bedeutet in der Konsequenz die Orientierung am größten gemeinsamen Nenner, so dass der Bildungsplan mit den engsten Vorgaben den Bezugsrahmen vorgibt. Verlage wie auch Autorinnen und Autoren sind daher ob konservativer bildungspolitischer Setzungen in ihren Möglichkeiten zur Innovation stark eingeschränkt.

4.2 Direkte Fragesätze in ausgewählten Französischlehrwerken

4.2.1 Das zugrundeliegende Korpus – Lehrwerke (=Korpus II)

Von den auf dem deutschen Markt befindlichen Lehrwerken werden die Französischbücher der Markführer Cornelsen und Klett[5] untersucht. Das Korpus besteht aus fünf Lehrwerksgenerationen aus dem Hause Klett, d. h. *Découvertes* (1980er bis 2020er Jahre) und vier Lehrwerksgenerationen der Cornelsen Gruppe, d. h. *Étapes* bzw. *À plus* (1990er bis 2020er Jahre) (siehe Literaturverzeichnis). Die Analyse beschränkt sich jeweils auf die ersten beiden Bände. Eine kursorische Durchsicht aller Bände hatte ergeben, dass mündliche Textformen vorwiegend in den Bänden 1 und 2 vorkommen, während die Folgebände vorwiegend auf konzeptionell schriftliche Textarten fokussieren. Innerhalb der Lehrwerke beschränkt sich die Auszählung auf Fragesätze der abgedruckten Lektionstexte. Fragen in Übungen bleiben unberücksichtigt. Innerhalb von Korpus II konnten insgesamt 688 Fragesätze ermittelt werden, die sich etwa zu gleichen Teilen der Totalfrage (N=359) und der Teilfrage (N=329) zuordnen lassen.

4.2.2 Analyseergebnisse bezogen auf die Totalfrage

Wie man in Abbildung 1 und 2 sehen kann, verwenden beide Lehrwerke zur Abbildung der mündlichen Rede in den didaktisierten Dialogtexten schwerpunktmäßig die Intonationsfrage. Mit Werten von rund 80 bis weit über 90 Prozent ist dieser Typus über den gesamten Untersuchungszeitraum stabil und realitätskonform vertreten. Was die periphrastische Frage in der Entscheidungsfrage angeht, so bewegt sie sich im Rahmen dessen, was Korpus I nahelegt. Über die Jahrzehnte hinweg ist die Frequenz von *est-ce que* gering: zwischen 7% und 16%(Cornelsen) bzw. 3% und 10% (Klett). Die Inversion ist bei der Entscheidungsfrage in den dialogischen Text(anteil)en noch weitaus seltener nachweisbar. Während sie bei *Étapes / À plus!* völlig fehlt, finden sich im *Découvertes* der 80er und 90er Jahre nur einige wenige Beispiele für die Inversion. Es scheint als habe die Inversionsfrage vor allem in formellen Gesprächssituationen (Patientengespräch; Interview) zur Illustration einer hierarchischen Sprecherrelation dienen sollen (z. B. „Avez-

---

[5] Das in den späten 1990er Jahren entwickelte Lehrwerk *Passages* (Pelz, Manfred. 1998passim. ed. *Passages*. Frankfurt am Main: Diesterweg) konnte sich aufgrund fehlender Genehmigungen nicht im Markt platzieren und bleibt daher hier unberücksichtigt.

vous vu les chats?", „Avez-vous de la fièvre?"). In den Lehrwerken ab den 2000er Jahren greifen die Autorinnen und Autoren auf sie nicht mehr zurück.

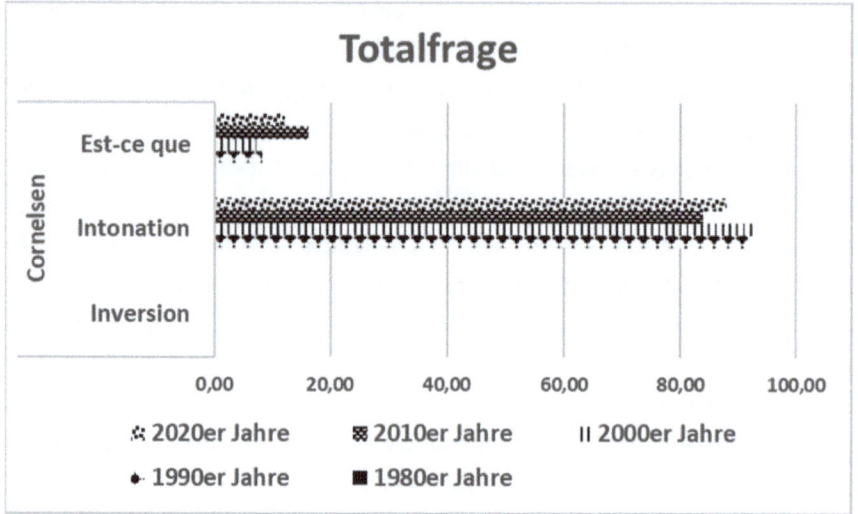

Abb. 1: Varianten der Totalfrage in den Lehrwerken *Étapes / A plus!* (Cornelsen) (in %)

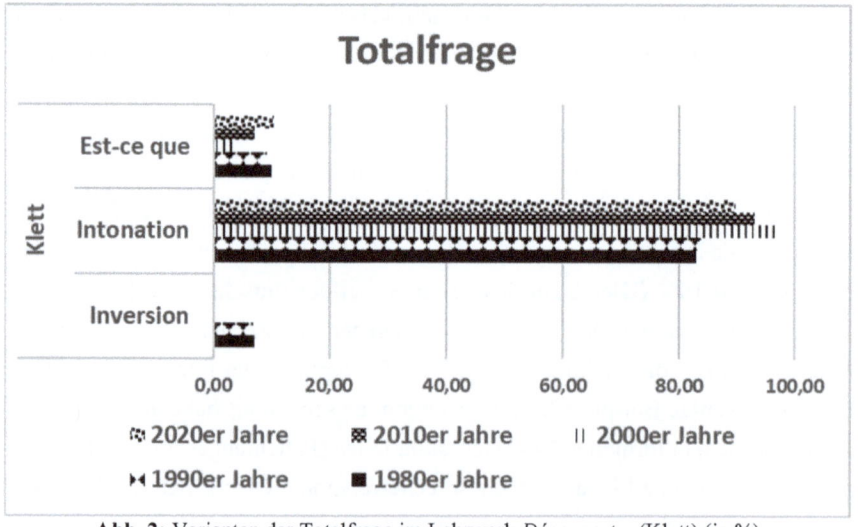

Abb. 2: Varianten der Totalfrage im Lehrwerk *Découvertes* (Klett) (in %)

4.2.3 Analyseergebnisse bezogen auf die partielle Frage

Bei oberflächlicher Betrachtung wird deutlich, dass die periphrastische Frage mit rund zwei Dritteln über die Jahrzehnte hinweg stabil den am häufigsten verwendeten Fragetypus in den Lehrwerkstexten (=Dialoge/dialogische Anteile) darstellt. Es zeichnet sich allerdings ab, dass sich in den aktuell in den Markt eintretenden Lehrwerken diese Dominanz leicht verringert und prozentual ihr Anteil geschrumpft ist. Es sind die Inversionsfrage und die Nachstellung, die sich im Untersuchungszeitraum den 2. und 3. Rang streitig machen, wobei sich ab den 2000er Jahren, vor allem in den Lehrwerken von Klett, eine Tendenz zur vermehrten Verwendung der Nachstellung feststellen lässt. Von wenigen Belegen innerhalb des untersuchten Zeitraums abgesehen, wird die desinvertierte Frageform in den Schulbuchdialogen hingegen kaum abgebildet. Im Folgenden werden die Ergebnisse getrennt nach den beiden Verlagshäusern und in chronologischer Auflistung vom ältesten zum aktuellsten Lehrwerk präsentiert.

a) Die Inversion in der partiellen Frage
- Lehrwerke aus dem Hause Cornelsen – *Étapes* bzw. *À plus!*

In *Étapes* 1 und 2 (1990er Jahre; Héloury et al. 1989, 1990) ist die Inversion mit 11,54% vertreten. Diese stehen für *qui est-ce* und *qui* in Front-/Subjektstellung mit über der Hälfte der Belege sowie für *où, quand, combien de* und *quel* (je 1).

Das Lehrwerk aus den 2000er Jahren (Bächle et al. 2004, 2005) rekurriert zu 15,38% auf die Inversion in den Dialogen bzw. dialogischen Teilen der Texte. Es handelt sich dabei vornehmlich um *où est/sont* + Nomen sowie das Pronomen *qui* in Frontstellung + Nomen („Qui prépare …?").

Die 2010er-Generation (Blume et al. 2012, 2013) präsentiert die Strukturen *où est/sont* + Nomen sowie *qui* als Subjekt. Mit 21,43% bei der partiellen Frage ist der Anteil im Vergleich zu den anderen Teilstrichproben höher (N=9).

Das aktuelle Lehrwerk (Loose et al. 2020, 2021) dagegen macht mit 14,29% nur wenig Gebrauch von Inversionsfragen (N=7). Die verwendeten Strukturen sind *quel* + *être*, *qui* in Frontstellung als Subjekt sowie *où est*.

- Lehrwerke aus dem Hause Klett – *Découvertes*

In den 80er Jahren wurde die Inversion in 19,40% der Fälle gewählt (Grunwald et al. 1981, 1983). Dabei entfällt exakt die Hälfte auf die Formel *qui est-ce*, ein

Viertel auf *quel* als Subjekt und der Rest auf *où* bzw. *qui* in Frontstellung mit nominalem Subjekt.

Ein ähnliches Bild ergibt sich für das Lehrwerk aus den 90er Jahren (Beutter et al. 1994, 1995). Mit 25,58% ist der prozentuale Anteil der Inversion zwar höher als in der vorangegangenen Ausgabe. Aber auch hier sind *où est/sont* + Nomen, *que fait* + Nomen, *qui* in Frontstellung mit nominalem Subjekt die verwendeten Strukturen. Auch findet sich im Korpus zweimal *qui est-ce*.

Mit 11,29% bleibt die 2000er Generation (Bruckmayer et al. 2004; Alamargot et al. 2005) im Rahmen der vorherigen Dekade. Fast die Hälfte der Belege entfällt auf *où est* + Nomen, vereinzelt finden sich *qui est-ce*, *que fait* + Nomen sowie *qui* + Nomen. Die zweifache Verwendung des Frageworts *pourquoi* mit der komplexen Inversion ist damit zu erklären, dass die Textautorin implizit das ‚bessere' Sprachniveau der Inversion hervorheben möchte (näher hierzu, weiter unten).

Die relative Häufigkeit (11,11%) der Inversion im *Découvertes* der 2010er Jahre (Bruckmayer et al. 2012, 2013) ist bedingt durch die Struktur *Que fait* + Nomen, die Frageformel *Qui est-ce* sowie das Fragewort *Qui* in Frontstellung. In der aktuell jüngsten Lehrwerksgeneration (Bernklau et al. 2020, 2021) liegt der Anteil der Inversion bei 18,42%. Während die Formel *qui est-ce* nicht mehr erscheint, finden sich erneut *qui* in Frontstellung als Subjekt, *où est* + Nomen sowie *que fait* + Nomen.

Teilfrage *(einfache) Inversion*	Cornelsen – *Étapes / À plus!*				
	80er	*90er*	*2000er*	*2010er*	*2020er*
Combien de ...?	----	+	0	0	0
Qui-frontal ...?	----	+++	+	+	+
Qui est-ce?	----	++	0	0	0
Que+*fait*+Nomen?	-----	0	0	0	0
Où+*est/sont*+Nomen?	----	+	+	+	+
Quand ...?	----	+	0	0	0
Quel+Nomen ...?	----	0	0	0	0
Quel+*être* ...?	----	0	+	0	++
Pourquoi ...? (kompl. Inv.)	----	0	0	0	0

Tab. 1a: Vorkommen der Inversionsfrage in den Lehrwerken *Étapes / À plus!*

Teilfrage (einfache) Inversion	Klett – *Découvertes*				
	80er	*90er*	*2000er*	*2010er*	*2020er*
Combien de ...?	0	0	0	0	0
Qui-frontal ...?	+	+	+	+	+
Qui est-ce?	+	+	+	+	0
Que+fait+Nomen?	0	+	+	+	+
Où+est/sont+Nomen?	+	+	+	0	++
Quand ...?	0	0	0	0	0
Quel+Nomen ...?	+	0	0	0	0
Quel+être ...?	0	0	0	0	0
Pourquoi ...? (kompl. Inv.)	0	0	(+)	0	0

Tab. 1b: Vorkommen der Inversionsfrage im Lehrwerk *Découvertes*

b) *Est-ce que* in der partiellen Frage

• Lehrwerke aus dem Hause Cornelsen – *Étapes* bzw. *À plus!*

Im *Étapes* der 1990er Jahre (Héloury et al. 1989, 1990) stellt die periphrastische Frageform mit *est-ce que* innerhalb der Teilfragen mit 65,38% die Mehrheit der Fragen dar. Sie tritt v. a. in Verbindung mit *où* sowie *comment*, und, weitaus weniger häufig, mit *pourquoi* und *quand* auf. Zusammengesetzte Fragewörter wie *à quoi* und *depuis quand* kommen dagegen   sehr selten vor. Der Schwerpunkt bei der Verwendung liegt allerdings bei *qu'est-ce que*, auf das mit 30 Nennungen rund zwei Drittel entfallen.

Ein Jahrzehnt später (Bächle et al. 2004, 2005) ändert sich der prozentuale Anteil kaum (63,46%). Mit einer absoluten Häufigkeit von 24 kommen knapp drei Viertel aller *est-ce que*-Fragen auf die Formel *qu'est-ce que*. Verbindungen mit den Präpositionen *pourquoi* (3x), *à quoi, de quoi, comment, où, quand* und *quel* (je 1) sind dagegen selten (ca. 28%).

In der 2010er Generation (Blume et al. 2012, 2013) entfällt, wenn auch mit 52,38% prozentual weniger eindeutig, erneut die Mehrheit der Teilfragen auf die *est-ce que*-Frage. Bei der Umschreibungsfrage dominiert wie zuvor die Formel *qu'est-ce que*. Ein knappes Drittel der Belege verteilt sich auf *comment, pourquoi, où* und *quel* (auch *à quelle heure*).

Das *À plus* ab der 2020er Jahre (Loose et al. 2020, 2021) verwendet mehrheit-lich ebenso die periphrastische Frage (53,85%), wobei die absoluten Werte – mit lediglich 14 Nennungen insgesamt bei den Teilfragen – eher gering sind. Im Ge-gensatz zu den früheren Lehrwerksgenerationen dominiert, mit der Hälfte aller Nennungen, die Frage mit *qu'est-ce que* (7x); die restlichen sieben Teilfragen sind in abnehmender Häufigkeit mit *pourquoi, où, comment und quel.*

Teilfrage *Periphrastische Frageform*	Cornelsen – *Étapes / À plus!*				
	80er	90er	2000er	2010er	2020er
Qu'est-ce que ...?	----	++++	++++	++++	+++
Qui est-ce qui/que ... ?	----	0	0	0	0
Qu'est-ce qui ...?	----	0	0	0	0
Où est-ce que ...?	----	++	+	+	++
Pourquoi est-ce que ...?	----	+	++	+	++
Quand est-ce que ...?	----	+	+	0	0
Comment est-ce que ...?	----	++	+	+	+
Quel+Nomen *est-ce que ... ?*	----	0	+	+	0
À / De quoi+est-ce que ... ?	----	+	+	0	0

Tab. 2a: Vorkommen der periphrastischen Frage in den Lehrwerken *Étapes / À plus!*

- Lehrwerke aus dem Hause Klett – *Découvertes*

In den 1980er Jahren (Grunwald et al. 1981, 1983) enthalten die Dialogtexte in *Découvertes* einen Anteil von 63,64% an Teilfragen (absolut 42 Fragen). Mit 27 Nennungen hat die Frage mit *qu'est-ce qu*e daran einen Anteil von rund zwei Dritteln. Hinzu kommt jeweils ein Beleg für *qu'est-ce qui* sowie *qui est-ce qui* und *qui est-ce que.* Die übrigen periprastischen Teilfragen verteilen sich auf *pour-quoi, où* sowie mit jeweils einem Beleg à *qui, quel, quand* und *comment.*

Im Klett-Lehrwerk ab den 1990er Jahren (Beutter et al. 1994, 1995) liegt der prozentuale Anteil der Teilfrage mit 65,12% im ähnlichen Bereich. Auch hier ist *qu'est-ce que* mit 17 von 28 Nennungen wieder im Vorteil, wozu noch jeweils ein Beleg für *qu'est-ce qui/que* und *qui est-ce que* hinzukommt. Auf die Fragewörter *où, pourquoi, quel* sowie *quand* und *comment* entfallen die restlichen 8 Nennun-

gen. 67,74% ist der Anteil in den 2000er Jahren (Bruckmayer et al. 2004; Alamargot et al. 2005) bei der *est-ce que*-Frage. Mit je 5 Belegen sind *où, pourquoi*
und *quel* am häufigsten vertreten, *à /de quoi, comment* und *quand* kommen nur
ein- bzw. zweimal vor. Auch in diesem Teilkorpus macht die Formel *qu'est-ce
que* die Mehrheit aus, vereinzelt finden sich auch *qu'est-ce qui* und *qui est-ce que*.

Teilfrage _Periphrastische Frageform_	Klett – *Découvertes*				
	80er	90er	2000er	2010er	2020er
Qu'est-ce que ...?	++++	++++	++++	++++	++++
Qui est-ce qui/que ... ?	+	+	+	0	0
Qu'est-ce qui ...?	+	+	+	0	0
Où est-ce que ...?	++	++	++	+	0
Pourquoi est-ce que ...?	++	++	++	0	+
Quand est-ce que ...?	+	+	+	0	+
Comment est-ce que ...?	+	+	+	+	0
Quel+Nomen *est-ce que ... ?*	+	++	++	+	0
À / De quoi+*est-ce que ... ?*	+	+	+	0	0

Tab. 2b: Vorkommen der periphrastischen Frage im Lehrwerk *Découvertes*

Ähnlich gelagert ist die Verteilung in den 2010er Jahren mit 64,44% (Bruckmayer
et al. 2012, 2013). Allein hier entfällt der Hauptanteil auf *qu'est-ce que* (26 Nennungen, d. h. knapp 90%). Die drei verbleibenden Fragen werden mit *comment
est-ce que, où est-ce que* und *quel* [+ Nomen] *est-ce que* gebildet.

In der aktuellen Lehrwerksgeneration seit 2020 (Bernklau et al. 2020, 2021)
sind *est-ce que* Fragen erstmals mit weniger als der Hälfte aller Teilfragen vorhanden (44,74%). Dabei sind erneut *qu'est-ce que*-Fragen mit mehr als vier Fünf-
teln in der Überzahl; auf *où* und *pourquoi* entfällt ein bzw. zwei Belege.

Der Typus Fragewort + *que* + Subjekt+ Prädikat ist im gesamten Korpus lediglich mit einem Beispiel belegt: „Mais pourquoi qu'il traverse les Pyrénées?" Bei
Behnstedt (1973, 36-40) ist diese Struktur typisch für die *langue populaire*. Dass
sie negativ konnotiert wird, spiegelt sich auch im Lehrbuchtext wider, wo eine
Mutter ihre Tochter ob ihres Sprachgebrauchs zurechtweist („Comme tu parles
mal, Manon! On dit: Pourquoi traverse-t-il les Pyrénées?", Alamargot et al. 2005,

121). Mit ihrer Korrektur bewegt sich die Mutter am obersten Rand des Sprachniveaus, so dass auch sie im Grunde die Grenze des Angemessenen überschreitet.

c) Die nachgestellte Frageform
- Lehrwerke aus dem Hause Cornelsen – *Étapes* bzw. *À plus!*

Mit 16 Nennungen und 20,51% Anteil an den Teilfragen ist die nachgestellte Frageform in der 1990er Lehrwerksgeneration (*Étapes*, Héloury et al.1989, 1990)
verwendet worden. Am häufigsten wurden die Fragewörter *combien* und *où* verwendet (je 5x), gefolgt von *(à) quel* (3x), *comment* (2x) und *quand* (1x).

Im Lehrwerk *À plus!* der 2000er Generation (Bächle et al. 2004, 2005) stellen
elf nachgestellte Teilfragen 21,15% dar. Sechs Mal betrifft dies das Fragewort
qui, gefolgt von *comment* (2x) und jeweils einmal *à quel*, *à quoi* und *combien*.

Elf Nennungen in den 2010er Jahren (Blume et al. 2012, 2013) entfallen auf
die nachgestellte Frage; das entspricht einem Anteil von 26,19%. *Qui, comment*
und *où* sind mehrfach vertreten, *quoi, quel, quand* und *combien* jeweils einmal.

In der aktuellen Generation (Loose et al. 2020, 2021) ist mit 15,38% die nachgestellte Frageform (bei *qui, quoi* und *combien*; N=4) weniger häufig als in den
vorhergehenden Generationen.

- Lehrwerke aus dem Hause Klett – *Découvertes*

Die Generation der 1980er Jahre (Grunwald et al. 1981, 1983) hat mit 18,18%
Anteil an nachgestellten Fragen in der Kategorie der Teilfragen den zweitnied-
rigsten Prozentwert. Das frequenteste Fragewort ist dabei *combien* (5x), gefolgt
von *(à) quel* (3x) und *à qui* (2x). Auf *comment* und *qui* entfällt je eine Nennung.

Die Nachstellung ist im Klett-Lehrwerk der 1990er Jahre (Beutter et al. 1994,
1995) kaum belegt. Je einmal werden *quel, comment* und *où* verwendet, was gerade einmal 6,97% ausmacht. Mit 19,35% ist nur knapp jede fünfte Frage im
2000er *Découvertes* eine mit nachgestelltem Fragewort (Bruckmayer et al. 2004;
Alamargot et al. 2005). In absoluten Zahlen sind dies zwölf Belege, von denen
die Hälfte auf *où* entfällt. Die übrigen verteilen sich auf *combien* (2), *à qui, comment, quand* und *quel* (je 1). In den 2010er Jahren (Bruckmayer et al. 2012, 2013)
kann mit 24,44% rund jede vierte Frage der Nachstellung zugeordnet werden.
Schwerpunktmäßig wird diese mit dem Fragewort *où*, aber auch in abnehmender
Häufigkeit mit *combien, comment, quel* („*dans quelle salle*") und *à qui* gebildet.

Die nachgestellte Frage hat im Lehrwerk der 2020er Jahre (Bernklau et al. 2020, 2021) einen Anteil von 34,21%. Die 13 Belege verteilen sich fast gleichmäßig auf *qui*, *quoi* und *où*; je einmal entfällt auf *à quelle heure* und *comment*.

Teilfrage *Nachstellung*	Cornelsen – *Étapes / À plus!*				
	80er	90er	2000er	2010er	2020er
... *quel*+Nomen?	-----	++	+	+	+
... *où?*	----	+++	0	++	+++
... *quoi?*	-----	0	0	++	+++
... *quand?*	-----	+	0	+	0
... *combien?*	-----	+++	+	+	0
... *comment?*	-----	+	++	0	0
... *à qui?*	-----	0	+	0	0
... *à quoi?*	0	+	0	0	0
... *qui?*	-----	0	+++	+++	0

Tab. 3a: Vorkommen der nachgestellten Frageform in den Lehrwerken *Étapes / À plus!*

Teilfrage *Nachstellung*	Klett – *Découvertes*				
	80er	90er	2000er	2010er	2020er
... *quel*+Nomen?	++	+	+	++	+
... *où?*	0	+	+++	+++	++
... *quoi?*	0	0	0	0	++
... *quand?*	0	0	+	0	0
... *combien?*	+++	0	+	++	0
... *comment?*	+	+	+	++	+
... *à qui?*	++	0	+	+	0
... *à quoi?*	0	0	0	0	0
... *qui?*	+	0	0	0	++

Tab. 3b: Vorkommen der nachgestellten Frageform im Lehrwerk *Découvertes*

Die Auswertung (siehe Tabelle 3a und 3b) verdeutlicht, dass über die Jahre hinweg die nachgestellte Frageform mit einem relativ stabilen Anteil Eingang in die Dialogtexte gefunden hat. Wie die Abbildungen zeigen, wird eine ganze Reihe an Fragewörtern in diesem Kontext genutzt, diese allerdings mit unterschiedlicher

Häufigkeit. Über die Lehrwerke hinweg wird deutlich, dass vor allem das Frage-wort *où* und mit etwas Abstand auch die Fragewörter *qui* und *quoi* verwendet werden. Dies bestätigt für *où* und *quoi* die Tendenzen, die bei unserer Korpusana-lyse I festgestellt werden konnten, nicht aber die für *qui*. Im Filmkorpus war das nachgestellte *qui* lediglich 4 Mal aufgetreten („*C'est qui?*"). Die Fragewörter *combien, quand* und *quel* waren auf der Basis von Korpus I auch im Zusammen-hang mit der Nachstellung identifiziert worden. In den Lehrwerkstexten, so mein Fazit, sind sie eher unterrepräsentiert. Dass sich die Textautoren und -autorinnen hinsichtlich der Verwendung von *comment* und vor allem *pourquoi* bei der Nach-stellung zurückgehalten haben, mag ihrem Sprachgefühl entsprechen, das sich mit der Korpusanalyse I deckt. Was die Nachstellung angeht, so klafft zwar quantita-tiv eine Lücke zwischen der Vorkommenshäufigkeit im Lehrwerkskorpus im Ver-gleich zum Filmkorpus; was die Fragewörter angeht, so entspricht deren Verwen-dung in den Dialogen weitgehend dem realen Sprachgebrauch.

d) Die desinvertierte Frageform

Grammatiken wie Riegel et al. ([6]2016) unterschlagen die desinvertierte Frageform völlig bei ihrer Darstellung des Fragesatzes. Narjoux (2018) qualifiziert sie fol-gendermaßen: „On considère comme peu correct, voire agrammatical, le fait de laisser le sujet devant le verbe quand le mot interrogatif (non suivi de *est-ce que*) est en tête dans l'interrogation partielle" (2018, 492). Auch die deutschen Schul-buchverlage orientierten sich in der Vergangenheit weitgehend an solchen norma-tiven Setzungen, denen eher subjektive Überzeugungen („on considère") denn der reale Sprachgebrauch zugrunde liegt, mit Ausnahme von 2 Fragesätzen im *Étapes* der 1990er Jahre (2,56%; Héloury et al. 1989, 1990) und je einem, wie „*Alors, comment ça va avec ma fille ?*" (Bruckmayer et al. 2004, 73), „*Alors comment ça va à Clermont-Ferrand ?*" (Beutter et al. 1995, 7) bei *Découvertes*.

   Unter den mehr als 300 Teilfragen in unserem Schulbuchkorpus finden sich ab der 2010er Generation weitere fünf desinvertierte Fragen. Möglicherweise zeigt sich hier die in Korpus I festgestellte Tendenz (v. a. bei *pourquoi* und *comment*) und es deutet sich eine Hinwendung zu Elementen einer mündlichen Grammatik an: „*Pourquoi on ne fait pas ça dans la cour au collège ?*" (Bernklau et al. 2020, 70) oder „*Pourquoi tu es en colère ?*" (Loose et al. 2021, 62). In den an dieser

Stelle nicht im Detail analysierten Bände der Lernjahre 3 bis 5 finden sich vereinzelt weitere Belege wie: „*Euh pourquoi vous riez?*" (Bruckmayer et al. 2015. *Découvertes 3*, Stuttgart: Klett, 20), „*Comment vous vivez l'idée d'être un assisté?*"
(Bruckmayer et al. 2015. *Découvertes 4*, Stuttgart: Klett, 30), „*Allez Amiata avec
qui vous voulez la marier votre fille?*" (ebd., 64).

4.2.3   Fazit

Die Ergebnisse aus dem Schulbuchkorpus (=Korpus II) lassen sich wie folgt zusammenfassen.

a) Ergebnisse bzgl. der Entscheidungsfrage
Bei der Entscheidungsfrage sind die Häufigkeiten klar verteilt: Der Löwenanteil
entfällt hier über den gesamten Untersuchungszeitraum hinweg auf die Intonationsfrage. Während die Inversionsfrage in den Dialogen quasi inexistent ist, wird
der übrige Anteil unter den Fragesätzen als periphrastische Frage mit *est-ce que*
konstruiert. Der Anteil schwankt von einer Lehrwerksgeneration zur anderen und
liegt bei den Lehrwerken aus dem Cornelsen-Verlag (zwischen 7% und 16%) in
der Regel etwas höher als bei den Klett-Lehrwerken (zwischen 3% und 10%). Im
Vergleich zu Korpus I (2,4%) liegen diese Werte eher bei der in Abeillé & Godard
(2021b, 1432) genannten Tendenz: „La forme en *est-ce que* est la plus stable:
présente à l'écrit, elle représenterait, selon diverses études, environ 10% des interrogatives spontanées, en France comme au Québec." Nichtnormkonforme Frageformen (vgl. Behnstedt 1973) werden in den Lehrwerken nicht verwendet.

b) Ergebnisse bzgl. der partiellen Frage
1) *Inversion*: Bei der partiellen Frage ist die Inversion als Fragetypus häufiger
vertreten als bei der Entscheidungsfrage. Der prozentuale Anteil variiert je nach
Verlagshaus, aber auch von einer Generation zur anderen. Mit leichten Schwan-
kungen nach oben und unten kann man sagen, dass der Anteil bei rund 20% aller
partiellen Fragen angesiedelt ist. Bei genauerer Betrachtung liegt der Schwerpunkt auf einzelnen, formelhaft verwendeten Sprachstrukturen: 1) *Où est/sont ...*,
2) *Que fait ...*, 3) *Qui est-ce*. Im Vergleich mit Korpus I ist die Inversion in den
Schulbuchtexten überrepräsentiert (Cornelsen – zwischen rund 65% und 54%;

Klett: zwischen rund 64% und 45%). Damit steht die Verwendung der Inversion in den Lehrwerken im Gegensatz zu Korpus I, das mit nur 1,52% an Inversionsfragen die Einschätzung von Abeillé & Godard (2021b, 1433) bestätigt:

> Dans l'oral spontané, le verbe à sujet suffixé (= Inversion; JM) est très minoritaire, y compris au Québec, et pour toutes les classes sociales: il semble se cantonner essentiellement à des questions des routine (Comment fait-on …?).

2) *Periphrastische* Frage: Der Typus der periphrastischen Frage ist mit knapp zwei Dritteln aller Fragen über den Betrachtungszeitraum hinweg bei beiden Verlagen stabil vertreten. In der aktuellen Generation zeigt sich sowohl bei *Découvertes* (ca. 45%) wie auch bei *À plus!* (54%), dass dieser Typus weniger häufig in die Texte eingebaut wird. In beiden Lehrwerken wird *qu'est-ce que* als lexikalisierte Frageformel mehrheitlich verwendet; die anderen, seltenen Belege entfallen überwiegend auf *où* und *pourquoi*. Damit folgen die Lehrwerke der in Korpus I festgestellten Tendenz: Schwerpunkt auf der Formel *qu'est-ce que*. Die Verwendung der übrigen Fragewörter ist aber im Vergleich zu ihrem Vorkommen in Korpus I überhöht (in Korpus 1: weitere Fragewörter, ca. 6% aller *est-ce que*-Fragen; in Korpus II: weitere Fragewörter, zwischen 30% und 15%).[6]

3) Die *nachgestellte Frageform*: Korpus I weist meiner Untersuchung nach knapp 41% aller Teilfragen mit nachgestelltem Fragewort auf. Damit liegt dieser Wert im Vergleich zum Lehrwerkskorpus höher, wo Werte zwischen 26% und 15% (*À plus!*) bzw. 7% und 34% (*Découvertes*) festgestellt wurden. Vor allem die Klett-Lehrwerke scheinen sich in den letzten zwei Generationen hier dem tatsächlichen Sprachgebrauch anzunähern:

> Les interrogations à mot interrogatif après le verbe […] ne sont pas stigmatisés. Moins fréquentes au Québec, elles appartiennent en France à l'oral spontané […] ou à l'écrit informel […] de toutes les classes sociales, et semblent en expansion, les jeunes les utilisant, semble-t-il, de façon à la fois plus fréquente et moins contrainte (Abeillé & Godard 2021b, 1434).

---

[6] Vgl. auch Abeillé & Godard (2021b, 1433), die bzgl. der Verwendung der periphrastischen Frage diatopische und diaphasische Unterschiede feststellen: „Les autres structures ont une répartition variable selon des régions, et, semble-t-il, les groupes sociaux : au Québec dominent largement les structures de la forme : mot interrogatif + *est-ce que* ou + *que* […] ; en France, les plus fréquentes à l'oral sont celles avec mot interrogatif en position canonique (=Nachstellung ; JM) ou mot interrogatif initial sans *est-ce que* ni sujet inversé […].“

Die Autoren und Autorinnen der Lehrwerke zeigen darüber hinaus ein gutes Sprachgefühl für die tatsächlich mit der Nachstellung gebrauchten Fragepronomen; beide Korpora weisen ähnliche Tendenzen auf.

4) die *desinvertierte* Frageform: Es erstaunt nicht, dass die Lehrwerke der 1980er bis 2000er Generation die desinvertierte Frageform als eine auch in der mündlichen Rede nicht als normkonform betrachtete Struktur ignorieren. Erst ab den 2010er Jahren öffnen sie sich, wenn auch zögerlich, dieser Struktur des *code parlé*, die sowohl auf der Basis von Korpus I wie auch in der Einschätzung von Abeillé & Godard (2021, 1433) als Element der spontanen mündlichen Rede gilt.

5. Abschließende Betrachtung

Lehrwerksautorinnen und -autoren verrichten ihre Arbeit im Rahmen dessen, was ihnen von den offiziellen Richtlinien zugestanden wird. Bei der exemplarischen Analyse ausgewählter Bildungspläne konnte gezeigt werden, dass das sprachliche Mittel der Frage teils implizit (im Rahmen einer Kompetenzbeschreibung), teils explizit, dafür wenig differenziert formuliert wird. So wird beispielsweise weder nach den Sprachsystemen (schriftlich/mündlich) noch nach Registern, geschweige denn nach regionalen Varianten unterschieden.

Es ist positiv hervorzuheben, dass in den Lehrwerken die Entscheidungsfrage entsprechend der Sprachverwendung realitätskonform präsentiert wird, trotz leichter Abweichungen gegenüber den Ergebnissen in Korpus I (besonders bzgl. der periphrastischen Frage). Auch bei der Teilfrage orientieren sich die (vor allem aktuellen) Lehrwerke zunehmend am tatsächlichen Sprachgebrauch. Dennoch gibt es weiterhin leichte Abweichungen, die vermutlich didaktisch motiviert sind (z. B. überhöhter Gebrauch von formelhaften Inversionsfragen) oder einem ‚heimlichen Lehrplan' folgen. Es ist anzunehmen, dass aus einer Tradition heraus der periphrastischen Frage eine Art Passepartout-Funktion zugeschrieben wird, die verschleiert, dass deren Verwendung überwiegend auf der Formel *qu'est-ce que* beruht. Die Nachstellung scheint zunehmend an Akzeptanz zu gewinnen, was sich besonders in der aktuellen Lehrwerksgeneration andeutet. Mit einem Fragetypus wie der desinvertierten Frage, die noch nicht sanktioniert ist, tun sich Lehrwerke, auch aufgrund der eher konservativen Rahmenvorgaben, offenbar schwer.

Was die künftige Entwicklung von Lehrwerken angeht, so ist Reinhardts Schlussfolgerung (aus der Perspektive einer Sprachwissenschaftlerin), dass „Structural diversity is certainly important for proficient learners but beginning learners may be discouraged by such floods of linguistic forms. Therefore, pedagogical selection and ordering are necessary" (2019, 377) sicherlich richtig, wenn auch für die Fremdsprachendidaktik und Lehrkräfte nichts Neues, da längst gängige Praxis. Dem Vorschlag, Frageformen im Anfangsunterricht in Form von *chunks* zu vermitteln (vgl. ebd.), ist ebenfalls nicht zu widersprechen, sehr aber der Auffassung „[a]s for morphosyntax, this means that after the learning of essential chunks, the different structures should be introduced, explained, and practised" (ebd.), in der Absicht eine muttersprachlich nahe Sprachkompetenz zu erreichen („crucial for using language in a native-like manner"; ebd.). Denn sowohl die Fremdsprachendidaktik wie auch bildungspolitische Rahmentexte haben das utopische Ziel einer *native-like* Sprachkompetenz längst zugunsten einer realistischeren Perspektive aufgegeben. Basierend auf dem Konzept des Sprachenlerners als „sozial Handelnde[m]" (Europarat 2001, 21) wird einerseits das anvisierte Sprachniveau relativiert, zum anderen das Ziel der Wirksamkeit des kommunikativen Handelns formuliert. Daher scheint es naheliegend, bei sprachlichen Mitteln eine dem tatsächlichen Sprachgebrauch entsprechende Auswahl, vor allem im Hinblick auf das Kommunikationshandeln in ausgewählten Handlungsfeldern, zu treffen, andererseits diese aber über morphosyntaktische Beschreibungen hinaus, den Lernenden zugänglich zu machen.

Diesbezüglich bleibt das Eingehen auf die Funktion der verschiedenen Frageformen aber weiterhin ein Desiderat sowohl in den Grammatiken (z. B. Riegel et al. 2016 oder Abeillé & Godard 2021) wie auch in den Lehrwerk(stext)en selbst. Dort sind Fragesätze in der Regel undifferenzierte, morphosyntaktische Einheiten („type de phrase", Abeillé & Godard 2021, 1402), mit beschreibbaren Identifikationsmustern (z. B. Satzstellung, Fragemorphemen, Zeichensetzung/Intonationskurven), deren Gebrauch weitgehend auf den Sprechakt des Einholens von Informationen beschränkt bleibt.[7] Es wird weder die Bandbreite an pragmalinguistisch möglichen Sprechakten genutzt, noch werden die unterscheidbaren Varianten des Fragesatzes als stilistische und textlinguistische Funktionsgebilde präsentiert: Die (Haupt-)Funktion des Fragemorphems *est-ce que* in der Totalfrage ließe sich beispielsweise an einem Telefonat zeigen, wo der fehlende Sichtkontakt zum Gesprächspartner die Ankündigung der Frage über ein Fragesignal verdeutlicht (Hinweisfunktion). Auch könnten Texte so konstruiert sein, dass eine Intonationsfrage unbeantwortet bleibt, der Fragesteller jedoch auf einer Antwort insistiert, indem eine *est-ce que* Frage nachgeschoben wird („Tu es d'accord? …. Alain, est-ce que tu es d'accord?"). So erhielten Lernende Einblicke in konkrete Anwendungssituationen, wie hier bei der *est-ce que* (Entscheidungs-)Frage, und würden nicht Gefahr laufen, in Unkenntnis der Gebrauchsbedingungen unrealistische Sprechakte zu formulieren oder bestimmte Fragetypen ganz zu meiden. Eine Aussage wie „Si elle peut être mal accueilli dans l'écrit formel, la forme *est-ce que* relève à l'oral du registre courant" (Abeillé & Godard 2021, 1403) mag in ihrer Pauschalität in einer wissenschaftlichen Grammatik formuliert werden können, als Leitlinie für nicht-muttersprachliche Lernende ist sie unbrauchbar.

Für die informelle mündliche Rede liefert die Analyse von Korpus I Hinweise dafür, wie der bereits eingeschlagene Prozess (s. Analyse Korpus II), sich in den Lehrwerkstexten deutlicher am ‚echten' Sprachgebrauch zu orientieren, ausgebaut werden kann. Dafür müssen Bildungsplanmacherinnen und -macher die sprachliche Realität aber als Impuls gebend zur Kenntnis nehmen.

---

[7]   Unter der Überschrift „La déclarative questionnante" im Kapitel über Entscheidungssätze greifen Abeillé & Godard (2021, 1381-1383) die Intonationsfrage auf. Sie benennen formale Kategorien („avec un point d'interrogation à l'écrit, et une intonation montante à l'oral", ebd., 1381) und führen, wenn auch sehr unstrukturiert, verschiedene Redeabsichten an, die auf diese Weise ausgedrückt werden können: „suggestion" (ebd.), „ouvrir un topique de discours" (ebd., 1382), „question biaisée" (Suggestivfrage, J.M., ebd., 1382). Worin sich aber die Frageformen untereinander abgrenzen, bleibt unerwähnt.

Literaturverzeichnis

ABEILLE, Anne & GODARD, Danièle. 2021a. *La grande grammaire du français.* Tome 1. Paris: Actes Sud.

ABEILLE, Anne & GODARD, Danièle. 2021b. *La grande grammaire du français.* Tome 2. Paris: Actes Sud.

BEHNSTEDT, Peter. 1973. *Viens-tu? Est-ce que tu viens? Tu viens? Formen und Strukturen des direkten Fragesatzes im Französischen.* Tübingen: Gunter Narr.

BLANCHE-BENVENISTE, Claire & BILGER, Mireille. 1999. „Français parlé – français spontané. Quelques réflexions", in: *Revue française de linguistique appliquée* 2, 21-30.

COVENEY, Aiden. 2011. „L'interrogation directe", in: *Travaux de linguistique* 63, 112-145.

DELATOUR, Yvonne & JENNEPIN, Dominique & LEON-DUFOUR, Maylis et al. 1991. *Grammaire du Français.* Vanves: Hachette.

DRUETTA, Ruggero. 2002. „Qu'est-ce que tu fais ? – Etat d'avancement de la grammaticalisation de est-ce que: Première partie", in: *Linguae & * 1/2, 67-88.

DRUETTA, Ruggero. 2003. „Qu'est-ce que tu fais ? – Etat d'avancement de la grammaticalisation de est-ce que: Deuxième partie", in: *Linguae & * 2/1, 21-35.

ESQUENAZI, Jean-Pierre. 2017. *Eléments pour l'analyse des séries.* Paris: L'Harmattan.

FARMER, Kelly. 2013. „'De quoi tu parles ?' : A diachronic study of sociopragmatic study of interrogative variation in French films", in: *University of Pennsylvania Working Papers in Linguistics* 19/2, 61-70.

KOCH, Peter & ÖSTERREICHER, Wulf. 1985. „Sprache der Nähe – Sprache der Distanz. Mündlichkeit und Schriftlichkeit im Spannungsfeld von Sprachtheorie und Sprachgebrauch", in: *Romanistisches Jahrbuch* 36, 15-43.

MINISTERIUM FÜR KULTUS UND UNTERRICHT. 2016. *Bildungsplan Baden-Württemberg Gymnasium, 2. Fremdsprache Französisch.* http://www.bildungsplaene-bw.de/,Lde/LS/BP2016 BW/ALLG/GYM/F2, Zugriff: 03.08.2021.

MINISTERIUM FÜR SCHULE UND BILDUNG DES LANDES NORDRHEIN-WESTFALEN. 2019. *Kernlehrplan für die Sekundarstufe 1. Französisch.* https://www.schulentwicklung.nrw.de/lehr plaene/lehrplan/202/g9_f_klp_%203410_2019_06_23.pdf, Zugriff: 01.06.2021.

MYERS, Lindsey Lee. 2007. *Wh-interrogatives in Spoken French: a Corpus-Based Analysis of their Form and Functions.* Diss., University of Austin/Texas. https://repositories.lib.utexas. edu/bitstream/handle/2152/3235/myersl19237.pdf, Zugriff: 21.05.2021.

NARJOUX, Cécile. 2018. *Le Grévisse de l'étudiant. Capes et Agrégation. Grammaire graduelle du français.* Louvain-la-Neuve: Deboeck.

REINHARDT, Janina. 2019. *Regularity and Variation in French Direct Interrogatives: The Morphosyntax and Intonation of Question Forms in Reality TV Shows, Audio Books and Teaching Materials.* Diss., Universität Konstanz. Konstanzer Online-Publikations-System (KOPS). http://nbn-resolving.de/urn:nbn:de:bsz:352-2-y00meiao8m342, Zugriff: 03.08.2021.

RIEGEL, Martin & PELLAT, Jean-Christophe & RIOUL, René. [6]2016. *Grammaire méthodique du français.* Paris: PUF.

SENATSVERWALTUNG BILDUNG, JUGEND UND FAMILIE (BERLIN)/MINISTERIUM FÜR BILDUNG, JUGEND UND SPORT. 2017. *Rahmenlehrplan Online Berlin – Brandenburg Moderne Fremdsprachen (Französisch).* https://bildungsserver.berlin-brandenburg.de/fileadmin/bbb/unterr icht/rahmenlehrplaene/Rahmenlehrplanprojekt/amtliche_Fassung/Teil_C_Mod_Fremdspra chen_2015_11_16_web.pdf, Zugriff: 03.08.2021.

STAATSINSTITUT FÜR QUALITÄT UND BILDUNGSFORSCHUNG ISB. 2017. *Fachlehrplan Gymnasium, Französisch Kl. 6.* https://www.lehrplanplus.bayern.de/schulart/gymnasium/jgs/6/ fach/franzoesisch/inhalt/fachlehrplaene?auspraegung=2fs, Zugriff: 03.08.2021.

STAATSINSTITUT FÜR QUALITÄT UND BILDUNGSFORSCHUNG ISB. 2017. *Fachlehrplan Gymnasium, Französisch Kl. 7.* https://www.lehrplanplus.bayern.de/schulart/gymnasium/jgs/6/ fach/franzoesisch/inhalt/fachlehrplaene?auspraegung=2fs, Zugriff: 03.08.2021.

STAATSINSTITUT FÜR QUALITÄT UND BILDUNGSFORSCHUNG ISB. 2017. *Fachlehrplan Gymnasium, Französisch Kl. 8.* https://www.lehrplanplus.bayern.de/schulart/gymnasium/jgs/6/ fach/franzoesisch/inhalt/fachlehrplaene?auspraegung=2fs, Zugriff: 03.08.2021.

Die analysierten Lehrwerke

ALAMARGOT, Gérard & BRUCKMAYER, Birgit & DARRAS, Isabelle et al. 2005. *Découvertes 2.* Stuttgart: Klett.

BÄCHLE, Hans & GREGOR, Gertraud & HELOURY, Michèle et al. 2004. *À plus! 1. Cycle long. Lehrwerk für den Französischunterricht an Gymnasien.* Berlin: Cornelsen.

BÄCHLE, Hans & GREGOR, Gertraud & JORIßEN, Catherine et al. 2005. *À plus! 2. Cycle long. Lehrwerk für den Französischunterricht an Gymnasien.* Berlin: Cornelsen.

BERNKLAU, Simone & BOIVIN, Laure & DARRAS, Isabelle et al. 2020. *Découvertes 1.* Stuttgart: Klett.

BERNKLAU, Simone & BOIVIN, Laure & DARRAS, Isabelle et al. 2021. *Découvertes 2.* Stuttgart. Klett.

BEUTTER, Monika & KAUP, Lothar & KOESTEN, Léo et al. 1994. *Découvertes 1. Série verte.* Stuttgart: Klett.

BEUTTER, Monika & KAHL, Detlev & KOESTEN, Léo et al. 1995. *Découvertes 2. Série verte.* Stuttgart et al.: Klett.

BLUME, Otto-Michael & GREGOR, Gertraud & JORIßEN, Catherine et al. 2012. *À plus! 1. Nouvelle Edition. Französisch für Gymnasien.* Berlin: Cornelsen.

BLUME, Otto-Michael & GREGOR, Gertraud & JORIßEN, Catherine et al. 2013. *À plus! 2. Nouvelle Edition. Französisch für Gymnasien.* Berlin: Cornelsen.

BRUCKMAYER, Birgit & DARRAS, Isabelle & KOESTEN, Léo et al. 2004. *Découvertes 1.* Stuttgart: Klett.

BRUCKMAYER, Birgit & JOUVET, Laurent & LANGE, Ulrike C. et al. 2012. *Découvertes 1. Série Jaune.* Stuttgart et al.: Klett.

BRUCKMAYER, Birgit & JOUVET, Laurent & LANGE, Ulrike C. et al. 2013. *Découvertes 2. Série Jaune.* Stuttgart et al.: Klett.

EUROPARAT. ed. 2001. *Gemeinsamer europäischer Referenzrahmen für Sprachen: lernen, lehren, beurteilen.* Berlin et al.: Langenscheidt.

GRUNWALD, Bernd & LAMP, Monique & LAMP, Reinhard et al. ed. 1981. *Études Françaises. Echanges. Edition longue 1.* Stuttgart: Klett.

GRUNWALD, Bernd & LAMP, Monique & LAMP, Reinhard et al. ed. 1983. *Études Françaises. Echanges. Edition longue 2.* Stuttgart: Klett.

HELOURY, Michèle & MÖßER, Thomas & SCHENK-GONSOLIN, Sylvie et al. 1989. *Étapes 1.* Berlin: Cornelsen.

HÉLOURY, Michèle & MÖßER, Thomas & SCHENK-GONSOLIN, Sylvie et al. 1990. *Étapes 2.* Berlin: Cornelsen.

LOOSE, Anne & MANN-GRABOWSKI, Catherine & MARTIN-Werner, Corinna et al. 2020. *À plus!*
 1. Berlin: Cornelsen.
LOOSE, Anne & MANN-GRABOWSKI, Catherine & MARTIN-WERNER, Corinna et al. 2021. *À*
 plus 2 . Berlin: Cornelsen.

Feldforschung in der Schule
– ein kritischer Bericht aus der Forschungspraxis
Elissa Pustka (Wien)

1. Einleitung[1]

Für die Sprachlehr- und -lernforschung und die Fremdsprachendidaktik ist Feldforschung in der Schule zentral. Sie ist Voraussetzung für zahlreiche Methoden der Datensammlung: Nicht nur Unterrichtsbeobachtungen sind ohne eine Kooperationsschule unmöglich, auch qualitative Interviews mit Lehrerinnen und Lehrern, Sprachaufnahmen mit Schülerinnen und Schülern oder die Verteilung von (Online-)Fragebögen an Eltern lassen sich über Schulen einfacher und systematischer durchführen. Wenn Wissenschaft zu Fortschritt in der Berufspraxis führen soll, braucht sie Input aus der Praxis, um dieser wiederum neue Erkenntnisse zurückgeben zu können. Feldforschung in der Schule ist damit nicht nur für die empirische Forschung relevant, sondern auch für die Theoriebildung – in Fachdidaktik, Sprach-, Literatur- und Kulturwissenschaft – sowie für die langfristige Verbesserung der Unterrichtspraxis. Man sollte also meinen, dass es eine Selbstverständlichkeit sein müsste, dass Wissenschaft und Schule zusammenarbeiten.

In der Forschungspraxis zeigt sich aber, dass eine Datensammlung in der Schule oft nicht so einfach ist (vgl. dazu genauer Abschnitt 2): Schulbehörden, Schulleitungen sowie Lehrerinnen und Lehrer wollen sich häufig nicht ‚in die Karten schauen‘ lassen, befürchten eine fachliche Blamage oder, dass ganz andere Probleme (z. B. Drogen, Gewalt) an die Öffentlichkeit gelangen könnten. Entsprechend konzentrieren sich manchmal so viele Projekte auf die wenigen ‚Vorzeigeschulen‘ (insbesondere aus Sicht der Schulbehörden, vgl. Abschnitt 4), dass sich die Schulleitungen sowie die Lehrerinnen und Lehrer dieser Schulen irgendwann gegen den Mehraufwand wehren. Bildungsministerien greifen in Forschungsmethoden ein und Elternvertretungen fordern zeitintensive Gegenleistungen. Wer Forschung in der Schule plant, sollte also vorgewarnt sein: Was sind die

---

[1] Ich möchte mich herzlich bei Cornelia Arbeithuber, Linda Bäumler, Patricia de Crignis, Lukas Eibensteiner, Christoph Gabriel, Elisabeth Heiszenberger und Karen Schramm bedanken, die erste Versionen dieses Artikels gelesen und kritisch kommentiert haben.

Rahmenbedingungen? Wo können Probleme auftauchen? Zwischen welchen Kommunikationsstrategien muss man abwägen?

In den Einführungsbüchern in die Didaktik der romanischen Sprachen finden sich zu diesem Aspekt der empirischen Forschungspraxis momentan (noch?) kaum Hinweise. Selbst in den einschlägigen Handbüchern findet man nur einige sehr allgemeine Punkte. In jedem Fall weisen sie darauf hin, dass genügend Zeit eingeplant werden muss:

> Der Aufwand für die Vorbereitung und Durchführung einer Datenerhebung sollte nicht unterschätzt werden. Die Kontaktaufnahme zu für die jeweilige Fragestellung geeigneten Schulen, die Einholung der Genehmigung bei Schulleitung, Lehrkräften und Eltern minderjähriger Schülerinnen und Schüler sowie die Terminkoordination können beachtliche Zeit in Anspruch nehmen (Reimann 2020, 35).

Auch die meisten empirischen Publikationen und selbst Einführungen in die empirische Forschung (z. B. Albert & Marx [2]2014) klammern das Thema „Feldforschung" aus. Das Methodenkapitel beschränkt sich meist auf Forschungsfragen und Hypothesen, das Untersuchungsdesign und die Beschreibung der Teilnehmerinnen und Teilnehmer. Damit bleiben trotz aller Forderungen zu Methodentransparenz Informationen und Hilfestellungen zur Durchführung von Feldforschung (nicht nur in der Schule) eine Art ‚Geheimwissen', das mündlich von Forscherin zu Forscher weitergegeben wird:

> Il existe dans la tradition anthropologique une espèce d'idée reçue selon laquelle l'enquête de terrain ne serait pas justiciable d'un enseignement méthodique : celui-ci viendrait casser la quête initiatique et solitaire de l'ethnologue qui s'éprouve, dans l'enquête, au contact direct de l'Autre. L'apprentissage collectif et explicité du terrain risquerait de faire perdre à ce dernier son mystère. L'idée même d'écrire un guide d'enquête de terrain paraîtra peut-être sacrilège aux vieux routiers du terrain, qui font confiance à leur instinct, au bricolage et au braconnage, qui travaillent sans boussole (Beaud & Weber [4]2010, 19).

Auch der vorliegende Artikel liefert keine repräsentative empirische Studie zu diesem Thema (eine Fragebogenstudie unter Wissenschaftlerinnen und Wissenschaftlern wäre ein Desiderat). Er bietet Einblicke in die Forschungspraxis. Im Zentrum stehen dabei die Erfahrungen des von mir geleiteten FWF[2]-Projekts *Pronunciation in progress: French Schwa and Liaison* Pro^{2}F (Kamerhuber et al.

---

[2]   FWF = *Fonds zur Förderung der wissenschaftlichen Forschung*, Österreichs Pendant zur DFG (*Deutschen Forschungsgemeinschaft*) in Deutschland.

2020; Heiszenberger et al. 2020; Pustka et al. 2021), dessen Feldforschungserfah-rungen in den Protokollen von Teammeetings und E-Mails dokumentiert sind.[3] In diesem Rahmen haben wir Schülerinnen und Schüler jeweils aus der Klasse ge-holt, um sie einzeln für phonologische Analysen aufzunehmen. Daneben fließen weitere Erfahrungen romanistischer Master- und Doktorarbeiten, Forschungsan-träge sowie einiger anderer (ebenfalls) romanistischer Forschungsprojekte ein, insbesondere des Projekts „Mehrsprachigkeitsentwicklung im Zeitverlauf" (vgl. Brandt & Lagemann & Rahbari 2017; IEA Hamburg 2017; Rahbari et al. 2018; Gogolin et al. 2021). Der Fokus liegt dabei auf Deutschland und Österreich. Wer in romanischsprachigen Ländern forscht, muss zusätzlich die dortigen Bestim-mungen berücksichtigen (z. B. kann die Genehmigung durch die Ethikkommis-sion einer Universität nötig sein).

Der Artikel gliedert sich wie folgt: Abschnitt 2 liefert einen Überblick über allgemeine Prinzipien der Feldforschung. Abschnitt 3 stellt die rechtlichen und ethischen Standards für Feldforschung in der Schule vor, die man vor Beginn ei-nes Forschungsprojekts kennen sollte. Im Anschluss (Abschnitt 4) betrachten wir im Detail, wie komplex sich die Kommunikation mit den unterschiedlichen Ak-teuren im System Schule (Schulleitung, Lehrer und Lehrerinnen, Elternvertretung etc.) erweisen kann, vom Projektantrag bis zur Durchführung der Datensamm-lung. In Abschnitt 5 geht es schließlich darum, was die Wissenschaft der Schule zurückgeben kann, d. h. den Mehrwert für die Schule (*Third Mission*).

2.   Feldforschung als Grenzüberschreitung

Wer die ethnographische Literatur zur Feldforschung im Allgemeinen studiert, sieht: Das, was dort zu den Schwierigkeiten der Erforschung indigener Rituale im Amazonas zu lesen ist oder auch des Alltags im Arbeitsamt um die Ecke, unter-scheidet sich gar nicht so sehr von dem, was passiert, wenn man zum Französi-schen, Italienischen oder Spanischen in der Schule forscht: der mühsame Zugang

---

[3] Das Drittmittelprojekt Pro^{2}F (2017-2022) (https://pro2f.univie.ac.at, Zugriff: 10.01.2021) wird vom österreichischen Wissenschaftsfonds FWF gefördert (Projektnummer: P-29879). An der Feldforschung beteiligt waren Daphné Baudry, Julia Gusterer, Barbara Huber, Léo-nore Troehler, Elisabeth Heiszenberger, Julia Horvarth und Julia Kamerhuber.

zum Feld, Kommunikation als Drahtseilakt, unterschiedliche Interessen etc. (s. u.). An dieser Stelle könnte man sich fragen: Handelt es sich bei jeglicher Art von Datensammlung in der Schule wirklich um *Feld*forschung? Um diese Frage zu beantworten, brauchen wir eine Definition der Begriffe „Feldforschung" bzw. „Forschungsfeld": „Unter ‚Forschungsfeld' werden hier natürliche soziale Handlungsfelder im Gegensatz zu künstlichen situativen Arrangements verstanden, die extra für Forschungszwecke geschaffen werden" (Wolff 2000, 335). Bei vielen Arten der Datensammlung in der Schule trifft beides zu: Wer Schülerinnen und Schüler Wortlisten vorlesen lässt, schafft ein „künstliche[s] [...] Arrangement"; dieses ist gleichzeitig in ein „soziale[s] Handlungsfeld" – nämlich die Schule – eingebettet. Man kann also unter Feldforschung im engsten Sinne die teilnehmende Beobachtung des Unterrichts fassen. Elizitierte Sprachaufnahmen, Interviews, (Online-)Fragebögen und Erprobung neuer Unterrichtsmethoden sind dagegen Feldforschung im weiteren Sinne – wenn man sich hierfür zur Rekrutierung der Teilnehmerinnen und Teilnehmer ebenfalls Zugang zum Feld Schule verschafft. Alternativ kann man Schülerinnen und Schüler, Eltern sowie Lehrerinnen und Lehrer privat rekrutieren und an anderen Orten befragen (was aufwändiger und weniger repräsentativ ist), auch dabei befindet man sich in einem ‚Feld'. Nur wer seine Daten über sogenannte Panelanbieter[4] sammelt, die im Internet Probandinnen und Probanden gegen Gebühr vermitteln, oder auf Basis frei verfügbarer Texte und audio-visueller Medien arbeitet (z. B. Lehrwerksanalyse), kommt um Feldforschungsarbeit herum.

Datensammlung in einem Feld ist eine sozial sehr ungewöhnliche Situation – mit all ihren Vor- und Nachteilen:

> L'entretien ethnographique, à la différence d'autres entretiens plus institutionnalisés [...], est une situation somme toute inédite de la vie sociale : deux inconnus (ou presque) se rencontrent, se parlent (longuement), puis se séparent, le plus fréquemment sans se revoir. [...] En effet vous êtes extérieur à la vie sociale de l'enquêté, vous n'êtes pas mêlé à ses affaires de famille, de travail, de voisinage, de politique, vous êtes donc placé dans une position objective favorable pour recevoir ses ‘confidences' (Beaud & Weber [4]2010, 158).

Dabei impliziert Feldforschung stets einen oder mehrere Feldforscher bzw. Feldforscherinnen. Von diesen hängen die erhobenen Daten stark ab, weswegen man

---

4   Eine Übersicht über solche Panelanbieter liefert z. B. die Website der Deutschen Gesellschaft für Online-Forschung e.V..

sie auch nicht ausblenden kann. Die Metadaten sollten daher Informationen über diese Personen erhalten (z. B. Alter, L1) sowie über die Ausgestaltung ihrer Rolle als Feldforscher bzw. Feldforscherin und ihre Positionierung im Feld (vgl. Beaud & Weber [4]2010, 13, 81-83; Pustka 2021, 110): Präsentiert man sich z. B. als ehemalige Schülerin oder ehemaliger Schüler, als (künftige) Kollegin bzw. (künftiger) Kollege, als Wissenschaftlerin bzw. Wissenschaftler?

Wer in der Schule forschen möchte, sollte sich bewusst machen und reflektieren, dass er oder sie dabei „Feldforschung in der ‚eigenen' Gesellschaft" (Beer & König [3]2020, 32) betreibt. Da wir selbst als Schülerinnen und Schüler so viele Jahre in die Schule gegangen sind, gerät dies manchmal in Vergessenheit. Wer aber später als Wissenschaftlerin oder Wissenschaftler in die Schule zurückkehrt, wird merken, dass Wissenschaft und Schule zwei unterschiedliche soziale Systeme sind. Forschen ist soziale Interaktion und Feldforschung ist eine Grenzüberschreitung. Dabei wird die Arbeit von Feldforscherinnen und Feldforschern oft als Voyeurismus wahrgenommen (vgl. Beaud & Weber [4]2010, 13).

‚Eindringlinge' in ein anderes soziales System werden häufig von sogenannten „Gatekeepern" abgewehrt, denn Feldforschung wird in vielerlei Hinsicht als „Zumutung" (Wolff 2000, 335) wahrgenommen: Teilnehmerinnen und Teilnehmer sollen sich Zeit nehmen, ihre Räume zur Verfügung stellen etc. So können Gatekeeper laut Wolff (2000, 339) sogar „Forschungs*verhinderer*" sein:

> Organisationen verfügen über eine breite Palette von Praktiken, um sich neugierige Dritte vom Hals zu halten, um Informationen über sich selbst zu erzeugen und deren Verwendung zu kontrollieren. Mitunter findet sich in Organisationen auch bereits sozialwissenschaftlich vorgebildetes Personal. Das kann zu freundlichem Entgegenkommen führen, aber auch zu einer hochkompetenten Abwehr von Zugangsversuchen – im Extremfall unter Hinweis darauf, dass die Forscher angeblich Forschungsstandards nicht gerecht würden (Breidenstein et al. [2]2015, 51).

Um sich Zugang zum Feld zu verschaffen, muss man also kommunizieren und Menschen kennenlernen. Eine besondere Schwierigkeit besteht darin zu entscheiden, wen man als erstes kontaktiert. Häufig muss man mehrere Subsysteme überzeugen, die miteinander auch in Konflikt stehen können (z. B. Schulleitung vs. Lehrerinnen und Lehrer vs. Eltern). Besonders schwer kann dies in Zeiten sein, in denen das Feld Probleme durchsteht. Ein weiteres Hindernis kann sein, dass die potenziellen Teilnehmerinnen und Teilnehmer erst vor Kurzem Gegenstand einer anderen wissenschaftlichen Studie waren und sich davon erst einmal ‚ausruhen' möchten. In jedem Fall sollte man sich auf die folgenden Fragen gefasst machen:

> « À quoi votre enquête va servir ? », « À qui ça va servir ? », « Pourquoi nous (tel village, telle entreprise, telle association, tel club sportif, tel lycée, etc.) et pas les autres ? » [...] Dans un premier temps, il faut vous efforcer de répondre le plus simplement et honnêtement possible, en invoquant les raisons circonstancielles qui vous ont fait choisir tel sujet et tel lieu d'enquête. [...] Autant d'explications possibles qui tendent à montrer qu'il y a une grande part de hasard qui vous a conduit à enquêter « là ». Ainsi les enquêtés n'auront pas l'impression désagréable d'être pris pour des « cobayes » (Beaud & Weber [4]2010, 100).

Wer gut informiert ist, hat Vorteile: „Die Schwierigkeit besteht also darin, schon einiges über ein Feld wissen zu müssen, bevor man an das Feld herantritt, um den Zugang auszuhandeln" (Breidenstein et al. [2]2015, 52). Das Wichtigste dabei ist: Vertrauen gewinnen. Persönliche Beziehungen sind dabei meist hilfreich (vgl. Wolff 2000, 342; Breidenstein et al. [2]2015, 50-52, 63).

Aufgrund der „üblicherweise sorgsam verschwiegenen gescheiterten Zugangsversuche" (Wolff 2000, 336) werden Probleme beim Zugang zum Feld oft als persönliches Scheitern interpretiert, obwohl sie ein ganz normaler Teil des Forschungsprozesses sind. Es handelt sich nicht um ein „Vorfeld-Problem", „nach dessen Erledigung die eigentliche Forschung erst beginnt" (ebd.), sondern um einen essenziellen Schritt empirischer Forschung.

Wir werden uns im Folgenden die unterschiedlichen Gatekeeper genauer ansehen, die man für ein Forschungsprojekt in der Schule überzeugen muss, insbesondere die Bildungsministerien der deutschen Bundesländer bzw. die österreichischen Bildungsdirektionen (Abschnitt 3) und die verschiedenen Akteure des Systems Schule (Abschnitt 4).

3.   Rechtliche und ethische Standards

Wer ein Forschungsprojekt mit Datenerhebungen in der Schule vorbereitet, sollte die aktuellen Versionen der internationalen, nationalen und regionalen rechtlichen und ethischen Standards genau studieren. Dazu gehören:

– europäische Standards für Forschungsprojekte: z. B. *Ethics Self-Assessment step by step* des *European Research Council* (ERC 2018),

- deutsche Standards für Forschungsprojekte: z. B. *Informationen zu rechtlichen Aspekten bei der Handhabung von Sprachkorpora* der *Deutschen Forschungsgemeinschaft* (DFG 2013) (kein Pendant des FWF in Österreich),
- regionale Standards der Bildungs-, Schul- und Unterrichtsministerien der deutschen Bundesländer bzw. der österreichischen Bildungsdirektionen (in diesem Artikel exemplarisch: Bayern und Wien) und
- ethische Standards von Universitäten und Berufsverbänden: z. B. der *Ethikkodex* der Deutschen Gesellschaft für Fremdsprachenforschung (DGFF 2019).

Wir sehen uns im Folgenden die wichtigsten Standards zu möglichen Forschungsprojekten, den Genehmigungsverfahren, der sogenannten ‚freiwilligen informierten Einwilligung' (*informed consent*) und der Anonymisierung genauer an. Eine „Übersicht über die länderspezifischen Besonderheiten für Befragungen an Schulen" für Deutschland liefert die Website des Verbundes forschungdaten-bildung.de (Verbund FDB o. J.). Diese kommt zu der folgenden Gesamteinschätzung: „Eine Erhebung an Schulen, die bundesländerübergreifend durchgeführt wird, kann mit viel Aufwand verbunden sein." Daher lohnt es sich im Vorfeld zu reflektieren, ob ein bestimmtes Forschungsziel nur mit Feldforschung an der Schule und dem dazu notwendigen Genehmigungsprozess erreicht werden kann. Schülerinnen und Schüler sowie ihre Eltern kann man auch privat rekrutieren und befragen. Inwiefern man (verbeamtete) Lehrerinnen und Lehrer in ihrer Freizeit über ihren Beruf befragen darf, ist eine rechtliche Grauzone. Ebenfalls juristisch noch nicht geklärt ist, ob öffentliche Schulen als staatliche Institution (im Gegensatz zu privatwirtschaftlichen Unternehmen) möglicherweise in gewisser Hinsicht der Wissenschaft gegenüber auskunftspflichtig sein müssten.

3.1 Mögliche Forschungsprojekte

An vielen Standorten sind wissenschaftliche Datenerhebungen an der Schule nicht im Rahmen von Seminaren an der Universität möglich, sondern erst auf dem Niveau von Bachelor- und Masterarbeiten, z. T. nur im Rahmen von Forschungsprojekten. Begründung dafür ist, dass die Interessen von Schule und Wissenschaft gegeneinander abgewogen werden müssen, und eine ‚Störung' des Unterrichtsbetriebs nur ab einem bestimmten Relevanzgrad für den wissenschaftlichen Fort-schritt gerechtfertigt werden könne; Forschung in Schulen im Rahmen der Vorbe-reitung von Lehramtsstudierenden auf den künftigen Beruf als Lehrerinnen und Lehrer spielt in diesem Abwägungsprozess in Bayern und Wien keine Rolle (im Gegensatz zu anderen Bundesländern[5]). Zudem wird ein anschließender Wissens-transfer (*Third Mission*) zurück an die Schulen eingefordert. Das bayrische Staats-ministerium für Unterricht und Kultus (o. J.) schreibt dazu explizit auf seiner Homepage unter der Rubrik „Forschung an Schulen":

> Um sicherzustellen, dass die Schulen bei der Erfüllung ihrer eigentlichen Aufgaben des Unterrichtens und Erziehens nicht zu sehr behindert werden, kann eine Erhebung durch das Staatsministerium nur dann genehmigt werden, wenn die Erhebung nur an Schulen durchgeführt werden kann, sich die Belastung der Schule durch die Erhebung in zumut-barem Rahmen hält und ein erhebliches pädagogisches wie wissenschaftliches Interesse an der Erhebung anzuerkennen ist, indem sie in bedeutendem Umfang neue Erkenntnisse mit Relevanz für den schulischen Bereich erwarten lässt.
> Dies ist in der Regel bei Erhebungen im Zusammenhang mit Qualifikationsarbeiten an Hochschulen nicht gegeben.

Nach der Regelung des Stadtschulrats Wien in seinem Erlass vom 29.05.2017 waren „Wissenschaftliche Erhebungen an Schulen" im Rahmen von Bachelor- und Masterarbeiten, Dissertationen, Habilitationen und Forschungsprojekten möglich; dagegen war „eine Datenerhebung zum Zwecke des Verfassens von hochschulischen Hausarbeiten, Seminararbeiten [...] unzulässig." Im aktuell gül-tigen Erlass vom 19.12.2017 ist dieser Satz gestrichen; allerdings werden nur mehr Forschungsprojekte und „abschließende Arbeiten" genannt.

3.2   Mögliche wissenschaftliche Methoden

Auch bei der Auswahl wissenschaftlicher Methoden gibt es Einschränkungen. So betrachtet das Bayerische Kultusministerium offene Fragen grundsätzlich mit großer Skepsis: „Auf Freitextfelder und offene Fragen ist daher möglichst zu ver-zichten." Dafür führt es zwei Gründe an: Hier bestehe zum einen die Gefahr, dass personenbezogene Daten generiert werden könnten, zum anderen sei der Zeitauf-

---

[5]   Seminararbeiten (im Lehramtsstudium) werden dagegen explizit erwähnt, z. B. in Nieder-sachsen (Niedersächsischer Verbund zur Lehrerbildung 2018) und in der Steiermark (Bil-dungsdirektion Steiermark 2019).

wand höher. Ganz konkret wurden uns für die in Horvath et al. (2019) veröffent-
lichte Studie die folgenden beiden offenen Fragen untersagt: „Was versteht man
unter dem Begriff ‚Liaison'? Geben Sie eine kurze Begriffsdefinition!" und „Was
versteht man unter dem Begriff ‚Schwa' oder ‚e muet'? Geben Sie eine kurze
Begriffsdefinition!". Das Kultusministerium schätzte diese Fragen als „wenig
zielführend" ein (Horvath et al. 2019, 95).

Die Ergebnisse unter österreichischen Lehrerinnen und Lehrern waren aber
hochinteressant: Es zeigte sich, dass die Liaison deutlich bekannter ist als das
Schwa. 59 von 100 Befragten nannten das für die Liaison zentrale Definitions-
merkmal des ansonsten stummen Endkonsonanten; dagegen verwechselten 36 das
Phänomen mit dem *enchaînement*; 50 von 100 nannten die Möglichkeit, dass das
Schwa stumm bleibt (vgl. ebd., 112-114). Von den bayrischen Lehrerinnen und
Lehrern durften wir nur herausfinden, welchen Stellenwert sie der Liaison/dem
Schwa beimessen. Diese Ergebnisse sind aber wenig aussagekräftig, wenn man
nicht qualitativ erforschen darf, welche Repräsentationen die Befragten von den
in den Fragen verwendeten Fachbegriffen haben.

In Bezug auf die Liaison haben wir die Frage nochmals im Rahmen einer Umfrage unter Wiener Erstsemestern im Oktober 2021 gestellt (vgl. Pustka & Bäumler, in Vorbereitung). Diese ergab die folgenden spannenden Ergebnisse: Auf die
geschlossene Frage „Sagt Ihnen der Begriff Liaison etwas?" antworteten 37 der
67 befragten Französisch-Erstsemester mit „ja" und 31 mit „nein". Auch hier
konnte man erst mit Hilfe der Antworten im Freitextfeld „Bitte erklären Sie ihn
kurz: _____" beurteilen, ob diese Studierenden den phonologischen Begriff wirklich kannten. Dies ist etwa der Fall bei Antworten wie „Aussprache von Konsonanten, die eigentlich stumm wären, wenn von vokalen [sic!] gefolgt. (Ils ont,
beaucoup aimée...)"[6] oder „beispielsweise \les amis\, das s bei les wird ausgespro-
chen, weil amis mit einem Vokal anfängt". Dagegen geht es in anderen Fällen um
frz. *liaison* in einem anderen Sinne, z. B. „eine Liebschaft" oder eine Verwechs-
lung mit dem phonologischen Begriff „enchaînement" (z. B. „Das Zusammenzie-
hen der Silben in der Aussprache"). In diesem Fall ist die „ja"/„nein"-Frage unzureichend für den Erkenntnisgewinn. Auch durch mögliche Begriffsdefinitionen

---

[6]   Die Zitate aus dem Online-Fragebogen wurden ohne korrigierende Eingriffe abgedruckt.

zum Ankreuzen würde man nicht erfahren, woran sich die Erstsemester ohne Hilfestellung aus ihrer Schulzeit erinnern. Zudem ist aus phonologischer und didaktischer Sicht hochinteressant, welche Definitionsmerkmale und welche Beispiele die Befragten spontan nennen (z. B. die obligatorische Liaison in *les amis* oder die sehr seltene Liaison in *beaucoup aimée*). All dies hat unmittelbare schulpraktische Relevanz: Man muss den *status quo* beim Spracherwerb und Sprachenlernen kennen, um die Didaktik zu verbessern (vgl. z. B. Heiszenberger & Jansen 2020; Pustka 2021).

Wie dieses Beispiel zeigt, ist es mit Blick auf die Wissenschaftsfreiheit hochproblematisch, in welchem Detailgrad politische Instanzen in die wissenschaftliche Methodik eingreifen. Wenn in keinem Maße der reibungslose Ablauf des Schulunterrichts oder der Datenschutz betroffen sind, lässt sich dies kaum rechtfertigen. Besonders erstaunlich ist der geschilderte Eingriff, da die Aussprache in den Bayerischen Lehrplänen einen hohen Stellenwert genießt (vgl. LehrplanPlus).

3.3   Genehmigungsverfahren und notwendige Unterlagen

Während in Bayern sämtliche Forschungsprojekte an Schulen vom Kultusministerium genehmigt werden müssen, wurde das Verfahren in Wien in den vergangenen Jahren dezentralisiert: Die Genehmigung erfolgt nun nicht mehr nach psychologischer und juristischer Prüfung durch den Stadtschulrat (der zwischenzeitlich in *Bildungsdirektion* umbenannt wurde), sondern direkt an den Schulen.

In Bayern wird für die fachlich-pädagogische sowie die rechtliche Prüfung eine Mindestbearbeitungsdauer von drei Monaten angesetzt. Die Genehmigung einer Online-Umfrage im Rahmen des Pro^{2}F-Projekts dauerte von Oktober 2018 bis März 2019 (vgl. Horvath et al. 2019, 94). Der Antrag muss folgende Dokumente beinhalten (vgl. Bayrisches Staatsministerium für Unterricht und Kultus o. J.):

– eine „ausführliche Beschreibung des Vorhabens",

– „alle Fragebögen und/oder Interviewleitfäden in ihrer endgültigen Fassung"

– ein Zeitplan der Durchführung mit einer Angabe des Zeitaufwands für die Teilnehmerinnen und Teilnehmer,

– die Anschreiben an Schule, Erziehungsberechtigte, Schülerinnen und Schüler sowie Lehrkräfte,

– Informationen zum Umgang mit personenbezogenen Daten sowie

– eine „Darstellung des besonderen Mehrwerts für die Schulen des Freistaates Bayern in Bezug auf die Gestaltung des Unterrichts und/oder den Einsatz der Projektergebnisse in der Lehrerbildung".

Die Genehmigung des Pro^{2}F-Projekts durch den Stadtschulrat Wien vor Einreichung des Antrags beim FWF dauerte vom 02.12.2015 bis zum 14.01.2016. Mittlerweile entscheidet in Österreich der Schulgemeinschaftsausschuss, der aus der Schulleitung und jeweils drei Lehrerinnen und Lehrern, Schülerinnen und Schülern sowie Erziehungsberechtigten besteht. Dieser tritt regulär zwei Mal im Jahr zusammen. Auch wenn außerordentliche Sitzungen möglich sind, sollte man dies bei der Zeitplanung von Projekten berücksichtigen (vgl. Schramm 2016, 383). Zwischen dem Erlass vom 29.05.2017 und vom 19.12.2017 wurde zudem die Liste der nötigen Unterlagen deutlich gekürzt (vgl. Stadtschulrat Wien). Nicht mehr verlangt werden u. a.

– ausführliche Informationen zu den „theoretischen Grundlagen",
– die „Operationalisierung der Fragestellungen bzw. der zu überprüfenden Arbeitshypothesen",
– „Angaben zur geplanten Auswertungsmethode" und
– ein „Organisationsplan".

Weiterhin nötig ist

– die „Vorlage des Untersuchungsmaterials (z. B. Fragebogen, Interviewleitfaden, Test etc.)",
– ein „Elternbrief und Informationsschreiben für den Lehrer" und
– eine Datenschutzerklärung.

Im Rahmen des vom österreichischen BMBWF ausgeschriebenen Forschungsprogramms „Sparkling Science" zur Citizen Science-Forschung mit Schülerinnen und Schülern entfällt dieser umfangreiche Genehmigungsprozess an den Schulen; hier reicht ein *Letter of Interest* mit Unterschriften der Schulleitung und der verantwortlichen Lehrerinnen und Lehrer aus (vgl. Bundesministerium für Bildung, Wissenschaft und Forschung 2021).

Dabei ist die Genehmigungspflicht der finalen Untersuchungsinstrumente nicht unproblematisch. Agiles Projektmanagement (vgl. Pustka 2021, 90) sieht eigentlich vor, dass man auch noch im Laufe der Datensammlung die Methode und selbst die Fragestellung anpassen kann (vgl. Beaud & Weber [4]2010, 44-45). Da sich in der Praxis die Teilnehmerinnen und Teilnehmer kaum für wissenschaftliche Details interessieren, interpretieren Breidenstein et al. (^{2}2015, 56-57) diese Regelung als Abwehrstrategie von Gatekeepern (vgl. Abschnitt 2). Sie empfehlen stattdessen: „Sei vertrauenswürdig, aber ungenau." Oder in den Worten von Beaud & Weber (^{4}2010, 99) : „Laissez du flou dans votre présentation."

> Dans la présentation de votre enquête, vous avez le droit de laisser un certain nombre de choses dans le flou, non pas par esprit de calcul ou par 'ruse', mais parce que a) les considérations académiques ne sont pas du ressort de vos enquêtés ; b) vous ne savez jamais à l'avance comment va évaluer votre enquête ; c) vous vous laissez une marge de manœuvre pour réorienter ultérieurement l'enquête si vos premières investigations le commandent.

Entsprechend haben wir beim Pro^{2}F-Projekt (s. u.) nur erklärt, dass es um die französische Aussprache geht, aber keine Detailinformationen zu den Phänomenen Schwa und Liaison gegeben.

Die Genehmigungsverfahren sind so aufwändig, dass diese Aufgabe beim Großprojekt „Mehrsprachigkeitsentwicklung im Zeitverlauf" (MEZ) des BMBF (2014-2019) outgesourct wurde. Für die Longitudinalstudie wurden zu vier Erhebungszeitpunkten insgesamt 1.818 Schülerinnen und Schüler an 72 Schulen in acht deutschen Bundesländern untersucht. Das externe Erhebungsinstitut IEA Hamburg kümmerte sich um die Genehmigung bei den Bildungsministerien der Bundesländer, die Rekrutierung der Schulen und Schülerinnen und Schüler sowie die Durchführung eines Großteils der Datensammlung. Für eine linguistische Teilstudie erhoben zusätzlich die Forscherinnen und Forscher selbst u. a. lautsprachliche Daten und einen Test zur phonologischen Bewusstheit mit 200 Teilnehmenden an 16 Schulen (vgl. IEA Hamburg 2017, 17; Brandt et al. 2017, 351-352; Rahbari et al. 2018, 19-20).

3.4   Freiwilligkeit und informierte Einwilligung (*informed consent*)

Sämtliche Standards sehen vor, dass die Teilnahme an Forschungsprojekten freiwillig erfolgt (vgl. ERC 2018; zu Ausnahmen vgl. DFG 2013). Dies muss in der Einverständniserklärung deutlich gemacht werden:

> Vor der Erhebung personenbezogener Daten und vor der Aufzeichnung von sprachlichen Interaktionen sollte von allen beteiligten Personen eine schriftliche Einwilligungserklärung eingeholt werden (informierte Einwilligung –„informed consent"). Das BDGS

[…] legt dazu fest, dass „[d]ie Einwilligung nur wirksam [ist], wenn sie auf der freien Entscheidung des Betroffenen beruht" (DFG 2013, 6).

Vom Bayerischen Kultusministerium und der Wiener Bildungsdirektion wird dieser Punkt in ihren jeweiligen Richtlinien noch einmal unterstrichen.

Minderjährige genießen einen besonderen Schutz. Aus diesem Grund sind sowohl in Bayern als auch in Wien Informationen für die Erziehungsberechtigten und deren Einverständnis vorgesehen. In Bayern beinhaltet dies eine Einsicht in den Fragebogen sowie Informationen über die Freiwilligkeit der Teilnahme, Widerrufsmöglichkeiten und die „vorgesehene Löschung bzw. Anonymisierung der Daten" (Bayrisches Staatsministerium für Unterricht und Kultus o. J.). Nur in Bayern ist ein eigenes Informationsschreiben an die Schülerinnen und Schüler verpflichtend; in Wien ist lediglich von einem „Elternbrief" die Rede. Bei der Erstellung der Einverständniserklärungen sollte beachtet werden, dass stets die Schülerinnen und Schüler mitunterschreiben sollten:

> Bei Minderjährigen oder anderweitig nicht rechtsfähigen Personen muss die Einwilligungserklärung von deren gesetzlichem Vertreter unterschrieben werden. Minderjährigen ab dem siebten Lebensjahr wird dabei ein „Vetorecht" gegen eine durch ihre gesetzlichen Vertreter erteilte Einwilligung zugestanden und sollte entsprechend abgefragt werden (DFG 2013, 7).

Das Bayerische Kultusministerium fordert dies erst „ab Vollendung des 14. Lebensjahres". Diese Altersgrenze findet sich ebenfalls im Ethikkodex der Deutschen Gesellschaft für Fremdsprachenforschung (vgl. DGFF 2019) wieder. Die Wiener Bildungsdirektion macht dazu keine Angaben. Im MEZ-Projekt mussten ab der 9. Klasse auch die Schülerinnen und Schüler die Einverständniserklärung unterschreiben (vgl. IEA Hamburg 2017, 12).

Wir haben im Pro²F-Projekt den folgenden Brief verwendet, der sowohl an die Schülerinnen und Schüler als auch an ihre Eltern gerichtet war (die Namen der Schule und der Schulleitung sind hier anonymisiert):

> Liebe SchülerInnen, liebe Eltern,
> ein Forschungsteam der Universität Wien wird in diesem Schuljahr am ***gymnasium im Rahmen des FWF-Projekts *Pronunciation in Progress* (Pro²F) eine Studie zur französischen Aussprache durchführen. Das Projekt dient der phonologischen Grundlagenforschung zur Weiterentwicklung der Aussprachedidaktik in der Schule und leistet damit einen wichtigen Beitrag zur Verbesserung des Fremdsprachenunterrichts.
> Univ.-Prof. Dr. habil. Elissa Pustka und ihr Team suchen für die Studie möglichst viele SchülerInnen mit Französisch als zweiter lebender Fremdsprache aus allen Jahrgängen

(3. bis 8. Klasse[7]), die an Sprachaufnahmen und Befragungen in der Schule teilnehmen möchten. Die Datenerhebung soll im November 2017 starten. Jede/r teilnehmende SchülerIn verlässt dafür mit Einverständnis des betreffenden Lehrers/der betreffenden Lehrerin für 1 Unterrichtsstunde (50 Minuten) den Unterricht. Die SchülerInnen aus der 3. Klasse werden im Rahmen einer Längsschnittstudie zusätzlich ein Mal pro Jahr in den Folgejahren aufgenommen. Im Gegenzug können die SchülerInnen von den WissenschaftlerInnen per Post oder Mail ein individuelles Feedback mit Erklärungen und Übungen zur Verbesserung der Aussprache erhalten. Die ForscherInnen präsentieren zudem die anonymisierten Ergebnisse in der Schule und beantworten gerne Fragen von SchülerInnen und Eltern. Schließlich erstellen wir auf Basis unserer Forschungen eine Website mit Tipps und Tricks, die allen zu Gute kommt: http://pro2f.univie.ac.at.

Das Projekt wird von der Schuldirektion, vom Elternverein und vom Stadtschulrat unterstützt und unterliegt dessen strengen Auflagen zum Datenschutz: Sämtliche personenbezogenen Daten der SchülerInnen sind nur der Projektleitung bekannt und werden für die Arbeit an der Studie und Folgestudien sowie für Publikationen anonymisiert. Veröffentlicht werden nur Daten (Sprachaufnahmen, Transkriptionen und soziodemographische Informationen) und wissenschaftliche Analysen, die keinen Rückschluss auf die Identität der teilnehmenden SchülerInnen ermöglichen. Auch die Schule bleibt anonym. Die Ergebnisse sollen u. a. in Doktorarbeiten, Vorträgen auf Kongressen, Artikeln in wissenschaftlichen Fachzeitschriften sowie Lehrbüchern für Schule und Universität veröffentlicht werden sowie eine neue wissenschaftliche Grundlage für das Lehramtsstudium, LehrerInnenfortbildungen und Schulpraxisprojekte liefern.

Wir würden uns über Eure/Ihre Zustimmung und Teilnahme sehr freuen!

Univ.-Prof. Dr. habil. Elissa Pustka   *** ***
Projektleiterin des FWF-Projekts Pro[2]F   Direktor*in des ***

Die Einverständniserklärung sah wie folgt aus:

Einverständniserklärung

Hiermit erkläre ich mich einverstanden, dass meine Sprachaufnahmen bzw. die Sprachaufnahmen meines Kindes und ihre Transkription sowie meine/seine soziodemographischen Daten (Alter, Geschlecht etc.) für das Projekt *Pronunciation in Progress* (Pro[2]F) anonymisiert zu sprachwissenschaftlichen und -didaktischen Zwecken gespeichert, analysiert und publiziert werden.

Diese Erklärung kann ich jederzeit per Brief oder Mail an folgende Adresse widerrufen:
Univ.-Prof. Dr. habil. Elissa Pustka, M.A. Dipl.-Journ.
Universität Wien, Institut für Romanistik
Spitalgasse 2, Hof 8
1090 Wien
ÖSTERREICH
elissa.pustka@univie.ac.at
Ein Widerruf gilt nur für künftige, nicht für bereits erfolgte Publikationen.

---

[7] Die 3. Klasse Gymnasium in Österreich (also die 7. Schulstufe) entspricht der 7. Klasse in Deutschland, die 8. Klasse Gymnasium der 12. Klasse.

Einverständnis des Schülers/der Schülerin (alle Altersstufen):

(Name, Vorname)	(Klasse)
(Ort, Datum)	(Unterschrift)

**Einverständnis des gesetzlichen Vertreters/
der gesetzlichen Vertreterin (bei unter 18-Jährigen):**

(Name, Vorname)	
(Ort, Datum)	(Unterschrift)

Im Anschluss haben wir angeboten, den Schülerinnen und Schülern ein individuelles Feedback zu schicken. Mit Blick auf den Datenschutz konnte man selbst entscheiden, ob man das wollte, und wenn ja, ob lieber per Post oder per Mail zugesandt.

Individuelles Feedback
O per Post: _____ ____ (Straße, Nr.)
_____ _____ (PLZ, Gemeinde)
O per Mail: _____ (Mailadresse)
O nicht erwünscht

In späteren Untersuchungen haben wir noch hinzugefügt:

Diese Erklärung kann ich jederzeit per Brief an die unten aufgeführte Adresse widerrufen. Gemäß Art. 77 DSGVO steht Ihnen das Recht zu, sich bei einer Aufsichtsbehörde zu beschweren. In Österreich handelt es sich bei der Aufsichtsbehörde um die Datenschutzbehörde: Wickenburggasse 8, 1080 Wien, Telefon: +43 1 52 152-0, E-Mail: dsb@dsb.gv.at, Website: dsb.gv.at. (Pustka 2021, 92)

3.5 Anonymisierung

Die Datenschutzgesetze sehen vor, dass personenbezogene Forschungsdaten anonymisiert oder pseudonymisiert werden (zu Ausnahmen vgl. DFG 2013). Dazu gehört insbesondere das Ersetzen von Personen- und Ortsnamen in Transkriptionen und Metadaten sowie das Verrauschen von Soundfiles an den entsprechenden Stellen. Allerdings können Sprecherinnen und Sprecher weiterhin an ihren Stimmen erkannt werden. Ein vollkommenes Verpixeln von Gesichtern in Videodateien würde zudem die Analysemöglichkeiten einschränken. Aus diesem Grund muss im Vorfeld gut überlegt werden, welche Art der Anonymisierung und Pseudonymisierung möglich und sinnvoll ist; die Teilnehmerinnen und Teilnehmer müssen entsprechend informiert werden, bevor sie ihr Einverständnis geben und an der Studie teilnehmen. Eine Lösung kann etwa sein, dass Videodateien nur wenigen Forscherinnen und Forschern zugänglich gemacht und nur anonymisierte Audiodateien *open access* veröffentlicht werden (vgl. ebd.).

Die Vorgaben der Schulbehörden sind allerdings deutlich strenger als die der DFG: „Allein das Ersetzen des Namens durch andere Identifikationscodes (Pseudonymisierung) genügt nicht" (vgl. Bayrisches Staatsministerium für Unterricht und Kultus o. J.). So schätzt das Bayerische Kultusministerium Tonaufnahmen als grundsätzlich nicht anonymisierbar ein. Selbst durch die Kombination einzelner Antworten in einem Fragebogen sei es möglich, dass „Rückschlüsse auf teilnehmende Lehrkräfte gezogen werden können" (Mail des Bayerischen Kultusministeriums vom 24.01.2019). Entsprechend als „personenbezogen" eingeschätzte Daten könnten daher lediglich „streng vertraulich" behandelt, aber nicht anonymisiert werden. Diese Einstufung hat zur Konsequenz, dass die Daten nach der Auswertung gelöscht werden müssen, was den Forderungen von *open data* vieler Fördergeber widerspricht (vgl. Scheller 2017). So haben wir uns beispielsweise verpflichtet, die durch unseren Fragebogen unter bayerischen Lehrerinnen und Lehrern erhobenen Daten nach fünf Jahren zu löschen (vgl. Horvath et al. 2019, 95).

Im Erlass der Bildungsdirektion Wien vom 19.12.2017 wird der Begriff der Anonymisierung zwar ganz anders verwendet, eine langfristige Nutzung der Daten wird jedoch ebenfalls ausgeschlossen: „Die Ergebnisse der wissenschaftlichen Erhebung haben die Anonymität der Befragten zu wahren und dürfen nur für das vorgestellte Forschungsprojekt Verwendung finden." Auch dies widerspricht den aktuellen Forderungen von Drittmittelgebern, Forschungsdaten der Forschungsgemeinschaft zur Verfügung zu stellen, damit die Ergebnisse überprüft und die Daten nachgenutzt werden können (vgl. Scheller 2017). Im Pro[2]F-Projekt haben wir uns dazu verpflichtet, den Namen unserer Kooperationsschule geheim zu halten und in Publikationen immer nur von einem „Wiener Gymnasium" zu sprechen. Die illustrativen Fotos auf der Projekt-Homepage[8] haben wir daher mit Jugendlichen anderer Schulen gestellt und somit nicht unsere eigene Feldforschung dokumentiert.

---

[8]   https://pro2f.univie.ac.at, Zugriff: 10.01.2021.

4.   Kommunikation mit den Akteuren des Systems Schule

Die Aushandlung des Zugangs zum Feld Schule ist nicht nur für das Gelingen des eigenen Forschungsprojekts relevant, sondern darüber hinaus für künftige Projekte anderer Forscherinnen und Forscher. Daher muss dies mit besonderem Verantwortungsbewusstsein geschehen: „Jegliches Forschungshandeln ist so auszuüben, dass zukünftige Zugänge zum Feld nicht eingeschränkt oder verschlossen werden" (DGFF 2019).

Wie die wenigen Publikationen zum Thema berichten, ist die Überzeugung der Gatekeeper des Systems Schule mindestens so schwierig wie in anderen Feldern:

> In Institutionen wie der Schule gibt es „Torwächter". Ihre Aufgabe besteht darin, niemanden herein zu lassen, der nicht herein gehört. [...] Wenn Lehrer Probleme wahrnehmen, so suchen sie sie selten bei sich. Für jeden Teilnehmenden Beobachter gilt, wie für jeden Kommissar: „Wir ermitteln in alle Richtungen" (Beck & Scholz 2012, 91).

Entsprechend den Erfahrungen des Pro^{2}F-Projekts soll es im Folgenden darum gehen, wie man Schulen sowie Schülerinnen und Schüler rekrutiert. Eine Darstellung des besonders schwierigen Rekrutierens von Lehrerinnen und Lehrern bleibt ein Desiderat.

4.1   Rekrutierung der Schule(n)

Es ist nicht immer einfach, eine Kooperationsschule zu finden. Im Fall des Pro^{2}F-Projekts zur französischen Aussprache hat die zuständige Amtsleiterin des Stadtschulrats Wien in einem Vorgespräch spontan eine*n Schulleiter*in angerufen, der/die prompt zugesagt hat. Dabei handelte es sich um eine Schule, die für ihre hervorragenden Leistungen im Bereich der Fremdsprachen bekannt ist (also eine ‚Vorzeigeschule' aus Sicht der Schulbehörde); entsprechend bilden die Ergebnisse unseres Forschungsprojekts auch nicht den österreichischen Durchschnitt im Bereich der französischen Aussprache ab. Eine andere Schule, mit der bereits Kolleginnen und Kollegen ein Forschungsprojekt durchgeführt hatten, schloss die Amtsleiterin explizit aus, da sich die Schule gerade auf ihre Kernaufgaben konzentrieren solle.

Eine solche Einflussnahme auf die erforschbaren Gebiete des Feldes ist nicht ungewöhnlich:

> Wenn sie sagen „wir haben nichts zu verbergen", soll die Arbeit einer Organisation doch in möglichst vorteilhaftem Licht geschildert werden. Dafür können Gatekeeper entweder den

Feldzugang strategisch beschränken und bestimmte Fragerichtungen abblocken, oder sie können die Ethnografin freundlich auf bestimmte Pfade führen, etwa indem sie empfehlen, zu welchen Zeitpunkten es wirklich „was zu sehen" gibt (Breidenstein et al. [2]2015, 53).

Grundsätzlich stellt sich vorab die heikle Frage, wen man im System Schule (vgl. Abb. 1) in welcher Reihenfolge kontaktiert, über welches Kommunikationsmedium und mit welchen Informationen (vgl. Abschnitt 2).

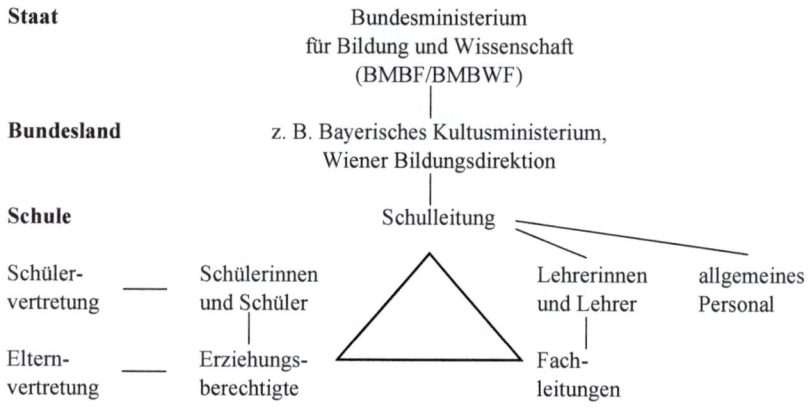

Abb. 1: Akteure im Feld Schule

Grundsätzlich bietet es sich immer an, mit informellen Gesprächen mit Personen zu beginnen, die man persönlich kennt:

Schulleitungen und Lehrkräfte, die mir aus anderen Kontexten bekannt sind, sind dem Projekt mit großem Interesse und Offenheit begegnet. Anfragen bei Schulen ohne persönlichen Kontakt wurden entweder nicht beantwortet oder sind nach einer Weile ins Leere gelaufen (Schädlich 2021, 190).

Hier können auch Kontakte zu einer Sekretärin oder einer Hausmeisterin nützlich sein.

Wer das Risiko umgehen will, die Möglichkeit einer wissenschaftlichen Untersuchung zu verspielen, informiert sich – wenn sich die Chance bietet – zunächst über das soziale System der jeweiligen Schule, insbesondere die Gestaltung sozialer Rollen und die Kommunikationskultur (vgl. dazu auch Beck & Scholz 2012, 87). Könnten die Lehrerinnen und Lehrer beispielsweise ablehnend reagieren,

wenn ihnen von der Schulleitung die Teilnahme an einem Forschungsprojekt na-
hegelegt wird, weil diese Hierarchie negativ erlebt wird? Oder riskiert man eine
Ablehnung der Schulleitung, weil diese sich möglicherweise übergangen fühlt,
wenn sie nicht als erste über den offiziellen Dienstweg kontaktiert wird? Lehnt
die Schulleitung möglicherweise schon auf Basis weniger Erstinformationen in
einer Mail mit Bitte um ein Gespräch ab? Oder leitet sie diese Mail an die Lehrerinnen und Lehrer weiter, die ebenfalls aufgrund lückenhafter Erstinformationen
negativ reagieren könnten?

Einen sicheren Kommunikationsweg gibt es nicht. Auf Basis meiner Erfahrungen würde ich aber empfehlen, per Telefon mit dem Schulsekretariat einen Termin für ein erstes persönliches Gespräch mit der Schulleitung zu vereinbaren. Ein
solches kann besser das Vertrauen schaffen, das für eine Forschung in der Schule
nötig ist (vgl. Abschnitt 2) als eine Mail, ein Telefonat oder ein Zoom-Meeting
(vgl. dazu auch Beaud & Weber [4]2010, 101). Auf Fragen und mögliche Bedenken
kann man sofort reagieren, für Probleme gemeinsam nach Lösungen suchen. Allerdings ist es nicht immer einfach, einen Termin zu bekommen. Alternativ kann
man zunächst eine Mail mit den wichtigsten Informationen an die Schulleitung
schicken und dann anrufen. Häufig wird man nach einem ersten Anruf im Sekretariat darum gebeten, vorab eine entsprechende Mail an die Schulleitung zu schicken. Sicherlich spielt es auch eine Rolle, welchen akademischen Status die Person hat, die den Kontakt aufnimmt: Sekretariate und Schulleitungen reagieren
möglicherweise unterschiedlich auf eine Professorin oder einen Projektleiter als
auf eine Doktorandin oder einen Master-Studenten. Manchmal kann es ein Plus-
punkt sein, wenn man Lehramt studiert, ein Referendariat absolviert oder selbst
als Lehrerin oder Lehrer gearbeitet hat, manchmal ist genau das Gegenteil der
Fall. Häufig ist auch einfach ein bisschen Glück dabei: Trifft man auf eine besonders motivierte Schulleitung, Lehrerin oder Lehrer, die bzw. der bereit ist, zusätzlich zu ihren bzw. seinen Aufgaben im System Schule Sie bei Ihrem wissenschaftlichen Projekt zu unterstützen? Leichter wäre es sicherlich, wenn Schule und Wissenschaft nicht als komplett getrennte soziale Systeme definiert werden würden,
sondern der Bildungskreislauf institutionell als Ganzes aufgefasst werden würde
(wie dies die Namen der entsprechenden Bundesministerien in Deutschland und
Österreich suggerieren; vgl. Abb. 1).

Im Rahmen des Pro[2]F-Projekts kamen zu diesem ersten Treffen mit der Schulleiterin auch die Französischlehrerinnen und -lehrer. Zusätzlich fand ein persönliches Treffen mit dem Vorsitzenden des Elternverbands statt. In diesen Gesprächen ergab sich insbesondere, dass die Lehrerinnen und Lehrer sowie der Elternverband als Gegenleistung ein individuelles Feedback für die Schülerinnen und Schüler einforderten (vgl. Abschnitt 4). Für den Elternverband war eine weitere Bedingung, dass die Forschung vollkommen unabhängig von den Lehrerinnen und Lehrern stattfinden sollte, da ansonsten negative Auswirkungen auf die Schulnoten befürchtet wurden. Dies beinhaltete insbesondere, dass die unterschriebenen Einverständniserklärungen nicht von den Lehrerinnen und -lehrern eingesammelt werden durften, sondern wir dafür selbst durch die Klassen gingen. Grund dafür war die Befürchtung, Lehrerinnen und Lehrer könnten die Umschläge unbefugt öffnen und sich den Inhalt ansehen. Das Feedback wurde wahlweise per Mail oder per Post nach Hause geschickt (s. o.). Auch dieses sollte auf keinen Fall über die Schule ausgeteilt werden.

Im MEZ-Projekt wurde beim Einsammeln der Einverständniserklärungen ein anderer Weg beschritten: Hier kopierten die Testleiterinnen und Testleiter die unterschriebenen Einverständniserklärungen. Die Originale wurden per Einschreiben an die Datenschutzbeauftragte des Erhebungsinstituts geschickt; die Kopien wurden in der jeweiligen Schule archiviert (vgl. IEA Hamburg 2017, 16-17).

Grundsätzlich muss bei der Kontaktaufnahme mit dem Feld eine erste negative Antwort nicht zu einer definitiven Ablehnung führen. Man kann über persönliche Bekannte (z. B. die eigenen ehemaligen Lehrerinnen und Lehrer, Kommilitoninnen und Kommilitonen, ehemalige oder aktuelle (Doktorats-)Studierende, die Lehrerinnen und Lehrer der eigenen Kinder, Freundinnen und Freunde) versuchen, den offiziellen Dienstweg durch informelle Kommunikation zu unterstützen. Allerdings muss man aufpassen, dass es nicht zu Rollenkonflikten kommt. Es kann sich auch ergeben, dass die Schulleitung einwilligt, sich aber keine Kontaktlehrerinnen und -lehrer finden, oder umgekehrt sich Lehrerinnen und Lehrer bereit erklären, aber die Schulleitung ablehnt.

Im Falle des MEZ-Projekts versandte das externe Erhebungsinstitut per Mail ein Rekrutierungsschreiben an die ausgewählten Schulen. In zwei Bundesländern konnte ein unterstützendes Begleitschreiben des jeweiligen Bildungsministeriums mitgeschickt werden. Es folgten ein bzw. zwei Erinnerungsmails. Im Anschluss wurden Schulen, die nicht reagiert hatten, angerufen. Insgesamt wurden 1.332 Schulen kontaktiert; 867 Schulen (65,1 %) lehnten die Teilnahme explizit ab, 383 (28,8 %) reagierten gar nicht. Nur 82 Schulen (6,2 %) sagten zu. Am Ende nahmen 72 teil – 96 waren vorgesehen (vgl. IEA Hamburg 2017, 9). Wieso war die Bereitschaft der Schulen, sich an der Studie zu beteiligen so gering? Der *Methodenbericht* nennt folgende Gründe:

> Die Gründe für eine Ablehnung der Teilnahme wurden nicht systematisch erhoben, allerdings wurden im Kontakt mit den Schulen folgende Gründe häufiger angeführt: aktuelle Flüchtlingssituation, mangelnde Kapazitäten durch Beteiligung der Schule an anderen Studien, sonstige schulorganisatorische Gründe (z. B. Vakanz des Schulleitungspostens), geringe Akzeptanz der Studie in der Lehrerschaft (IEA Hamburg 2017, 11).

4.2   Rekrutierung der Schülerinnen und Schüler

Genehmigt die Schule einmal eine wissenschaftliche Datenerhebung, besteht natürlich immer noch das Risiko, dass sich nicht genügend Schülerinnen und Schüler bzw. deren Eltern einverstanden erklären. Im MEZ-Projekt lag der Anteil der teilnahmebereiten Schülerinnen und Schüler bei 42 %; und nur von 62 % dieser Teilnehmerinnen und Teilnehmer füllten die Erziehungsberechtigten den Elternfragebogen aus (vgl. IEA Hamburg 2017, 12, 27). Im Pro^{2}F-Projekt wurden wir in dieser Hinsicht positiv überrascht: Statt der geplanten 120 Schülerinnen und Schüler (je 20 pro Jahrgang) von insgesamt 214 nahmen am Ende 145 (68 %) teil. Auch wenn die personellen und sonstigen finanziellen Ressourcen des Projekts nicht für eine so hohe Anzahl an Teilnehmerinnen und Teilnehmern ausgelegt waren, wollten wir keine bzw. keinen der an der französischen Aussprache interessierten Schülerinnen und Schüler ablehnen. Dadurch kam allerdings Mehrarbeit auf uns zu bzw. Umschichtungen wurden nötig. Da die Genehmigung von Drittmittelanträgen keineswegs sicher ist und lange dauert, kann man diesen Unsicherheitsfaktor kaum umgehen: Während man das Einverständnis der Schule bereits vor Einreichen des Projektantrags beim Drittmittelgeber einholen muss, findet die Information und das Einholen des Einverständnisses der Studienteilnehmerinnen und -teilnehmer meist erst ein Jahr danach oder sogar noch später statt.

4.3   Information über das Projekt

Als das Pro^{2}F-Projekt genehmigt war, haben wir als erstes mit der Schulleitung und unseren beiden Kontaktlehrerinnen einen Plan für das genaue Vorgehen zur Information der Schülerinnen und Schüler sowie der Erziehungsberechtigten erstellt. Zur Information der Schülerinnen und Schüler haben wir das Projekt persönlich in den Klassen vorgestellt und einen Flyer (vgl. Abb. 2) und den Elternbrief (vgl. Abschnitt 3) verteilt. Rückfragen kamen kaum.

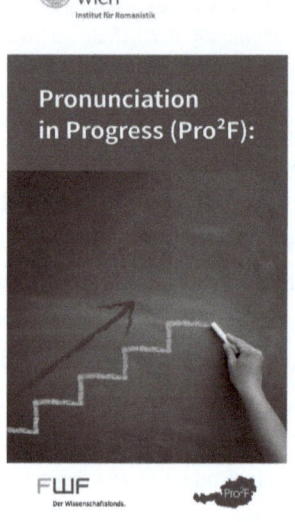

Was ist Pro^{2}F?
- ein vom FWF finanziertes Projekt (2017–2020) im Bereich der Grundlagenforschung
- das weltweit erste Forschungsprojekt zur französischen Aussprache von Schülerinnen – das damit direkt den Schülerinnen zu Gute kommt

Was machen die SchülerInnen?
- 1 Schulstunde im Schuljahr 2017/18 am Projekt mitarbeiten (während der Unterrichtszeit)
- auf Französisch und Deutsch eine Wortliste und zwei Texte vorlesen
- 15 Minuten mit einer Französin sprechen

Was passiert mit den Daten?
- werden anonymisiert für Forschung und Lehre verwendet
- werden nicht an die Französisch-Lehrerinnen der Schule weitergegeben und haben keinen Einfluss auf die Französisch-Note

Was bieten wir?
- Besuche der Forscherinnen in den Schulklassen
- auf Wunsch: individuelles Feedback für jede(n) Schülerin mit Erklärungen und Übungen zur Verbesserung der Aussprache
- eine Website mit vielen Tipps & Tricks für alle: pro2f.univie.ac.at

Abb. 2: Informationen zum Pro^{2}F-Projekt auf dem Flyer

Drei Tage später stellten wir das Projekt während des zu Jahresbeginn stattfindenden Elternabends vor. Wichtig für Forschungsprojekte an Schulen ist also auch, den Verlauf des Schuljahrs bei der Zeitplanung zu berücksichtigen (vgl. Schramm 2016, 383). Beim Elternabend ging eine unserer Kontaktlehrerinnen mit uns durch die insgesamt 13 Klassen mit Französisch als 2. Fremdsprache und kündigte uns enthusiastisch an. Wir stellten kurz das Projekt vor. Hier kamen ebenfalls kaum Nachfragen. Eine Woche nach dem ersten Durchgang durch die Klassen gingen wir ein weiteres Mal durch die Klassen und sammelten verschlossene Briefumschläge mit den unterschriebenen Einverständniserklärungen wieder ein. Damit man von einer Umschlagabgabe nicht auf ein Einverständnis zur Teilnahme schließen konnte, war es ebenfalls möglich, den Elternbrief mit einem angekreuzten „nein" zurückzugeben. Vergessene Einverständniserklärungen durften noch später in einer Box im Sekretariat abgegeben werden.

Wie das MEZ-Projekt zeigt, kann dieser Prozess aber auch rein schriftlich stattfinden. Hier schickte das externe Erhebungsinstitut den Schulen u. a. Flyer, Eltern- und Schüleranschreiben (letztere erst ab der 9. Klasse), Teilnahmelisten sowie „ein Ansichtsexemplar des Schülerfragebogens zur Einsichtnahme durch die Eltern und Schüler im Schulsekretariat" (IEA Hamburg 2017, 16). Allerdings war hier die Rücklaufquote deutlich geringer als nach persönlicher Kommunikation.

4.4 Raumsuche

Nach der Rekrutierung der Studienteilnehmerinnen und -teilnehmer war im ProF^2-Projekt der nächste Schritt die Organisation ruhiger Räume für die Sprachaufnahmen. Dies geschah mit Hilfe des Hausmeisters und der Kontaktlehrerinnen. Hierbei stellte sich das Problem, dass an unserer Kooperationsschule (wie an vielen Schulen) sowieso schon Raumknappheit herrschte, die Tonaufnahmen aber während der normalen Unterrichtszeit stattfinden sollten. Aufgrund des Halls fielen die Gänge, die Kantine und ein größerer Festsaal aus. Bei der während der Schulstunden häufig ungenutzten Bibliothek stellte sich das Problem, dass es im Nebenraum wegen Filmaufführungen häufig laut war. Auch ein Drucker/Kopierer vor dem Raum sorgte regelmäßig für Störgeräusche. Zudem lag das Lehrerzimmer auf demselben Gang und entsprechend unterhielten sich dort häufig Lehrerinnen und Lehrer. Es war eine große kommunikative Herausforderung zu erklären, dass viele an sich ruhig wirkende Räume für Sprachaufnahmen (insbesondere für phonologische Analysen) ungeeignet sind und dass repräsentative, große und gut aufgeräumte Räume weniger günstig sind als eine Chemievorbereitungskammer im Tiefparterre, die v.a. als Abstellkammer genutzt wird (zur Wahl geeigneter Aufnahmeorte vgl. auch Pustka 2021, 112-113). Nachdem wir wegen der schlechten Soundqualität schon einige Aufnahmen wiederholen mussten, fanden sich schließlich eine kleine Vorbereitungskammer neben einem Werkraum unter dem Dach und eine Chemievorbereitungskammer im Keller; daneben nutzten wir gelegentlich die Bibliothek. Zur Vermeidung von Störgeräuschen mussten wir zunächst einmal die Büro-Drehstühle in der Chemievorbereitung durch übliche Schulstühle austauschen und die Schülerinnen und Schüler bitten, ihre Handys auf Flugmodus zu stellen. Es blieb aber das Problem, dass in den Pausen so viel Lärm aus den Gängen und dem Pausenhof in unsere Aufnahmeräume schallte, dass wir in dieser Zeit die Aufnahmen unterbrechen mussten. Weitere Gründe für Unterbrechungen und entsprechende Verzögerungen war gelegentliches Läuten von Kirchenglocken oder Baustellenlärm. Bei den zunächst angekündigten 50 Minuten pro Schülerin oder Schüler blieb es daher nicht immer, was aber niemanden störte.

4.5   Terminplanung

Die nächste Herausforderung war die zeitliche Organisation der Sprachaufnahmen der einzelnen Schülerinnen und Schüler. Dazu erhielten wir von der Schule die Stundenpläne der 13 beteiligten Klassen sowie die Termine von Schularbeiten und Klassenfahrten. Laut Schulleitung sollten Lehrerinnen und Lehrer aller Fächer die Schülerinnen und Schüler für die Sprachaufnahmen aus dem Unterricht gehen lassen; allerdings erwiesen sich manche Lehrerinnen und Lehrer als deutlich kooperationsbereiter als andere (insbesondere die Französischlehrerinnen und -lehrer), weswegen wir dies bei der Zeitplanung bald miteinplanten. Zudem mussten wir berücksichtigen, dass unsere für zehn Stunden pro Woche angestellten studentischen Mitarbeiterinnen nur in bestimmten Zeitfenstern zur Verfügung standen. Es kam immer ein Zweier-Team an die Schule: Eine L1-Sprecherin des Französischen für die Interviews und eine weitere Mitarbeiterin für die Logistik, die Technik und die Aufnahme der Leseaufgaben. Die beiden holten stets zwei Schülerinnen und/oder Schüler gleichzeitig aus einer Klasse.

5.   Mehrwert für das Feld

Wenn Wissenschaftlerinnen und Wissenschaftler Zeit und Informationen von anderen Menschen wollen (vgl. Abschnitt 2), stellt sich die Frage, was sie ihnen dafür zurückgeben (vgl. dazu auch Pustka 2021, 112). Reicht die ‚Ehre‘, an einer wissenschaftlichen Studie mitwirken zu dürfen, aus sowie die langfristigen Verbesserungen des Schulunterrichts auf Basis von Grundlagenforschung? Im Pro²F-Projekt haben sich die Schülerinnen und Schüler sehr über eine ausgefallene Schulstunde und einen Bleistift mit Projekt-Logo gefreut, die Erziehungsberechtigten über die individuelle Konversations-Session mit einer französischen L1-Sprecherin. Lehrerinnen und Lehrer sowie der Elternverband forderten dagegen ein individuelles Feedback ein. Wir werden im Folgenden die Möglichkeit und Probleme von Geschenken sowie *Third Mission*-Aktivitäten vorstellen und diskutieren.

5.1   Bezahlung und Geschenke

Während in phonetischen und psycholinguistischen Drittmittelprojekten die Teilnehmerinnen und Teilnehmer häufig eine finanzielle Aufwandsentschädigung erhalten (z. B. 15 EUR pro Stunde), können sich dies Studierende für ihre Abschlussarbeit kaum leisten. Man kann sich also fragen, wie sinnvoll es ist, mögliche Teilnehmerinnen und Teilnehmer an eine solche Bezahlung zu gewöhnen (vgl. Pustka 2021, 112). Zudem stellt sich die Frage, ob man überhaupt von einem ‚Aufwand‘ sprechen kann, wenn Schülerinnen und Schüler sich während der Unterrichtszeit an einer wissenschaftlichen Studie beteiligen. Schließlich besteht auch die Gefahr, dass sich eine Bezahlung auf die Ergebnisse der Forschung auswirken könnte. Bei der Forschung an Schulen sind Bezahlungen und Geschenke in einigen Bundesländern (z. B. Bayern) explizit verboten. Entsprechend erhielten im MEZ-Projekt in sechs Bundesländern die Schülerinnen und Schüler der 7. Klasse 10 EUR, der 9. Klasse 15 EUR, in zwei Bundesländern aufgrund entsprechender Verbote dagegen nicht. Die Kontaktpersonen erhielten außerdem Schokolade und Pralinen (vgl. IEA Hamburg 2017, 5). Im Pro²F-Projekt bekamen die Schülerinnen und Schüler je einen Bleistift mit Projekt-Logo nach ihrer Sprachaufnahme. Nach Abschluss der Aufnahmen stellten wir einen Geschenkkorb mit Madeleines, Bonbons und Calissons ins Lehrerzimmer. Während die Abrechnung der Bleistifte beim Drittmittelgeber problemlos war, wurde die Refundierung der Nahrungsmittel erst genehmigt, nachdem wir ausführlich erklärt hatten, dass in anderen Projekten finanzielle Entschädigungen üblich und daher die französischen Spezialitäten deutlich günstiger seien. Als wir uns im vierten Jahr bei den ca. 35 Schülerinnen und Schülern unserer Langzeitstudie mit einem Turnbeutel mit Projekt-Logo bedankten, verlangte die Finanzabteilung der Universität zunächst die Namen der Empfängerinnen bzw. Empfänger. Hier mussten wir erklären, dass wir die personenbezogenen Daten nicht weiterleiten dürfen, sondern der Schule und den einzelnen Schülerinnen und Schülern Anonymität zugesagt hatten.

5.2   *Third Mission*-Aktivitäten

In den Vorgaben der staatlichen Stellen für wissenschaftliche Erhebungen an Schulen wird immer wieder hervorgehoben, dass dabei ein „Mehrwert" (Bayrisches Staatsministerium für Unterricht und Kultus o. J.) für die Schule entstehen muss. Im Wiener Erlass vom 29.05.2017 ist vom „Interesse der Schule bzw. Schulgemeinschaft" (Stadtschulrat Wien) die Rede, auf der Website des Bayerischen Kultusministeriums von einem „erhebliche[n] pädagogisch-wissenschaftliche[n] Erkenntnisgewinn" für die „Schulen des Freistaates Bayern" (Bayrisches Staatsministerium für Unterricht und Kultus o. J.). Grundlagenforschung muss also stets von *Third Mission* begleitet werden:

> Um eingelassen zu werden, muss man glaubwürdig versichern können, dass die eigenen Beobachtungen und deren Interpretation für die Schulklasse nützlich sind. [...] man muss etwas vorweisen können, womit die eigene Forschung einen Sinn für die Erforschten macht (Beck & Scholz 2012, 91-92).

Problematisch ist daran, dass das System Wissenschaft (bislang?) noch nicht systematisch Ressourcen dafür bereitstellt:

> Das Bemühen um die Herstellung von ‚Win-Win-Situationen' (mit „wir nehmen nur teil, wenn wir etwas davon haben" sei hier sinngemäß die Antwort einer Schulleitung wiedergegeben) erscheint dabei vor der möglichen Inkompatibilität verschiedener Interessen [...] nur bedingt einlösbar (Schädlich 2021, 190; mit Verweis u.a. auf Breidenstein et al. 2015, 186).

Im Falle des Pro^{2}F-Projekts haben die Französischlehrerinnen und -lehrer sowie der Vorsitzende des Elternverbands in Vorgesprächen ein individuelles Feedback für die Schülerinnen und Schüler eingefordert (vgl. Abschnitt 4). Zusätzlich haben wir eine Abendveranstaltung mit einer Präsentation erster Ergebnisse angeboten, zu der aber kaum Erziehungsberechtigte sowie Lehrerinnen und Lehrer kamen (insgesamt weniger als 15 Personen). Unser Angebot einer schulinternen

Fortbildung zur französischen Aussprache haben die Französischlehrerinnen und -lehrer nicht angenommen. Einige von ihnen kommen aber regelmäßig zu unseren Fortbildungen an der PH Wien.

Das eingeforderte zeitnahe individuelle Feedback für alle teilnehmenden Schülerinnen und Schüler war eine enorme Herausforderung und beanspruchte sehr viel Zeit. Als wissenschaftliches Projekt hatten wir die Ambition, ein wissenschaftlich fundiertes Feedback zurückzugeben. Gleichzeitig sollte es aber eigentlich noch Jahre dauern, bis die Daten aller Schülerinnen und Schüler transkribiert, annotiert und ausgewertet sein würden. Wir führten daher extra für das Feedback einen Online-Perzeptionstest mit französischen *native speakern* und österreichischen Französischlehrerinnen und -lehrern durch, die die Aussprache der Schülerinnen und Schüler in einem vorgelesenen Satz auf drei kontinuierlichen Skalen beurteilen sollten: Flüssigkeit (*sehr stockend – sehr flüssig*), österreichischer Akzent (*starker österreichischer Akzent – akzentfrei*) und Verständlichkeit (*nicht verständlich – sehr gut verständlich*). Zusätzlich sollten die Lehrerinnen und -lehrer die Kompetenz noch dem Niveau des Gemeinsamen Europäischen Referenzrahmens für Sprachen (GERS) zuordnen (A1, A2, B1, B2, C1, C2, *native speaker*) und die *native speaker* das Lernjahr (1.-6.) einschätzen. Die Schülerinnen und Schüler erfuhren so, ob ihre Kompetenz dem Niveau entspricht, das sie haben sollten, oder als besser oder schlechter eingeschätzt wurde. Da wir insgesamt 145 Teilnehmerinnen und Teilnehmer hatten, gab es pro Stimulus nur ca. sechs Beurteilungen. Daher lassen sich die Ergebnisse kaum wissenschaftlich weiterverwerten (dafür hätte man mit einer Auswahl von Personen pro Jahrgang gearbeitet, um bei gleicher Anzahl von Beurteilerinnen und Beurteilern mehr Beurteilungen pro Stimuli zu erhalten).

Zusätzlich haben wir für ausgewählte Schwierigkeiten (Nasalvokale, [z] und [ʒ], Schriftbild und Aussprache, Liaison und Schwa) jeweils einige Wörter in den vorgelesenen Wortlisten auf ihre Richtigkeit hin beurteilt und dies im Feedback zusammen mit Erklärungen und Tipps zurückgemeldet. Bei den Nasalvokalen (die wir in unserem auf Liaison und Schwa fokussierten Forschungsprojekt eigentlich gar nicht behandelten) sah das Feedback wie folgt aus:

2.1 Nasalvokale

Nasalvokale sind bekanntermaßen eine große Herausforderung für LernerInnen. Diese Laute besitzen die Besonderheit, dass die Luft bei der Artikulation nicht nur durch den Mund ausströmt, sondern gleichzeitig durch die Nase. Das Französische besitzt gleich drei Nasalvokale – [ɔ̃] wie in *pont*, [ɑ̃] wie in *intéressant* und [ɛ̃] wie in *jardin* (s. u.) – die wir alle drei aus dem Deutschen nicht kennen und daher neu lernen müssen.

Wir haben in ersten Analysen festgestellt, dass du die Nasalvokale schon ganz gut artikulierst:

Laut	Wort	Überset-zung	Zielaus-sprache	richtig	falsch
[ɔ̃]	*pont*	'Brücke'	[pɔ̃]	x	
[ɑ̃]	*intéressant*	'interes-sant'	[ɛ̃teʁesɑ̃]	x	
[ɛ̃]	*jardin*	'Garten'	[ʒaʁdɛ̃]		x

TIPP: Du kannst die richtige Aussprache der Nasalvokale üben, indem du die entsprechenden Oralvokale artikulierst (bei denen die Luft nur aus dem Mund strömt) und dann deinen Kopf langsam in den Nacken sinken lässt. So wird aus einem „ähhhh" [ɛ] automatisch das französische Wort für die Zahl 1: *un* [ɛ̃].

Abb. 3: Pro^{2}F-Feedback zum Thema „Nasalvokale"

Die Schülerinnen und Schüler erhielten zusätzlich eine Mappe mit Arbeitsblättern, die wir selbst erstellt hatten, nachdem uns erste Einblicke in die Daten gezeigt hatten, wo der größte Bedarf besteht: eine Vokabelliste mit Lautschrift zum Schulbuch *Bien fait!*, Listen mit Laut-Buchstaben-Entsprechungen und Liaison-Kontexten, ein Malen nach Zahlen und ein Kreuzworträtsel zu falschen Freunden. Ein Teil dieser Materialien haben wir später auch in Praxiszeitschriften für Lehrerinnen und Lehrer veröffentlicht (u. a. Pustka 2018; Pustka & Forster & Kamerhuber 2018).

Feedback auf das Feedback erhielten wir weder von Schülerinnen und Schülern noch von den Erziehungsberechtigten. Die Schülerinnen und Schüler des ersten Lernjahrs machten aber auch in den Folgejahren an unserer Langzeitstudie motiviert mit. Nur von einer Lehrkraft gab es negatives Feedback: Ein Schüler bzw. eine Schülerin habe sie darauf angesprochen, dass er/sie im Perzeptionstest als weniger gut wahrgenommen würde, als er/sie sich bislang auf Basis des Rück-

meldungen der Lehrkraft eingeschätzt hatte. Die Lehrkraft habe ihm/ihr geant-
wortet, er/sie solle das Feedback nicht so ernst nehmen, und kritisierte dieses als
motivationsschädigend.

Man kann sich im Nachhinein fragen, ob man künftig Forderungen nach einem
Mehrwert, die im Sinne einer individuellen Beratungsleistung unsere eigentliche
Aufgabe als Wissenschaftlerinnen deutlich übersteigen, ablehnen sollte:

Der Forscher kann dem Feld nichts bieten
Ein solches Austauschmodell impliziert aber nicht nur eine unzulässige Vereinfachung
des Verhältnisses zwischen Wissenschaft und Feld. Es stellt auch angesichts der Trivia-
lität dessen, was der Forscher faktisch anzubieten hat, eine Form der *Hochstaplerei* dar.
Unter dem Strich beschränkt sich der tatsächliche Nutzen für das Feld in den meisten
Fällen auf eine kurzfristige Unterbrechung der täglichen Langeweile [...] sowie auf eine
Gelegenheit, ein gutes Werk zu tun. Nur ganz selten können und wollen Vertreter des
Feldes mit den Ergebnissen der Forschung etwas anfangen. Wenn Türsteher dem Forscher tatsächlich einmal die Rolle eines Evaluators, Kritikers oder Beraters anbieten, von
ihm also Gegenleistungen einfordern, dann ist nicht nur deshalb Vorsicht geboten, weil
ihn dies von seiner Kompetenz her überfordern könnte (Wolff 2000, 348).

Man könnte auch die Perspektive einnehmen, dass eine wissenschaftliche Studie
nicht in erster Linie der persönlichen Karriere der Forscherin oder des Forschers
dient (Doktortitel, fester Job, Höhe des persönlichen Gehalts) – die zumal häufig
in deutlich präkereren Verhältnissen arbeiten als die Personen im Schulsystem –,
sondern dem sozialen System Wissenschaft, das der Gesellschaft dient. Grundsätzlich leistet sich die Gesellschaft Grundlagenforschung, die vielleicht erst nach
Jahrzehnten Nutzen bringt und auch in einer Sackgasse landen darf. Das dem
ebenfalls der Gesellschaft dienende System Schule könnte also ganz selbstverständlich mit dem System Wissenschaft kooperieren.

Eine Alternative wäre, in Projektanträgen von Beginn an gut begründet umfangreiche personelle, zeitliche und finanzielle Ressourcen für *Third Mission* mit-
einzuplanen – wenn dies der jeweilige Drittmittelgeber als förderungswürdig ein-
schätzt. Allerdings könnte der Wissenstransfer in die Gesellschaft Feldforschung
auch noch schwieriger machen. So empfehlen Beaud & Weber (2010, 99) zu unterstreichen, dass die Ergebnisse im System Wissenschaft verbleiben: „Montrez
(…) que vous ne divulguerez rien, qu'il n'y a pas d'enjeu en dehors de votre uni-

vers, l'Université." Wenn die Gesellschaft ganz direkt etwas von den Forschungs-
ergebnissen haben soll, könnte die Angst des Felds Schule vor Voyeurismus also
noch wachsen.

6.   Schluss

Ist Feldforschung in der Schule für die romanistische Fachdidaktik wirklich zentral? Um ehrlich zu sein: Sie *sollte* es vielleicht sein, *ist* es heute aber sicher
(noch?) nicht. So umständlich die Beantragung, so einengend die Einflussnahme
der Schulbehörden, dass es sich einfacher und freier forschen lässt auf Basis von
Studierendenbefragungen und Lehrwerksanalysen. Entsprechend sind auch die
Auswirkungen auf die fachdidaktische Lehre: Eine forschungsgeleitete Lehre, in
der Theorien und Methoden selbst praktisch in der Schule ausprobiert werden, ist
an vielen Standorten rechtlich nicht möglich. Politisch sollte sie aber gewollt sein,
denn empirische Forschung in der Schule ist die Basis für eine Verbesserung des
Lernerfolgs. Statt Wissenschaft als ‚Störung' des Schulunterrichts zu begreifen,
könnte man in empirischen Datensammlungen an Schulen auch die Chance sehen,
Schülerinnen und Schülern schon früh an die Wissenschaft heranzuführen und
Lehrerinnen und Lehrer mit der Wissenschaft in Verbindung zu halten – eine Wissenschaft, die man miterleben kann, keine Plastikmodelle ‚zum Anfassen', sondern als wissenschaftliche Praxis zum Mitmachen!

Bibliographie
ALBERT, Ruth & MARX, Nicole. 2014. *Empirisches Arbeiten in Linguistik und Sprachlehrforschung: Anleitung zu quantitativen Studien von der Planungsphase bis zum Forschungsbe-
richt.* Tübingen: Narr.
BAYRISCHES STAATSMINISTERIUM FÜR UNTERRICHT UND KULTUS. o. J.. „Forschung an Schulen", in: https://www.km.bayern.de/ministerium/statistiken-und-forschung/forschung-an-
schulen.html, Zugriff: 10.01.2021.
BEAUD, Stéphane & WEBER, Florence. [4]2010. *Guide de l'enquête de terrain.* Paris: La Décou-
verte.
BECK, Gertrud & SCHOLZ, Gerold. 2012. „Die Schule als Beobachtungsfeld", in: Boer, Heike
de & Reh, Sabine. edd. *Beobachtung in der Schule. Beobachten lernen.* Wiesbaden: Springer, 85-114.
BEER, Bettina & KÖNIG, Annika. [3]2020. *Methoden ethnologischer Feldforschung.* Berlin: Rei-
mer.

BILDUNGSDIREKTION STEIERMARK. 2019. *Erlass vom 22.05.2019: Durchführung von Erhebungen, Untersuchungen und Umfragen an Schulen zu wissenschaftlichen Zwecken*. https://www.bildung-stmk.gv.at/service/wissenschaftliche-untersuchungen.html, Zugriff: 10.01.2021.

BRANDT, Hanne & LAGEMANN, Marina & RAHBARI, Sharareh. 2017. „Multilingual Development: A Longitudinal Perspective – Mehrsprachigkeitsentwicklung im Zeitverlauf (MEZ)“, in: *European Journal of Applied Linguistics* 5/2, 347-357.

BREIDENSTEIN, Georg & HIRSCHAUER, Stefan & KALTHOFF, Herbert. ²2015. *Ethnographie. Die Praxis der Feldforschung*. Stuttgart: UTB.

BUNDESMINISTERIUM FÜR BILDUNG, WISSENSCHAFT UND FORSCHUNG. 2021. „Sonderrichtlinie Sparkling Science 2.0. Förderung der Zusammenarbeit zwischen Schulen, Forschungseinrichtungen und der Gesellschaft“. https://www.sparklingscience.at/_Resources/Persistent/d59cb357babc539d46cfc6a8ea81cf815efab874/Sonderrichtlinie_Sparkling_Science%20%281%29.pdf, Zugriff: 10.01.2021.

DEUTSCHE GESELLSCHAFT FÜR ONLINE-FORSCHUNG E.V. https://www.dgof.de/mitglieder/korporative-mitglieder/, Zugriff: 10.01.2021.

DFG. 2013. *Handreichung: Informationen zu rechtlichen Aspekten bei der Handhabung von Sprachkorpora*. https://www.dfg.de/download/pdf/foerderung/grundlagen_dfg_foerderung/informationen_fachwissenschaften/geisteswissenschaften/standards_recht.pdf, Zugriff: 10.01.2021.

DGFF = DEUTSCHE GESELLSCHAFT FÜR FREMDSPRACHENFORSCHUNG. 2019. *Ethikkodex der Deutschen Gesellschaft für Fremdsprachenforschung*. https://www.dgff.de/assets/Uploads/dokumente/Ethikkodex-der-Deutschen-Gesellschaft-fur-Fremdsprachenforschung.pdf, Zugriff: 10.01.2021.

ERC = European Research Council. 2018. *Ethics Self-Assessment step by step*. https://erc.europa.eu/sites/default/files/document/file/EthicsSelfAssessmentStepByStep.pdf, Zugriff: 10.01.2021.

GOGOLIN, Ingrid & GABRIEL, Christoph & BRANDT, Hanne & DÜNKEL, Nora. 2021. „Foreign language learning in multilingual Germany“, in: *Multilingua* 40/6, 735-743.

HEISZENBERGER, Elisabeth & COURDES-MURPHY, Léa & JANSEN, Luise & PUSTKA, Elissa. 2020. „Le cas de la liaison après les formes des verbes *être* et *avoir* chez des adolescents autrichiens apprenant le FLE“, *CMLF Montpellier*. https://www.shs-conferences.org/articles/shsconf/abs/2020/06/shsconf_cmlf2020_07020/shsconf_cmlf2020_07020.html, Zugriff: 10.01.2021.

HEISZENBERGER, Elisabeth & JANSEN, Luise. 2020. „Explizite Instruktion im Ausspracheunterricht am konkreten Beispiel von Liaison und Schwa“, in: *französisch heute* 51/1, 17-21.

HORVATH, Julia & KAMERHUBER, Julia & BÄUMLER, Linda & JANSEN, Luise & PUSTKA, Elissa. 2019. „Aussprache im Französischunterricht: Ergebnisse einer Online-Umfrage unter bayrischen und österreichischen Lehrerinnen und Lehrern“, in: *Zeitschrift für Romanische Sprachen und ihre Didaktik* 13/2, 81-124.

IEA HAMBURG = INTERNATIONAL ASSOCIATION FOR THE EVAUATION OF EDUCATIONAL ACHIEVEMENT. 2017. *Methodenbericht MEZ – Mehrsprachigkeitsentwicklung im Zeitverlauf Erhebung in den Jahrgangsstufen 7 und 9. 1. Messzeitpunkt – Januar bis März 2016*. Hamburg. https://docplayer.org/79640259-Methodenbericht-mez-mehrsprachigkeitsentwicklung-im-zeitverlauf-erhebung-in-den-jahrgangsstufen-7-und-9-1-messzeitpunkt-januar-bis-maerz-2016.html, Zugriff: 10.01.2021.

KAMERHUBER, Julia & PUSTKA, Elissa & HORVATH, Julia. 2020. „Lecture, répétition, parole spontanée : l'impact de la tâche sur le comportement du schwa en FLE", in: *Journal of French Language Studies* 30/2, 161-188.

LEHRPLANPLUS = STAATSINSTITUT FÜR SCHULQUALITÄT UND BILDUNGSFORSCHUNG. 2021. *LehrplanPLUS. Französisch 7*. https://www.lehrplanplus.bayern.de/fachlehrplan/gymnasium/7/franzoesisch/2-fremdsprache, Zugriff: 10.01.2021.

Niedersächsischer Verbund zur Lehrerbildung. *Handreichung zur Umsetzung der Erlassvorgaben für die Durchführung von Umfragen und Erhebungen in Schulen*. https://uol.de/f/1/inst/paedagogik/ab/allgpaed/huellbrock/Handreichung_Umfragen_und_Erhebungen_in_Schulen_Stand_08.11.2018.pdf, Zugriff: 10.01.2021.

PUSTKA, Elissa. 2018. „La phonétique point par point", in: *Le français dans le monde* 417, 76-77.

PUSTKA, Elissa. 2021. *Phonetik und Phonologie des Spanischen. Eine korpuslinguistische Einführung*. Berlin: Erich Schmidt Verlag.

PUSTKA, Elissa & BÄUMLER, Linda. [in Vorbereitung]. „Mündliche Variation im Fremdsprachenunterricht. Eine Online-Befragung von Französisch- und Spanisch-Erstsemestern an der Universität Wien".

PUSTKA, Elissa & FORSTER, Julia & KAMERHUBER, Julia. 2018. „Echte Freunde, falsche Freunde: (Schein-)Ähnlichkeiten in Bedeutung und Aussprache zwischen Französisch und (österreichischem) Deutsch", in: *Apfascope* 76/6, 6-7.

PUSTKA, Elissa & HEISZENBERGER, Elisabeth & COURDÈS-MURPHY, Léa. 2021. „Comment enseigner le schwa et la liaison ? Ce que nous apprend l'analyse d'un corpus de parole de 145 élèves autrichiens", in: Pustka, Elissa. ed. *La prononciation dans l'enseignement du FLE : perspectives linguistiques et didactiques*. Tübingen: Narr, 17-46.

RAHBARI, Sharareh & GABRIEL, Christoph & KRAUSE, Marion & SIEMUND, Peter & BONNIE, Richard Jr. & DITTMERS, Tetyana & FEINDT, Kathrin & LORENZ, Eliane & TOPAL, Sevda. 2018. *Die linguistische Vertiefungsstudie des Projekts Mehrsprachigkeitsentwicklung im Zeitverlauf (MEZ) (MEZ Arbeitspapiere 2)*. Hamburg: Universität Hamburg & Pedocs Volltexte.

REIMANN, Daniel. 2020. *Methoden der Fremdsprachenforschung*. Tübingen: Narr.

SCHÄDLICH, Birgit. 2021. „Sprache(n) im Unterricht beobachten: Auf dem Weg zu einer Grounded Theory mehrsprachiger Praktiken im Französischunterricht", in: *Zeitschrift für Fremdsprachenforschung* 32/2, 181-202.

SCHELLER, Jürgen. 2017. „Rechtliche Rahmenbedingungen der Verwendung von Videos in der Schul- und Unterrichtsforschung. Diskrepanzen zwischen Datenschutzrecht, Förder- und Genehmigungsauflagen", in: *forschungsdaten bildung informiert* 5. https://www.forschungsdaten-bildung.de/get_files.php?action=get_file&file=fdb-informiert-nr-5.pdf, Zugriff: 17.01.2022.

SCHRAMM, Karen. 2016. „Prozessplanung und -Steuerung", in: Caspari, Daniela & Klippel, Friederike & Legutke, Michael & Schramm, Karen. edd. *Forschungsmethoden in der Fremdsprachendidaktik: Ein Handbuch*. Tübingen: Narr, 382-386.

STADTSCHULRAT WIEN. *Erlass vom 19.12.2017: Wissenschaftliche Erhebungen an Schulen*. https://www.phwien.ac.at/files/ForschungUndEntwicklung/Bachelorarbeiten/Erhebungen_an_Schulen_2018/Erlass%20%20Wissenschaftliche%20Erhebungen%20Neu.pdf, Zugriff: 10.01.2022.

STADTSCHULRAT WIEN. *Erlass vom 29.05.2017: Wissenschaftliche Erhebungen an Schulen.* https://www.google.com/url?sa=t&rct=j&q=&esrc=s&source=web&cd=&cad=rja&uact=8 &ved=2ahUKEwi6uce154T2AhWTQfEDHZqUBbMQFnoECBEQAQ&url=https%3A%2 F%2Fwebservice.bildung-wien.gv.at%2FLinkClick.aspx%3Ffileticket%3DdVHduYY1UF s%253D%26tabid%3D688%26portalid%3D4%26mid%3D2027%26forcedownload%3Dtr ue&usg=AOvVaw00rjSOTZi-CX8gJkUfXfbW, Zugriff: 10.01.2022.

VERBUND FDB = FORSCHUNGSDATEN-BILDUNG.DE. o. J. *Übersicht über die länderspezifischen Besonderheiten für Befragungen an Schulen.* https://www.forschungsdaten-bildung.de/ge nehmigungen, Zugriff: 10.01.2021.

WOLFF, Stephan. 2000. „Wege ins Feld und ihre Varianten", in: Flick, Uwe & Kardorff, Ernst von & Steinke, Ines. edd. *Qualitative Forschung: Ein Handbuch.* Reinbek: Rowohlt, 334-349.

„Leistungsbeurteilung wurde in unserer Ausbildung stark vernachlässigt". Fort- und Weiterbildungsbedarf von Lehrkräften romanischer Sprachen in Deutschland und Österreich: Ergebnisse einer empirischen Studie

Anastasia Drackert (Bochum) & Carmen Konzett-Firth (Innsbruck) & Wolfgang Stadler (Innsbruck) & Judith Visser (Bochum)[1]

1. Einleitung

Die Bewertungskompetenz von Fremdsprachenlehrenden ist in den letzten Jahren zunehmend in den Fokus der Aufmerksamkeit gerückt, stellen doch die großen bildungspolitischen Umbrüche seit der Jahrtausendwende, die damit verbundene Neugestaltung von Lehrplänen mit einer Perspektive auf Kompetenzorientierung und die Einführung standardisierter und (teil-)zentralisierter Schulabschlussprüfungen alle Lehrpersonen vor neue Herausforderungen. Der im deutschsprachigen Raum erfolgte Perspektivenwandel in der Leistungsbewertung, insbesondere die Abkehr von klassischen ‚Fehlerzählmethoden' hin zu einer differenzierten, kompetenzorientierten Sicht auf die Leistungen von Schülerinnen und Schülern (im Folgenden SuS), hat dazu geführt, dass die Bewertungskompetenz von Sprachlehrkräften plötzlich ganz konkret in der Praxis relevant und ein Bedarf an vermehrter Wissensvermittlung sowie an Kompetenztraining sichtbar wurde (vgl. Harsch 2015, 490). In der internationalen Testforschung und der Englischdidaktik ist das Thema der Bewertungskompetenz unter dem Begriff *language assessment literacy* (LAL) schon seit einigen Jahren verstärkt ein Thema (vgl. z. B. Fulcher 2012; Harding & Kremmel 2016; Tsagari & Vogt 2017; Vogt et al. 2020; Vogt & Tsagari 2014, Beiträge im *Special Issue* von *Language Testing* 3/2013). In diesem Diskurs ist man sich weitgehend einig, dass die Kenntnisse und Kompetenzen von Sprachlehrpersonen in Bezug auf das Bewerten und Beurteilen der Leistungen von SuS eine zentrale Rolle für das praktische Tun im Unterricht spielen und dass es nicht wünschenswert sei, dass Lehrpersonen sich diesbezüglich nur auf ihre

---

[1] Wir danken Kristina Propp herzlich für die Unterstützung in der Vorbereitung des Manuskripts.

eigene Lernbiographie, auf ihr Erfahrungswissen als Unterrichtende, auf den Austausch mit Kolleginnen und Kollegen oder auf „learning on the job" (Drackert et al. 2020, 52) stützen. Lehrpersonen sollen über diese Referenzpunkte hinaus in ihrer Ausbildung grundlegende wissenschaftlich gesicherte theoretische und anwendungsbezogene Kenntnisse erwerben, welche es ihnen im Unterrichtsalltag ermöglichen, selbständig kompetente Entscheidungen in Bezug auf die Bewertung von Lernleistungen zu treffen. Sie müssen ihre SuS ja nicht nur auf extern erstellte, standardisierte Abschlussprüfungen vorbereiten, sondern ihr Wissen über angemessene und faire Bewertung und Beurteilung auch täglich im eigenen Unterricht in Form von *classroom assessment* umsetzen (vgl. Hinger 2018, 182; Vogt & Tsagari 2014, 374).

1.1   Komponenten der Bewertungskompetenz von Lehrkräften

Was ist aber nun genau unter *language assessment literacy* zu verstehen? Zu welchen konkreten Inhalten sollen Lehrkräfte (oder andere Beteiligte) über Wissen verfügen und worin bestehen die Kompetenzen und Fertigkeiten, die sie aufweisen sollen? Die Literatur liefert hierzu zwar noch keine kanonischen Antworten, aber die Forschung ist in den letzten zwanzig Jahren zumindest so weit gediehen, dass es einige Anhaltspunkte gibt, die sich in verschiedenen Modellen von LAL wiederfinden und eine Art gemeinsamen Nenner darstellen.

Die Inhalte dieser Modelle gründen entweder auf theoretischen und erfahrungsbasierten Überlegungen von Expertinnen und Experten (z. B. Wissenschaftlerinnen und Wissenschaftler oder Ausbildnerinnen und Ausbildner von Lehrkräften) oder sind aus mehr oder weniger breit angelegten Bedarfserhebungen durch Befragungen verschiedener Stakeholder (z. B. Lehrkräfte verschiedener Stufen) entstanden.

Grundsätzlich ist man sich zunächst darüber einig, dass das Konzept der LAL einen vielschichtigen Wissens- und Fertigkeitenkomplex darstellt, zu dem eine ganze Reihe unterschiedlich strukturierter Bereiche gehören, die wiederum jeweils mit verschiedenen Bezugswissenschaften in Verbindung stehen bzw. daraus gespeist werden. Sprachlehrkräfte sind außerdem nur eine von mehreren möglichen Gruppen, die ein Interesse an LAL haben. Nicht jeder dieser Stakeholder hat dieselben Bedürfnisse und Ansprüche an Umfang und Tiefe der Bewertungskompetenz. Für manche – etwa bildungspolitisch Verantwortliche oder Lernende – reicht möglicherweise ein Überblick über die grundlegenden Prinzipien und Funktionsweisen von Bewertungsprozessen, ohne sich mit den Details auskennen zu müssen. Andere wiederum, etwa professionelle Testexpertinnen und -experten, die standardisierte Abschlussprüfungen oder Zertifikatsprüfungen erstellen und auswerten, müssen umfassende und vertiefte Kenntnisse im gesamten Feld des Bewertens und Beurteilens haben. Fremdsprachenlehrkräfte könnte man auf diesem Kontinuum zwischen den beiden Polen ansiedeln: Sie benötigen einerseits grundlegendes Wissen in nahezu allen Bereichen des Testens und Bewertens, sollen aber andererseits auch spezifische Fertigkeiten in Bezug auf das Bewerten und Beurteilen von Lernleistungen im Rahmen des Schulunterrichts entwickeln. In Bezug auf Lehrpersonen wird auch von *teacher assessment literacy* (vgl. Harding & Kremmel 2016) gesprochen, um die spezifischen Gegebenheiten und Bedürfnisse dieser Zielgruppe in den Blick zu nehmen.

Eine häufig zitierte Definition von LAL, die sich auf Lehrkräfte bezieht, stammt von Fulcher (2012, 125), der die folgenden Bereiche als Komponenten einer solchen Kompetenz nennt:

> The knowledge, skills and abilities required to design, develop, maintain or evaluate, large-scale standardized and/or classroom based tests, familiarity with test processes, and awareness of principles and concepts that guide and underpin practice, including ethics and codes of practice. The ability to place knowledge, skills, processes, principles and concepts within wider historical, social, political and philosophical frameworks in order understand why practices have arisen as they have, and to evaluate the role and impact of testing on society, institutions, and individuals.

Lehrkräfte im schulischen Kontext benötigen also sowohl Kenntnisse über große, standardisierte Testverfahren (Stichwort ‚Reifeprüfung') als auch grundlegendes Wissen über Evaluierungs- und Bewertungsverfahren im Unterricht, darunter technisch-praktische Fertigkeiten für die Erstellung und Durchführung von Tests sowie anderer Methoden der Leistungsüberprüfung. Darüber hinaus sollten Lehrpersonen Testtheorien und -prinzipien auch in einen größeren historischen sowie gesellschaftlichen Kontext einordnen, und die Relevanz und den Effekt von Bewertungsprozessen sowie den damit zusammenhängenden Entscheidungen verstehen und einschätzen können.

Ein übersichtliches theoretisches Kompetenzmodell der Bewertungs- und Beurteilungskompetenz hat Taylor (2013) vorgestellt. Sie greift in ihrem Beitrag für
ein *Special Issue* zum Thema LAL der Zeitschrift *Language Testing* auf bereits
bestehende Schemata zurück und visualisiert diese (siehe Abb. 1). Taylor verdeutlicht mit ihrer Serie von Diagrammen die Unterschiede zwischen den Bedürfnissen verschiedener Stakeholder. Für Sprachlehrkräfte sieht das Schema folgendermaßen aus:

Abb. 1: Modell der Bewertungskompetenz von *classroom teachers* nach Taylor (2013, 410)

In Taylors Schema stehen die Speichen des Netzes für die verschiedenen Teilbereiche der Kompetenz und die Rahmenlinien für die Kompetenzstufen, wobei von
innen nach außen die Kompetenz immer stärker zunimmt. Demnach hätten also
laut Taylor Lehrpersonen einen Bedarf an sehr hoher Kompetenz bzw. großem
Wissen in Bezug auf *language pedagogy* (Fremdsprachendidaktik) und müssten
gut ausgebildet sein im Bereich der technischen Fertigkeiten (praktische Erfahrung in der Auswahl und Anwendung von Testinstrumenten, Administrierung und
Auswertung), dem Umgang mit subjektiven Theorien, persönlichen Glaubenssät-
zen und Einstellungen, in Bezug auf soziokulturelle Werte des Testens und Bewertens und der lokalen Praktiken[2]. Weniger Bedarf attestiert ihnen Taylor in Bezug auf die Auswertung von Tests und darauf aufbauenden Entscheidungen sowie

---

[2]   Der Begriff wird bei Taylor (2013) nicht genauer definiert. Man könnte aber u. E. davon
      ausgehen, dass es „lokale Praktiken" auf mehreren Ebenen gibt, also sowohl schulspezifi-
      sche, aber eventuell auch (je nach Aufbau der Bildungslandschaft) regionsspezifische oder

dem theoretischen und konzeptuellen Wissen. Für unseren Kontext der Fremd-sprachenlehrenden in Sekundarschulen im deutschsprachigen Raum scheint diese Beschreibung nicht ganz zutreffend (vgl. auch die Kritik in Hinger 2018, 182), denn diese müssen bis zur Abschlussprüfung (Abitur, Matura) völlig selbständig und eigenverantwortlich die Leistungen ihrer Schülerinnen und Schüler diagnos-tizieren, evaluieren, beurteilen und daraus wiederum Rückschlüsse auf die weitere Gestaltung der Lehr- und Lernprozesse ziehen. Sie müssen also im Bereich des *classroom assessment* eine sehr hohe Kompetenz aufweisen (vgl. Vogt & Tsagari 2014). Selbst im Rahmen der verschiedenen (teil-)standardisierten Reifeprüfungs-formen an österreichischen und deutschen Schulen verbleibt ein Großteil der Be-wertungshandlung (z. B. Korrektur der schriftlichen Arbeiten, Beurteilung der mündlichen Leistungen) in der Verantwortung der Lehrpersonen. Ein größeres – wenn nicht das höchste – Maß an theoretischem und praktischem Wissen über Testprinzipien, Testtheorien und die Entscheidungsprozesse, die mit Beurteilun-gen verbunden sind, scheint also für Lehrkräfte unabdingbar.

Die empirische LAL-Forschung hat außerdem gezeigt, dass die Bewertungs- und Beurteilungskompetenz von Individuen nicht nur komplexer, sondern auch dynamischer Natur ist (vgl. Yan & Fan 2021, 223): Innerhalb des Wissens- und Fertigkeitsbereichs LAL können Teilbereiche hierarchisiert und gereiht werden (etwa im Modell von Fulcher 2012). Dabei können und sollen je nach Zielgruppe unterschiedliche Bereiche priorisiert werden. Man legt also eine Reihenfolge fest und schreitet von Kerninhalten zu stärker spezialisierten Inhalten und von Basis-kompetenzen zu weiter ausdifferenzierten Kompetenzen fort (so beschrieben etwa von Pill & Harding 2013, 383). Die Wirksamkeit der verschiedenen LAL-Kom-petenzmodelle ist bisher jedoch kaum untersucht worden (vgl. Harding & Krem-mel 2016, 415). Allerdings scheint es für den Erwerb von LAL förderlich zu sein, wenn der Unterricht kontextsensibel gestaltet wird (vgl. Harsch 2015, 503; Har-ding & Kremmel 2016, 425; Vogt et al. 2020, 403), wenn also die Inhalte und Methoden an die jeweilige Zielgruppe im lokalen Kontext angepasst werden. Vo-raussetzung dafür ist eine Bestandsaufnahme der vorhandenen Bedürfnisse.

---

tatsächlich auch länderspezifische. Diese entstehen z. T. aufgrund von top-down Vorgaben der Bildungsverantwortlichen, aber z.t. auch aus ortsspezifischen Gegebenheiten und Ge-pflogenheiten (z. B. in Bezug auf Testdurchführung, Testformate, Korrekturpraktiken).

1.2   Subjektive Theorien von Lehrerinnen und Lehrern romanischer Sprachen in Bezug auf *assessment*

In Drackert et al. (2020) werden Ergebnisse der Befragung hinsichtlich der subjektiven Theorien von Sprachlehrkräften romanischer Sprachen in Bezug auf den Zweck von Beurteilungen und die Frage nach ‚guten Tests‘ diskutiert. Aus den Angaben von Lehrkräften zu den Zwecken von Prüfungen, Tests und Evaluationen im Französisch-/Italienisch-/Spanischunterricht konnte geschlossen werden, dass die Lehrerinnen und Lehrer (im Folgenden LuL) aus weitaus mehr Gründen testen als nur zum Zweck der Leistungsbeurteilung und der Notengebung. Letztere stellen zwar die formal und institutionell vorgegebenen Gründe des Überprüfens und Testens von Leistungen in der Schule dar, aber für die befragten LuL haben andere Aspekte, wie die Evaluierung der Lernfortschrittsentwicklung, die Diagnostik der Kompetenzen und das Feedback-Geben einen deutlich höheren Stellenwert. Die Lehrkräfte der Studie betrachten Testen außerdem häufig als vorbereitendes Üben und Trainieren von Fertigkeiten sowie als eine Möglichkeit, Wissen zu vertiefen. Wichtig schien den Lehrkräften außerdem der Begriff der Differenzierung, der in der Befragung wiederholt auftaucht. Damit meinten sie, dass Tests sowohl leistungsstarken als auch leistungsschwachen SuS gerecht werden sollten.

Aus den subjektiven Theorien der Lehrkräfte zum Zweck von Beurteilungen und zu den Kriterien ‚guter Tests‘ lässt sich ein objektiver Fortbildungsbedarf ableiten. Die Befragung zeigt etwa in Bezug auf Testgütekriterien, dass Lehrkräfte möglicherweise nicht ausreichend im Bereich der Konstruktvalidität geschult sind, d. h. in Bezug darauf, was die im schulischen Kontext verwendeten Tests messen und zu welchem Zweck sie eingesetzt werden sollen. Weiterer Fortbildungsbedarf besteht offensichtlich in der Adaptation von Tests und Testaufgaben an das Kompetenzniveau der SuS sowie an die im Unterricht behandelten Inhalte. Darüber hinaus scheint eine vertiefte Auseinandersetzung mit Herausforderungen bei der Testerstellung und der Beurteilung im Kontext des Klassenraums ebenso notwendig wie der Umgang mit Heterogenität und Feedback im Rahmen der Bewertung im Klassenraum. Die dabei entstehenden Schwierigkeiten sollten umfassender behandelt werden (vgl. Drackert et al. 2020).

1.3   Stellenwert der Bewertungskompetenz in der Ausbildung

Die Aus- und Weiterbildung von Sprachlehrkräften in den romanischen Schulfächern Französisch, Italienisch und Spanisch ist im deutschsprachigen Raum äußerst heterogen und erfolgt unter Beteiligung von unterschiedlichen Akteurinnen und Akteuren, als dass verlässliche Aussagen darüber getroffen werden könnten, in welchem Maße die skizzierten Kompetenzen im Bereich *language assessment* tatsächlich ausgebildet werden. Auch wenn es immer schon zum Alltagsgeschäft von Lehrerkräften gehört hat, dass sie gleichzeitig Vermittelnde und Überprüfende von fachlichen Inhalten und Fertigkeiten sein müssen (vgl. Vogt 2010, 267), diagnostiziert Quetz (2008, 4):

> In Deutschland zählt die Auseinandersetzung mit Tests nicht zu den Lieblingsthemen der Fremdsprachendidaktik. Zu Tests und Prüfungen erschienen in den letzten Jahrzehnten gerade einmal eine Handvoll Bücher und nur wenige Beiträge in Fachzeitschriften; im angelsächsischen Raum gibt es alljährlich Dutzende von Publikationen zu Tests in ganzen Buchreihen (z. B. *Cambridge Language Testing Series*) und mindestens zwei hochkarätige Fachzeitschriften (*Language Testing, Language Assessment Quarterly*), die sich ausschließlich diesem Bereich widmen.

Für seine Beobachtung lassen sich auch für den Zeitraum nach 2008 im Bereich der romanischen Schulsprachen Belege finden: So erscheint in der Reihe *Der Fremdsprachliche Unterricht Französisch* 2010 ein einziges einschlägiges Themenheft (Nr. 104) zum Themenkomplex „Evaluieren und Testen", in der Reihe *Der Fremdsprachliche Unterricht Spanisch* 2016 eins zum Bereich „Evaluar" (Nr. 53). In einschlägigen Einführungen in die (Sprach-)Didaktik sind die jeweiligen Kapitel zum Testen oft sehr überschaubar, es deutet sich aber zumindest vereinzelt ein stärkerer Fokus auf LAL in neueren Ausgaben an: Decke-Cornill & Küster ([3]2015) widmen der Leistungsüberprüfung und -bewertung in der dritten Auflage ihrer Einführung in die Fremdsprachendidaktik immerhin ein eigenes Kapitel (259-275), in der ersten Auflage (2010) finden sich demgegenüber Ausführungen zur Sprachtestforschung und zur „Problematik eines testorientierten Sprachunterrichts" (200) auf lediglich fünf Seiten (198-202). In Nieweler [Französisch] (2017) ist die Auseinandersetzung mit „Testen und Diagnostizieren" (275-284) im Kapitel von Andreas Grünewald zu „Evaluieren, diagnostizieren, beurteilen und fördern" verortet. Im Vergleich zur früheren Ausgabe von Nieweler (2009), in dem das Stichwort „Testen" nicht auf Kapitelebene erscheint, rückt LAL damit explizit etwas mehr ins Zentrum. Fäcke (²2017, 2011) [Französisch und Spanisch] skizziert jeweils in Kapitel 14 (zu Leistungsmessung bzw. Leistungsbewertung) auf wenigen Seiten einige zentrale Aspekte zum Themenkomplex Testen. Im Methodenbuch von Sommerfeldt (²2011) [Spanisch] widmet Wlasak-Feik der Leistungserhebung und -beurteilung, unter der sie das Thema „Testen" subsumiert, ein eigenes Kapitel. Bär & Franke (2016, 174-177, Autorinnen des Kapitels: Sandra Sawellion & Sabine Wolf-Zappek) streifen das Thema nur in Ansätzen. Koch (2020) nennt Aspekte der LAL zu Beginn von Kapitel 3 („Diagnose und Förderung von Kompetenzen"). Umfassender erscheint der Komplex des Testens in der Fachdidaktik Spanisch von Grünewald & Küster in Kapitel 5 (2009) bzw. 6 (²2017) unter „Diagnostik, Evaluation und Leistungsbewertung". Dabei zeichnet mit Barbara Hinger eine Expertin für diesen Abschnitt verantwortlich, die mit Hinger & Stadler (2018) eine, wenn nicht gar *die* für den deutschsprachigen Raum einschlägige fremdsprachenübergreifende Einführung in das Testen und Bewerten fremdsprachlicher Kompetenzen vorgelegt hat. Bei Michler & Reimann (2019) [Italienisch] verbergen sich kurze Ausführungen zu LAL in Einheit 12 („der ‚neokommunikative Ansatz', Qualitätssicherung und Evaluationskultur").

Die hier vorgenommene Bestandsaufnahme einschlägiger im deutschsprachigen Raum genutzter Einführungen soll und kann in keiner Weise die Funktion erfüllen, die Qualität der genannten Werke an sich zu bewerten. Die Anforderungen an die Ausbildung von Lehrkräften sind zu komplex, zu umfassend und so sehr dem gesellschaftlichen Wandel unterworfen, dass es bei der Konzeption von Einführungen zwangsweise zu einer Auswahl kommen muss, die der gesamten Bandbreite möglicher zu behandelnder Themen – man denke hier beispielsweise auch an Querschnittsthemen wie Inklusion, Umgang mit Heterogenität, Digitalisierung – nicht gerecht werden kann. Der Blick in die Grundlagenwerke hat aber gezeigt, dass LAL bzw. Testkompetenz bislang i. d. R. keine zentrale Rolle spielen und dass es zu Unschärfen in der Abgrenzung zwischen Konzepten wie „Testen", „Prüfen", „Evaluieren", „Bewerten" oder „Diagnostizieren" kommt, die wiederum Auswirkungen auf die LAL von Lehrkräften haben können.

Der Blick in die Grundlagenliteratur legt also die Vermutung nahe, dass die Ausbildung von LAL im Bereich der romanischen Schulfächer im deutschsprachigen Raum ausbaufähig ist. Gerade vor dem Hintergrund der Tatsache, dass sich Lehrkräfte oft in einem Spannungsfeld zwischen selbst erstellten Klausuren und standardisierten Vergleichsarbeiten bzw. Abschlussprüfungen bewegen (vgl. Quetz 2008, 6-7), ließe entsprechenden Fortbildungsbedarf vermuten.

An dieser Stelle setzt der vorliegende Beitrag an: Auf der Basis einer umfassenden empirischen Studie berichtet er über die Aus- und Fortbildungswünsche von Sekundarschullehrkräften der romanischen Sprachen in deutschsprachigen Ländern. Darauf aufbauend werden evidenzbasierte Vorschläge für ein zielgruppenorientiertes Angebot im Bereich Bewertungskompetenz gemacht.

2. Empirische Studie zu Fortbildungswünschen in Deutschland und Österreich zum Bereich Test-/Bewertungskompetenz

2.1 Untersuchungsdesign

2.1.1 Teilnehmende

An der Studie nahmen insgesamt 613 romanische Sprachlehrkräfte teil, von denen 501 den Fragebogen vollständig ausfüllten. Von den 613 Teilnehmenden waren zum Zeitpunkt der Befragung (Herbst/Winter 2017/18) 504 als Lehrkräfte an Schulen in Deutschland und 109 an Schulen in Österreich tätig. 358 von ihnen unterrichteten Französisch, 194 Spanisch und 61 Italienisch. Der Schultyp Gymnasium bzw. die akademisch orientierte Sekundarschule ist am häufigsten vertreten (N = 389). Die Berufserfahrung der Teilnehmenden lag zwischen einem und 30 Jahren (siehe Tab. 1), wobei ca. ein Drittel (31,6 %) bereits mehr als zehn Jahre eine Lehrtätigkeit ausübte. 64,8 % der Befragten gaben an, dass sie an der Erstellung, Abnahme oder Korrektur von Abitur- bzw. Maturaprüfungen beteiligt waren/sind. Etwa ein Drittel der LuL (31,8 %) vermerkten, dass sie zwischen 20 und 30 % der Vor- und Nachbereitungszeit mit verschiedenen Bewertungsaktivitäten verbringen.

Unterrichtserfahrung	N	Prozent
1–5 Jahre	113	18,4
6–10 Jahre	124	20,2
Mehr als 10 Jahre	194	31,6
Mehr als 20 Jahre	117	19,1
Mehr als 30 Jahre	65	10,6
Gesamt	613	100,0

Tab. 1: Unterrichtserfahrung der Befragten

2.1.2 Datenerhebung

Für die Datenerhebung wurde ein dreiteiliger Online-Fragebogen, der von Drackert und Stadler (2017, 2018) für die Erfassung der Leistungsbeurteilungskompetenz sowie der Bedürfnisse von Russischlehrkräften entwickelt wurde, an die
romanischen Fremdsprachenlehrkräfte angepasst. Im ersten Teil (Fragen 1–11)
wurden persönliche und berufliche Daten der Teilnehmenden erhoben. Die Fragen umfassen folgende Aspekte: L1 der Lehrkräfte; Unterrichtsort; Schultyp und
Schulstufe, in denen sie unterrichten; Erfahrung im Bereich der Testerstellung;
Behandlung des Themas „Testen, Prüfen und Evaluieren" in der Ausbildung und
ihre Beteiligung an der Abitur- bzw. Maturaprüfung. Der zweite Teil setzte sich
zusammen aus zwölf offenen und geschlossenen Fragen zu Leistungsbeurteilungskompetenz und Bewertungspraktiken von LuL mit Schwerpunkt auf der Bewertung im Klassenzimmer (*classroom assessment*). Dazu gehören Fragen nach
Richtlinien und Kriterien für die Leistungsbeurteilung, dem Zweck der Leistungsbeurteilung im Sprachunterricht, der Häufigkeit der Bewertung verschiedener
Fertigkeiten und der Verwendung verschiedener Aufgabentypen und Testformate.
Die Fragen im dritten Teil widmen sich den Fortbildungswünschen und Bedürfnissen der LuL romanischer Sprachen hinsichtlich berufsbegleitender Schulungen
im Bereich der Leistungsbeurteilungskompetenz.

Um den Bedarf an Fortbildungen nachvollziehen und analysieren zu können,
wurden folgende Fragen zum Hintergrundwissen im Bereich des Testens und
Evaluierens herangezogen:

F10 – Wo bzw. wann haben Sie in Ihrer Ausbildung etwas über Leistungsbeurteilung gelernt?

F11 – Worum ging es vorrangig in diesem Kurs/diesen Kursen oder dieser
Lehrveranstaltung?

Für die Erfassung des Fortbildungsbedarfs wurden je eine offene (F24) und
eine geschlossene Frage (F25) ausgewählt.

F24 – Welche Themen für eine Fortbildung im Bereich des Testens französi-
scher/italienischer/spanischer Kompetenzen wünschen Sie sich? Nennen Sie drei.

F25 – Bewerten Sie folgende Fortbildungsthemen für Ihre Tätigkeit als Fran-
zösisch-/Italienisch-/Spanischlehrperson auf einer Skala von „überhaupt nicht
wichtig" (=1) bis „sehr wichtig" (=6).

Um die Antworten der Teilnehmenden nicht zu beeinflussen bzw. zu lenken, wurde zunächst das offene Aufgabenformat verwendet. Diese Vorgangsweise ermöglicht es den Lehrkräften, ihre persönliche Meinung zu äußern und neue Inhalte einzuführen, die über die in F25 angebotenen Antwortmöglichkeiten hinausgehen. Im Anschluss wurde den Teilnehmenden eine Liste mit insgesamt 15 unterschiedlichen Fortbildungsthemen vorgelegt, die sie auf einer sechsstufigen Skala von „überhaupt nicht wichtig" (=1) bis „sehr wichtig" (=6) einstufen sollten. Ein solches, geschlossenes Fragenformat ermöglicht es, relevante Themengebiete anzusprechen, die in F24 aus verschiedenen Gründen nicht erwähnt wurden.

Als Grundlage für die Gruppierung der Antworten auf die offenen Fragen wurde die Kategorisierung aus der Umfrage von Drackert und Stadler (2017) weiterentwickelt. Darauf aufbauend wurden die Antworten für den vorliegenden Beitrag zunächst unabhängig voneinander nach inhaltlichen Schwerpunkten klassifiziert. Die Klassifikation der Antworten entstand nach dem Zusammenführen der individuellen Gruppierungen und ihrer Diskussion. Auf diese Weise konnte die Reliabilität der Ergebnisse erhöht werden. Das leitende Prinzip dabei lautete „so viele Kategorien wie nötig, so wenige wie möglich". Daraus entstanden insgesamt 25 Kategorien. So wurden zum Beispiel unterschiedliche Korrekturformen/-möglichkeiten wie „positive Rückmeldungen statt nur Fehler anstreichen" oder „Fehlerkorrektur im Mündlichen" zur Kategorie „Fehlerkorrektur" und Antwortmöglichkeiten wie „Peer-Assessment", „Selbstevaluation", „Portfolio", „Möglichkeiten einer Evaluierung jenseits von Schularbeiten" zur Kategorie „Alternative Formen des Testens" zusammengefasst. Die ausführliche Klassifizierung der Antworten aus F24 befindet sich im Anhang.

Die Umfrage wurde über die Software Qualtrics zugänglich gemacht und über einschlägige Verteiler in den beiden Ländern an die Lehrkräfte verbreitet. Die Datenerhebung fand im Frühjahr 2018 statt.

2.2   Fortbildungswünsche

2.2.1   Angaben zum Stellenwert des Testens in der Ausbildung

Um die Fortbildungswünsche angemessen einordnen zu können, wurden die Informantinnen und Informanten im Fragebogen auch darum gebeten darzulegen, welchen Stellenwert der Bereich des Testens und Evaluierens in ihrer Ausbildung,

d. h. vor ihrer Lehrtätigkeit, hatte. Sie sollten zunächst angeben, ob sie entsprechendes Wissen während des Studiums oder während des Referendariats erworben hatten. Von 200 LuL wurde die Antwort „im Studium" ausgewählt und 584 LuL kreuzten „im Referendariat" an. Einige Lehrkräfte wählten beide Möglichkeiten, sind also in beiden Ausbildungsphasen mit dem Thema in Kontakt gekommen.

Mit F11 sollte anschließend erfasst werden, welche Themen in den während der Ausbildung belegten Lehrveranstaltungen behandelt wurden. Insgesamt wurden 908 Nennungen von 553 Lehrkräften abgegeben. Die kategorisierten Antworten werden in Tabelle 2 präsentiert.

Inhalte	Insgesamt (N) 553	FR (N) 321	SP (N) 178	IT (N) 54	DE (N) 452	A (N) 101
Erstellung und Bewerten von Klassenarbeiten und Tests	17,8	19,7	16,1	12,5	18,5	15,0
Bewertung der produktiven Fertigkeiten	12,3	10,7	12,6	21,6	12,2	12,7
Fehlerkorrektur	12,3	11,4	12,9	15,9	12,1	13,3
Sonstiges	9,3	10,1	9,1	5,7	9,7	8,1
Bewertung der Mitarbeit	7,0	7,1	6,6	8,0	7,6	4,6
Kompetenzorientierte Beurteilung (allgemein)	6,0	6,2	5,6	6,8	6,3	5,2
Notengebung	6,0	5,6	6,3	8,0	5,9	6,9
Gütekriterien	4,5	4,7	4,5	3,4	3,7	8,1
Leistungsbeurteilung	4,4	3,9	6,3	1,1	4,9	2,3
Rechtliche Vorgaben	4,2	3,9	4,5	2,3	3,8	4,6
Es gab keinen Kurs dazu	3,6	3,7	3,8	2,3	3,3	5,2
Testformate	2,5	2,2	2,4	4,5	1,9	5,2
Funktionen der Leistungsfeststellung: Diagnostik, Motivation, Feedback an die SuS	2,0	1,9	2,1	2,3	1,6	3,5
Abschlussprüfungen (Abitur, Matura)	1,8	2,2	1,0	1,1	2,0	0,6
Kompetenzorientierte Beurteilung (nach GeR; integrative Bewertung)	1,5	1,5	1,4	2,3	1,6	1,2
Positivkorrektur	1,4	1,9	1,0	0,0	1,6	0,6
Bewertung der rezeptiven Fähigkeiten	1,1	1,3	1,0	0,0	1,1	1,2
Alternative Testformate	1,1	0,6	2,1	1,1	1,1	1,2
Bewertung einzelner Teilkompetenzen	1,0	1,3	0,3	1,1	1,1	0,6

Tab. 2: Behandelte Themen in den Lehrveranstaltungen (in Prozent)

Wie Tabelle 2 zu entnehmen ist, wurden Inhalte aus der Kategorie „Erstellung und Bewerten von Klassenarbeiten und Tests" (17,8 %) insgesamt am häufigsten genannt. Darauf folgen die Kategorien „Bewertung produktiver Fertigkeiten" (12,3 %), „Fehlerkorrektur" (12,3 %), „Sonstiges" (9,3 %) und die „Kompetenzorientierte Beurteilung" (7,0 %). Unter „Sonstiges" fallen z. B. Nennungen im Umgang mit Heterogenität und Lese-Rechtschreib-Schwierigkeiten bei der Bewertung von Leistung sowie Transparenz und Binnendifferenzierung.

Sowohl in Deutschland als auch in Österreich macht laut Auskunft der Befragten die „Erstellung und Bewertung von Klassenarbeiten und Tests" (DE 18,5 %/A 15,0 %) einen großen Teil der Ausbildung im Bereich der Leistungsbeurteilung aus. In Deutschland folgen die „Bewertung produktiver Fertigkeiten" (12,2 %) und die „Fehlerkorrektur" (12,1 %). An vierter und fünfter Stelle stehen „Sonstiges" (9,7 %) und „Bewertung von Mitarbeit" (7,6 %).

In Österreich werden nach der Kategorie „Erstellung und Bewerten von Klassenarbeiten und Tests" besonders viele Nennungen im Feld „Fehlerkorrektur" gemacht (13,3 %). Auf Platz 3 steht die „Bewertung produktiver Fertigkeiten" (12,7 %), gefolgt von „Sonstiges" (8,1 %) und „Gütekriterien" (8,1 %).

Länderspezifische Unterschiede fallen bei der „Bewertung der Mitarbeit" auf. Während diese Kategorie in Deutschland etwas häufiger genannt wurde (7,6 %), scheinen die LuL in Österreich weniger Ausbildung in diesem Bereich erfahren zu haben (4,6 %). Die Behandlung der Gütekriterien hingegen steht in Österreich an vierter Stelle (8,1 %). In Deutschland wurden nur von 3,7 % der LuL Nennungen in dieser Kategorie angeführt. Auch mit „Testformaten" und „Funktionen der Leistungsfeststellung" scheinen die LuL in Deutschland deutlich seltener in der Ausbildung konfrontiert zu werden als in Österreich. Dafür ist die Auseinandersetzung mit Abschlussprüfungen wie dem Abitur oder der Matura in der deutschen Lehrkräfteausbildung etwas präsenter (2,0 %). In Österreich steht diese Kategorie an letzter Stelle (0,6 %).

Die Französischlehrkräfte wählten am häufigsten die Kategorie „Erstellung und Bewerten von Klassenarbeiten und Tests" (19,7 %). Mit großem Abstand folgt „Fehlerkorrektur" (11,4 %). In der Französischlehrkräfteausbildung wird der Bereich „Bewertung produktiver Fertigkeiten" (10,7 %) offenbar ähnlich intensiv behandelt. Auf Platz 4 steht „Sonstiges" (10,1 %), vor „Bewertung der Mitarbeit"

(7,1 %). Eine ähnliche Rolle scheinen dieselben Themen in der Ausbildung der Spanisch-LuL zu spielen.

Bei den LuL des Italienischen gehört die „Bewertung produktiver Fertigkeiten" (21,6 %) zu der am meisten genannten Kategorie, gefolgt von „Fehlerkorrektur" (15,9 %) auf Platz 2. Des Weiteren finden sich viele Nennungen im Bereich „Erstellung und Bewerten von Klassenarbeiten und Tests" (12,5 %). Auf Patz 4 und 5 liegen die Kategorien „Bewertung der Mitarbeit" und „Notengebung" (jeweils 8,0 %) sowie „kompetenzorientierte Beurteilung (allgemein)" (6,8 %). In Hinblick auf die Aussagekraft der Ergebnisse zu dieser Schulsprache ist grundsätzlich aber die vergleichsweise geringe Zahl an Informantinnen und Informanten (N= 61) zu berücksichtigen.

Im Vergleich zwischen den Sprachen ist allen Gruppen die Kategorie der „Fehlerkorrektur" gemeinsam: Sie steht bei allen Sprachlehrkräften an zweiter Stelle. Davon abgesehen treten jedoch Unterschiede zwischen den einzelnen Sprachenlehrenden auf. Während diese bei den Angaben der Französisch- und Spanischlehrkräfte nicht nennenswert sind, weichen die Nennungen der Italienischlehrkräfte teilweise stark ab. Die Kategorie „Erstellung und Bewerten von Klassenarbeiten und Tests" steht in der Ausbildung französischer und spanischer LuL an erster Stelle. Bei den befragen LuL des Italienischen liegt diese Kategorie jedoch an dritter Stelle, wobei Themen aus der Kategorie „Bewertung produktiver Fertigkeiten" ungefähr doppelt so häufig genannt werden (21,6 %). Weitere Unterschiede finden sich im Bereich „Sonstiges" (Heterogenität, Binnendifferenzierung). Bei den LuL des Französischen und Spanischen steht diese Kategorie an vierter Stelle, während sie bei den Italienischlehrkräften mit 5,7 % den sechsten Platz einnimmt.

2.2.2 Fortbildungswünsche im Bereich „Testen und Bewerten"

Um zu erfahren, in welchen Bereichen des Testens und der Leistungsbewertung die Lehrkräfte des Französischen, Italienischen und Spanischen in Deutschland und Österreich besonders hohen Förderungsbedarf haben, wurden die Teilnehmenden im Fragebogen in einer offenen Frage (F24) aufgefordert, jeweils drei Themen für eine Fortbildung zu nennen, die sie sich für das Testen fremdsprachlicher Kompetenzen wünschen. Insgesamt antworteten 443 Lehrkräfte auf diese Frage.

Fortbildungswünsche	Insge-samt (N) 443	FR (N) 246	SP (N) 150	IT (N) 47	DE (N) 84	A (N) 359
Andere mit dem Unterricht verbundene Themen	17,6	18,6	15,3	19,1	18,4	14,1
Erstellen mündlicher Aufgaben (Sprechen) und Beurteilung mündlicher Produktion	14,4	15,8	12,2	14,0	13,9	16,2
Erstellen von (guten) Klassenarbeiten und Testaufgaben	13,5	14,2	13,2	11,0	12,5	17,5
Hör-/Sehverstehensaufgaben finden, erstellen und bewerten	7,1	5,1	9,3	10,3	7,8	3,8
Alternative Formen des Testens	6,3	6,6	6,0	5,9	5,7	9,0
Erstellen von Aufgaben zu Sprachmittlung und deren Beurteilung	4,3	3,8	6,0	1,5	5,1	0,4
Sonstiges (mit Testen)	3,5	3,3	4,3	2,2	3,2	5,1
Fehlerkorrektur	3,3	3,8	2,9	2,2	3,6	2,1
Umgang mit Heterogenität	3,0	3,8	2,6	0,7	3,8	0,0
Erstellen schriftlicher Aufgaben (Schreiben) und Beurteilung schriftlicher Produktion	2,9	3,0	2,4	3,7	2,7	3,8
Erstellung und Bewertung von Aufgaben zu den vier Fertigkeiten (allgemein)	2,8	2,6	2,9	3,7	2,8	3,0
Erstellen von Testaufgaben zu Grammatik oder Sprache im Kontext (SiK), Lexik und deren Beurteilung	2,7	3,0	2,9	0,7	2,7	3,0
Vorbereitung auf die (neuen) Abiturformate	2,2	1,6	2,4	4,4	1,8	3,8
Beurteilung interkultureller und soziolinguistischer Kompetenzen	2,2	1,3	3,8	1,5	2,3	1,7
Leseaufgaben finden, erstellen und bewerten	2,0	1,6	1,7	5,1	1,9	2,6
Rechtliches zum Testen	2,0	0,7	2,9	5,9	1,4	4,7
Erstellung und Bewerten differenzierter Tests	1,9	1,6	3,1	0,0	2,3	0,4
Fertige Testaufgaben	1,8	1,9	1,0	4,4	1,6	3,0
Bewertung von Mitarbeit, Projekt- und Gruppenarbeit	1,2	1,6	1,0	0,0	1,4	0,4
Notengebung	1,1	1,7	0,5	0,0	0,8	2,6
Online Testing	1,0	1,2	0,7	1,5	0,8	2,1

Diagnostisches Testen	1,0	1,2	0,7	1,5	1,3	0,0
Motivation	1,0	1,2	1,2	0,0	1,2	0,4
Medien im Fremdsprachen-unterricht	0,7	0,7	0,7	0,7	0,9	0,0
(Entwicklung) authentische(r) Aufgaben	0,3	0.3	0,5	0,0	0,4	0,0

Tab. 3: Angaben zu Fortbildungswünschen im Bereich „Testen und Bewerten" (in Prozent)

Wie in Tabelle 3 zu sehen ist, treten drei Kategorien besonders häufig auf: „Andere mit dem Unterricht verbundene Themen" (17,6 %), „Erstellen mündlicher Aufgaben (Sprechen) und Beurteilung mündlicher Produktion" (14,4 %) und „Erstellen von (guten) Klassenarbeiten und Testaufgaben" (13,5 %). Die erstgenannte Rubrik ist eine Sammelkategorie, die zahlreiche Themen umfasst, welche sich nicht unbedingt auf die gestellte Frage beziehen. Die Frage lautete „Welche Themen für eine Fortbildung im Bereich des Testens französischer/italienischer/spanischer Kompetenzen wünschen Sie sich?" Lehrpersonen antworteten darauf etwa mit „Wortschatzarbeit in der Oberstufe", „Zitieren" oder „Theaterpädagogik". Die Ergebnisse zeigen zwar insgesamt, dass eine hohe Sensibilität für die Komplexität des Testens vorliegt, dass aber möglicherweise die Frage nicht von allen genau genug gelesen und beantwortet wurde (was zu der heterogenen Sammelkategorie geführt haben mag).

Zu den vier wichtigsten Kategorien in Deutschland gehören – nach der Sammelkategorie „Andere mit dem Unterricht verbundene Themen" (18,4 %) (s. Gesamtfrequenz) – das „Erstellen mündlicher Aufgaben (Sprechen) und Beurteilung mündlicher Produktion" (13,9 %) (= zweithäufigste Rubrik) und das „Erstellen von (guten) Klassenarbeiten und Testaufgaben" (12,5 %) (= dritthäufigste Kategorie). Darauf folgen Nennungen im Feld „Hör-/Sehverstehensaufgaben finden, erstellen und bewerten" (7,8 %), und auf dem fünften Platz liegen anschließend die „alternative[n] Formen des Testens" (5,7 %). Die hohen Werte im Bereich der Mündlichkeit könnten darauf zurückzuführen sein, dass eine der großen Neuerungen der letzten Jahre im Fremdsprachenunterricht in Deutschland in der Einführung verpflichtender mündlicher Prüfungen bestand.

In Österreich scheint das Themengebiet „Erstellen von (guten) Klassenarbeiten und Testaufgaben" (17,5 %) am gefragtesten zu sein, gefolgt von „Erstellen mündlicher Aufgaben (Sprechen) und Beurteilung mündlicher Produktion"

(16,2 %) und „Andere mit dem Unterricht verbundene Themen" (14,1 %). Auf Platz 4 stehen „Alternative Formen des Testens" (9 %). Zu den Kategorien „Sonstiges (mit Testen)" (darunter fallen Einstufungstests für Herkunftssprecherinnen und Herkunftssprecher, kontinuierliche Beurteilung im ersten Lernjahr, Testen ohne Angst, motivierende Testformate, kontinuierliches Testen im Unterricht, Bewertung kreativer Aufgaben und die Erstellung von Lernzielkontrollen) und „Fehlerkorrektur" gaben 5,1 % Fortbildungswünsche an. Sie liegen dementsprechend auf Platz 5.

Gemeinsamkeiten zwischen den beiden Ländern konnten vor allem in Bezug auf das Testen der Lesekompetenz entdeckt werden: Im Unterschied zu den Fertigkeiten Sprechen, Schreiben und Hören zeigen die befragten Lehrkräfte in beiden Ländern kein großes Bedürfnis, sich im Testen der Lesekompetenz weiterbilden zu wollen. Hingegen scheint eine Weiterbildung zu den Themen „Erstellen mündlicher Aufgaben (Sprechen) und Beurteilung mündlicher Produktion" in beiden Ländern am stärksten nachgefragt zu sein. In Deutschland mag dies an der oben erwähnten Verpflichtung zu mündlichen Prüfungen liegen, während in Österreich die in den letzten Jahren erfolgte bundesweite Umstellung auf ein standardisiertes, kompetenzorientiertes Prüfungsformat bei mündlichen Maturaprüfungen in der Fremdsprache dafür verantwortlich sein könnte.

Auf der sprachenspezifischen Ebene zeigen sich ebenfalls einige Unterschiede (siehe Abb. 2). Gemeinsam ist den Lehrkräften aller drei Sprachen, dass die sehr unspezifische Kategorie „Andere mit dem Unterricht verbundene Themen" auf Platz 1 steht. Für die LuL des Französischen folgen Nennungen bezogen auf die Kategorien 2) „Erstellen mündlicher Aufgaben (Sprechen) und Beurteilung mündlicher Produktion" (15,8 %), 3) „Erstellen von (guten) Klassenarbeiten und Testaufgaben" (14,2 %), 4) „Alternative Formen des Testens" (6,6 %) und 5) „Hör-/Sehverstehensaufgaben finden, erstellen und bewerten" (5,1 %).

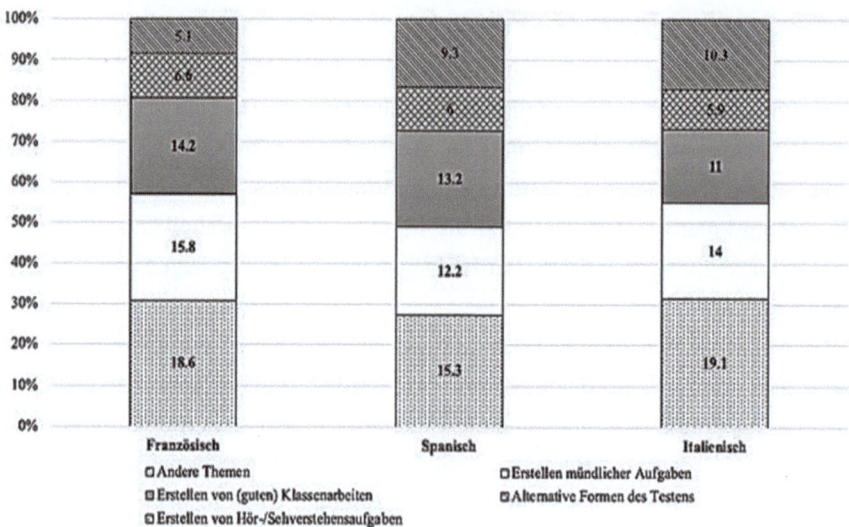

Abb. 2: Fortbildungsbedarf nach Sprache

Die LuL des Spanischen nennen die folgenden Kategorien besonders häufig: 2) „Erstellen von (guten) Klassenarbeiten" (13,2 %), 3) „Erstellen mündlicher Aufgaben (Sprechen) und Beurteilung mündlicher Produktion" (12,2 %), 4) „Hör-/Sehverstehensaufgaben finden, erstellen und bewerten" (9,3 %), 5) „Alternative Formen des Testens" und das „Erstellen von Aufgaben zur Sprachmittlung und deren Beurteilung" (6,0 %).

Bei den LuL des Italienischen liegen auf dem ersten Platz: 2) „Erstellen mündlicher Aufgaben (Sprechen) und Beurteilung mündlicher Produktion" (14,0 %), 3) „Erstellen von (guten) Klassenarbeiten" (11,0 %), 4) „Hör-/Sehverstehensaufgaben finden, erstellen und bewerten" (10,3 %) und 5) „Alternative Formen des Testens" (5,9 %).

Wird der Bedarf der Lehrkräfte verschiedener Sprachen miteinander verglichen, so fällt auf, dass die LuL des Spanischen und des Italienischen im Bereich der Hör-/Sehverstehensaufgaben doppelt so viel Fortbildungsbedarf haben wie die LuL des Französischen. Ein weiterer Unterschied ist in der Kategorie der Sprachmittlungsaufgaben festzustellen. Während 6 % der Spanischlehrkräfte und 3,8 % der Französischlehrkräfte Fortbildungswünsche in diesem Bereich äußern, sind es bei den LuL für Italienisch nur 1,5 %. Insgesamt löst der Bereich Mediation offenbar kaum Fortbildungswünsche aus. Bei der Kategorie „Erstellen von Testaufgaben zu Grammatik (auch „Sprache im Kontext"), Lexik und deren Beurteilung" scheinen die Italienischlehrkräfte ebenfalls deutlich weniger Bedarf zu haben als die anderen Sprachlehrkräfte. Auf den Gebieten der „Fehlerkorrektur" und „Sonstiges" wie Einstufungstests für Herkunftssprecherinnen und Herkunftssprecher oder motivierende Testformate fällt hingegen auf, dass die LuL des Französischen deutlich häufiger Nennungen abgeben. Eine weitere bemerkenswerte Abweichung liegt bei der Kategorie „Rechtliches zum Testen" vor. Während der Fortbildungsbedarf im Spanischen und vor allem im Italienischen in diesem Bereich vergleichsweise hoch ist, haben nur 0,7 % der Französischlehrkräfte angegeben, auf diesem Gebiet eine Weiterbildung zu benötigen. Darüber hinaus wünschen sich deutlich mehr LuL des Italienischen fertige Testaufgaben für ihr Fach. Dies könnte darauf zurückzuführen sein, dass zumindest in Deutschland für das Fach Italienisch, das zu den ‚kleineren' Schulsprachen zählt, vergleichsweise wenige Angebote von Verlagen gemacht werden. Auch Leseaufgaben scheinen für das Italienische eine größere Rolle für die Leistungsbeurteilung zu spielen, als es in den anderen Sprachen der Fall ist. Die „Beurteilung interkultureller und soziolinguistischer Kompetenzen" ist in Hinblick auf das Spanische hervorzuheben, da der Bereich bei den LuL hier deutlich über dem Durchschnitt liegt. Möglicherweise ist dies der Größe des hispanophonen Raums geschuldet, der insbesondere in Amerika viele Fremdheitserfahrungen offeriert.

2.3.3   Bewertung der Fortbildungsthemen im Bereich „Testen und Bewerten"

In der geschlossenen F25 ging es darum, 15 vorgegebene Fortbildungsthemen auf einer Skala von „überhaupt nicht wichtig" (=1) bis „sehr wichtig" (=6) zu bewerten. Insgesamt machten 503 Lehrkräfte Angaben zu dieser Frage. Ziel dieses Fragenformats ist es, zu erfahren, ob es weitere als wichtig eingeschätzte Themen für eine Fortbildung gibt, die in der offenen Frage unerwähnt geblieben sind.

	M insge-samt (SD)	FR (N) 292	SP (N) 160	IT (N) 51	DE (N) 410	A (N) 93
Bewertungsraster für Sprechen, Schreiben und Sprachmittlung	4,72 (1.47)	4,82 (1,42)	4,53 (1,57)	4,76 (1,41)	4,71 (1,47)	4,80 (1,48)
Entwicklung und Bewertung von Klassenarbeiten/Schularbeiten	4,51 (1,50)	4,48 (1,53)	4,58 (1,49)	4,49 (1,38)	4,48 (1,49)	4,62 (1,52)
Effektives Feedback auf der Basis von Testergebnissen	4,37 (1,38)	4,44 (1,36)	4,29 (1,41)	4,25 (1,44)	4,33 (1,36)	4,56 (1,46)
Bewerten von Projektarbeit im Fremdsprachenunterricht	4,29 (1,49)	4,38 (1,48)	4,23 (1,50)	3,96 (1,52)	4,33 (1,48)	4,12 (1,55)
Vor- und Nachteile verschiedener Aufgabenformate	4,24 (1,54)	4,33 (1,55)	4,12 (1,51)	4,14 (1,54)	4,18 (1,53)	4,55 (1,54)
Analyse und Evaluation des durchgeführten Tests	4,05 (1,39)	4,04 (1,38)	4,06 (1,41)	4,14 (1,41)	4,04 (1,40)	4,13 (1,36)
Entwicklung und Bewertung von Abitur-/Maturaprüfungen	4,02 (1,80)	3,83 (1,91)	4,26 (1,67)	4,35 (1,37)	3,93 (1,83)	4,42 (1,60)
Einsatz von kontinuierlicher formativer Beurteilung zur Lernfortschrittskontrolle (*progress check*/Mitarbeitsüberprüfungen)	3,94 (1,45)	3,97 (1,41)	3,78 (1,49)	4,27 (1,44)	3,83 (1,43)	4,41 (1,42)
Französischzertifikat DELF/Italienischzertifikat CELI/Spanischzertifikat DELE	3,90 (1,57)	4,02 (1,58)	3,64 (1,55)	4,00 (1,51)	3,80 (1,58)	4,34 (1,47)
Beurteilung interkultureller Kompetenzen	3,88 (1,36)	3,87 (1,33)	3,93 (1,39)	3,82 (1,40)	3,86 (1,37)	3,97 (1,29)
Adaptierung vorhandener Tests für den eigenen Unterricht	3,88 (1,59)	4,01 (1,56)	3,64 (1,66)	3,82 (1,49)	3,75 (1,59)	4,45 (1,46)
Bewertung integrierter Fertigkeiten	3,87 (1,39)	3,85 (1,37)	3,83 (1,43)	4,12 (1,34)	3,85 (1,39)	3,94 (1,40)
Erstellen von Testspezifikationen (Informationen über die Struktur und den Inhalt eines Tests)	3,85 (1,54)	3,89 (1,58)	3,71 (1,51)	4,08 (1,31)	3,80 (1,55)	4,10 (1,45)

Einsatz von Selbst-Evaluationen (Lernende bewerten sich selbst) im Fremdsprachenunterricht	3,69 (1,52)	3,74 (1,51)	3,66 (1,46)	3,45 (1,72)	3,66 (1,50)	3,78 (1,61)
Einsatz von Peer-Assessment (SuS bewerten einander) im Fremdsprachenunterricht	3,61 (1,48)	3,71 (1,45)	3,56 (1,43)	3,16 (1,67)	3,60 (1,45)	3,63 (1,59)

Tab. 4: Bewertung von Fortbildungswünschen im Bereich des Testens und Bewertens (Mittelwerte inkl. Standardabweichungen)

Wie Tabelle 4 entnommen werden kann, schätzen die befragten LuL die drei folgenden Themen für eine Fortbildung am wichtigsten ein: 1) „Bewertungsraster für Sprechen, Schreiben und Sprachmittlung" (M = 4,72), 2) „Entwicklung und Bewertung von Klassenarbeiten/Schularbeiten" (M = 4,51) und 3) „effektives Feedback auf der Basis von Testergebnissen" (M = 4,37).

Betrachtet man die länderspezifischen Bewertungen, so kann eine gleiche Rangfolge der ersten vier Fortbildungsthemen festgestellt werden: 1) „Bewertungsraster für Sprechen, Schreiben und Sprachmittlung" (DE 4,71/A 4,80), 2) „Entwicklung und Bewertung von Klassenarbeiten/Schularbeiten" (DE 4,48/A 4,62), 3) „Effektives Feedback auf der Basis von Testergebnissen" (DE 4,33/A 4,56). In Deutschland wurde außerdem das „Bewerten von Projektarbeit im Fremdsprachenunterricht" mit 4,33 als genauso wichtig bewertet. Darauf folgen in beiden Ländern „Vor- und Nachteile verschiedener Aufgabenformate" (DE 4,18/A 4,55). Auf Platz 5 steht in Deutschland die „Analyse und Evaluation des durchgeführten Tests". In Österreich schließt sich dagegen die „Adaptierung vorhandener Tests für den eigenen Unterricht" an.

Im Vergleich der beiden Länder kann eine Gemeinsamkeit bei der Bewertung der vier wichtigsten Fortbildungsthemen festgestellt werden, wobei in Deutschland das „Bewerten von Projektarbeit im Fremdsprachenunterricht" (4,33) als genauso relevant erachtet wird wie „effektives Feedback auf der Basis von Testergebnissen" (4,33). Im Fremdsprachenunterricht der LuL aus Österreich scheint die Projektarbeit eine weniger bedeutende Rolle zu spielen (4,12). Dahingegen gehört die „Adaptierung vorhandener Tests für den eigenen Unterricht" zu den sehr gefragten Themen (4,45), während es in Deutschland mit der Bewertung von

3,75 zu den drei als am wenigsten wichtig erachteten Bereichen zählt. Eine deutlich höhere Bewertung gaben die LuL in Österreich außerdem für die Fortbildungen zu „Entwicklung und Bewertung von Abitur-/Maturaprüfungen" (4,42) und zu „Beurteilung der Lernfortschrittskontrolle" (4,41) ab. Eine weitere Erkenntnis ist, dass die Selbst-Evaluation und das Peer-Assessment für die LuL beider Länder aus den vorgeschlagenen Themen am wenigsten relevant ist. Generell ist hervorzuheben, dass die LuL in Österreich alle vorgegebenen Fortbildungsthemen insgesamt tendenziell als bedeutsamer einschätzen, d. h. dass sie ihnen im Schnitt höhere Wichtigkeitsstufen zugeordnet haben.

Von den Französischlehrkräften werden folgende Themenvorschläge als vordringlich angesehen (siehe Abb. 3): 1) „Bewertungsraster für Sprechen, Schreiben und Sprachmittlung", 2) „Entwicklung und Bewertung von Klassenarbeiten/Schularbeiten", 3) „Effektives Feedback auf der Basis von Testergebnissen", 4) „Bewerten von Projektarbeit im Fremdsprachenunterricht", 5) „Vor- und Nachteile verschiedener Aufgabenformate".

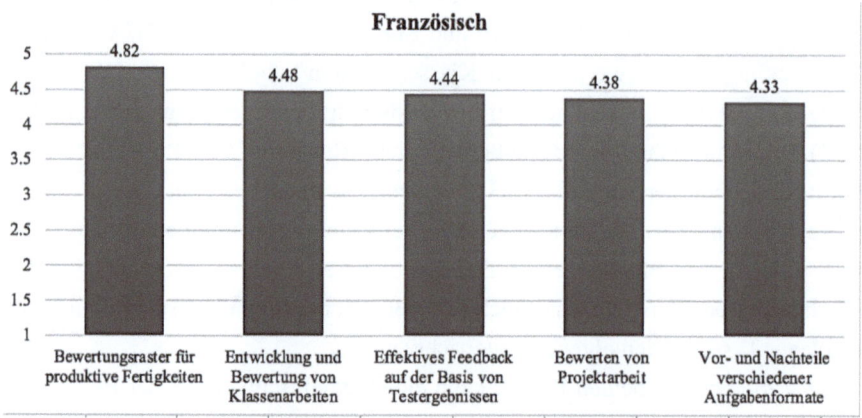

Abb. 3: Fortbildungsbedarf von Französischlehrkräften (F25)

Bei den LuL des Spanischen gehören folgende Themen zu den relevantesten (siehe Abb. 4): 1) „Entwicklung und Bewertung von Klassenarbeiten/Schularbeiten", 2) Bewertungsraster für Sprechen, Schreiben und Sprachmittlung, 3) „Effektives Feedback auf Basis der Testergebnisse", 4) „Entwicklung und Bewertung von Abitur-/Maturaprüfungen", 5) „Bewerten von Projektarbeit im Fremdsprachenunterricht".

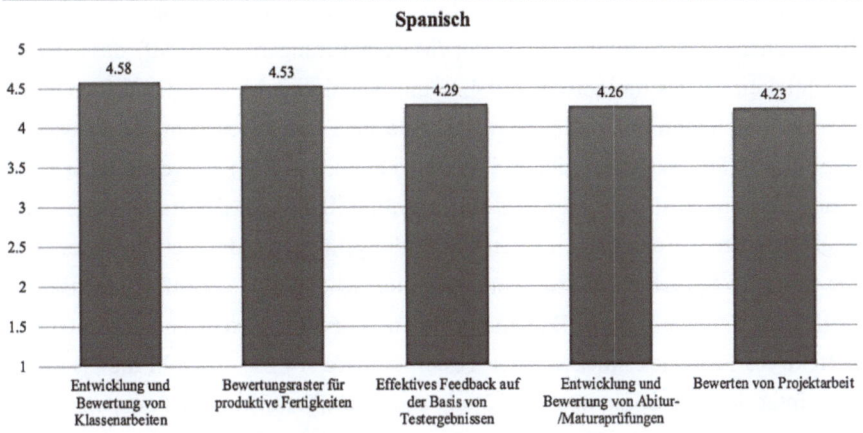

Abb. 4: Fortbildungsbedarf von Spanischlehrkräften (F25)

Die LuL des Italienischen würden die Schwerpunkte in ihrer Fortbildung auf folgende Bereiche setzen (siehe Abb. 5): 1) „Bewertungsraster für Sprechen, Schreiben und Sprachmittlung", 2) „Entwicklung und Bewertung von Klassenarbeiten/Schularbeiten", 3) „Entwicklung und Bewertung von Abitur-/Maturaprüfungen", 4) „Einsatz von kontinuierlicher formativer Beurteilung zur Lernfortschrittskontrolle (*progress check*/Mitarbeitsüberprüfungen)", 5) „Effektives Feedback auf der Basis von Testergebnissen".

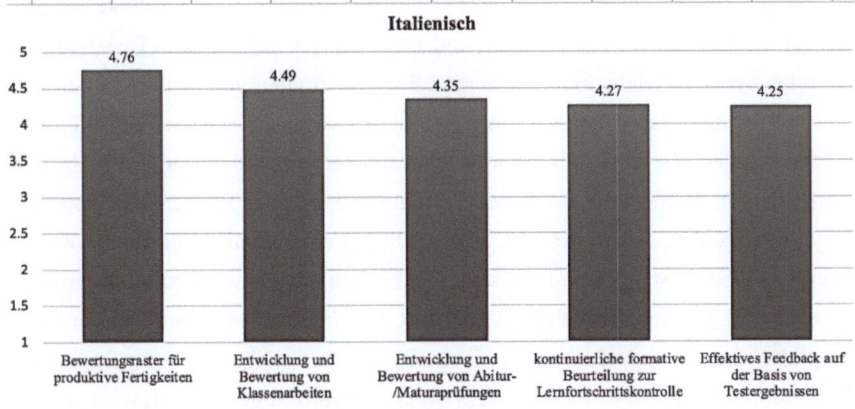

Abb. 5: Fortbildungsbedarf Italienisch (F25)

Bei der Analyse der Ergebnisse können einige sprachspezifische Unterschiede erfasst werden. Es zeigt sich, dass Sprachzertifikate für das Französische (4,02) und
das Italienische (4,00) eine größere Rolle spielen als für das Spanische (3,64).
Beim Thema „Fortbildung zu Abitur-/Maturaprüfungen" fällt auf, dass deren
Wichtigkeit für das Italienische mit 4,35 und Spanische mit 4,26 den dritten bzw.
vierten Platz einnimmt, während das Thema im Französischen nur auf Platz 13
liegt (3,83). Des Weiteren gibt es aber keine nennenswerten Abweichungen zwischen den Französisch- und Spanischlehrkräften. Die LuL des Italienischen ge-
wichten weitere Vorschläge zu den Fortbildungsthemen jedoch etwas anders als
die anderen Sprachlehrkräfte. Zum Beispiel scheint die „Lernfortschrittskontrolle" (4,27) eine größere Bedeutung im Italienischunterricht einzunehmen als
„effektives Feedback auf Basis der Testergebnisse" (4,25). Sowohl die „Bewertung integrierter Fertigkeiten" (4,12) als auch das „Erstellen von Testspezifikationen" (4,08) werden im Vergleich zu den LuL des Französischen (3,85/3,89) und
Spanischen (3,83/3,71) von den Italienischlehrkräften als deutlich relevanter eingestuft. Die Selbst-Evaluation und das Peer-Assessment haben für alle befragten
Sprachlehrkräfte den niedrigsten Bedeutungsgrad. Insgesamt muss jedoch erwähnt werden, dass alle Themen von allen befragten LuL insgesamt als (relativ)
wichtig eingestuft wurden.

2.3.4   Vergleich der Fragen 24 und 25

Der Vergleich der Antworten des offenen und geschlossenen Fragenformats zeigt
den Erkenntniswert unterschiedlicher Formen der Abfrage. Gemeinsamkeiten liegen auf der Ebene der „Entwicklung und Bewertung von (Klassen-/Test-)Aufga-
ben oder Arbeiten/Klausuren". In beiden Fragenformaten gehört dies zu den am
meisten gewünschten Themen. Viele der in F25 vorgeschlagenen Fortbildungsthemen werden allerdings als wichtig eingeschätzt, obwohl sie in F24 nicht genannt wurden. Auch wenn im offenen Format nur einige der Teilbereiche der LAL
aufgeführt werden, haben die LuL offensichtlich ein Bewusstsein für die Komplexität des Gegenstandes und messen einer breiten Aus- bzw. Fortbildung in diesen Bereich einen hinlänglichen Stellenwert zu. Unterschiede manifestieren sich
beispielsweise in folgenden Kategorien: „Effektives Feedback auf der Basis von
Testergebnissen", dem in F25 eine sehr hohe Relevanz zugesprochen wird; dieser

Punkt wurde in der offenen Frage aber überhaupt nicht explizit erwähnt. Themenbereiche, die die Qualität von Tests oder Testaufgaben betreffen, wurden in F24 ebenfalls nicht aufgeführt, in F25 jedoch als wichtig eingestuft. Darunter fallen die Felder „Analyse und Evaluation durchgeführter Tests", „Vor- und Nachteile verschiedener Aufgabenformate" und „Erstellen von Testspezifikationen". Außerdem wurden die „Bewertung integrierter Fertigkeiten" und die „Lernfortschrittskontrolle" in den Antworten auf die vorherige Frage nicht erwähnt. Auch zu offiziellen Sprachzertifikaten wie dem DELF für das Französische oder DELE für das Spanische wurden keine Nennungen abgegeben, obwohl den Antworten auf F25 zu entnehmen ist, dass diese insbesondere für die Französisch- und Spanischlehrkräfte eine relativ wichtige Rolle zu spielen scheinen.

Interessant ist weiterhin das Thema „Abitur-/Maturaprüfung". In der offenen Frage wurde nur von wenigen Lehrkräften der Wunsch geäußert, eine Weiterbildung in diesem Bereich zu benötigen. Als sie diesen Punkt jedoch explizit einschätzen sollten, sahen vor allem Spanisch- und Italienischlehrkräfte in diesem Feld einen hohen Bedarf. Bei den LuL des Französischen bestätigen sich hingegen die Ergebnisse aus F24: Eine Fortbildung in diesem Bereich erachten sie offenbar als notwendig.

Die Bewertung von Projektarbeiten wurde in F24 zwar einige wenige Male erwähnt, in F25 liegt dieser Punkt jedoch auf dem vierten Platz der als wichtig eingeschätzten Themen. Eine Ausnahme bilden die LuL des Italienischen. Bereits in der offenen Frage äußerten sie keinen Fortbildungswunsch in diesem Feld. Dies stimmt mit den Ergebnissen aus der geschlossenen Frage überein, in der die Italienischlehrkräfte die Bewertung von Projektarbeit als am wenigsten wichtig eingeordnet haben.

Eine weitere Erkenntnis liegt darin, dass Selbst- und Peerevaluation im offenen Format unter der Kategorie „Alternative Formen des Testens" zwar relativ oft genannt wurden, d. h. offensichtlich bekannt und bewusst sind, im geschlossenen hingegen als am wenigsten wichtigste Bewertungsmethoden eingestuft wurden.

3.   Zusammenfassung und Diskussion der Ergebnisse

Die Ergebnisse der vorliegenden Befragung geben einen Überblick darüber, welcher Fortbildungsbedarf im Bereich der Leistungsbeurteilung aus der Sicht von Lehrkräften romanischer Sprachen in Deutschland und in Österreich besteht bzw. zum Zeitpunkt der Befragung bestanden hat. Aktuelle Herausforderungen der COVID-19-Krise dürften im Bereich des Testens die Fortbildungswünsche zwar zum Teil verändert haben, insbesondere in Bezug auf medienunterstützte Formen des Testens und Bewertens, aber auch in Bezug auf damit verbundene Herausforderungen des Datenschutzes. Es kann jedoch davon ausgegangen werden, dass die Bilanz der Studie in ihren Grundzügen nach wie vor gilt.

Die Resultate machen deutlich, welche expliziten Fortbildungsthemen je nach Land besonders gefragt sind, z. B. das „Erstellen von (guten) Klassenarbeiten und Testaufgaben" in Österreich. Es konnte zudem festgestellt werden, dass sich die Weiterbildungswünsche zwischen Deutschland und Österreich unterscheiden, z. B. zeigte sich, dass die Sprachmittlung in Österreich unter den befragten Lehrkräften eine deutlich geringere Bedeutung hat als in Deutschland, was vermutlich auf die Unterschiede in den in den Bildungsstandards formulierten Kompetenzen zurückzuführen ist.

Auch zwischen den Lehrkräften verschiedener Sprachen gibt es einige nennenswerte Unterschiede im Förderungsbedarf. Ein Beispiel dafür ist die Erstellung und Bewertung von Hör-/Sehverstehensaufgaben, die für Spanisch und Italienisch doppelt so häufig angeführt werden als für Französisch. Das Gleiche betrifft Fortbildungen zu Abschlussprüfungen, die von Spanisch- und Italienischlehrpersonen viel stärker nachgefragt sind als von Französischlehrkräften. Allerdings ist zu beobachten, dass die Angaben der Italienischlehrkräfte von denen der Spanisch- und Französischlehrkräfte tendenziell insgesamt abweichen, was auf den Unterschied zwischen den Fachkulturen – sogar innerhalb derselben Sprachfamilie – hinweisen könnte (vgl. Drackert & Stadler 2017, 2018), vermutlich aber auch der geringen Stichprobengröße geschuldet ist.

Beim Thema „Finden, Erstellen und Bewerten" von Hör-/Sehverstehensaufgaben äußern die deutschen Französischlehrkräfte weniger Hilfestellungsbedarf als die Lehrenden der anderen beiden romanischen Sprachen. Das ließe sich dadurch erklären, dass durch die Beliebtheit des Französischen als Fremdsprache eine größere Auswahl an unterschiedlichen Hör-/Sehverstehensaufgaben sowie Kriterien zu deren Bewerten zur Verfügung stehen. Auch das IQB (Institut zur Qualitätsentwicklung im Bildungswesen) beschäftigt sich intensiv mit der Erstellung von Testaufgaben für das Französische, aber nicht für das Spanische oder Italienische. Trotzdem bleibt auch bei Französischlehrkräften der Wunsch nach einer Weiterbildung in diesem Bereich bestehen. In Österreich hingegen scheint diese Kategorie insgesamt nicht sehr gefragt zu sein, was auf das mittlerweile recht breite Angebot von entsprechenden Aufgaben zur Verwendung im romanischsprachigen Unterricht – etwa vom ÖSZ (Österreichisches Kompetenzzentrum für Sprachen) – zurückzuführen sein könnte.

Zudem ist es einigermaßen überraschend, dass das Thema „Feedback für die SuS auf Basis von Testergebnissen" im offenen Fragenformat nicht genannt wurde, obwohl es in F25 zu den Themen gehört, denen die größte Bedeutung beigemessen wird. Es könnte sein, dass dieser Gesichtspunkt von den Lehrkräften als selbstverständlich wahrgenommen wird und deshalb nicht explizit genannt wurde oder dass den Lehrpersonen bei der Beantwortung von F24 zu wenig bewusst war, dass auch dieser scheinbar marginale Aspekt einen eigenständigen, untersuchenswerten und professionalisierbaren Bereich des Testens und Bewertens darstellt.

Was die Fortbildungsthemen betrifft, die sich nicht direkt auf das Testen beziehen, sind folgende Ergebnisse nennenswert: Der Umgang mit Heterogenität steht in Österreich unter den befragten Lehrkräften nicht im Zentrum, vielleicht bedingt durch die Tatsache, dass die meisten Lehrkräfte dem Gymnasium zuzuordnen sind. Zudem werden die romanischen Sprachen in Österreich zum Großteil erst in der Oberstufe als zweite lebende Fremdsprache angeboten. In Deutschland hingegen ist Heterogenität der SuS zum Zeitpunkt der Befragung ein sehr präsentes Thema und führt zu einem dringenden Wunsch nach einer angemessenen Aus- und Fortbildung der LuL, insbesondere unter den Französisch- und Spanischlehrkräften. Medien im Zusammenhang mit Testen und Bewerten werden neben den anderen mit dem Unterricht verbundenen Themen eher selten erwähnt.

Bringt man die Ergebnisse der Bedarfsanalyse mit den Antworten zum Testen in der Ausbildung aus F11 zusammen, so kann einerseits festgestellt werden, dass die LuL in Bereichen wie „Bewertung produktiver Fertigkeiten", „Erstellung und Bewerten von Klassenarbeiten und Tests" oder „Fehlerkorrektur" trotz teilweise vorhandener Ausbildung weiterhin Fortbildungen wünschen. Im Großen und Ganzen sind die Themengebiete in der Ausbildung zumindest in der Wahrnehmung der LuL sehr theoriegebunden und konzentrieren sich stark auf den Bereich der Beurteilung. In F24 und F25 wurde jedoch deutlich, dass unter Lehrkräften ein Bewusstsein dafür existiert, dass die Leistungsbeurteilungskompetenz sich nicht ausschließlich auf die Bewertung von Leistung bezieht, sondern auch das Finden und/oder Erstellen von Aufgaben für die Beurteilung eine große Rolle spielt. Bis auf den Punkt „Erstellung und Bewerten von Klassenarbeiten und Tests" in F11 wurde dieser Aspekt in den meisten Ausbildungen nach Einschätzung der Befragten außer Acht gelassen. Es wird also deutlich, dass LuL im Unterrichtsalltag auf viele weitere Herausforderungen stoßen, die ihrer Ansicht nach während ihres Studiums bzw. Referendariats nicht vertieft wurden, entweder, weil dies tatsächlich nicht der Fall war oder aber, weil der Transfer von der Theorie in die Praxis nicht ausreichend gelang bzw. angebahnt wurde.

Abschließend kann festgehalten werden, dass die Bedarfsanalyse über den Fortbildungsbedarf der Lehrenden ausführlich Auskunft gibt. Die Diversität in der Bedeutung einzelner Themen für Lehrkräfte in zwei Ländern und drei Fremdsprachen untermauert, dass lokale bildungspolitische Vorgaben, der Stellenwert der untersuchten Fremdsprachen im Schulsystem, lokale Ausbildungstraditionen etc. dazu führen, dass Fortbildungsbedarfe lokal auf die Bedürfnisse von Lehrkräften zugeschnitten werden müssen. Gleichzeitig werden zweifellos viele weitere Fragen aufgeworfen, die in zukünftigen Studien, z. B. im Rahmen von Interviews, vertieft werden müssten.

Literatur

BÄR, Markus & FRANKE, Manuela. edd. ²2016. *Spanischdidaktik*. Berlin: Cornelsen.
DECKE-CORNILL, Helene & KÜSTER, Lutz. 2010. *Fremdsprachendidaktik*. Tübingen: Narr.
DECKE-CORNILL, Helene & KÜSTER, Lutz. ³2015. *Fremdsprachendidaktik*. Tübingen: Narr.
Der Fremdsprachliche Unterricht Französisch 104. 2010. Evaluieren und Testen.
Der Fremdsprachliche Unterricht Spanisch 53. 2016. Evaluar.

DRACKERT, Anastasia & KONZETT-FIRTH, Carmen & STADLER, Wolfgang & VISSER, Judith. 2020. „An Empirical Study on Romance Language Teachers' Subjective Theories Regarding Assessment Purposes and Good Tests", in: Tsagari, Dina. ed. *Language Assessment Literacy: From Theory to Practice*. UK: Cambridge Scholars Publishing, 50-70.

DRACKERT, Anastasia & STADLER, Wolfgang. 2017. „Leistungsbeurteilungskompetenz von Russischlehrkräften in Deutschland, Österreich, der Schweiz und Südtirol (DACHS): Zwischen Status Quo und aktuellen Bedürfnissen", in: *Zeitschrift für Fremdsprachenforschung* 28, 233-258.

DRACKERT, Anastasia & STADLER, Wolfgang. 2018. „Assessment literacy of Russian as a foreign language (RFL) teachers", in: Castellví, Joan & Zainouldinov, Andrey & Garcia, Iva & Ruiz-Zorrilla, Marc. edd. *Current Trends and Future Perspectives in Russian Studies. Актуальные проблемы и перспективы русистики. (=Proceedings of the International Conference on Russian Studies at the University of Barcelona 2018)*. Barcelona: Trialba Ediciones, 963-973.

FÄCKE, Christiane. 2011. *Fachdidaktik Spanisch*. Tübingen: Narr.

FÄCKE, Christiane. [2]2017. *Fachdidaktik Französisch*. Tübingen: Narr.

FULCHER, Glenn. 2012. „Assessment Literacy for the Language Classroom", in: *Language Assessment Quarterly* 9/2, 113-132; DOI: https://doi.org/10.1080/15434303.2011.642041, Zugriff: 17.07.2021.

GRÜNEWALD, Andreas & KÜSTER, Lutz. edd. 2009. *Fachdidaktik Spanisch. Tradition – Innovation – Praxis*. Stuttgart: Klett.

GRÜNEWALD, Andreas & KÜSTER, Lutz. edd. [2]2017. *Fachdidaktik Spanisch. Handbuch für Theorie und Praxis*. Stuttgart: Klett.

HARDING, Luke & KREMMEL, Benjamin. 2016. „Teacher assessment literacy and professional development", in: Tsagari, Dina & Banerjee, Jayanti. edd. *Handbook of Second Language Assessment*. Berlin/Boston: De Gruyter; DOI: https://doi.org/10.1515/9781614513827, Zugriff: 17.07.2021.

HARSCH, Claudia. 2015. „Assessment Literacy – Trend oder Notwendigkeit?", in: Böcker, Jessica & Stauch, Anette. edd. *Konzepte aus der Sprachlehrforschung – Impulse für die Praxis. Festschrift für Karin Kleppin*. Frankfurt a. M.: Lang, 489-509.

HINGER, Barbara. 2018. „Leistungsbewertung im schulischen Kontext", in: Hinger, Barbara & Stadler, Wolfgang. edd. *Testen und Bewerten fremdsprachlicher Kompetenzen. Eine Einführung*. Tübingen: Narr Francke Attempto, 181-209.

HINGER, Barbara & STADLER, Wolfgang. edd. 2018. *Testen und Bewerten fremdsprachlicher Kompetenzen. Eine Einführung*. Tübingen: Narr Francke Attempto.

KOCH, Corinna. 2020. *Einführung in die Fachdidaktik Spanisch*. Berlin: Erich Schmidt.

MICHLER, Christiane & REIMANN, Daniel. 2019. *Fachdidaktik Italienisch: Eine Einführung*. Tübingen: Narr.

NIEWELER, Andreas. ed. [2]2009. *Fachdidaktik Französisch. Tradition – Innovation – Praxis*. Stuttgart: Klett.

NIEWELER, Andreas. ed. [2]2017. *Fachdidaktik Französisch. Das Handbuch für Theorie und Praxis*. Stuttgart: Klett.

PILL, John & HARDING, Luke. 2013. „Defining the language assessment literacy gap: Evidence from a parliamentary inquiry", in: *Language Testing* 30/3, 381-402; DOI: https://doi.org/10.1177/0265532213480337, Zugriff: 17.07.2021.

QUETZ, Jürgen. 2008. „Zwei Welten: Testen und Prüfen in Deutschland. Abschluss der Diskussion ‚Leistungen feststellen und bewerten'", in: *Praxis Fremdsprachenunterricht* 1, 4-8.

SAWELLION, Andra & WOLF-ZAPPEK, Sabine. [2]2016. „Planung und Durchführung von kompetenzorientiertem Spanischunterricht", in: Bär, Markus & Franke, Manuela. edd. *Spanischdidaktik*. Berlin: Cornelsen, 174-210.

SOMMERFELD, Kathrin. ed. 2011. *Spanisch-Methodik. Handbuch für die Sekundarstufe I und II.* Berlin: Cornelsen.

TAYLOR, Lynda. 2013. „Communicating the theory, practice and principles of language testing to test stakeholders: Some reflections", in: *Language Testing* 30/3, 403-412; DOI: https://doi.org/10.1177/0265532213480338, Zugriff: 17.07.2021.

TSAGARI, Dina & VOGT, Karin. 2017. „Assessment Literacy of Foreign Language Teachers around Europe: Research, Challenges and Future Prospects", in: *Papers in Language Testing and Assessment* 6/1, 41-63.

VOGT, Karin. 2010. „Assessment Literacy bei Fremdsprachenlehrkräften – Bedarf und Bedürfnisse in Aus- und Weiterbildung", in: Altmayer, Claus & Mehlhorn, Grit & Neveling, Christiane & Schlüter, Norbert & Schramm, Karen. edd. *Grenzen überschreiten: Sprachlich – Fachlich – Kulturell.* Baltmannsweiler: Schneider Verlag Hohengehren, 267-277.

VOGT, Karin & TSAGARI, Dina. 2014. „Assessment literacy of foreign language teachers: Findings of a European study", in: *Language Assessment Quarterly* 11/4, 374-402; DOI: https://doi.org/10.1080/15434303.2014.960046, Zugriff: 17.07.2021.

VOGT, Karin & TSAGARI, Dina & Spanoudis, Georgios. 2020. „What Do Teachers Think They Want? A Comparative Study of In-Service Language Teachers' Beliefs on LAL Training Needs", in: *Language Assessment Quarterly* 17/4, 386-409; DOI: https://doi.org/10.1080/15434303.2020.1781128, Zugriff: 17.07.2021.

WLASAK-FEIK, Christine. [2]2011. „Leistungen erheben und beurteilen", in: Sommerfeld, Kathrin. ed. *Spanisch-Methodik. Handbuch für die Sekundarstufe I und II.* Berlin: Cornelsen, 199-229.

YAN, Xun & JASON Fan. 2021. „‚Am I qualified to be a language tester?': Understanding the development of language assessment literacy across three stakeholder groups", in: *Language Testing* 38/2, 219-246; DOI: https://doi.org/10.1177/0265532220929924.

Anhang

Kodierung der Antworten auf die offene Frage 24: Welche Themen für eine Fortbildung im Bereich des Testens französischer/italienischer/spanischer Kompetenzen wünschen Sie sich? Nennen Sie drei.

1. **Erstellung und Bewertung von Aufgaben zu den vier Fertigkeiten/Kompetenzen (allgemein)**
   Kompetenzorientiertes Testen, Erstellen von Aufgaben bzgl. aller Kompetenzen, Kompetenzorientierte Beurteilung an Beispielen
2. **Hör-/Sehverstehensaufgaben finden, erstellen und bewerten**
   Wie finde ich passende Prüfungsbeispiele für das Hörsehverstehen?
   Erstellen von Hör-Sehverstehensklausuren, Einfache Hör- und Leseaufgaben für A1 und A2 bis A2+
3. **Leseaufgaben finden, erstellen und bewerten**
   Aufgabenformate für Leseverstehen, Erstellen von geschlossenen Aufgaben zum Leseverstehensaufgaben
4. **Erstellen mündlicher Aufgaben (Sprechen) und Beurteilung mündlicher Produktion**
   Bewerten von mündlichen Performanzen, Beurteilung von Präsentationen, Evaluierung mündlicher Leistungen
5. **Erstellen schriftlicher Aufgaben (Schreiben) und Beurteilung schriftlicher Produktion**
   Bewertung von schriftlichen Arbeiten, Möglichkeiten der schriftlichen Leistungsbeurteilung, Schriftliche Leistungsmessung
6. **Erstellen von Aufgaben zur Sprachmittlung und deren Beurteilung**
   Mediation bewerten, Bewertung von Sprachmittlung, inkl. Erstellung von Aufgaben
7. **Erstellen von Testaufgaben zu Grammatik (auch SIK), Lexik und deren Beurteilung**
   Aufgaben für Sprachverwendung im Kontext erstellen, Wortschatz abprüfen, Wortschatztests, Grammatiktests
8. **Vorbereitung auf die (neuen) Abiturformate**
   Mündliche Matura Testaufgaben erstellen, Erstellen von Abituraufgaben,
9. **Alternative Formen des Testens**
   Peer-Assessment, Selbstevaluation, Portfolio, Möglichkeiten einer Evaluierung jenseits von Schularbeiten
10. **Bewertung von Mitarbeit, Projekt- und Gruppenarbeit**
    Wie die Mitarbeit bewerten? Mitarbeit gerecht bewerten, Bewertung Gruppenarbeit
11. **Erstellung und Bewerten differenzierter Tests**
    Differenzierung in der Leistungsüberprüfung, differenzierende Test, Erstellung von Test mit differenzierten Aufgaben und deren Bewertung, Bewertung von SuS mit LRS in den Fremdsprachen
12. **Beurteilung interkultureller und soziolinguistischer Kompetenzen**
    Wie kann man interkulturelle Kompetenz abprüfen? Bewertungsfeste und -faire Tests zur interkulturellen Kompetenz
13. **Online Testing**
    E-Learning und Online-Tests, Erstellen von Online-Tests/Erstellung von Lernzielkontrollen auf Lernplattformen/online Durchführung und Auswertung

14. Erstellen von (guten) Klassenarbeiten und Testaufgaben

Klausurzusammensetzung, Worauf man beim Testen besonders achten muss (was schiefgehen kann)

Gütekriterien, Wie testet man richtig/fair/objektiv? Praktikabilität, Leistungsüberprüfungen erstellen, so dass sie leicht korrigierbar sind

Sinn von verschiedenen Testformaten evaluieren, Kriterien für die Beurteilung von Leistungen, Fair, schnell und gut Evaluieren, Erstellen von Prüfungsfragen, Wie messe ich die sprachlichen Leistungen passend?

15. Diagnostisches Testen

Rückmeldung für Schüler und Lehrer, Stärken und Schwächen von Schülern diagnostizieren

16. Fehlerkorrektur

Positive Rückmeldungen statt nur Fehler anstreichen, Fehlerkorrektur im Mündlichen

17. Notengebung

Notengebung für mündliche Leistungen, Noten geben, Notengebung auf Basis von Kompetenzrastern

18. Rechtliches zum Testen

Bewertungsrichtlinien Mediation, bundesweite Vereinheitlichung von Bewertungsstandards in den FS, Standards für Sprechprüfungen

19. Fertige Testaufgaben

Aufgaben/Testpool erstellen gemeinsam mit Lehrern, Beispiele zu Hör-/Sehverstehensaufgaben, Quellen für Testaufgaben

20. Medien im Fremdsprachenunterricht

Nutzung neuer Medien für konkrete Aufgaben; Verwenden neuer Medien (Apps) im Unterricht; iPads/Tablets; Digitalisierung

21. Umgang mit der Heterogenität

Binnendifferenzierung, Umgang mit einem viel zu vollem Lehrbuch (wie differenzieren, wenn dann am Ende doch alles vorausgesetzt wird)

22. (Entwicklung) authentische(r) Aufgaben

Erstellung von Real Life Aufgaben

23. Motivation

Beibehaltung der Motivation, Lernmotivation außerhalb von Beurteilung, Stärkung der Lernmotivation für Fremdsprachen

24. Andere mit dem Unterricht verbundene Themen

Kooperatives Lernen im RU; Vokabellernen leicht gemacht; Kreativität im Anwenden von Fremdsprachen; Grammatik leicht gemacht; Moderne Literatur; Kultur und Geschichte; Spiele im Unterricht

25. Sonstiges (mit Testen)

Einstufungstests für Herkunftssprecher, Kontinuierliche Beurteilung im ersten Lernjahr, Testen ohne Angst, Motivierende Testformate, kontinuierliches Testen im Unterricht, Bewertung kreativer Aufgaben, Erstellen von Lernzielkontrollen

Binnendifferenzierung im lehrwerksbasierten Spanischunterricht mit *¡Arriba! Nuevos enfoques para ti* und *¡Vamos! ¡Adelante!*. Ansatzpunkte und Ausbaupotentiale

Alexandra Isabel Becher (Bonn)

Kompetenzorientierung, lernorientierte Ansätze und der Einzug erkenntnistheoretischer Diskurse in die gegenwärtige Lehr- und Lernkultur verleihen der Forderung nach Binnendifferenzierung Nachdruck.

> Bildungspolitische und sprachlich-kulturelle Kontexte verändern und diversifizieren sich. Hierauf muss der fremdsprachliche Unterricht reagieren, indem Lerndispositionen und Lernbedingungen in ihrer individuellen Ausgeprägtheit berücksichtigt werden (Abendroth-Timmer et al. 2018, 47).

Die neuen Lehrwerke *¡Vamos! ¡Adelante!* Band 1 aus dem Klett Verlag und *¡Arriba! Nuevos enfoques para ti* Band 1 aus dem C. C. Buchner Verlag werben mit binnendifferenzierten Aufgaben. Im vorliegenden Beitrag wird untersucht, welche Möglichkeiten diese Aufgaben anbieten, um auf die individuellen Bedürfnisse der Lernenden einzugehen. Das unterschiedliche Leistungsvermögen, die verschiedenen Vorkenntnisse und Erfahrungen sowie die individuellen Interessen sind wichtige Variablen der Schülerinnen und Schüler, die zeigen, dass eine Differenzierung notwendig ist, und erfordern entsprechende Umsetzungsmöglichkeiten. Zunächst definiert der Beitrag den Terminus „Binnendifferenzierung" in seiner fremdsprachendidaktischen Dimension. Methodisch wird anhand eines erstellten Kriterienrasters die Auswahl der beiden Lehrwerke legitimiert, um im Anschluss eine Feinanalyse zweier *Unidades* und das daraus resultierende Entwicklungspotential zu präsentieren. Dieses versucht die verschiedenen Wahrnehmungskanäle, Lernwege und die Initiierung der Mehrsprachigkeit als individuelle Lernvoraussetzung der Lernenden zu berücksichtigen. Das Erkenntnisinteresse dieses Beitrags gilt dem Potential von Lehrwerken, differenzierte Maßnahmen zu nutzen und für die Praxis fruchtbar zu machen. Lehrwerke sollten als Leitmedium in der Unterrichtspraxis der Sekundarstufe I der Forderung von Binnendifferenzierung in *erweiterter* Form entsprechend nachkommen.

1. Bildungstheoretische Problematik

Heterogene Lerngruppen[1] sind in Schulen der Regelfall, in zunehmendem Maße auch im spanischen Fremdsprachenunterricht: „Die sogenannte Jahrgangsklasse ist keine homogene Lerngruppe! Wer das ignoriert, übergeht die tatsächliche Unterschiedlichkeit der in einer Klasse zusammengefassten Schüler" (Klafki & Stöcker 1993, 176). Sowohl Reformen des Schulsystems, wie die zunehmende Abschaffung des dreigliedrigen Schulsystems, als auch gesellschaftliche Mega-trends, wie Migration, führen zu einer steigenden Diversität von Lernenden-persönlichkeiten. Das Konzept der Binnendifferenzierung versucht die für die mit der gestiegenen Diversität einhergehenden Herausforderungen anzunehmen:

> Lässt man nur einen Lernweg im „Gleichschritt" zu, mag man am Ende zwar genau feststellen können, wie viele Schüler auf diesem Weg wie weit gekommen sind. Aber man hat eben nicht erprobt, ob nicht einige Schülerinnen und Schüler auf einem der denkbaren anderen Wege viel weiter gekommen wären (Scholz 2008, 4).

Die Binnendifferenzierung und der positive Umgang mit Heterogenität sind wichtige Forderungen, denen sich Spanischlehrkräfte heute mehr denn je stellen müssen (vgl. Grünewald & Kracht 2014, 8).

1.1 Begriffsbestimmung der Binnendifferenzierung

Unterschiedliche Sprachlernfähigkeiten, familiäre Hintergründe, Herkunftslän-der, Interessen, kognitives oder emotionales Leistungsvermögen, Geschlechter, Lerntypen oder Arbeitstempi haben in allen Schulformen gezeigt, dass die Vor-stellung einer homogenen Klasse nicht der Realität entspricht. Vielmehr ist He-terogenität die Regel, in zunehmendem Maße.

Es gibt zwei Differenzierungsbegriffe im Hinblick auf die pädagogische Her-ausforderung der Heterogenität, die terminologisch voneinander abzugrenzen sind: Zum einen die „äußere Differenzierung" und zum anderen die „innere Dif-ferenzierung" (Binnendifferenzierung). Das Prinzip der äußeren Differenzierung basiert auf einer Merkmalsorientierung, d. h., Lernende werden aufgrund eines ausschlaggebenden Merkmals, z. B. Leistungsniveau, Interesse, Lernmotivation, L1: Deutsch oder eine andere Herkunftssprache, in Schulformen oder Kurse

---

[1] Heterogenität bezieht sich in diesem Beitrag auf Parameter wie z. B. unterschiedliche Lerninteressen, Sprachlernfähigkeiten oder Arbeitstempi, etc. und nicht auf geistige Beeinträchtigungen, die einen inklusiven Unterricht erforderlich machen.

eingegliedert (vgl. Abendroth-Timmer et al. 2018, 47). Die innere Differenzierung setzt erst nach der Konstituierung dieser Gruppen ein. Binnendifferenzierung schafft Maßnahmen im Unterricht mit der Vorgabe, die unterschiedlichen Lernvoraussetzungen zu beachten und ihnen gerecht zu werden, um möglichst alle Lernenden individuell zu fördern. Grünewald und Kracht (2014, 9) veranschaulichen: „Das zugrunde liegende theoretische Prinzip ist das der optimalen Passung [...], also die Organisation der Lernarrangements in der Form, dass Lernende weder unter- noch überfordert werden."

Im Kerncurriculum für den Vorbereitungsdienst in NRW besagt die Leitlinie, dass die angehenden Lehrkräfte die Vielfalt als Normalität aller Ausprägungen von Individualität sehen und sich daraus ergebende Chancen nutzen sollten (vgl. Kerncurriculum 2016, 2).

1.2 Unterrichtliche Verfahren

Die Binnendifferenzierung nach Lernvoraussetzungen[2] lässt sich in sogenannte fünf charakteristische Dimensionen unterteilen: Differenzierung nach Lernstil, Lerntempo, Lernniveau, Vorwissen und Lerninteresse. Die folgende Abbildung in Anlehnung an Heinen-Ludzuweit (2014) soll die unterschiedlichen Differenzierungsmöglichkeiten im Unterricht nach Lernvoraussetzungen auf einen Blick visualisieren:

Quantitative Differenzierung (Lerntempo)	Stofflicher Umfang und/oder Zeitvorgabe variieren
Qualitative Differenzierung (Lernniveau)	Schwierigkeitsgrad variiert
Interessengeleitete Differenzierung (Lerninteresse)	Verschiedene Inhalte/(Unter-)Themen werden angeboten
Instruktionsdifferenzierung (Lernstil/Lerntyp)	Verschiedene Lerntypen finden Berücksichtigung
Bearbeitungsdifferenzierung (Vorerfahrungen/Vorwissen/Sozialform)	Unterschiedliche Zugänge zu einem Thema; Selbstständiges Lernen vs. Intensivlernen in Kleingruppen

Tab. 1: Differenzierungsmöglichkeiten (modifiziert/angel. an Heinen-Ludzuweit 2014, 20)

---

[2] Im vorliegenden Beitrag liegt der Schwerpunkt auf diesen einzelnen lernerbezogenen Voraussetzungen. Es wird sich auf diese Aspekte beschränkt, da sie mit den Merkmalen wie Alter, Mehrsprachigkeit, Lernstrategien, etc. verbunden sind.

Das Geschlecht und das Alter sowie die Mehrsprachigkeit der Lernenden können Auswirkungen auf den Lernstand und das Lerninteresse haben. Abendroth-Timmer et al. (2018, 50) pointieren in diesem Zusammenhang: „Die Reihenfolge der in der Schule erworbenen Sprachen kann bei den Lernenden divergieren und schafft ein unterschiedliches Repertoire an sprachlichen Transfermöglichkeiten und Sprachlernstrategien". Sprachen werden nicht strikt voneinander in mentalen Bereichen getrennt gespeichert, sondern bilden gemeinsam eine kommunikative Kompetenz (vgl. Europarat 2001, 17). Die Lernenden haben ein höheres Ausgangsniveau im Bereich der rezeptiven Kompetenzen und verfügen über eine breite interlinguale Transferbasis mit Blick auf den Wortschatz und die grammatikalischen Strukturen. Für den Spanischunterricht bedeutet dies, dass die individuelle Mehrsprachigkeit nicht nur ein Ziel[3], sondern auch eine Voraussetzung darstellt. Interkomprehension[4] ist eine Möglichkeit, die Lernenden dafür zu sensibilisieren und ihre Sprach(en)bewusstheit zu fördern. Die Berücksichtigung individuell vorhandener Sprachbiographien dient zur Umsetzung des Prinzips der Lernerorientierung und der Binnendifferenzierung.

Schülerinnen und Schüler haben zudem verschiedene Wahrnehmungskanäle, die in der Regel unter der Dominanz eines Lerntyps in Mischform auftreten: visuell, auditiv, haptisch, verbal, interaktionsorientiert (vgl. Füchter 2012, 120). Gerade bezüglich der Semantisierung des Wortschatzes bietet es sich an, dass Lehrende verschiedene Lernwege vorstellen: z. B. einen auditiven, visuellen, handlungsorientierten, kognitiv-analytischen oder kommunikativ-kooperativen Zugang. Die zusätzliche Wahlfreiheit bei Lernmaterialien und Medien führt im Idealfall zu einer Stärkung der Individualkompetenz, der Handlungskompetenz, aber auch der Kreativität der Lernenden.

2.   Das fremdsprachliche Lehrwerk

Das Lehrwerk nimmt unter den im Spanischunterricht verwendeten Materialien eine zentrale Stellung ein und kann als elementarer Bestandteil der Unterrichtsgestaltung angesehen werden (vgl. Fäcke 2011, 208).

---

[3] Der GER verfolgt das sprachpolitische Ziel, die individuelle Mehrsprachigkeit zu fördern (vgl. Europarat 2001).

[4] Interkomprehension bezeichnet die Fähigkeit, eine fremde Sprache aufgrund von Kenntnissen einer anderen zu verstehen (vgl. Meißner 2010, 29).

Der Fremdsprachenunterricht der Spracherwerbsphase gilt mit seiner strengen Progression als lehrwerksbasiert. Üblicherweise repräsentieren Lehrwerke den jeweiligen neuesten Forschungsstand des fremdsprachendidaktischen Diskurses und die im Erscheinungszeitraum zeitgemäße Unterrichtsmethodik (vgl. Fäcke 2019, 87). Dazu zählen auch die Vermittlung von Lernstrategien, die Lernerorientierung und ausreichende Differenzierungsmöglichkeiten. Die aktuellen Lehrmaterialien der Kompetenzorientierung sind wesentlich von der Aufgabenorientierung, einem gewichtigen Aspekt der Lernerorientierung, geprägt (vgl. Fäcke 2016, 38). Sie wirken katalysierend bei der Umsetzung neuer didaktischer Erkenntnisse und haben zudem eine erzieherische Funktion für die Lehrkräfte:

> [M]ethodische Veränderungen – ich nenne als Beispiel die Diskussion um Lernstrategien, Lernerautonomie, Lern- und Arbeitstechniken – [finden] schneller und weitaus verbreiteter durch den Einsatz entsprechender Lehrwerke Eingang in den Unterricht, als dies Lehrpläne bewirken könnten (Nieweler 2000, 14).

Auch wenn die dargestellte Theorie zu den Lehrwerken viel Zuspruch innerhalb ihres zugehörigen Forschungsgebietes erfahren hat, bleiben auch kritische Stimmen: Die Dominanz des Lehrwerks, die Nutzung als heimlicher Lehrplan, der Aktualitätsbezug und die starre grammatikalische Progression werden hierbei unter anderem kritisiert. Ein differenziertes Lehrwerk kann aber bei eigenständiger, aktiver und kritischer Nutzung unter Berücksichtigung der jeweiligen Lerngruppe einen sprachlich, inhaltlich und didaktisch anregenden Spanischunterricht eröffnen (vgl. Fäcke 2019, 87).

2.1   Lehrwerke und ihre Umsetzung der Binnendifferenzierung

Von besonderer Relevanz wird auch in Zukunft die Frage bleiben, auf welche Weise Lehrwerke die Heterogenität und sprachlich-kulturelle Diversität von Lerngruppen berücksichtigen (vgl. Fäcke 2016, 35). Auch ein differenzierter Unterricht braucht Struktur und Übersicht, was ein Lehrwerk auf praxistaugliche Art darstellt (vgl. Mandler 2017, 7). Jüngste Entwicklungen in fremdsprachendidaktischen Diskursen führten dazu, Heterogenität und sprachlich-kulturelle Diversität von Lerngruppen stärker in Lehrwerken zu berücksichtigen und die Konzepte der Individualisierung und Differenzierung dahingehend vermehrt umzusetzen (vgl. Fäcke 2016, 37).

In der Fachliteratur findet man divergierende Ansätze und Ansprüche an Lehrwerke, wie das Binnendifferenzierungspotential zu gestalten sei. Abendroth-Timmer et al. (2018, 51) präsentieren Mittel der Differenzierung in Lehrwerken mit dem Ziel eines individuellen Lernzuwachses: Sie unterscheiden zwischen einer inhaltlichen und organisatorischen Differenzierung sowie der Differenzierung der Unterstützung. Unter der inhaltlichen Differenzierung wird die Arbeit an verschiedenen Lerngegenständen mit unterschiedlichen Methoden und Medien verstanden. Anhand des Prinzips „Fundamentum" und „Additum" können die Lernenden durch ihr Lerntempo oder Interesse den Umfang der Aufgaben, die sie im Lehrwerk erarbeiten, selbst bestimmen. Auf der organisatorischen Ebene der Differenzierung kann Lernenden die Entscheidung überlassen werden, welche Sozialform sie präferieren (analog zum jeweiligen Lerntempo und Lerninteresse). Mit der Differenzierung der Unterstützung sollen schwächeren Lernenden Unterstützungshilfen angeboten werden.

Das Interesse wird beispielsweise durch eine abschließende Lernaufgabe (*tarea*) berücksichtigt, in der die Lernenden eigene Schwerpunkte wählen können. Diese erfahren zu Beginn jeder Lektion, was das Ziel der *tarea final* ist. Diese ermöglichen den als Wahl- oder Selbstdifferenzierung bezeichneten Differenzierungsansatz, indem die zu erreichenden (End-)Kompetenzen am Anfang vorgegeben werden, aber die Lernenden den Weg des Lernens mitbestimmen können.

Wenn die Aufgaben ganzheitliche, komplexere oder strukturierte Lernwege präsentieren, berücksichtigen sie nicht nur die Lerntempi, sondern auch die diversen Lernstile. Die sogenannte „Zone der proximalen Entwicklung" beschreibt den Bereich des Anforderungsniveaus. Lernende sollen idealerweise ein Aufgabenformat im Lehrwerk bearbeiten, welches leicht über ihrem aktuellen Kompetenzniveau liegt. So erreichen sie – entweder durch eigene Anstrengung oder durch die Unterstützung mit *Scaffolding* – ein neues Kompetenzniveau (vgl. Bade et al. 2018, 147).

Lehrwerke können explizit Überlegungen zu Mehrsprachigkeit aufnehmen, um Sprachvergleiche zu ermöglichen und die Sprachenbewusstheit zu fördern. Zudem verfügen die Herkunftssprachen über Internationalismen, die zu einem lexikalischen Vergleich herangezogen werden können. Mit der Strategie „Autosemantisierung" kann angeregt werden, eigenständig bereits bekannte Wörter mit Hilfe von Kenntnissen aus anderen Sprachen abzuleiten: „Dadurch erhalten die Lernenden interessante Einblicke in die unterschiedlichen Funktionsweisen von Sprachen" (Siems & Granados 2014, 31).

2.2 Lehrwerkanalyse

„Es gehört ohne Frage zu einer der wichtigsten Kompetenzen von Lehrenden, Lehrwerke für ihr zu unterrichtendes Fach sowohl in Bezug auf die Lerngruppe als auch auf die angestrebten Lehr- und Lernziele hin bewerten zu können" (Kurtz 2011, 262). Die Lehrwerkanalyse prüft Lehrwerke anhand festgelegter Kriterien mit dem Ziel einer konkreten Verbesserung des vorhandenen Lehrmaterials. Diese Charakteristika spiegeln hierbei die aktuelle methodisch-didaktische Diskussion wider, die ein optimales Lehrwerk aufzeigen soll. Da dieses im Spanischunterricht der Spracherwerbsphase eine besonders zentrale Rolle einnimmt, ist es notwendig und sinnvoll, dieses immer wieder einer kritischen Analyse zu unterziehen. Seine inhaltliche Aufbereitung sollte regelmäßig geprüft und entsprechend aktualisiert bzw. angepasst werden (vgl. Michler 2015, 48).

Die bereits existierenden Analysen (z. B. das Mannheimer Gutachten) berücksichtigen das Kriterium der Heterogenität nur in geringem Umfang und lassen noch viele Dimensionen dieser außer Acht. Ziel der hier vorgelegten Analyse soll demnach sein, an diesem identifizierten Forschungsbedarf hinsichtlich der Begutachtung des binnendifferenzierten Potentials anzuschließen.

3. Beurteilung des binnendifferenzierten Potentials

Eine Grobanalyse anhand einer geschlossenen Form eines Kriterienrasters dient dazu, die Auswahl der Lehrwerke für eine Feinanalyse zu legitimieren. Zu seiner transparenten und möglichst objektiven Gestaltung wird theoriegeleitet vorgegangen: Zentrale Grundlage im Erstellungsprozess bildet der aktuelle fremdsprachendidaktische Diskurs zur Binnendifferenzierung. Einige Merkmale wurden von den bereits aufgeführten Lehrwerkanalysen (vgl. Mannheimer Gutachten oder Stockholmer Kriterienkatalog) in Ansätzen untersucht. Sie wurden vor dem Hintergrund neuer Erkenntnisse des gegenwärtigen Diskurses erweitert. Das Kriterienraster bildet eine geschlossene Form von Fragestellungen, die mit den Antworten „ja" oder „nein" beantwortet werden können. Neben den Kriterien verweist es auf die erwünschten Indikatoren, auf die Belege in dem jeweiligen Lehrwerk und auf die Referenzen in der Literatur. Zentrale Schwerpunkte sind die folgenden didaktischen Dimensionen: Die Instruktionsdifferenzierung, die interessengeleitete, die quantitative und die qualitative Differenzierung sowie die Bearbeitungsdifferenzierung. Für die jeweiligen Oberbegriffe werden verschiedene erforderte Ansprüche aufgestellt. So entstehen Indikatoren, die es erlauben zu analysieren, ob ein Lehrwerk in einem Bereich besonders gut abschneidet.

Im weiteren methodischen Vorgehen wird eine bandbezogene Analyse, d. h. eine überblicksartige Begutachtung der ausgewählten Lehrwerke für Spanisch als L3 durchgeführt, um einen repräsentativen Gesamteindruck dessen in Bezug auf die Umsetzung der binnendifferenzierten Maßnahmen zu geben und im Anschluss zwei der Lehrwerke auszuwählen, die einer intensiveren Analyse unterzogen werden.

3.1 Grobanalyse

Als Materialbasis dieses Beitrags wurden die folgenden vier aktuellen und u. a. für NRW zugelassenen Lehrwerke für Spanisch als zweite Fremdsprache in der Sek. I an Gymnasien ausgewählt[5]:

- *¡Apúntate!* Band 1 aus dem Cornelsen Verlag (2016)
- *¡Vamos! ¡Adelante!* Band 1 aus dem Klett Verlag (2014)
- *¿Qué pasa? Nueva Edición* Band 1 aus der Westermann Gruppe (2016)
- *¡Arriba! Nuevos enfoques para ti* Band 1 aus dem C. C. Buchner Verlag (2019)

Zur besseren Vergleichbarkeit werden im nächsten Schritt nur jene Lehrwerke selektiert, die für die gleiche Jahrgangsstufe für Spanisch als zweite Fremdsprache und dasselbe Kompetenzniveau (A1) konzipiert sind. Die Wahl des Analysegegenstandes erklärt sich einerseits aus der immer größeren Beliebtheit, Spanisch als zweite Fremdsprache an den Gymnasien anzubieten. Darüber hinaus ist

---

[5] Den Ausgangspunkt dieser Auswahl von Lehrwerken stellt das Verzeichnis der zugelassenen Lernmittel des Ministeriums für Schule und Bildung des Landes Nordrhein-Westfalen dar (vgl. Schulministerium, Zugriff: 23.12.2020) auf dessen Grundlage nur in NRW approbierte und gegenwärtig verwendete Lehrwerke ausgewählt werden. Damit soll nicht zuletzt sichergestellt werden, dass unterschiedliche Lehrbuchverlage vertreten sind und somit eine Vielfalt an Herausgeberinnen und Herausgebern erzielt werden kann.

durch das niedrigere Lebensalter der Lernenden (11-13 Jahre) von einem gerin-
geren Bewusstsein auszugehen, individuelle Lernvoraussetzungen und Lernstrategien zu kennen und anzuwenden. Dieser Lernvoraussetzungen sind sich auch
die Lehrwerkverlage bewusst, sodass ferner angenommen werden kann, dass die
Konzeption der Lehrwerke für die zweite Fremdsprache eine gezieltere Förderung der individuellen SuS anstrebt. Die Lehrwerke initiieren Binnendifferenzierung durch geeignete Inhalte, Methoden und Aufgabenstellungen gezielter und
sind deshalb als Analysegegenstand besonders gut geeignet.

Die vier Materialgrundlagen werden im Folgenden anhand des Kriterienrasters (siehe Tabelle im Anhang) untersucht. Gegenstand der Analyse ist dabei das
Schülerbuch:

Insgesamt ist zunächst festzuhalten, dass alle vier Verlage den Forderungen
nach binnendifferenzierten Aufgaben überwiegend nachkommen. Allerdings
nicht in jeder Aufgabe, dafür aber in beide Richtungen: fördern und fordern
(qualitativ und quantitativ). Nicht alle aufgeführten Kriterien werden in glei-
chem Maße erfüllt. Es lässt sich resümierend festhalten, dass die Lehrwerke
binnendifferenzierte Aufgabenformate enthalten, ihre Möglichkeiten aber nicht
vollständig ausschöpfen. Als legitimierte Grundlage werden die beiden Lehrwerke ausgewählt, die die einzelnen Kriterien mit den dazugehörigen Indikatoren nach der Grobanalyse hinreichend erfüllen:

Das Lehrwerk *¡Arriba! Nuevos enfoques para ti* überzeugt bei den jeweiligen
Kriterien und Indikatoren, da es ein umfangreiches Angebot von binnendifferenzierten Aufgaben anbietet. Als innovatives Lehrwerk verweist *¡Arriba!* im Bereich der Bearbeitungsdifferenzierung überdies häufig auf weitere Sprachen, sodass das Spanische nicht isoliert vermittelt, sondern mit anderen Sprachen ver-
netzt wird. Häufig sind Referenzen zum Deutschen zu verzeichnen, jedoch auch
zahlreiche Anknüpfungen an das Englische, Französische und sogar vereinzelt
an das Türkische.

Als zweites Lehrwerk wird *¡Vamos! ¡Adelante!* ausgewählt. Es zeigt viele
Verweise auf die einzelnen Indikatoren auf. *¡Apúntate!* schöpft die Möglich-
keiten, die die Mehrsprachigkeit bietet, weniger aus. Das Lehrwerk *¿Qué pasa?
Nueva Edición* spiegelte im Kriterienraster am häufigsten die Antwort „nein"

wider und wurde somit ebenfalls aus der Auswahl für eine Feinanalyse ausgeschlossen.

3.2 Auswahl der *Unidades*

Zur detaillierten Untersuchung wird die Analyse auf *eine* Lektion in den jeweiligen Lehrwerken beschränkt. Aufgrund der festen Strukturen der Lektionen steht die gewählte jedoch auch für die übrigen *Unidades*. Diese werden über einen exemplarischen, grammatikalischen Gegenstand ausgewählt, da für den lehrwerksbasierten Spanischunterricht eine linguistische Progression kennzeichnend ist. In *¡Vamos! ¡Adelante!* wird die *Unidad* 2 und in *¡Arriba! Nuevos enfoques para ti capítulo* 3 einer näheren Betrachtung unterzogen. In beiden Lektionen werden die grammatikalischen Phänomene *el verbo hay, el verbo estar, los verbos en -er y -ir* und die Verschmelzung von *de* + *el* zu *del* behandelt. Im Bereich der kommunikativen Inhalte geht es bei *¡Arriba! Nuevos enfoques para ti* um die Schule, in *¡Vamos! ¡Adelante!* um das Stadtviertel. Beide *Unidades* fordern trotz unterschiedlicher Thematik die Kompetenzen, einen Ort zu beschreiben, zu sagen und zu fragen, wo sich etwas befindet und den Ort vorzustellen. In der Feinanalyse wird das Augenmerk auf die expliziten Belege der binnendifferenzierten Aufgabenstellungen anhand der bereits bekannten zwölf Kriterien gerichtet. Neben der qualitativen Untersuchung werden im quantitativen Teil die Belege der binnendifferenzierten Aufgaben für eine statistische Übersicht gezählt.

4. Abbild des binnendifferenzierten Potentials

Beiden Lehrwerken gelingt es, den aktuellen fremdsprachen-didaktischen Diskurs zur Binnendifferenzierung zu berücksichtigen, allerdings in einigen aufgezeigten Bereichen sehr eingeschränkt. Jedes Lehrwerk stellt bzgl. der verschiedenen Dimensionen der Lernvoraussetzungen andere Vor- und Nachteile dar. Die Feinanalyse erlaubt es, Aussagen darüber zu treffen, welche *Unidad* hinsichtlich der Umsetzung der Binnendifferenzierung die größten Stärken oder Schwächen zeigt.

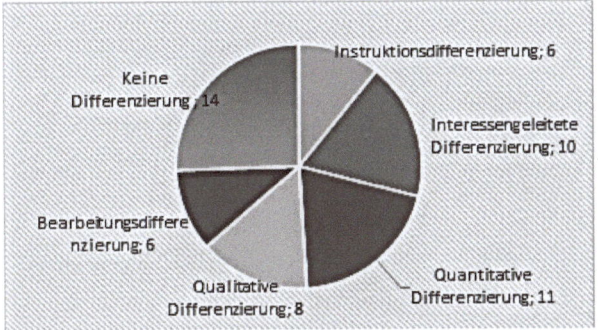

Diagramm 1: Prozentuale Verteilung der (nicht) differenzierten Aufgaben in
¡Vamos! ¡Adelante! Unidad 2

Beide *Unidades* enthalten grundsätzlich Aufgaben, die den fünf Oberbegriffen
der Binnendifferenzierung nach Lernvoraussetzungen in mindestens einer genannten Aufgabe gerecht werden. Trotzdem sind bei *¡Vamos! ¡Adelante!* 25 %
des Lernangebots und bei *¡Arriba!* 35 % ohne jegliche Differenzierung gestaltet.
Unidad 2 des Lehrwerks *¡Vamos! ¡Adelante!* bietet zahlreiche Angebote, die das
individuelle Lerntempo der SuS berücksichtigen. Die Zusatzübungen sind dabei
überwiegend von motivierendem Charakter (spielerisch/aktivierend), sodass sie
nicht als Bestrafung für zügigere Lernende wahrgenommen werden können. In
besonderem Maße wird auch die qualitative Differenzierung umgesetzt, d. h.,
Lernende werden einerseits gefördert, andererseits auch gefordert. Statistisch
bietet das Lehrwerk mehr Material für leistungsstärkere (12 %) als für leistungsschwächere an (7 %). Die Instruktionsdifferenzierung ist bei den Lektionstexten
und der *tarea final* umgesetzt. Hinsichtlich der Berücksichtigung des individuellen Lerninteresses zeigt das Lehrwerk ebenso Stärken: Besonders die *tarea final*,
der fakultative Wortschatz und die Verweise auf das Arbeitsbuch, inklusive Zu-
satzmaterial, sind für die Lernenden mit einem verstärkten Interesse an der jeweiligen Thematik geeignet. Die Mehrsprachigkeit als Lernvoraussetzung zu
nutzen, wird in der *Unidad* nur im Bereich des Lernvokabulars umgesetzt. Dort
werden auf Ähnlichkeiten zu englischen und arabischen Wörtern verwiesen. Auf
kultureller Ebene wird sich auf keine spezifischen Herkunftssprachen beschränkt, sodass bilinguale oder mehrsprachige Schülerinnen und Schüler interagieren können.

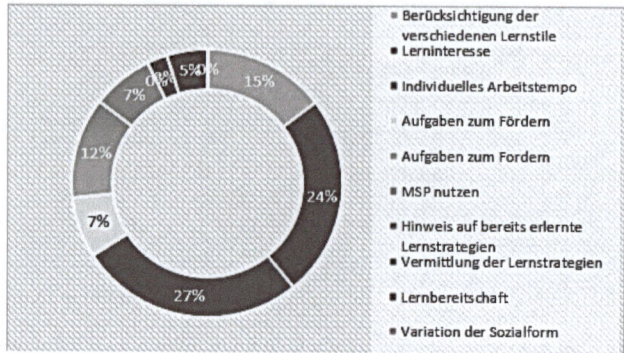

Diagramm 2: Prozentuale Verteilung der binnendifferenzierten Aufgaben in *¡Vamos! ¡Adelante! Unidad* 2

Das Lehrwerk *¡Arriba! Nuevos enfoques para ti* bietet eine Fülle von qualitativen differenzierten Aufgaben an, wobei hier – anders als bei *¡Vamos! ¡Adelante!* – vor allem die leistungsschwächeren Lernenden (27 %) fokussiert werden. Auch wenn das Lehrwerk keine *tarea final* mit Wahlmöglichkeiten offeriert, berücksichtigt es dennoch verschiedene Lernstile und -interessen innerhalb der *Unidad*. Es darf aber nicht unerwähnt bleiben, dass auch hier 34 % der Aufgaben keine Differenzierungsmöglichkeiten enthalten. Besonders die fakultativen *+ideas*-Übungen sind spielerisch und somit motivierend konzipiert. Während *¡Vamos! ¡Adelante!* die Vokabeln zusätzlich für auditive Lernende als Audio-Datei zur Verfügung stellt, arbeitet *¡Arriba!* mit visuellen Hilfen (siehe Diagramm 4).

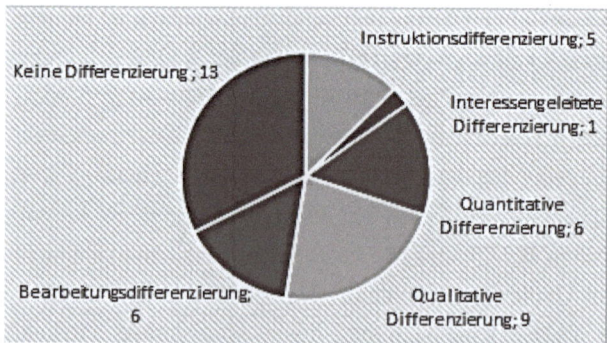

Diagramm 3: Prozentuale Verteilung der (nicht) differenzierten Aufgaben in *¡Arriba! Nuevos enfoques para ti* in Lektion 3

Resümierend kann festgehalten werden, dass beide *Unidades* der Forderung nach Differenzierung Rechnung tragen. Es ist zu konstatieren, dass mehrsprachige Vergleiche als Nutzung der Lernvoraussetzungen der Lernenden sowohl auf lexikalischer als auch auf grammatikalischer Ebene in beiden exemplarisch analysierten *Unidades* nur wenig verdeutlicht werden. Die Herangehensweise an die Texte und Aufgaben ist des Öfteren gleich und nicht auf verschiedene Lernstile ausgerichtet. Die analysierten Aufgaben stellen häufig nur eine Form der Differenzierung dar, wobei sich die meisten Differenzierungslinien sinnvoll und zielführend ergänzen lassen. Das folgende Kapitel versucht, diesen Anspruch umzusetzen.

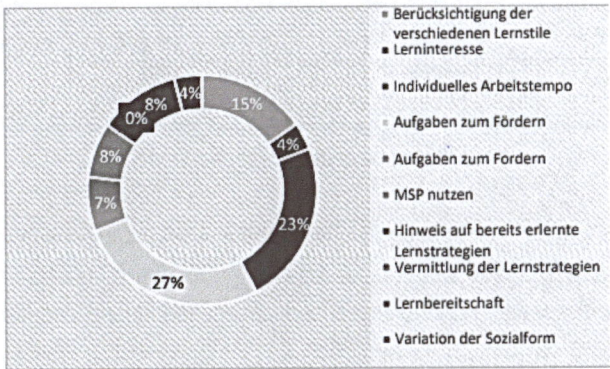

Diagramm 4: Prozentuale Verteilung der binnendifferenzierten Aufgaben in *¡Arriba! Nuevos enfoques para ti* in Lektion 3

5.   Ausbaupotential im Bereich der Binnendifferenzierung

Die entwickelten Materialien beziehen sich auf die Angebote der *Unidad* 2 in *¡Vamos! ¡Adelante!* und *Capítulo* 3 in *¡Arriba! Nuevos enfoques para ti.* Anhand der vorgegebenen inhaltlichen und sprachlichen Progression der Lektionen wurden binnendifferenzierten Formate erarbeitet und Lektionsaufgaben entsprechend ergänzt. Die nachfolgenden Beispiele haben exemplarischen Charakter. Die Aufgabenstellungen werden jeweils auf Spanisch formuliert. Methoden, Vorgehensweisen oder Erklärungen sind hingegen auf Deutsch gehalten, um den Lernstand der Lerngruppe im ersten Lernjahr zu berücksichtigen.

5.1 Weiterentwicklungspotential in *¡Vamos! ¡Adelante!* 1

Zunächst wird das Vokabelverzeichnis fokussiert: Neben der zusätzlichen Berücksichtigung des präferierten auditiven Wahrnehmungskanals sollte im Vokabelverzeichnis auch für den visuellen Wahrnehmungstyp ein Lernangebot geschaffen werden. Dies wäre mit Hilfe von passenden Bildern realisierbar.[6] Mit Blick auf die Nutzung der Mehrsprachigkeit der Lernenden als Lernvoraussetzung sollten auch im Schülerbuch sinnvolle Parallelen zum Englischen und anderen Sprachen aufgezeigt werden. Die Gestaltung des Vokabelverzeichnisses könnte exemplarisch wie folgt aussehen:

la biblioteca La biblioteca se llama "Cervantes".	Die Bibliothek Die Bibliothek heißt „Cervantes".	Библиотека Biblioteka la bibliothèque	
el cine	Das Kino	cinema le cinéma	

Tab. 2: Modifiziertes Vokabelverzeichnis

In der von Klett zur Verfügung gestellten Online-Datei zum Vokabelverzeichnis wäre eine weitere Spalte sinnvoll, in der die Lernenden mögliche Parallelen zu ihren Herkunftssprachen oder weiteren Schulsprachen notieren könnten.

Nachfolgend wird exemplarisch Aufgabe 2 näher betrachtet, welche das selektive Lesen schult. Hier sollen zur Beantwortung der Fragen die relevanten Informationen aus dem zuvor gelesenen Text herausgearbeitet werden. Eine Differenzierung wird nicht angeboten.

Leer	2 Contestad estas preguntas. *Beantwortet folgende Fragen:*
	a) ¿Cómo es el parque? c) ¿Cómo es la plaza? b) ¿Cómo son los polideportivos? d) ¿Cómo son los museos?

Abb. 1: *¡Vamos! ¡Adelante!* 1, Aufgabe 2 (Arriagada et al. 2014, 38) Repro: Becher

An dieser Stelle würden sich verschiedene Möglichkeiten der Differenzierung anbieten, die in der Formulierung der Aufgabenstellung kenntlich gemacht werden könnten. Lernenden könnte die Wahl gelassen werden, ob sie die Aufgabe

---

[6] Die Berücksichtigung haptischer Lerntypen ist in einem Lehrwerk nicht möglich. Diese können jedoch durch den Einsatz von Realia in der Wortschatzarbeit unterstützt werden.

in Form eines Interviews, z. B. zwischen einem Touristen und einem Einheimischen, oder diese schriftlich in Textform bearbeiten möchten. Für Leistungsschwächere könnte ein Infokasten hilfreich sein, der die Angleichung von Adjektiven an Substantive im Spanischen thematisiert. Im Sinne der Mehrsprachigkeit könnten für Leistungstärkere dabei außerdem Parallelen zum Englischen und Französischen gezogen werden. Zügiger Lernende könnten zusätzlich mit dem neu eingeführten Verb *hay* die Fragen detaillierter beantworten. Binnendifferenziert würde die Aufgabe folgendermaßen umgestaltet werden:

Beispielaufgabe 1: Differenzierungslinien: Lernniveau, Lerntempo, Lernbereitschaft, Mehrsprachigkeit[7]

2. Contestad estas preguntas. **Ihr könnt wählen:** Führt mündlich ein Interview mit eurem Partner/eurer Partnerin **oder** beantwortet schriftlich die Fragen für euch selbst. Schaut euch den Hinweiskasten an! Wer schon schneller fertig sein sollte, kann mit dem Verb *hay* detaillierter auf die Fragen antworten.

a) ¿Cómo es el parque?

b) ¿Cómo son los polideportivos?

c) ¿Cómo es la plaza?

d) ¿Cómo son los museos?

El chico guapo	Le beau garçon	The nice boy
La chica guapa	La belle fille	The nice girl
Los chicos guapos	Les beaux garçons	The nice boys
Las chicas guapas	Les belles filles	The nice girls

Abb. 2: Differenzierte/modifizierte Beispielaufgabe 2

Bei Aufgabe 9 würde sich eine Differenzierung nach dem Lerninteresse anbieten. Zu dem hier präsentierten Dialog zwischen Alba und Florian könnte man zwei weitere Dialoge ergänzen. Mit Berücksichtigung der unterschiedlichen Interessen der Lernenden kann die Motivation beim Spanischlernen steigen. Die Umgestaltung der Aufgabe könnte wie folgt aussehen:

---

[7] In der nachfolgenden Aufgabe 3, in der eine Regel zu der Angleichung der Adjektive erfolgt, kann durch das Lehrwerk auf die mögliche Interferenz bezüglich des Englischen eingegangen werden.

9 Completad el diálogo con las formas de **estar**. Vervollständigt den Dialog mit den Formen von **estar** und kontrolliert euch gegenseitig. Einer übernimmt die Rolle von Alba (A-Teil), der andere die von Florian (B-Teil). Den B-Teil findet ihr auf der Seite 152.

A-Teil

Alba: Hola, Florian ¿dónde __?

Florian: **Estoy** en casa. Estudio inglés.

Alba: Aahhh, Florian. Mira, Maite y yo __ en una heladería muy bonita.

Florian: ¿Y Marcos? ¿Dónde **está**?

Alba: Marcos y sus amigos __ en el parque.

Florian: ¿Y vosotras **estáis** en la heladería de la calle Fuencarral?

Alba: Sí, pero en la calle Fuencarral hay dos heladerías. Nosotras __ en la heladería Portofino, __ enfrente de la farmacia.

Florian: ¡Hasta luego!

Abb. 3: *¡Vamos! ¡Adelante!* 1, Aufgabe 9 (Arriagada et al. 2014, 40) Repro: Becher

Beispielaufgabe 2: Differenzierungslinien: Lerninteresse

9. Completad un diálogo con las formas de estar. **Ihr dürft nach euren Interessen wählen**, welchen Dialog ihr bearbeitet. Einer von euch beiden übernimmt den jeweiligen B-Teil auf Seite 152.

Diálogo 2: Una llamada entre las chicas (A-Teil)	Diálogo 3: Una llamada entre los chicos (A-Teil)
Alba: Hola, Maite, ¿dónde __?	Florian: Hola, Daniel, ¿dónde __?
Maite: **Estoy** en el centro comercial. Quiero comprar un vestido bonito.	Daniel: **Estoy** en el cine. En 20 minutos empieza la película Batman.
Alba: Ahhh, Maite. Mira, Julia y yo __ en la tienda H&M.	Florian: Ahhh, Daniel. Mira, mi hermano y yo __ en casa y jugamos juegos de vídeos.
Maite: ¿Y Ana? ¿Dónde **está** ella?	Daniel: ¿Y Marcos? ¿Dónde **está** él?
Alba: Ana y sus amigas __ en Zara. **Está** enfrente de la farmacia.	Florian: Marcos y sus amigos __ en el parque. **Está** enfrente del instituto.
Maite: ¿Y vosotras **estáis** en la tienda H&M de la calle Fuencarral?	Daniel: ¿Y vosotros **estáis** en casa de tu abuelo?
Alba: Sí, pero ahora vamos a la tienda Mango. Mango también __ en la calle Fuencarral.	Florian: Sí. Jugamos FIFA.
Maite: ¡Voy!	Daniel: Vale. Ah, Miguel __ aquí. Vemos una película. Adiós.

Abb. 4: Differenzierte/modifizierte Beispielaufgabe 3

Weiteres Ausbaupotential besteht bei Aufgabe 11 (Arriagada et al. 2014, 47): Die Schülerinnen und Schüler sollen in Partnerarbeit die Fragen und Antworten bilden, dabei die Verben konjugieren und auf die richtige Satzstellung achten. Im Rahmen der qualitativen Differenzierung und der Bearbeitungsdifferenzierung würde es sich anbieten, den Lernenden hier eine Wahlmöglichkeit in Bezug auf das Schwierigkeitsniveau und die Sozialform zu überlassen. Leistungsschwächere können die Zuordnungsaufgabe bearbeiten, bei der die Satzstellung schon vorgegeben ist. Die Wahl der Sozialform bleibt den Lernenden überlassen. Die Partnerarbeit erlaubt dabei die gegenseitige Unterstützung. Beispielaufgabe 3: Differenzierungslinien: Lernniveau, Sozialform

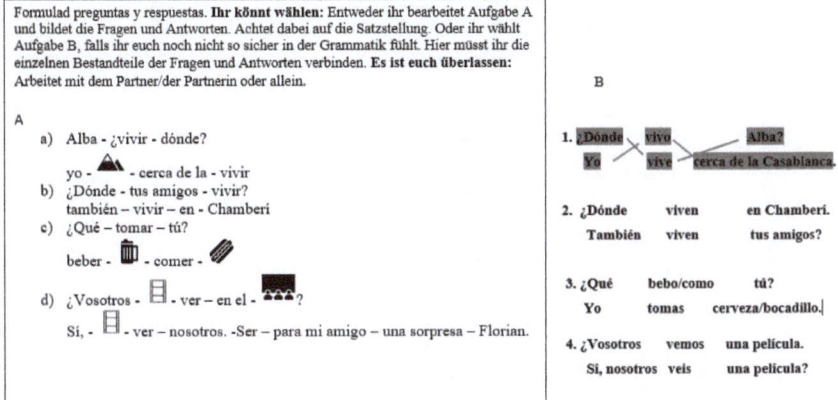

Abb. 5: Vgl. *¡Vamos! ¡Adelante!* 1, Aufgabe 11 (Arriagada et al. 2014, 47) Repro: Becher, differenzierte/modifizierte Beispielaufgabe 4

5.2   Weiterentwicklungspotential in *¡Arriba! Nuevos enfoques para ti* 1

Auch in der exemplarisch analysierten *Unidad* 3 des Lehrwerks *¡Arriba! Nuevos enfoques para ti* findet sich Weiterentwicklungspotential. Die folgende Aufgabe 3e verfolgt das Ziel, dass die Schülerinnen und Schüler die richtigen Wörter anhand der visuellen Darstellung finden und einsetzen. Visuelle Lerntypen werden in diesem Rahmen berücksichtigt. Im Sinne des Lerninteresses und der -bereitschaft könnte man den Lernenden aber die Wahl überlassen, welche Wortschatzaufgabe sie lösen möchten. Folgendermaßen könnte die Übung A ergänzt werden:

Beispielaufgabe 1: Differenzierungslinien: Lerninteresse, Lernbereitschaft, Sozialform

3e. Lee las frases y busca las palabras correctas. **Ihr könnt wählen**, ob ihr lieber Aufgabe A oder B lösen möchtet. Bei Aufgabe B müsst ihr etwas knobeln. Löst sie allein oder mit eurem Partner/eurer Partnerin.

A e. Lee las frases y busca las palabras correctas. Lies und ergänze die Sätze.

1. Los alumnos están en 🚌 . 👤 entra.
2. Daniel escribe Herzlich Willkommen con ✏ en 🖥 .
3. Los alumnos revisan los deberes en 📱 . Lupe no tiene 💻 . Está en 🏠 .
4. Sofia no tiene ✏ .
5. Uy, ¡qué calor! Los alumnos abren 🪟 .

B

1. La _____ Señora Muñoz está en _____ .
2. Primero ella abre _____ . Hace calor.
3. Ella escribe Herzlich Willkommen con _____ en _____ .
4. Sofia lee sus deberes con voz alta en _____ . Juan no tiene _____ . Está en _____ .
5. También Daniel no tiene _____ en su _____ .

S	T	I	Z	A	I	I	P	L	U	M	A	C
M	V	G	H	J	L	H	I	T	E	Z	P	U
O	E	E	R	K	L	L	Z	Z	S	U	O	A
P	N	I	K	L	I	C	A	G	T	B	O	D
R	T	C	C	M	B	L	R	G	U	B	O	E
M	A	E	S	T	R	A	R	N	C	N	N	R
L	N	L	K	L	O	S	A	H	H	Z	U	N
C	A	S	A	K	K	E	L	Z	E	W	R	O

Abb. 6: Vgl. *¡Arriba! Nuevos enfoques para ti*, Nr. 3 (Hohmann & Wolf-Zappek 2015, 38)
Repro: Becher; differenzierte/modifizierte Beispielaufgabe 5

Ausbaupotential besteht bei Aufgabe 4, in der die Lernenden ein Wörternetz zum Thema Schule erstellen sollen. Sie können hier die Vokabeln aus dem mentalen Lexikon filtern, sie im Vokabelverzeichnis oder in ihrem Heft nachschlagen.

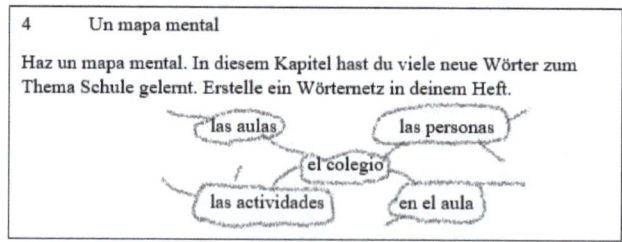

4	Un mapa mental

Haz un mapa mental. In diesem Kapitel hast du viele neue Wörter zum Thema Schule gelernt. Erstelle ein Wörternetz in deinem Heft.

las aulas — las personas — el colegio — las actividades — en el aula

Abb. 7: *¡Arriba! Nuevos enfoques para ti*, Nr. 4 (Hohmann & Wolf-Zappek 2015, 38)
Repro: Becher

An dieser Stelle würde es sich anbieten, Parallelen aus den Herkunftssprachen oder Schulsprachen in einem Kästchen abzubilden, damit die Lernenden darauf zurückgreifen können. Zudem könnten interessierte Lerngruppen die Parallelen zu den anderen Sprachen entdecken. Mit einem kleinen Hinweis kann zudem eine Lernstrategie vermittelt werden. Die Aufgabe würde wie folgt umgestaltet sein: Beispielaufgabe 2: Differenzierungslinien: Leistungsniveau, Lernbereitschaft, Lerninteresse.

4. Haz una mapa mental. In diesem Kapitel hast du viele neue Wörter zum Thema Schule gelernt. Erstelle ein Wörternetz in deinem Heft. Schau dir auch einmal die Wörter zum Thema Schule aus anderen Sprachen an, vielleicht helfen sie dir!

Französisch, Russisch, Englisch, Latein, Italienisch, Portugiesisch, Polnisch, Türkisch

stylo plume ру́чка pen lapis mochila livre libro informática bibere quaderno caderno class professore legere aperire deveres sponge calculadora calcolatrice instytut cantare group video ginásio Библиотека laboratuar laboratoire ordinateur bibliothèque prof sol pagina silence silence scribere yapmak mesa silenzio egzersiz

Método: Manche Wörter kannst du dir aus anderen Sprachen herleiten. Vielleicht sprichst du auch eine dieser Sprachen?

Abb. 8: Differenzierte/modifizierte Beispielaufgabe 6

Zum Schluss wird das Ausbaupotential zu der finalen *reto*-Aufgabe der *Unidad* 3 exemplarisch vorgestellt. Die Lernenden sollen für einen spanischen Mitschüler einen spanischsprachigen Flyer über ihre Schule erstellen. Die einzelnen Schritte werden detailliert vom Lehrwerk als Lernstrategie vermittelt. Leistungsschwächere erhalten zudem zusätzliche Unterstützung im *+ayuda* Bereich. Trotzdem besteht auch hier Weiterentwicklungspotential mit Blick auf die diversen Lerninteressen, Lernstile und die Lernbereitschaft.

Tu reto, paso por paso

Tu reto

Imagínate que tienes un/a nuevo/a compañero/a de España. Haz un folleto sobre tu colegio en español, con muchas fotos y descripciones. Stell dir vor, du bekommst einen neuen spanischen Mitschüler oder eine neue spanische Mitschülerin. Erstelle einen spanischsprachigen Flyer, in dem du ihr oder ihm deine Schule vorstellst. Mache dazu Fotos und beschrifte sie.

Paso uno: Mache dir Notizen, was du alles über deine Schule erzählen kannst.

Paso dos: Überlege dir, was du auf deinem Flyer mitteilen möchtest, und finde einen Titel für deinen Flyer. +ayuda p.171

Paso tres: Überlege, welche Vokabeln du zum Thema Schule kennst. Schlage dazu deine Mindmap zum Thema colegio auf.

Abb. 9: *¡Arriba! Nuevos enfoques para ti* (Hohmann & Wolf-Zappek 2015, 51) Repro: Becher

Den Schülerinnen und Schüler könnte die Wahl gelassen werden, ob sie – je nach Lernstil und Interesse – einen Flyer, ein Dokumentationsvideo oder eine digitale Webseite[8] über ihre Schule erstellen. Die Sozialform sollte von den Lernenden selbst gewählt werden. Wie folgt wäre eine Umgestaltung der Aufgabe möglich: Beispielaufgabe 4: Differenzierungslinien: Lerninteresse, Lernbereitschaft, Lernstil, Sozialform

Tu reto

Imaginaos que tenéis un/a nuevo/a compañero/a. **Elige la tarea que corresponda mejor a tu objetivo: A** Haz o haced juntos un folleto sobre vuestro colegio en español, con muchas fotos y descripciones. **B** Grabad un video de documentación sobre vuestro colegio, también con entrevistas. **C** Cread una página web (en Word) sobre vuestro colegio, con muchas fotos y descripciones. **Decide cómo quieres trabajar:** solo/a, en pareja o en grupo.

Stellt euch vor, ihr bekommt einen neuen spanischen Mitschüler oder eine neue spanische Mitschülerin. **Wählt die Aufgabe, die euch am besten gefällt: A** Erstelle/Erstellt einen spanischsprachigen Flyer über eure Schule. **B** Dreht ein Dokumentationsvideo über eure Schule mit Interviews (z.B. einer von euch spielt den Direktor/die Direktorin und wird interviewt). **C** Erstellt eine Website (in Word) über eure Schule mit vielen Fotos und Beschreibungen. **Entscheidet, wie ihr arbeiten möchtet: allein, zu zweit oder in einer Gruppe.** Die einzelnen *Pasos*[9] helfen euch bei der Vorgehensweise.

Abb. 10: Differenzierte/modifizierte Beispielaufgabe 7

Haptische Lernende könnten in einem Video die zu erklärenden Gegenstände physisch anfassen. Visuelle Lernende sollten das Aufgabenformat A oder C wählen, da sie den Flyer oder die Website mit visuellen Hilfen gestalten können. Präferieren Lernende lieber allein zu arbeiten, würde sich dies im Rahmen der Erstellung einer Website oder eines Flyers anbieten. In allen drei Wahlaufgaben kann mit mehreren Schülerinnen und Schülern zusammengearbeitet werden.

6.   Binnendifferenzierung im Spanischunterricht – Ein Ausblick

Der Beitrag sollte einen praxisbezogenen Einblick in die Umgestaltung diverser Aufgaben der beiden *Unidades* mit Berücksichtigung der didaktischen Forderungen nach Binnendifferenzierung geben. Die anhand einer konkreten Lehrwerklektion entwickelten Aufgabenbeispiele haben gezeigt, dass es vielfältige

---

[8] Auch hier werden wieder zusätzlich die Medienkompetenz und digitale Kompetenzen gefördert.

Ansatzpunkte für eine Binnendifferenzierung im lehrwerksbasierten Spanisch-unterricht gibt. Im Speziellen wurden Aufgabenformate umgestaltet, die konkrete Vorschläge für die gezieltere Initiierung der Binnendifferenzierung nach Lernvoraussetzungen in Lehrwerken aufzeigen. Beide Lehrwerke bieten Aufgaben an, die nach Lernniveau differenzieren. Dennoch sei zu erwähnen, dass die Differenzierung nach Leistungsniveau in weitaus mehr Aufgabenformaten realisiert werden könnte. Zudem sollte nicht lediglich *eine* Abgrenzung zwischen schweren und leichten Aufgaben genutzt werden. Vielmehr sollte das Aufgabenmaterial möglichst viele Sinneskanäle der Lernenden ansprechen, sodass alle Lernstile einen Zugang zum Material finden.

Es wurde verdeutlicht, dass die Wahl des jeweiligen Materials oder Lernweges von den Lernenden selbst geleistet werden kann und sollte. An dieser Stelle kann auf Abendroth-Timmer (2018, 74) verwiesen werden: „Komplexere Materialien können auch für schwächere Lernende aufgrund der Inhalte ansprechend und mit entsprechenden unterstützenden Maßnahmen und Hilfen zu bewältigen sein." Es gilt, die unterschiedlichen Begabungen und Lernvoraussetzungen der Lernenden für den Lernfortschritt aller fruchtbar zu machen.

Resümierend betrachtet spiegelt sich der aktuelle fremdsprachendidaktische Diskurs zur Binnendifferenzierung in den beiden Lehrwerken *¡Vamos! ¡Adelante!* und *¡Arriba! Nuevos enfoques para ti* nur teilweise wider. Hinsichtlich der Berücksichtigung der quantitativen und qualitativen Differenzierung überzeugen beide Lehrwerke. Bezüglich des Angebots an wählbaren Aufgabenvariationen für diverse Lernstile und der Anknüpfung an unterschiedliches Vorwissen weisen jedoch auch diese Lehrwerke noch deutliches Entwicklungspotential auf.

Literaturverzeichnis

ABENDROTH-TIMMER et al. 2018. „Ansätze zur differenzierenden Arbeit mit dem Lehrwerk", in: Grünewald, Andreas & Krämer, Ulrich. edd. *Vielfalt gestalten: Differenzieren im Spanischunterricht. Eine Selbststudieneinheit.* 1. Auflage. Seelze: Friedrich, 43-73.

BÄR, Marcus & FRANKE, Manuela. edd. 2016. *Spanisch Didaktik. Praxishandbuch für die Sekundarstufe I und II.* Berlin: Cornelsen.

FÄCKE, Christiane. 2011. *Fachdidaktik Spanisch*, Tübingen: Narr Francke Attempto.

FÄCKE, Christiane. 2016. „Lehrwerkforschung – Lehrwerkgestaltung – Lehrwerkrezeption. Überlegungen zur Relevanz von Lehrwerken für den Fremdsprachenunterricht", in: Rückl,

Michaela. ed. *Sprachen und Kulturen: vermitteln und vernetzen Beiträge zu Mehrspra-chigkeit und Inter-/Transkulturalität im Unterricht, in Lehrwerken und in der Lehrer/ innen/bildung.* Münster: Waxmann, 34-48.

FÄCKE, Christiane. 2019. „Das fremdsprachliche Lehrwerk – wesentlicher Pfeiler im Spa-nischunterricht", in: *Hispanorama* 166, 87-88.

FÄCKE, Christiane & Grünewald, Andreas & Plikat, Jochen. 2014. „Studieneinheit 3: Evalua-tion", in: Grünewald, Andreas & Krämer, Ulrich. edd. 2014. *Vielfalt gestalten: Differen-zierung im Spanischunterricht. Eine Selbststudieneinheit.* Seelze: Friedrich Verlag, 77-120.

FREDERSHAUSEN, Henning. 2017. „Lehreraktivität im schülerorientierten Spanischunterricht", in: *Hispanorama* 155, 72-77.

FÜCHTER, Katharina. 2012. „Individualisierende Förderung mittels differenzierter Hausauf-gaben in der Primarstufe – auch eine Herausforderung für die Elternarbeit", in: Bönsch, Manfred & Moegling; Klaus. edd. *Binnendifferenzierung Teil 2: Unterrichtsbeispiele für den binnendifferenzierten Unterricht.* Kassel: Prolog-Verlag, 115-126.

Europarat. 2001. *Gemeinsamer europäischer Referenzrahmen für Sprachen.* http://student. unifr.ch/pluriling/assets/files/Referenzrahmen2001.pdf, letzter Zugriff: 20.02.2022.

GRÜNEWALD, Andreas & KRACHT, Katharina. 2014. „Heterogenität, Binnendifferenzierung, Individualisierung: Herausforderungen für den Spanischunterricht", in: *Hispanorama* 145, 8-12.

GRÜNEWALD, Andreas & KÜSTER, Lutz. edd. 2018. *Fachdidaktik Spanisch.* 2. Auflage. Stutt-gart: Klett.

HEINEN-LUDZUWEIT, Kerstin-Sabine. 2014. „Heute schon differenziert?", in: *Hispanorama* 145, 20-23.

KLAFKI, Wolfgang & STÖCKER, Hermann. 1993. „Innere Differenzierung des Unterrichts", in: Klafki, Wolfgang. ed. *Neue Studien zur Bildungstheorie und Didaktik.* Weinheim: Beltz, 176-178.

KURTZ, Jürgen. 2011. *Lehrwerkkritik, Lehrwerkverwendung, Lehrwerkentwicklung.* Tübin-gen: Narr.

MANDLER, Jan. 2017. *Spanisch unterrichten: planen, durchführen, reflektieren.* Berlin: Cornelsen Verlag.

MEIßNER, Franz-Joseph. 2010. „Grundlagen der Tertiärsprachendidaktik", in: Meißner, Franz-Joseph & Tesch, Bernd. edd. *Spanisch kompetenzorientiert unterrichten.* Seelze: Klett/Kallmeyer, 28-46.

MEIßNER, Franz-Joseph & TESCH, Bernd. 2010. *Spanisch kompetenzorientiert unterrichten.* Seelze: Klett/Kallmeyer.

MICHLER, Christine. 2015. *Einführung in die Didaktik der romanischen Sprachen und Litera-turen.* Bamberg: University of Bamberg Press.

MINISTERIUM FÜR SCHULE UND WEITERBILDUNG DES LANDES NRW. 2016. Kerncurriculum für die Ausbildung im Vorbereitungsdienst für Lehrämter in den Zentren für schulpraktische Lehrerausbildung und in den Ausbildungsschulen, https://www.schulministerium.nrw.de/ Recht/LAusbildung/Vorbereitungsdienst/Kerncurriculum.pdf, letzter Zugriff: 23.12.2021.

NIEWELER, Andreas. 2019. *Fremdsprachen unterrichten.* Stuttgart: Klett.

MINISTERIUM FÜR SCHULE UND BILDUNG DES LANDES NORDRHEIN-WESTFALEN: Zulassung von Lernmitteln in NRW. schulministerium.nrw.de/themen/schulsystem/medien/zulassung -von-lernmitteln-nrw, letzter Zugriff: 23.12.2021.

NIEWELER, Andreas. 2000. „Sprachenlernen mit dem Lehrwerk – Thesen zur Lehrbucharbeit im Fremdsprachenunterricht", in: Fery, Renate; Raddatz, Volker. edd. *Lehrwerke und ihre Alternative*. Band 3. Frankfurt: Europäischer Verlag der Wissenschaften, 13-19.

SIEMS, Maren & GRANADOS, Diana. 2014. „Migrationsbedingte Mehrsprachigkeit als Ressource", in: *Hispanorama* 145, 31-34.

Lehrwerke:
ARRIAGADA, Melanie et al. edd. 2014. ¡*Vamos ¡Adelante!* 1. Stuttgart: Klett.

BALSER, Joachim et al. edd. 2016. ¡*Apúntate! Nueva edición* 1. Berlin: Cornelsen.

HOHMANN, Melanie & WOLF-ZAPPEK, Sabine. 2015. ¡*Arriba! Nuevos enfoques para ti* 1. Bamberg: C.C. Buchner.

MARTOS VILLA, Pilar et al. edd. 2016. ¿*Qué pasa? Nueva Edición* 2016. Braunschweig: Westermann.

A.1 Geschlossene Form eines Kriterienrasters zur Grobanalyse von Binnendifferenzierung in Spanisch-Lehrwerken

Referenzen	Kriterien	Indikatoren	Apú.	Vamos	Qué pa.	Arriba
	1. Instruktionsdifferenzierung					
Vgl. Heinen-Ludzuweit 2014 Vgl. Niewler 2019, S. 239.	1. Erhalten die SuS unterschiedliche Begegnungs-, Bearbeitungs- und Verarbeitungsweisen an Material? (**Lernstil**)	• Aufgabenpool unter Berücksichtigung unterschiedlicher Medien, Textsorten usw. (visuelle/auditive/kommunikative/motorische Lerntypen). SuS können je nach Vorlieben (Lernstil) eine Auswahlentscheidung treffen. • Auswahl der Zieltextformate bei produktiven Aufgaben. Vielfalt an Erarbeitungsmöglichkeiten.	Ja	Ja	Nein	Ja
	2. Interessengeleitete Differenzierung					
Vgl. Grünewald/Krämer 2014, S. 51.	2. Wird nach Lerninteressen differenziert, z.B. in einer abschließenden *tarea*?	• Interessen der Lernenden werden berücksichtigt z.B. unterschiedliche Angebote für Jungen und Mädchen/ zusätzliche Rechercheaufgaben. • Die SuS können je nach persönlicher Neigung einen eigenen Schwerpunkt wählen.	Ja	Ja	Ja	Ja
	3. Quantitative Differenzierung					
Vgl. Niewler 2017, S. 286.	3.1 Wird individuellem Arbeitstempo Rechnung getragen? Aufgabenformat: Fundamentum/Additum (**Lerntempo**)	• Längere und kürzere Aufgabenformate zusätzliche Lektüre/Zusatzaufgaben/Fakultativer Wortschatz.	Ja	Ja	Ja	Ja
Vgl. Niewler 2017, S. 286.	3.2 Haben die Aufgaben im Additum einen spielerisch-motivierenden Charakter, um nicht als Bestrafung angesehen zu werden?	• Lernspiele/Lektüre/Planung einer Veranstaltung/eines Ausflugs etc.	Ja	Ja	Ja	Ja
	4. Qualitative Differenzierung					
Vgl. Niewler 2019, S. 239.	4.1 Werden Aufgabenformate zum Fördern und zum Fordern angeboten? (**Lernniveau**)	• Einfachere und komplexere Texte und Übungen/Erweiterter Wortschatz • Grund- und Erweiterungsniveau. • Unterschiedliche Schwierigkeitsgrade/Niveaustufen bei Aufgabenstellungen.	Ja	Ja	Ja	Ja

Abb. 11: Kriterienraster zur Überprüfung des differenzierten Potentials, Seite 1

Referenzen	Kriterien	Indikatoren	Apú.	Vamos	Qué pa.	Arriba
Vgl. Fredershausen 2017, S. 74.	4.2 Wird der didaktisch-methodische Ansatz „Scaffolding" angeboten?	• Hilfs- und Stützangebote bei der Bearbeitung von Lernaufgaben z.B. Satzanfänge, Redemittel, Stichwortzettel. Für leistungsschwache und leistungsstarke SuS.	Ja	Ja	Ja	Ja
	4.3 Werden Musterlösungen bei qualitativ differenzierten Aufgaben digital oder im Lehrbuch angeboten?	• Musterlösungen im Anhang oder digital vorhanden.	Ja	Ja	Nein	Ja
5. Bearbeitungsdifferenzierung						
Vgl. Siems/Granados 2014, S. 33.	5.1 Wird die Vernetzung von (Vor-)Wissen eines Lernbereiches eröffnet, z.B. für SuS mit Kenntnissen in anderen romanischen Sprachen und/oder einer anderen Sprache als Erstsprache? (Mehrsprachigkeit)	• Interlinguale Transferbasen; Top-down Prozess; Aufgaben von rezeptivem/retroaktivem Charakter • Aufgaben, die das Einbinden anderer alltagskultureller Erfahrungen und FS fördern. • Reflexion und Vergleich von Sprachen: Aufgabenpool mit Vergleichen auf lexikalischer Ebene und hinsichtlich grammatikalischer Strukturen/Syntax. (Förderung der Sprachbewusstheit). • Sprachhypothesen, Warnung vor Interferenzen.	Nein	Ja	Ja	Ja
	5.2 Wird auf bereits gemachte Lernerfahrungen und Lernstrategiewissen zurückgegriffen, z.B. Lernstrategisches Wissen aus dem Deutsch-/Englisch- und Lateinunterricht?	• Das Lehrwerk verweist darauf, das lernstrategische Wissen aus dem Deutsch-/Englisch- und / oder Lateinunterricht zu nutzen (Interlanguage).	Nein	Ja		Ja
Vgl. Grünewald/Küster 2009, S. 149.	5.3 Werden Lernstrategien und -techniken vermittelt?	• Das Lehrbuch gibt Hilfen zur Ausbildung bzw. Bewusstmachung vielfältiger Lernstrategien und Methoden des selbstständigen Arbeitens. • Intralingualer Transfer.	Ja	Ja	Ja	Ja
	5.4 Wird nach Lernbereitschaft differenziert?	• Erfahrungsbezogenes Material/abstrakteres Material • Motivation	Ja	Ja	Ja	Ja
Vgl. Grünewald/Küster 2009, S. 149.	5.5. Werden unterschiedliche Sozialformen bei der Durchführung von Aufgaben angeboten?	• EA/PA/GA wahlweise • Die SuS können die Sozialform selbst auswählen.	Ja	Ja	Nein	Nein

Abb. 12: Kriterienraster zur Überprüfung des differenzierten Potentials, Seite 2

REZENSIONEN

BAUM, MICHAEL. 2019. *Der Widerstand gegen Literatur. Dekonstruktive Lektüren zur Literaturdidaktik.* **Bielefeld: transcript, 280 p.**

Der aktuelle Bildungsdiskurs in der Bundesrepublik Deutschland ist nach wie vor stark geprägt von den Ergebnissen der PISA-Studie aus dem Jahr 2001. Die von der Kultusministerkonferenz entwickelten bundesweiten Bildungsstandards (2004a, 2004b, 2005a, 2005b, 2014a, 2014b) folgten als unmittelbare Reaktion auf den seinerzeitigen sog. PISA-Schock. Der damit einhergehende Perspektiven- oder gar Paradigmenwechsel von input- zu outputorientiertem Lehren und Lernen im schulischen Kontext hatte auch für den (Fremd-)Sprachenunterricht eine essenzielle Umstrukturierung im Sinne der Förderung neu definierter Kompetenzbereiche zur Folge. In unmittelbarem Zusammenhang mit der Kompetenzorientierung als Konsequenz der Implementierung der Bildungsstandards wurde und wird allerdings eine Marginalisierung der Literatur im Fremdsprachenunterricht beklagt. Es stellt sich demnach die Frage, ob bzw. wie der Gegenstand der Literatur auf der einen Seite und die ästhetische Erfahrung des Lesens genuin ambivalenter Werke auf der anderen Seite in einem angemessenen Kompetenzmodell beschrieben sowie im Klassenzimmer erfolgreich gelehrt werden können. Die vorliegende Monografie setzt sich aus poststrukturalistischer Perspektive mit diesem Themenfeld in Bezug auf die Germanistik intensiv auseinander. Anhand einer Vielzahl philosophischer, philologischer, pädagogischer sowie fach- bzw. literaturdidaktischer Texte wird der Begründung der Lehre von Literatur wie auch deren (Nicht-)Lehrbarkeit vor dem Hintergrund des Kompetenzbegriffs nachgegangen. Dabei steht die These „Literatur soll gelehrt werden, weil sie nicht gelehrt werden kann" (13) im Zentrum der Publikation, welche trotz des Charakters einer primär theoretischen Untersuchung zugleich praktische Relevanz reklamiert.

Im Verlauf der neun Kapitel umfassenden vorliegenden Schrift werden Fragestellungen hinsichtlich des Unterrichtsgegenstands Literatur und der Rolle der Lehrenden bzw. Lernenden im ‚literarischen' Schulkontext aufgeworfen; aus Sicht des Autors stets unmittelbar verknüpft mit den aus der Kompetenzorientierung hervorgegangenen und nach wie vor bestehenden Widerständen. Ein sich auf sämtliche Aspekte der literarischen Lektüre im unterrichtlichen Kontext auswirkendes Problem stellt die vermeintlich allgemein akzeptierte literaturdidaktische

Annahme dar, dass literarisches Lesen und Verstehen sowohl lehr- als auch lern-
bar sei, u. a. um sich seines Rangs des fachlich relevanten Inhalts sicher sein zu
können. Der Verfasser bezweifelt diese systematische Lernbarkeit literarischer
Lektüre sowie deren didaktische Vermittlung und attestiert dem literaturdidaktischen Diskurs einen „Glaube[n] an die Lehrbarkeit von Literatur" (60) und damit
an erfolgreiches Lehren literarischen Lesens. Eine sich an dieser Stelle geradezu
unumgänglich stellende Frage ist zum einen, wie der Autor „Literatur" definiert,
zum anderen wie er „literarisches Lesen" begreift. Während die erste Frage leider
nicht näher beantwortet wird, erläutert er literarisches Lesen als eine Erfahrung
des radikal Fremden sowie des wiederholten und unausbleiblichen Nichtverstehens, die es schlicht auszuhalten gelte. Demzufolge wird dem Leser oder der Leserin nicht die Rolle eines gesellschaftlich handlungsfähigen Subjekts zugeschrieben, das mittels Kompetenz die Literatur erschließen könnte. Das laut Baum bislang als eine „Wissenschaftsfiktion" (248) zu bezeichnende kompetente Subjekt
der literarischen Lektüre kann also, seinen Ausführungen entsprechend, „nur in-
kompetent [...] mit dem Text umgehen" (176-177).

Die vom Autor postulierte Nicht-Lehrbarkeit von Literatur steht selbstverständlich in unmittelbarem Zusammenhang mit der (Un-)Möglichkeit der Umsetzung von Literaturunterricht, den es im Kontext der Kompetenzorientierung zu
betrachten gilt, wenngleich laut Verfasser weder die Bildungsstandards die Struktur literarischen Verstehens erfassen noch die Fachdidaktik der Germanistik bisher ein adäquates Modell dessen vorlegt. Das demnach grundsätzlich infrage zu
stellende Modellieren literarischen Verstehens wird im Verlauf der Monografie
kontinuierlich hervorgehoben wie auch ergründet. Ein sich beispielsweise aus der
Definition des Kompetenzbegriffs nach Weinert (2014) für die Literaturdidaktik
ergebendes Problem liegt gemäß Baum in der Frage, wie das Lesen von Literatur
als zu lösende Problemstellung aufgefasst werden könne. Indem der Autor darüber hinaus fortwährend auf die Nicht-Lehrbarkeit von Literatur rekurriert, unter-
stellt er dem literaturdidaktischen Mehrheitsdiskurs, u. a. aufgrund des PISA-
Schocks, eine „empirische Feststellbarkeit artifizieller, gedachter Konstrukte von
literarischem Verstehen bzw. literarischer Kompetenz" (83) anzustreben, sodass
der Empirie die Aufgabe zukomme, „das Gedachte zu beglaubigen" (ebd.). Wie
sich aus dieser Annahme womöglich bereits andeutet, geht der Autor also von der

„Nicht-Formalisierbarkeit des literarischen Mediums" (40) sowie der Unmöglich-keit einer „Skalierung von Kompetenzen literarischer Lektüre" (ebd.) aus, was die konkrete unterrichtliche Umsetzung literarischen Lesens vor dem Hintergrund des o. a. unumgänglichen Nichtverstehens in den Fokus der Ausführungen rückt. Das Lesen von Literatur und somit die Lehre der Literatur wird folgend als kritisch aufgefasst, denn dies könne genau genommen nicht gelingen, da sich Literatur weder in Kontexte einbetten noch durch Wissen begreifen bzw. einordnen lasse. Das heißt: Das Lehren von Literatur ist aufgrund der dem Prozess des literarischen Lesens inhärenten Komplexität ausschließlich denkbar als eine Erfahrung des Nichtgelingens, da gemäß der Ausführungen Lesen von Fehllesen letztlich nicht unterschieden werden kann. Sich dieser Argumentation anschließend tendiert kompetenzorientierter Literaturunterricht mithin dazu, Texte handhabbar zu ma-chen und gerade Fragliches zu regulieren („Literaturdidaktik ist eine Maschine des Lesbar-Machens [von Literatur]" (173, 178-179)) anstatt die „basale Negati-vität der [...] ästhetischen Erfahrung" (172) zuzulassen, auszuhalten wie auch auszugestalten. Ließe die literaturdidaktische Kompetenz dieses Nichtgelingen zu, so hätten nach Baum neben verschiedensten Lektüre- wie auch Unterrichts-formen beispielsweise „das Aussetzen der Sinnzentrierung, die Erlaubnis zu schweigen, die Ironisierung des Vorhandenen oder ... das Scheitern" (174) ihre legitime, unabdingbare Daseinsberechtigung im Unterricht. Allerdings wird man dem Unterrichtsgegenstand der Literatur entsprechend der angeführten Aspekte im Rahmen der praktischen Umsetzung gegenwärtig nicht gerecht, da laut Ver-fasser im Unterricht nicht ausreichend Raum vorhanden sei, „um Negativität, das heißt z. B. andere Auffassungen, Verständnisse, Widersprüche außerhalb des ge-planten methodischen und zeitlichen Takts zu artikulieren" (144).

Wenngleich die Ablehnung der Lehre der Literatur im schulischen Kontext die scheinbar einzig logische Konsequenz aus den bisherigen Ausführungen zu sein scheint und trotz der radikal verneinenden Position des Autors im Hinblick auf die eingangs gestellte Frage, ob einerseits Literatur als Unterrichtsgegenstand und li-terarisches Lesen andererseits in einem adäquaten Kompetenzmodell beschrieben sowie im Klassenzimmer erfolgreich vermittelt werden können, sieht Baum seine These „Literatur soll gelehrt werden, weil sie nicht gelehrt werden kann" (13) be-stätigt, insofern die Lehre Verstehen und Bewältigen zum Ziel hat. Der Verfasser entwickelt und vertritt diese These samt entsprechender Argumentation im Verlauf der Monografie v. a. auf theoretischer Ebene mit großer Überzeugungskraft und es wird deutlich, dass die erörterte Problematik im aktuellen Bildungsdiskurs nach wie vor von zentraler Bedeutung ist. Aus der Perspektive einer stark praxisorientierten Leserschaft betrachtet wirft der Autor durchaus bedeutsame wie auch interessante Fragestellungen hinsichtlich des Unterrichtsgegenstands Literatur im Kontext der allgegenwärtigen Kompetenzorientierung auf, allerdings fällt es schwer, Konsequenzen in Bezug auf etwa die Konkretisierung eines im Sinne des Autors wünschenswerten Literaturunterrichts abzuleiten. Auch wenn vonseiten des Verfassers entsprechend der Nicht-Lehrbarkeit von Literatur offen dargelegt wird, dass es „kein Modell [gibt] […], wie man es denn zu machen hat" (259), verortet er seine praktische Relevanz reklamierende Arbeit explizit in der Literaturdidaktik, also der nicht ausschließlich theoretischen Wissenschaft des Lernens und Lehrens, sodass eine Veranschaulichung der explizierten Aspekte anhand mehrerer konkreter literarischer Beispiele für die Unterrichtspraxis oder auch eine Konkretisierung lediglich genannter Lektüre- und Unterrichtsformen in diesem Zusammenhang gewinnbringend gewesen wären. Des Weiteren skizziert Baum ein doch recht düsteres Bild von gegenwärtigem Unterricht, in welchem es keinerlei Raum für Zweifel oder Nichtverstehen gebe. Wenngleich die bewusst scheiternde Lektüre sicherlich (noch?) nicht als Möglichkeit gelingenden Literaturunterrichts betrachtet werden kann, greift die Vorstellung des Verfassers zu kurz, dass schulischer Unterricht lediglich die Nachahmung kanonischen literarischen Wissens ohne Irritationen oder Nichtverstehen darstelle, denn die Vorstellung eines Lernenden in Gestalt eines „perfekt verstehenden Textroboters" (38), der eine Frage wie „Was wollte uns der Autor oder die Autorin damit wohl sagen?" erwartungsgemäß beantwortet, kann wohl als veraltet wie auch überholt gelten.

Der Mehrwert der vorliegenden Schrift besteht v. a. in der im Rahmen dieser Rezension zweifelsfrei verkürzten Darstellung der theoretischen Herleitung sowie der elaborierten theoretisch fundierten Argumentationsstränge, weswegen aus Sicht der praxisorientierten Didaktik die zentralen angeführten Aspekte wie mögliche konkrete Umsetzungen von Literaturunterricht kaum Beachtung finden. Nichtsdestoweniger ist es dem Verfasser gelungen, das Titelversprechen der Arbeit einzulösen: Baum leistet kontinuierlich Widerstand, wenn auch nicht gegen

Literatur selbst, sondern deren gegenwärtige Lehre im kompetenzorientierten Unterricht. Dieser postulierte Widerstand ist während der Lektüre der Monografie deutlich spürbar: Die Inhalte sind überaus komplex formuliert und basieren zumeist auf tiefgründigen postmodernen Theorien der Philosophie oder der Philologie. Vermutlich ist dieser Umstand zurückzuführen auf das „Anliegen dieser Untersuchung […], im Stile von Grundlagenforschung einige literaturdidaktische Grundbegriffe nach Möglichkeit komplexer zu formulieren" (163).

Literaturverzeichnis

SEKRETARIAT DER STÄNDIGEN KONFERENZ DER LÄNDER IN DER BUNDESREPUBLIK DEUTSCH-LAND. 2004a. *Bildungsstandards für die erste Fremdsprache (Englisch/Französisch) für den Mittleren Schulabschluss*. (Beschluss der Kultusministerkonferenz vom 4.12.2003.) München: Wolters Kluwer. https://www.kmk.org/fileadmin/Dateien/veroeffentlichungen_besch luesse/2003/2003_12_04-BS-erste-Fremdsprache.pdf, Zugriff: 14.01.2022.

SEKRETARIAT DER STÄNDIGEN KONFERENZ DER LÄNDER IN DER BUNDESREPUBLIK DEUTSCH-LAND. 2004b. *Bildungsstandards im Fach Deutsch für den Mittleren Schulabschluss*. (Beschluss der Kultusministerkonferenz vom 4.12.2003.) München: Wolters Kluwer. https://www.kmk.org/fileadmin/Dateien/veroeffentlichungen_beschluesse/2003/2003_12_04-BS-Deutsch-MS.pdf, Zugriff: 14.01.2022.

SEKRETARIAT DER STÄNDIGEN KONFERENZ DER LÄNDER IN DER BUNDESREPUBLIK DEUTSCH-LAND. 2005a. *Bildungsstandards für die erste Fremdsprache (Englisch/Französisch) für den Hauptschulabschluss*. (Beschluss der Kultusministerkonferenz vom 15.10.2004.) München, Neuwied: Wolters Kluwer. https://www.kmk.org/fileadmin/Dateien/veroeffentl ichungen_beschluesse/2004/2004_10_15-Bildungsstandards-ersteFS-Haupt.pdf, Zugriff: 14.01.2022.

SEKRETARIAT DER STÄNDIGEN KONFERENZ DER LÄNDER IN DER BUNDESREPUBLIK DEUTSCH-LAND. 2005b. *Bildungsstandards im Fach Deutsch für den Hauptschulabschluss*. (Beschluss der Kultusministerkonferenz vom 15.10.2004.) München, Neuwied: Wolters Kluwer. https://www.kmk.org/fileadmin/Dateien/veroeffentlichungen_beschluesse/2004/2004_10_15-Bildungsstandards-Deutsch-Haupt.pdf, Zugriff: 14.01.2022.

SEKRETARIAT DER STÄNDIGEN KONFERENZ DER LÄNDER IN DER BUNDESREPUBLIK DEUTSCH-LAND. 2014a. *Bildungsstandards für die fortgeführte Fremdsprache (Englisch/Französisch) für die Allgemeine Hochschulreife*. (Beschluss der Kultusministerkonferenz vom 18.10.2012.) Köln: Wolters Kluwer. https://www.kmk.org/fileadmin/Dateien/veroeffentlichungen_beschl uesse/2012/2012_10_18-Bildungsstandards-Fortgef-FS-Abi.pdf, Zugriff: 14.01.2022.

SEKRETARIAT DER STÄNDIGEN KONFERENZ DER LÄNDER IN DER BUNDESREPUBLIK DEUTSCH-LAND. 2014b. *Bildungsstandards im Fach Deutsch für die Allgemeine Hochschulreife. (Beschluss der Kultusministerkonferenz vom 18.10.2012.)* Köln: Wolters Kluwer. https://www.kmk.org/fileadmin/Dateien/veroeffentlichungen_beschluesse/2012/2012_10_18-Bildungss tandards-Deutsch-Abi.pdf, Zugriff: 14.01.2022.

WEINERT, Franz E. [3]2014. „Vergleichende Leistungsmessung in Schulen – eine umstrittene Selbstverständlichkeit", in: ders. ed. *Leistungsmessungen in Schulen*. Weinheim & Basel: Beltz, 17-31.

BIANKA GÖTZ (KASSEL)

BÖTTGER, Heiner & SAMBANIS, Michaela. 2021. *Sprachen lernen in der Pubertät*. Tübingen: Narr Francke Attempto, 180 p.

Der Narr-Verlag legt ein Studienbuch vor, das von zwei ausgewiesenen Fachpersonen im Bereich der Schnittstelle Neurowissenschaften und Fremdsprachendidaktik verfasst wurde, wie u. a. die von Heiner Böttger und Michaela Sambanis bereits bei Narr erschienenen Konferenzschriften *Focus on Evidence* I-III belegen. Beim vorliegenden Werk handelt es sich um eine zweite überarbeitete und aktualisierte Auflage. Bereits der Einstieg, das Kapitel „Ein Wort zuvor", das in der Auflage von 2017 noch gefehlt hatte, verspricht viel und zeigt auf, dass sich Heiner Böttger und Michaela Sambanis mit der Pubertät auskennen: „Sie [die Pubertät] ist Evolution und Revolution in einem" (9).

In Kapitel 1 legen Sambanis und Böttger die sprachrelevanten neurobiologischen Grundlagen klar und überzeugend dar. Es stellt sich unweigerlich die Frage, weshalb das Schulsystem nicht viel konsequenter einen flexibleren und späteren Unterrichtsbeginn anstrebt (23). Die Autorin und der Autor runden Kapitel 1 mit einem schlüssigen Zwischenfazit ab, welches ebenfalls eine Ergänzung zur Auflage 2017 darstellt.

Kapitel 2 thematisiert die Kommunikation der pubertierenden Jugendlichen. Zuerst wird auf ihre verschiedenen Ansprechpartnerinnen und -partner (Eltern, Lehrpersonen, etc.) eingegangen, danach werden die Kommunikation im Jugendalter, Jugendsprache, parasoziale Interaktionen, sprachlicher Rückzug, etc. beleuchtet. Dass Sprache dabei „zum Ausdruck der Identität und Zugehörigkeit sowie zur Abgrenzung genutzt" wird (37), ist gerade auch für den Fremdsprachenunterricht von hoher Relevanz und erklärt, „warum manche Heranwachsende Hemmungen zeigen, vor der Klasse in einer Fremdsprache zu sprechen und warum manche zu einer verdeutschten Aussprache im Fremdsprachenunterricht neigen" (37). Dieses zweite Kapitel erscheint für Fremdsprachenlehrpersonen von besonderer Bedeutung.

Im umfassenden Kapitel 3 verknüpfen Sambanis und Böttger die Pubertät mit verschiedenen Zugängen und Entwicklungspotenzialen. Sie widmen der Musik, der Motorik, den Emotionen, der Kognition, der Konzentration und der Kreativität je ein Unterkapitel, das sie jeweils mit einem Zwischenfazit abschließen und dabei auch immer wieder Bezug zum Fremdsprachenunterricht nehmen. Eine Einführung in das Kapitel 3, wie sie auch die Kapitel 1, 2, 4 und 5 bieten, wäre hilfreich gewesen.

Das kurze Kapitel 4 geht knapp auf die individuelle Förderung und Unterstützung ein. Es betont die Wichtigkeit von Feedback, das „als einer der stärksten Faktoren für die Sprachentwicklung" (15) gilt, gerade in der Pubertät.

Das praxisorientierte Kapitel 5 schließlich stellt verschiedene Aufgabenformate vor, die einen Unterrichtsfundus bilden. Dabei liefern Sambanis und Böttger insbesondere viele Ideen zu spielerischen Aufgabenformaten. Diese werden alle ausführlich beschrieben und enthalten hilfreiche Materialien, darunter Musterlösungen (Wüstenspiel, 132) oder Rollenkarten (Trial, 139), sodass die allfällige Adaption und Umsetzung im Klassenzimmer rasch möglich werden. Spätestens hier wird klar, dass sowohl die Autorin als auch der Autor selbst ehemalige Lehrkräfte sind. Sambanis und Böttger widmen auch den musikbasierten Unterrichtsaktivitäten, den motorischen Aspekten, den Emotionen und der Kreativität jeweils ein Unterkapitel mit je mindestens zwei Unterrichtsaktivitäten und schaffen es so auf eindrückliche Weise, den Bogen zu Kapitel 3 zu schlagen. Das praxisorientierte Kapitel 5 wird mit drei einfachen Achtsamkeitsübungen im Unterkapitel „Mindful exercises" (157-158) abgeschlossen. Damit treffen Sambanis und Böttger den Zeitgeist.

Zusammenfassend lässt sich festhalten, dass hier ein sorgfältig theoretisch fundiertes praxisorientiertes Werk vorliegt, das ich insbesondere denjenigen (Fremd-)Sprachenlehrpersonen ans Herz legen möchte, die mit Jugendlichen arbeiten.

Literaturverzeichnis

BÖTTGER, Heiner & SAMBANIS, Michaela. edd. 2016. *Focus on Evidence. Fremdsprachendidaktik trifft Neurowissenschaften*. Tübingen: Narr.
BÖTTGER, Heiner & SAMBANIS, Michaela. edd. 2018. *Focus on Evidence II. Netzwerke zwischen Fremdsprachendidaktik und Neurowissenschaften*. Tübingen: Narr.
BÖTTGER, Heiner & SAMBANIS, Michaela. edd. 2020. *Focus on Evidence III. Fremdsprachendidaktik trifft Neurowissenschaften*. Tübingen: Narr.

SIMONE GANGUILLET (BERN)

BURWITZ-MELZER, Eva & RIEMER, Claudia & SCHMELTER, Lars. edd. 2019. *Das Lehren und Lernen von Fremd- und Zweitsprachen im digitalen Wandel. Arbeitspapiere der 39. Frühjahrskonferenz zur Erforschung des Fremdsprachenunterrichts.* **Tübingen: Narr, 313 p.**

Die Frühjahrskonferenz zur Erforschung des Fremdsprachenunterrichts fand im Februar 2019 kurz vor Ausbruch der Pandemie COVID 19 statt. Die Pandemiekrise hat gezwungenermaßen zu einer rapiden digitalen Entwicklung auch im Fremdsprachenlehren und -lernen geführt. Eine erstaunliche Anzahl von Veröffentlichungen ist erfolgt oder in Druck. Um nur einige zu nennen:

- *Distances et Médiations des Savoirs*. 30. 2020. Themenheft: „Entre distance et présence : la formation à l'heure de l'hybridation".
- *Informationen Deutsch als Fremdsprache*. 48/5. 2021. Themenheft: „DaF-Unterricht im virtuellen Raum".
- *Les Cahiers de l'AREFLE*. 2. 2021. Themenheft: „Enseigner le FLE depuis la COVID-19 : défis et enjeux".
- Böttger, Heiner et al. edd. 2022. *From Exclusion to Community. Lehren und Lernen in pandemischen Zeiten*. [in Vorbereitung].

Dessen ungeachtet hat ein Großteil der Artikel in vorliegendem Sammelband nicht an Aktualität verloren. Die den Autorinnen und Autoren gestellten Leitfragen (10) beziehen sich auf:

- die fachlichen und didaktischen Herausforderungen an das Lehren und Lernen von Fremd- und Zweitsprachen im Zeichen des digitalen Wandels,
- den Aufbau eines neuen Leitbilds für digitales Lehren und Lernen,

- die konzeptuellen Änderungen, die angesichts der zunehmenden Digitalisierung in der Fremd- und Zweisprachendidaktik vorgenommen werden sollen,
- die neuen ‚Forschungszugänge‘, die entwickelt werden müssen, und
- Prioritäten, die angesichts der Diskrepanz zwischen den realen Bedingungen des Lernortes (Schule, Hochschule) und den potentiellen Möglichkeiten der Digitalisierung von Lern- und Lehrprozessen zu setzen sind.

Auf der methodischen Ebene gehen die meisten Autorinnen und Autoren so vor, dass sie die Fragen nacheinander abarbeiten, oft auf Forschungsprojekte verweisen, die ihre Thesen unterstützen. Nur wenige geben explizit an, wie sie methodisch bei der Beantwortung verfahren; die Ausnahme macht Daniela Elsner (Universität Frankfurt, Anglistik), die mit Hilfe einer SWOT-Analyse arbeitet.

Fast alle Kolleginnen und Kollegen beziehen sich auf aktuelle Forschungsergebnisse zu den digitalen Medien, um ihre Argumentation zu stützen (z. B. Jürgen Kurtz, Universität Gießen, Anglistik; Andreas Grünewald, Universität Bremen, Romanistik, der ausführlich eine Lehrerbefragung zur Rolle von digitalen Medien vorstellt), was auf die gute Rezeption der Schriften anderer hindeutet. Jedoch beschränkt sich die Diskussion oft ausschließlich auf deutsche und anglo-amerikanische Literatur, abgesehen von den Romanistinnen und Romanisten Hélène Martinez (Universität Gießen, Romanistik), Birgit Schädlich (Universität Göttingen, Romanistik) und Lars Schmelter (Universität Wuppertal, Romanistik), die begrenzt französischsprachige Literatur zum Thema Digitalisierung mit einbeziehen und sie kritisch diskutieren.

Es herrscht bei den Autorinnen und Autoren ein allgemeiner Konsens zum digitalen Lehren und Lernen: Die digitalen Lernumgebungen haben eine ‚dienende Funktion‘, Pädagogik und Didaktik gehen der Technik voraus (z. B. Marcus Bär, Universität Wuppertal, Romanistik). Die Digitalkompetenzen sind als eine Erweiterung der Dimensionen der Fremdsprachendidaktik zu verstehen und verlangen eine kritisch-reflexive Nutzung digitaler Lernumgebungen (z. B. Frederike Klippel, Universität München, Anglistik) in einem „Lernparadigma des sozialen Konstruktivismus, in einem interkulturell, kommunikativ und inklusiv ausgerichteten Fremdsprachenunterricht" (35; Eva Burwitz-Melzer, Universität Gießen, Anglistik).

Mehrere Autorinnen und Autoren (z. B. Mark Bechtel, Universität Osnabrück, Romanistik) diskutieren die Möglichkeiten der digitalen Nutzung der unterschiedlichen Unterrichtsgegenstände (Lesen, Schreiben, Grammatik...), wobei von vielen ein aufgabenorientiertes Vorgehen gefordert wird. Christiane Lütge (Universität München, Anglistik) und Carola Surkamp (Universität Göttingen, Anglistik) beschäftigten sich u. a. mit dem Einfluss der Digitalisierung auf die Literaturdidaktik (literarische Kommunikation, Rezeption...) und die Implikationen für die Forschung in diesem Bereich. Schmelter hebt das kooperative Moment z. B. bei Wiki-Aufgaben als positiv hervor. Julia Settinieri (2019 noch Universität Paderborn, Deutsch als Fremd-/Zweitsprache) spricht davon, dass die Digitalisierung eine stärkere Individualisierung von Lernwegen gestatte. Torben Schmidt (Universität Lüneburg, Anglistik) stellt heraus, dass die digitalen Medien die Möglichkeiten des differenzierten Lehrens und Lernens erhöhten, wenn eine medienkompetente Lehrperson dem Lernprozess beisteht. Dies stellt die Frage der Lehrerbildung, wie u. a. Karen Schramm (Universität Wien, Deutsch als Fremd-/Zweitsprache) hervorhebt. Sie gibt dazu internationale Beispiele für neue Arbeits- und Prüfungsformen und videobasierter Lehre an.

Einige Autorinnen und Autoren befürchten, dass trotz der Digitalisierung und ihren Möglichkeiten der weltweiten Kontaktpflege und der globalen Lernmöglichkeiten (Burwitz-Melzer: *mobile language learning*) die interkulturelle Kompetenz gerade wegen der hohen Technisierung nicht ausreichend Berücksichtigung fände und das Medium nicht ausreichend hinterfragt werde.

Ein weiterer kritischer Bereich ist der ethische Umgang mit der Digitalisierung der Lehr- und Lernprozesse. Hierbei geht es um Fragen des Datenschutzes, der Wahrung der Persönlichkeitsrechte, Nutzung von Internetquellen usw. Des Weiteren benennen Hermann Funk (Universität Jena, Deutsch als Fremd-/Zweitsprache), Britta Viebrock (Universität Frankfurt, Anglistik) und Nicola Würffel (Universität Leipzig, Deutsch als Fremd-/Zweitsprache) die Ambivalenz der zahlreichen *learning analytics*-Daten, die die Digitalisierung bereitstellt.

Allgemein wird festgestellt, dass trotz vieler staatlicher Investitionen die Nutzung der neuen Medien noch relativ gering ist (vgl. z. B. Bechtel, 24). Ebenso fehlt es noch an der Ausbildung der Lehrkräfte im Einsatz dieser Medien. Die

Skepsis der Lehrpersonen bleibt relativ groß (vgl. Elsner, 49, 50). Es werden Befürchtungen geäußert, dass eine zu häufige Nutzung digitaler Medien kognitive (Konzentrationsstörungen) und psychosoziale Risiken (reduzierte Kommunikationsfähigkeit) in sich bergen könnte (vgl. z. B. Elsner, 50). So wird von manchen behauptet, dass es keines neuen Leitbildes bedürfe, da die derzeitigen fachlichen, pädagogischen und ethischen Ziele der fremdsprachlichen Didaktik mit ihrem kommunikativen und handlungsorientierten Ansatz ausreichende und angemessene Rahmenbedingungen zur Entfaltung der neuen Medien geben und „unabhängig vom jeweiligen Stand der digitalen Technikentwicklung Gültigkeit beanspruchen können" (Funk, 70). In diesem Kontext ist auch die kritische Bestandsaufnahme der Nutzung digitaler Medien von Nicole Marx (Universität zu Köln, Deutsch) und von Claudia Riemer (Universität Bielefeld, Deutsch als Fremd-/Zweitsprache) zu sehen; Letztere spricht von Dystopie.

Andere hingegen fordern eine Neuakzentuierung von Zielen und Inhalten des Fremdsprachenunterrichts, weil u. a. die künstliche Intelligenz dem Fremdsprachenunterricht neue Rahmenbedingungen vorgibt (z. B. Grünewald) und fordern ein *bridging the gap* (Henning Rossa, Universität Trier, Anglistik), um sich den neuen Herausforderungen und sich so der Diskussion um die Weiterentwicklung des didaktischen Paradigmas zu stellen. So spricht u. a. Funk von der Notwendigkeit der Entwicklung einer *Digital literacy* aller Beteiligten.

Christian Fandrych (Universität Leipzig, Deutsch als Fremd-/Zweitsprache) und Viebrock merken an, dass digitale Medien auch einen Wandel des Sprachgebrauchs nach sich zögen. Er (59) empfiehlt daher, die sprachlichen Mittel als „dynamische Variationen unterliegende Ressourcen" zu sehen.

Karin Vogt (Pädagogische Hochschule Heidelberg, Anglistik) als ausgewiesene Spezialistin im Bereich des inklusiven, barrierefreien Fremdsprachlernens wirft die noch wenig beforschte Frage der Einbeziehung der Lernenden mit Behinderung auf und gibt einige *best pratice*-Beispiele. Sie stellt fest, dass „die Rolle der Lehrkraft in inklusiven Kontexten noch zu explorieren" (287) sei.

Es wird von einigen Forscherinnen und Forschern die Frage gestellt (z. B. Würffel), welche Zukunft das Lehrbuch habe, dessen Ende schon bei der ersten Welle der Digitalisierung zur Jahrtausendwende angekündigt wurde, wobei sich z. B. Kurtz für einen digital gestützten Umgang mit Lehrwerken ausspricht. Funk sieht die Möglichkeit, *Augmented Reality*-Angebote in Audio- und Video-Form zusätzlich zu den Lehrwerken bereitzustellen.

Es werden auch Themenbereiche wie der Einsatz künstlicher Intelligenz z. B. bei Übersetzung-Apps und Spielplattformen (Grünewald, 83-85) angesprochen. Die effektive und sinnvolle Nutzung dieser Werkzeuge müsste den Schülerinnen und Schülern vermittelt werden, denn

> sie werden nicht ersetzen können, was menschliche Kommunikation ausmacht: zwischenmenschliche Nähe, Einbeziehung nonverbaler Zeichen in den Verstehensprozess der mündlichen Kommunikation, Einfluss von Emotionen oder kulturellen Hintergründen usw. (Grünewald, 87).

Lutz Küster (Humboldt-Universität zu Berlin, Romanistik) ist einer der wenigen, der explizit Forschungsergebnisse anderer Wissenschaftsbereiche, hier der Medienpädagogik und der Soziologie, in Beziehung zur didaktischen Diskussion um die Digitalisierung setzt.

Der Artikel von Andreas Guder (Universität Göttingen, Chinesisch als Fremdsprache) fällt aus dem üblichen Rahmen heraus. Er stellt sich die Frage, ob die Digitalisierung helfen könne, die Schreibkompetenz des morphosyllabischen Schriftsystems des Chinesischen leichter zu erwerben. Es handelt sich um einen spannenden, lesenswerten Beitrag. Grit Mehlhorn (Universität Leipzig, Slavistik) beschäftigt sich mit der Frage des Einflusses der digitalen Medien auf die Russischlehrerinnen- und -lehrerausbildung.

Einige Themen werden kaum angesprochen, so die Rolle der Nutzung von virtuellen 3D-Räumen zum Sprachenlernen. Hier hat im frankophonen Bereich z. B. Laurence Schmoll (2016, 2021) vertieft geforscht. In Bezug auf die Verwendung sozialer Medien im Sprachunterricht hat Christian Ollivier bereits 2012 das Konzept der *didactique invisible*, der impliziten Didaktik, entwickelt, die immer auftritt, wenn die soziale Interaktion das eigentliche Ziel der Kommunikation ist, sie aber in angeleiteten Lernsettings stattfindet. Diese andere Art der ‚Didaktisierung‘ verdient sicherlich, verstärkt erforscht zu werden.

Die Digitalisierung ermöglicht auch informelles Sprachenlernen, das von keinem Autor angesprochen wird. Zum informellen Englischlernen kann z. B. die Arbeit von Meryl Kusyk (2017) herangezogen werden.

Abschließend ein ökologischer Standpunkt, der nirgends Erwähnung findet: Maxime Efoui-Hess (2019, 1) schreibt in seinem Bericht „Klima. Die nicht nachhaltige Nutzung von Online-Videos. Ein praktischer Fall für digitale Nüchternheit":

> Die Digitaltechnik emittiert derzeit 4 % der weltweiten Treibhausgase, mehr als die zivile Luftfahrt. Dieser Anteil könnte sich bis 2025 auf 8 % der Gesamtemissionen verdoppeln – das entspricht dem derzeitigen Anteil der Emissionen von Autos. Während der Klimazwang eine drastische Reduzierung der globalen Treibhausgasemissionen in den kommenden Jahren verlangt, erhöht der digitale Sektor seinen Energieverbrauch um 9 % pro Jahr (Übersetzung der Verf.).

Dieser Feststellung ist nichts hinzuzufügen, da sie für sich selbst spricht, und uns veranlasst, über unseren Internet-Konsum ernsthaft nachzudenken. Sie stellt unsere Nutzung digitaler Medien grundsätzlich in Frage.

Es sei noch eine Anmerkung zur Auswahl der Beiträgerinnen und Beiträger gestattet: Die Gründungsmitglieder dieser jährlichen Frühjahrskonferenz, fast alle Vertreterinnen und Vertreter der Sprachlehr- und Lernforschung, kooptierten im Laufe der Jahre neue Kolleginnen und Kollegen, die ihnen inhaltlich nahe standen. Bei aller Wertschätzung der Autorinnen und Autoren des Bandes bleibt unklar, nach welchen Kriterien die Beiträgerinnen und Beiträger zu dieser Konferenz ausgewählt worden sind, wer sie einlädt usw.

Es sei noch abschließend angemerkt, dass bei einer fest vorgegebenen Fragestellung starke Wiederholungen in den einzelnen Texten auftreten. Es stellt sich die Frage, ob die Digitalisierung nicht eine kooperativere Produktion der unterschiedlichen Positionen ermöglicht hätte, die dann weniger redundant in der Darstellung wäre. Alles in Allem liegt ein interessantes, lesenswertes Buch vor, das den aktuellen, bundesdeutschen Stand der Fremdsprachendidaktik und ihrer Forschung zu der Frage der Digitalisierung des fremdsprachlichen Lehrens und Lernens darlegt.

Literaturverzeichnis

BÖTTGER, Heiner et al. edd. 2022. *From Exclusion to Community. Lehren und Lernen in pandemischen Zeiten.* [in Vorbereitung].

Distances et Médiations des Savoirs. 30. 2020. Themenheft „Entre distance et présence : la formation à l'heure de l'hybridation".

EFOUI-HESS, Maxime. 2019. *Climat. L'insoutenable usage de la vidéo en ligne. Un cas pratique pour la sobriété numérique.* Rapport. Paris: Think tank The Shift Project. En ligne sur le site du laboratoire d'idées: https://theshiftproject.org/article/climat-insoutenable-usage-video/, Zugriff: 25.02.2021.

Informationen Deutsch als Fremdsprache. 48(5). 2021. Themenheft: „DaF-Unterricht im virtuellen Raum."

KUSYK, Meryl. 2017. *Les dynamiques du développement de l'anglais au travers la participation aux activités informelles en ligne: une étude exploratoire auprès d'étudiants français et allemands.* Straßburg: Université de Strasbourg.

Les Cahiers de l'AREFLE [Association hénane des enseignants de FLE]. 2(1). 2021. Themenheft: „Enseigner le FLE depuis la COVID-19: défis et enjeux".

OLLIVIER, Christian. 2012. „Approche interactionnelle et didactique invisible – Deux concepts pour la conception et la mise en œuvre de tâches sur le web social", in: *ALSIC [Apprentissage des langues et systèmes d'information et de communication]* 15/1: http://alsic.revues.org/2402, Zugriff: 12.12.2021.

SCHMOLL, Laurence. 2016. *Concevoir un scénario de jeu vidéo sérieux pour l'enseignement-apprentissage des langues ou comment dominer un oxymore.* Strasbourg: Université de Strasbourg.

SCHMOLL, Laurence. 2021. „Pour une approche définitoire multidimensionnelle du jeu NUMERIQUE pour l'apprentissage des langues", in: *ALSIC [Apprentissage des langues et systèmes d'information et de communication]* 24/1: http://journals.openedition.org.scd-rproxy.u-strasbg.fr/alsic/5754, Zugriff: 12.12.2021.

GÉRALD SCHLEMMINGER (KARLSRUHE)

FOURCAUD, Christine & SPRINGER, Matthias. 2021. *Frühkindlicher Fremdsprachenerwerb in den ‚Elysée-Kitas'. Schnupperstunde Französisch in den Münchner städtischen Kindertageseinrichtungen.* Tübingen: Narr, 282 p.

Normalerweise ziehen Vorworte nicht so viel Interesse auf sich. Eine aufmerksame Leserin und ein aufmerksamer Leser halten jedoch inne, um die Zielsetzung des Werkes und das Engagement der Autorinnen und Autoren zur Kenntnis zu nehmen. In diesem Buch gibt es nicht nur ein Vorwort, sondern gleich sechs: das der französischen Botschaft in Deutschland (Berlin), das der bayerischen Staatsministerin für Europaangelegenheiten und Internationales, das des Oberbürgermeisters der Landeshauptstadt München, das des Rektors der Region *Grand-Est* und des Präsidenten der Universität Reims Champagne-Ardenne, das der Leiterin der *Groupe d'Études sur le Plurilinguisme Européen* der Universität Straßburg und das der Leiter der Institute für Deutsch als Fremdsprache und des Instituts für

Romanische Philologie der Ludwig Maximilians Universität München. Diese Vorworte zeugen von der Bedeutung, die die betroffenen Hochschulen in Deutschland und Frankreich und die politischen Instanzen beider Länder dem Netzwerk der grenzüberschreitenden Bildungskooperation „Élysée 2020" für bilinguale Kindertageseinrichtungen (Kitas) in Deutschland und *écoles maternelles* in Frankreich und auch der Münchner Umsetzung beimessen.

Wie die Autorin und der Autor darlegen (Kap. 2), wurde das Netzwerk „Élysée 2020" der zweisprachigen Vorschuleinrichtungen im Jahr 2013 als bilaterale Vereinbarung zwischen Deutschland und Frankreich ins Leben gerufen. Ziel ist es,

> einen regelmäßigen und altersgerechten Gebrauch der Partnersprache als Kommunikationssprache zwischen Erwachsenen und Kindern einzuführen. Dies kann in Form regelmäßiger Angebote während der Woche bis hin zu einer mehr oder weniger vollständigen Immersion geschehen (Deutsch-französische Expertenkommission für das allgemeine Schulwesen 2013, 1).

Die Vorschul-Einrichtungen erhalten für die Dauer von fünf Jahren das Label „Élysées 2020", wenn sie die Anforderungen der deutsch-französischen Qualitätscharta für zweisprachige Kindergärten erfüllen (vgl. ebd.). Neben dem frühen Spracherwerb geht es auch darum, von der Vorschule/Kita ausgehend Überlegungen zu einer Kontinuität des gesamten Bildungswegs zu entwickeln, wie es im Bericht der Inspection générale de l'Éducation nationale (2018, 1) heißt. Auf deutscher Seite gibt es derzeit 179 zertifizierte bilinguale Kitas. In Frankreich gibt es 215 zweisprachige Vorschulen (*maternelles bilingues*), ca. 150 davon befinden sich in den Departements Bas Rhin und Haut Rhin.

Diese Einrichtungen wurden auf französischer Seite im Jahr 2018 durch einen Bericht der Inspection générale de l'Éducation nationale evaluiert. Auf deutscher Seite waren es Christine Fourcaud (Germanistin an der Universität Reims Champagne-Ardenne) und Matthias Springer (Germanist an der Ludwig-Maximilians-Universität München), die zwischen Oktober 2018 und Mai 2020 acht Élysées 2020-Kitas der Stadt München auswerteten (53). In ihrem Buch stellen die beiden die Ergebnisse dieser Arbeit vor. Sie beobachteten insbesondere den Verlauf der ‚Schnupperstunden' (54), ein wöchentlicher Kurs zum Erlernen der französischen Sprache, der kostenlos von einer französischsprachigen Lehrperson des Institut Français erteilt wird, manchmal im Tandem mit einer französischsprachigen oder zweisprachigen Erzieherin der Kita.

Gleich zu Beginn des Buches (Kap. 1) arbeiten die Autorin und der Autor die ‚vorgefassten Meinungen‘ zum frühen Sprachenlernen in Form von Fragestellungen ab, z. B.: Hat Mehrsprachigkeit bei Kindergartenkindern möglicherweise einen negativen Einfluss auf deren kognitive, sprachliche und soziale Entwicklung? Sind Vorschulkinder beim Erwerb einer dritten oder vierten Sprache überfordert? Sollten sich Kinder mit fremdsprachlichem Hintergrund nicht erst die deutsche Sprache aneignen, bevor sie sich einer weiteren Fremdsprache zuwenden? Diese Ausführungen geben nicht nur den Stand der aktuellen Forschung zu diesem Thema wieder, sondern richten sich an ein breites Publikum, das nicht unbedingt die neusten Untersuchungen kennt.

In ihrer Untersuchung fokussieren Fourcaud und Springer (24) insbesondere den Vorteil von Mehrsprachigkeit vor dem Hintergrund der Bildungs- und Sozialpolitik der Stadt München:

> Es geht vordergründig nicht ausschließlich darum, den sprachlichen Fortschritt und Erfolg zu messen, die Qualität der Organisation und Durchführung der Schnupperstunde in den Einrichtungen zu beurteilen oder die Kompetenzen der Fachlehrkräfte sowie des pädagogischen Personals zu evaluieren. Untersucht wurde der grundsätzliche bildungs- und gesellschaftspolitische Mehrwert von Mehrsprachigkeit und zwar in einer sehr frühen Phase kindlicher Entwicklung und Sozialisation.

Die Untersuchung wird von drei präzisen Forschungsfragen geleitet (66):

- Inwiefern fördert das bilaterale Projekt Élysées-Kitas die soziale und politische Teilhabe aller Beteiligten?
- Welche entwicklungspsychologischen Erwartungen haben die am gesteuerten Fremdsprachenerwerb Mitbeteiligten?
- Wie entwickeln Kindergartenkinder metalinguistisches Bewusstsein bei nur geringem Kontakt zur Fremdsprache?

Die Stadt München hat sich in ihrer Sprachenpolitik auch zum Ziel gesetzt, soziokulturell benachteiligte, bildungsferne Schichten und Kinder mit Migrationshintergrund in das Élysées-Kitas-Projekt einzubeziehen (47). Das Diagramm 5 (87) zeigt, dass in der Tat nur 52 % der befragten Eltern Deutsch als Familiensprachen nutzen. In diesem 4. Kapitel geben die Verfasserin und der Verfasser einen detaillierten Einblick in das soziokulturelle Profil der am Projekt beteiligten Eltern[1].

---

[1] Es ist jedoch zu bedauern, dass bei den statistischen Angaben in Form von Diagrammen die Anzahl der Personen, die an den Umfragen teilgenommen haben, nicht systematisch angegeben ist. Ein Gesamtschema, das die angewandte Methodik erläutert (67), und eine Darstellung der betrachteten Stichprobe (75) weisen darauf hin, dass die Elternkohorte 149

Was die psychosozialen Auswirkungen der Schnupperstunde betrifft (Kap. 5), so zeigen die Ergebnisse unter anderem, dass der Französischunterricht durch Gruppeneffekte zur Stärkung des Selbstvertrauens der Kinder beitragen kann. Sie dokumentieren auch den Aufbau zahlreicher Lernstrategien durch zahlreiche Video-Transkripte der Interaktionen zwischen Kindern und Lehrpersonen. Diese Transkripte untermauern und illustrieren die Argumentation auf angemessene Weise und machen das Buch für die Aus- und Fortbildung von (zukünftigen) Französisch-Lehrkräften besonders nützlich.

In Bezug auf die Interaktionsabläufe im Französischunterricht (Kap. 6) verweisen Fourcaud und Springer einerseits auf defizitäre Lehrstrategien wie die weit verbreiteten ineffektiven Quizfragen *Qu'est-ce que c'est?* zu Beginn einer Lernsequenz (155). Andererseits stellen sie erfolgreiche Interaktionsstrategien dar wie angemessenes *Scaffolding* von Seiten der Lehrpersonen. Die Kinder können, wie die Autorin und der Autor zeigen, translinguale Strategien (in Form von z. B. lexikalischer und phonologischer Bewusstheit), Abrufungsstrategien fester Wendungen (*chunks*) und Kooperationsstrategien mobilisieren. Sie können sich so einbringen und mit den Lehrpersonen erfolgreich in Austausch treten.

Die vorliegende Untersuchung erweitert und vertieft u. a. die Studien von Edelenbos & Johnstone & Kubanek (2006), Dauster (2007), Méron-Minuth (2009) und Wörle (2013); die letzten drei Referenzen werden auch von Fourcaud und Springer aktiv rezipiert. Die vorliegende Untersuchung ist ebenso im Kontext von internationalen Projekten wie ELE (*Éducation et ouverture aux langues à l'école*) des *Institut de recherche et de documentation pédagogique* in Neuchâtel (2003) oder ELODIL (*Éveil au langage et ouverture à la diversité linguistique*) der Université Montréal zu sehen.

Das Buch endet mit Handlungsempfehlungen (Kap. 7). Die Autorin und der Autor schlagen organisatorische, didaktische und pädagogische Veränderungen vor. Sie werden hier zusammengefasst wiedergegeben, da sie gleichermaßen für andere Schulen und andere Sprachen mit Frühbeginn Geltung haben:

- das wöchentliche Stundenvolumen erhöhen;
- den Anteil der bildungsfernen Eltern erhöhen;

Personen umfasst. Es ist daher davon auszugehen, dass N = 149 beträgt. Man hätte sich gewünscht, diese Information in jedem Diagramm zu finden, was das Lesen erleichtert hätte.

- den Anteil an mehrsprachigen Schülern erhöhen (die weniger dazu neigen, auf die Schulsprache zurückzugreifen, um sich verständlich zu machen, wie diese Forschung zeigt);

- auf eine regelmäßige Teilnahme der Kinder achten, um eine pädagogische Kontinuität zu gewährleisten;

- Alters-/Niveaugruppen einrichten, damit die Kinder im Laufe von drei Jahren im Kindergarten effektivere Fortschritte machen können;

- für eine größere pädagogische Kontinuität sorgen, um einen zu häufigen Wechsel der Lehrkräfte zu vermeiden;

- eine deutsch-französische Erstausbildung der Lehrkräfte fördern, die in den Kindergärten des Projekts „Elysée-Kitas 2020" tätig sind;

- eine kontinuierliche Fortbildung des Lehrpersonals organisieren;

- systematisch einen Pool von didaktischen Materialien einrichten und auf anerkannte Techniken des Frühunterrichts zurückgreifen, wie z. B. die ‚carte-mot-dessin' von Morisset-Dammann (2006/2017);

- ein *Cahier de vie* der Lerngruppe einführen, das es allen Beteiligten ermöglicht, die Aktivitäten des Klassenverbands über das Jahr hinweg besser zu verfolgen;

- mehr *Scaffolding*-Strategien entwickeln helfen, um den Spracherwerbsprozess des Kindes verstärkt zu unterstützen;

- mehr Gruppenrituale auf Französisch aufbauen, z. B. bei der Begrüßung, beim Abschluss einer Arbeitsphase usw.;

- Spiel- und Bastelaktivitäten in der Schnupperstunde explizit handlungsorientiert gestalten, um den sprachlichen Austausch zu fördern;

- jede Handlung mit mehr Verbalisierungen und Meta-Diskursen begleiten, die darauf hinweisen, was wann und wie passiert;

- den immersiven Ansatz weiter entwickeln, so dass Französisch auch zu anderen Zeiten als nur in der Schnupperstunde eingebunden wird, z. B. bei sportlichen Aktivitäten, beim Singen, bei der Begrüßung (Morgenkreis).

Der Anhang des Buches ist sehr umfassend: Er enthält die Rahmentexte des Projekts „Elysée-Kitas 2020" und die benutzten Erhebungsinstrumente. Die Biblio-

grafie – die normalerweise dem Anhang vorangestellt werden sollte – ist sehr um-
fangreich, auch wenn die Unterteilung in fünf verschiedene Rubriken die Suche
nach einer Veröffentlichung nicht erleichtert.

Die Bedeutung und Relevanz des Projekts „Elysée-Kitas 2020" zeigt sich auch
in den zahlreichen Abschlussarbeiten, die in diesem Rahmen an der Universität
München entstanden sind (vgl. u. a. Hoa'ba 2019; Ngoc 2019; Wolf 2019;
Bergauer 2020; van Delden 2020; Stössel 2020). In diesen Qualifikationsschriften
werden einzelne Fragestellungen, die bereits von Fourcaud und Springer angesprochen wurden, wie Lern- und Lehrstrategien, die Einbeziehung benachteiligter
Kinder usw., noch weiter vertieft.

Alles in allem stellt dieses Buch detailliert, klar, gut begründet und mit präzisen
Interaktionsanalysen untermauert den aktuellen Stand des Projekts „Elysée-Kitas
2020" der Stadt München dar. Die Ergebnisse sind auf andere Beschulungsfor-
men in Frühfranzösisch (z. B. in den ersten Klassen der Grundschule) und auf
andere Sprachen übertragbar. Es ist daher angemessen, bei dieser Veröffentlichung von einem Standardwerk zum frühen Fremdsprachenunterricht zu sprechen. Es richtet sich sowohl an ein interessiertes Publikum als auch an Sprachstu-
dierende und erfahrene Forscherinnen und Forscher.

Literaturverzeichnis

BERGAUER, Lisa. 2020. *Lehrer- und Lernerstrategien im frühen sukzessiven Fremdspracher-*
werb. München: Ludwig-Maximilians-Universität München.

DAUSTER, Judith. 2007. *Früher Fremdsprachenunterricht Französisch. Möglichkeiten und*
Grenzen der Analyse von Lernernäußerungen und Lehr-Lern-Interaktion. Stuttgart: ibidem.

DELDEN, Julia van. 2020. *Einflussfaktoren auf die Inklusion im frühen Fremdsprachenerwerb*
in den Münchner Elysée Kitas. München: Ludwig-Maximilians-Universität München [Ba-
chelor-Arbeit].

DEUTSCH-FRANZÖSISCHE EXPERTENKOMMISSION FÜR DAS ALLGEMEINE SCHULWESEN & DIREC-
TION GÉNÉRALE DE L'ENSEIGNEMENT SCOLAIRE. 2013. *Deutsch-Französische Qualitäts-*
charta für zweisprachige Kindertagesstätten. Berlin.

EDELENBOS, Peter & JOHNSTONE, Richard & KUBANEK, Angelika. 2006. *Die wichtigsten pä-*
dagogischen Grundsätze für die fremdsprachliche Früherziehung. Straßburg: Europäische
Kommission.

HOA'BA, Ruth. 2019. *Handlungsorientierte Kompetenzen im frühen sukzessiven Fremdspra-*
chenerwerb. München: Ludwig-Maximilians-Universität München [Master-Arbeit].

INSPECTION GENERALE DE L'ÉDUCATION NATIONALE. 2018. *Le réseau franco-allemand des écoles maternelles bilingues « Élysée 2020 »* [rapport]. Paris: Ministère de l'Éducation nationale.

MÉRON-MINUTH, Sylvie. 2009. *Kommunikationsstrategien von Grundschülern im Französischunterricht: Eine Untersuchung zu den ersten vier Lernjahren.* Tübingen: Narr.

MORISSET-DAMMANN, Christelle. 2006/2017. *La méthode CMD.* Freiburg i. Br.: Verlag L'Océan.

NGOC, Thuy. 2019. *Vergleich zweier didaktischer Herangehensweisen und ihre Auswirkung auf die Kommunikationsstrategien der Kinder.* München: Ludwig-Maximilians-Universität München [Bachelor-Arbeit].

STÖSSEL, Tinka. 2019. *Evaluation des Pilotprojekts „Kindgerechte Französische Sprachvermittlung für Kinder und Eltern in städtischen Münchner Elysée-Kitas ". Eine Untersuchung des Beitrags des Gesamtrahmens zu den Unterschieden in der Umsetzung der Schnupperstunde Französisch.* München: Ludwig-Maximilians-Universität München [Master-Arbeit].

WOLF, Antonia. 2019. *Chancengleichheit an den Münchner städtischen Elysée-Kita Einrichtungen.* München: Ludwig-Maximilians-Universität München [Bachelor-Arbeit].

WÖRLE, Jutta. 2013: *Kommunikationsstrategien und Anzeichen für Sprachbewusstheit von Kindern: beim Französischlernen in einer Kindertagesstätte in der Rheinschiene.* Hohengehren: Schneider.

GÉRALD SCHLEMMINGER (KARLSRUHE)

GABRIEL, Christoph & GRÜNKE, Jonas & THIELE, Sylvia. edd. 2019. *Romanische Sprachen in ihrer Vielfalt. Brückenschläge zwischen linguistischer Theoriebildung und Fremdsprachenunterricht.* Stuttgart: ibidem, 246 p.

Der deutsch-/englischsprachige Sammelband vereint acht sprachwissenschaftliche Beiträge, von denen sieben aus der Tagung *The multifaceted structures of Portuguese: Bridging the gap between linguistic theories and foreign language teaching* (Mainz, 7.-8. Juni 2018) hervorgegangen sind (vgl. 7, Klappentext und https://vu.fr/sbWF). Vorgestellt werden verschiedene Erkenntnisse aus den Bereichen der Phonologie, Morphologie, Syntax und der Semantik-Pragmatik-Schnittstelle. Wie das Herausgeberteam erklärt, soll aufgezeigt werden, „wie sich Befunde empirischer Sprachwissenschaft gewinnbringend im FU einsetzen lassen und zu einer linguistisch fundierten Theorie des Lernens und Lehrens von Fremdsprachen beitragen können" (7).

Auch wenn dies unerwähnt bleibt, richtet sich der Sammelband somit eher an Hochschullehrende (und deren Studierende) als an fachdidaktisch Ausbildende oder praktizierende Fremdsprachenlehrkräfte. Obwohl alle Beiträge fremdsprachendidaktische Überlegungen beinhalten, ist ihre Ausrichtung grundsätzlich fachwissenschaftlich. Anstatt den Anspruch zu haben, romanische Linguistik und Fremdsprachendidaktik zu vereinen, wird in den Artikeln eher ein Ausblick darauf gegeben, welche linguistischen Erkenntnisse dabei helfen können, den Unterricht der romanischen Sprachen fachwissenschaftlich fundiert weiterzuentwickeln. Wie in der Einleitung erwähnt wird, sollen auch konkrete Unterrichtsmaterialien konzipiert werden, aber dieses Unterfangen bleibt zukünftigen Publikationen vorbehalten (vgl. 8). Um der Metapher des Brückenschlags vollends gerecht zu werden, bedarf es also noch stärker (fremdsprachenunterrichts-)praxisbezogener Ideen. Im Rahmen der Aus- und Fortbildung von Fremdsprachenlehrkräften könnte diese Leerstelle meiner Ansicht nach hochschuldidaktisch nutzbar gemacht werden: Die Artikel könnten als Ausgangspunkt für Projektarbeiten verwendet werden, in deren Rahmen Studierende eigene Unterrichtsmaterialien entwickeln.

Der Sammelband besteht (abgesehen von der Einleitung) aus zwei ungleich großen Teilen, nämlich aus sechs Artikeln zu „[s]prachwissenschaftliche[n] Forschungsergebnisse[n] im Fremdsprachenunterricht" (3 bzw. 13) und zweien zu den „Besonderheiten herkunftssprachlichen Lernens und dessen Auswirkungen auf den (Fremd-)Sprachenunterricht" (4 bzw. 175). Während im ersten Teil Varietäten des Portugiesischen in allen Beiträgen eine Rolle spielen, findet sich im zweiten Teil auch ein Artikel, in dem es um den Fremdsprachenerwerb des Englischen und Französischen geht.

In der deutschsprachigen Einleitung wird zunächst eine kurze Einführung in die historische Entwicklung eines wissenschaftlich fundierten Fremdsprachenunterrichts gegeben und die oben bereits dargelegte Zielsetzung des Bands näher erläutert. Anschließend wird die Aufgliederung in zwei Teile sowie die thematische Ausrichtung des Gesamtwerkes spezifiziert:

> Der vorliegende Band gliedert sich in zwei thematische Blöcke. Die meisten – aber nicht alle – Beiträge verbindet dabei der Bezug zum Portugiesischen. Gemein ist jedoch allen Arbeiten die Verknüpfung von linguistischer Forschung mit der Fachdidaktik. Durch diese Kombination ergibt sich ein Fokus auf den universitären und weniger auf den schulischen Fremdsprachenunterricht, da das Portugiesische in letzterem im deutschsprachigen Raum kaum eine Rolle spielt (8).

Der vorliegende Sammelband fokussiert also ausdrücklich den universitären Portugiesischunterricht. Spätestens hier stellt sich die Frage, wieso genau ein Artikel
ohne Bezug zum Portugiesischen integriert wurde und die Publikation als *Romanische Sprachen in ihrer Vielfalt: Brückenschläge zwischen linguistischer Theoriebildung und Fremdsprachenunterricht* erschienen ist. Während der gewählte
Titel eine Diversität an romanischen Sprachen und eine allgemeine Anschlussfä-
higkeit an den – durchaus auch schulischen – Fremdsprachenunterricht suggeriert,
wird diese Erwartung bereits in der Einleitung (und in gewissem Maße auch schon
im Klappentext, der die zugrundeliegende Tagung zum Portugiesischen erwähnt)
revidiert. Immerhin werden diese Erwartungen dann auch erfüllt: Die Artikel befassen sich mit sprachlichen Phänomenen, die für den fortgeschrittenen Fremd-
und Herkunftssprachenunterricht von Relevanz sind und die in den allermeisten
Fällen Beispiele oder Sprachspezifika des Portugiesischen verarbeiten.

Im Folgenden werden die einzelnen Beiträge kurz evaluierend vorgestellt und
Vorschläge unterbreitet, wie sie in der fachdidaktischen Forschung und hochschuldidaktischen Lehre eingesetzt werden könnten. Der letztgenannte Ansatz
wird vor allem deshalb gewählt, da so deutlich wird, für welchen Einsatzbereich
die Publikation hilfreich erscheint und welches (forschungsorientierte und hochschuldidaktische) Potenzial den (fachwissenschaftlichen) Artikeln beigemessen
wird. Während die „Brückenschläge zwischen linguistischer Theoriebildung und
Fremdsprachenunterricht" nur wenig Aussicht auf Erfolg im schulischen Bereich
versprechen (wie die Herausgeberin und die Herausgeber selbst schreiben, spielt
das Portugiesische an deutschen Schulen nur eine geringe Rolle, vgl. 7), liefern
die einzelnen Artikel gelungene Einführungen in konkrete linguistische Methoden
und Referenzstudien, die sich meines Erachtens hervorragend zur Inspiration
fachdidaktischer Anschlussstudien (auch weiterer Fremdsprachen) und für die
universitäre Umsetzung forschenden Lernens (vgl. Schädlich 2016, s. v.) eignen.

Im ersten Beitrag („*(Não) diga sim*: Bejahende Antworten im gesprochenen
Portugiesisch und im Portugiesischunterricht", 15-42) von Malte Rosemeyer geht
es um die Variation in affirmativen Erwiderungen in einem Korpus der in Europa
und in Brasilien gesprochenen Varietäten sowie in Lehrbüchern. Insbesondere
werden Differenzen in der Distribution der Antwortvarianten zwischen den Kor-

pora aufgezeigt, z. B. die frequentere Verwendung der Partikel *sim* in den analysierten Grammatikteilen und konstruierten Dialogen. Der Artikel ermöglicht eine fundierte Einarbeitung in die sprachliche Realisierung positiver Rückmeldungen im Portugiesischen und bietet ein Analyseschema, das auch von Studierenden imitiert werden könnte. Gerade die Kombination aus einer Studie zu den beiden großen Varietäten des gesprochenen Portugiesisch (i. e. europäisches und brasilianisches Portugiesisch) und einer Lehrbuchanalyse dürfte für Forschungsnovizinnen und -novizen ein relativ leicht zugängliches Verfahren sein.

Auch der zweite Beitrag („Perception in the study of grammar and in teaching: The case of definite articles and external vocalic sandhis in Brazilian Portuguese", 43-71) von Albert Wall stellt eine gelungene Einführung in ein konkretes Phänomen des Portugiesischen und dessen wissenschaftliche Untersuchung dar. Hier werden die Besonderheiten des brasilianischen Artikelsystems herausgearbeitet und es wird anhand eines Perzeptionsexperiments gezeigt, dass die Wahrnehmung von gehörtem Sprachmaterial durch vorausgehende Instruktionen beeinflusst werden kann: Die Unterscheidung zwischen der Abwesenheit des Artikels und einer Kontraktion des Artikels mit dem nachfolgenden Nomen wird durch eine entsprechende Erläuterung erschwert. Im hochschuldidaktischen Kontext ließen sich hier spannende Diskussionsfragen stellen (z. B. Wieso glauben wohl einige Probandinnen und Probanden fälschlicherweise, sie hätten einen Artikel gehört?/ Woran könnte es liegen, dass ein Unterschied zwischen einer grammatischen Abwesenheit des Artikels und einem Sandhi-Phänomen messbar ist?). Da für das Verständnis dieses Artikels jedoch einige Vorkenntnisse benötigt werden, wäre es empfehlenswert seine Lektüre zu didaktisieren, z. B. indem vorher eine Internetrecherche zu den zentralen Fachbegriffen, Forschungsmethoden und statistischen Verfahren durchgeführt wird. Auch im Forschungskontext könnte – beispielsweise auch sprachvergleichend – leicht an die vorgestellten Erkenntnisse angeknüpft werden.

Deutlich niedrigschwelliger dürfte sich dagegen die Thematisierung „konventionalisierte[r] Mehrwortlexeme" (71) gestalten. So definiert Theresa Gruber *Phraseme* und zeigt in ihrem Beitrag („,Wechselgeld', ,Antwort' oder ,Rache': Zum Gebrauch eines polysemen Phrasems des Portugiesischen", 71-98) mittels der Konsultation digitaler Wörterbücher und einer kleinen Korpusstudie, welche

Bedeutungen der Konstruktion *dar (o) troco* zugeschrieben werden können. Wie sie darlegt, lassen sich mindestens drei Bedeutungsvarianten finden: ,Wechselgeld geben', ,Rache nehmen' und ,antworten'. Auch wenn die explorative Studie keinesfalls dafür geeignet ist, die Distribution dieses Ausdrucks verlässlich zu ermitteln, wird hier eine Methodik exemplifiziert, die zur Nachahmung einlädt. Studierende könnten analog vorgehen, um die kontextuelle Verwendung weiterer lexikalischer Einheiten zu untersuchen und Bedeutungsvarianten korpuslinguistisch zu untersuchen. Obwohl der anschließende Ausblick auf die Phraseodidaktik (93) sehr knapp ausfällt, ließe sich auch an das dort erwähnte Phasenmodell (*Erkennen, Verstehen, Festigen* und *Anwenden*) anknüpfen und es könnten konkrete Unterrichtsmaterialien zu Phrasemen erstellt werden. Hier wäre allerdings die Frage, ob es nicht doch auch Phraseme gibt, die bereits im weniger fortgeschrittenen Fremdsprachenunterricht von Bedeutung sind.

Konkretere (hochschul-)didaktische Vorschläge werden dagegen im nachfolgenden Beitrag von Anna Ladikova („Die Bedeutung der Gestenforschung für die Fremdsprachendidaktik", 99-121) gegeben. Die Autorin geht nicht nur auf die historische Entwicklung dieses recht jungen Forschungsfelds ein, sondern sie beschreibt auch, wie Embleme (d. h. „fully aware non-verbal acts which are used as deliberate tools of communication and are recognized immediately inside their particular social community; and can be easily translated into verbal language (and quoted)" (Payrató 2014, 1474, zit. nach 108)) durch Fotos und Videos mediendidaktisch aufbereitet werden können. Generell bietet dieser Artikel eine sehr gute Einführung in die Gestenforschung und hat das Potenzial, Forschende, Lehrende und Studierende für eine kreative Auseinandersetzung mit fremd- und eigenkultureller Gestik zu inspirieren.

Wesentlich traditioneller mutet dagegen Conceição Cunhas Beitrag („Contextual variability in the native production of European Portuguese oral vowels", 123-144) an, in dem das Vokalsystem des europäischen Portugiesisch beschrieben und mit empirischen Daten untermauert wird. Die Ergebnisse sind durchaus nicht nur aus Forschungsperspektive, sondern auch für die Ausspracheschulung interessant: Der unbetonte hintere Vokal wird zwar in der Literatur oftmals als [ʊ] beschrieben, aber eigentlich eher als [ʉ] realisiert und der tiefe Vokal, der normalerweise als [ɐ] bezeichnet wird, wird eindeutig als zentrales Schwa [ə] produziert (vgl. 140). Es bleibt zwar offen, inwiefern diese Feinheiten für die Perzeption (z. B. für die Detektion eines ausländischen Akzents oder ggf. für die Zuschreibung negativer Stigmata) relevant sind und wie man diese Nuancen outputorientiert trainieren sollte, aber diese Erkenntnisse stellen zweifelsfrei interessante Ausgangspunkte für weitere linguistische Forschung und die Portugiesischdidaktik dar.

Letzteres trifft auch auf den letzten Artikel des ersten Teils zu („Convoluted loan paths in the Colonial Portuguese of the Estado da Índia: The importance of language contact in foreign language learning", 147-172). Tabea Salzmann unternimmt hier den Versuch, die Bedeutung von Sprachkontakt für den Fremdsprachenerwerb aufzuzeigen, indem sie die Etymologie von Lehnwörtern wie *beirame* oder *chamalote* untersucht und vorschlägt, solche Untersuchungen in den Fremdsprachenunterricht der gymnasialen Oberstufe zu integrieren (165). Während einige methodisch-didaktische Überlegungen dargelegt werden, bleibt eine didaktisch fundierte Auswahl der Lexeme leider aus. Dieses Versäumnis könnte jedoch genutzt werden, um Studierende kognitiv zu aktivieren und mit ihnen zu diskutieren, welche Wörter anhand welcher Kriterien ausgewählt werden sollten.

Auch der zweite Teil, in dem es um Herkunftssprachen geht, lädt zu Diskussionen ein. Der erste Beitrag („Final obstruent devoicing in English and French as foreign languages: Comparing monolingual German and bilingual Turkish-German learners", 177-208), der von Merve Özaslan und Christoph Gabriel stammt, befasst sich mit phonologischem L1>L2-Transfer. Wie gezeigt werden soll, übertragen monolingual aufgewachsene Sprecherinnen und Sprecher des Deutschen im Vergleich zu bilingualen Sprecherinnen und Sprechern des Deutschen und Türkischen (eine Herkunftssprache, die diese Regel nicht aufweist) das Phänomen der Auslautverhärtung häufiger auf die Fremdsprachen Englisch und Französisch. Problematisch erscheint aus Forschungsperspektive, dass die experimentellen Daten von nur fünf (!) bilingual aufgewachsenen Herkunftssprecherinnen und -sprechern des Türkischen mit den Daten von wiederum nur fünf monolingualen Sprecherinnen und Sprechern des Deutschen verglichen werden. Insofern ist es auch wenig überraschend, dass kein signifikanter Unterschied festgestellt werden kann (vgl. 197). In der Tat fragt man sich, warum die Stichprobe nicht wenigstens verdoppelt wurde, um die beobachteten Tendenzen zu überprüfen. Dies könnte allerdings ein guter Anknüpfungspunkt für studentische Projekt- und Abschlussarbeiten sein, da hier Replikationsstudien angefertigt werden könnten. Ein fachdidaktischer Brückenschlag böte sich ebenfalls an: So könnte beispielsweise in einer Interventionsstudie untersucht werden, ob und in welcher Form eine explizite Instruktion den monolingualen Sprecherinnen und Sprechern hilft, die Übertragung der phonologischen Regel zu vermeiden. Auch die im Diskussionsteil erwähnte Idee, dass es Herkunftssprecherinnen und -sprechern des Türkischen helfen könnte, auf die phonetisch-phonologische Parallele zwischen dem Türkischen, Englischen und Französischen hingewiesen zu werden (vgl. 201), könnte empirisch untersucht werden.

Ähnliche Vorschläge lassen sich für den letzten Beitrag des Bandes unterbreiten („Heritage languages at school: Implications of linguistic research on bilingualism for heritage language teaching", 211-241). Hier erläutern Esther Rinke, Cristina Flores und Ana Lúcia Santos anhand des Beispiels des Portugiesischen, warum Herkunftssprecherinnen und -sprecher einen anderen Sprachunterricht benötigen als Fremdsprachenlernende. Zu diesem Zweck werden verschiedene empirische Studien zusammengetragen und zu Schlussfolgerungen verarbeitet, die sich in nachfolgenden Studien wiederum empirisch untersuchen ließen, z. B. aus dem Abschlusssatz generiert: Die Behauptung, dass der Vergleich zwischen der Nicht-Standard-Varietät der Herkunftssprecherinnen und -sprecher und der Standardsprache eine hilfreiche Strategie für den Herkunftssprachenunterricht sei (vgl. 229), könnte in Interventionsstudien überprüft werden. Ebenso könnten im Artikel angeregte unterrichtspraktische Werkzeuge, wie z. B. die Diagnoseinstrumente zur Bestimmung der Kompetenz in der Herkunftssprache, ausgewählt oder (weiter-)entwickelt werden.

Abschließend lässt sich festhalten, dass dieser Sammelband interessante Ergebnisse empirischer Studien vorstellt, die insbesondere für die hochschuldidaktische Lehre und die fachdidaktische Forschung sehr inspirierend sein können. Für Forschende und Lehrende des Portugiesischen stellt dieses Werk zweifelsfrei eine äußerst reichhaltige Ressource dar. Personen, die sich mit Gestikforschung oder Herkunftssprachen befassen, können ebenfalls fündig werden. Es bleibt allerdings der Einwand, dass sich die *Brückenschläge zwischen linguistischer Theoriebildung und Fremdsprachenunterricht* (Untertitel) keineswegs auf *Romanische*

Sprachen in ihrer Vielfalt (Titel) beziehen, da neben verschiedenen Varietäten des Portugiesischen nur Französisch und Spanisch vorkommen – und dies auch nur in einer untergeordneten Rolle.

Literaturverzeichnis

Schädlich, Birgit. 2016. „Entdeckendes Lernen", in: Surkamp, Carola. ed. *Metzler Lexikon Fremdsprachendidaktik. Ansätze – Methoden – Grundbegriffe.* Stuttgart: Metzler, 62-63.

JANINA REINHARDT (BIELEFELD)

HEINZ, Matthias & SCHMID, Stephan. 2021. *Phonetik und Phonologie des Italienischen. Eine Einführung für Studierende der Romanistik.* Berlin & Boston: de Gruyter, 274 p.

Mit dem Erscheinen des hier zu besprechenden Werks stellen Matthias Heinz und Stephan Schmid, beide ausgewiesene Experten im Bereich der Phonetik und Phonologie des Italienischen, der Italianistik im deutschsprachigen Raum endlich eine aktuelle Einführung in die Lautlehre des Italienischen zur Verfügung, ist doch das letzte vergleichbare Werk vor mehr als 52 Jahren erschienen (vgl. Lichem 1969). Für das Französische und Spanische, die im Vergleich zum Italienischen an den Romanistikinstituten ‚gefragteren' Sprachen, sieht die Situation ungleich vorteilhafter aus, wie bereits im Vorwort vermerkt wird (XIII). Von einem der Autoren liegt eine ähnlich aufgebaute, italienische Einführung vor (vgl. Schmid 1999), die jedoch eher an ein italienischsprachiges Zielpublikum gerichtet sein dürfte, da Studienanfängerinnen und -anfänger der Italianistik in den deutschsprachigen Ländern diesen Text, in dem zu Studienbeginn schwer fassbare Konzepte in der Zielsprache erklärt werden, als schwierig empfinden dürften.

  Ein Vergleich mit Lichem (1969) zeigt, dass der Schwerpunkt dieser Einführung sehr viel stärker auf der allgemeinen Phonetik und Phonologie liegt, während Ausführungen, die speziell die italienische Phonologie und Phonetik betreffen, nur knapp 40 % des Textes ausmachen (vgl. Kapitel 4 bis 6, 145-249). Auf die kurze Einleitung („Sprachlaute und Aussprache", 1-13) folgen die umfangreichen

Kapitel 2 („Grundlagen der Phonetik", 15-60) und 3 („Grundbegriffe der Phonologie", 61-143), die die Basis für die Beschreibung der Vokale und Konsonanten und Grundbegrifflichkeiten der Phonologie wie Allophonie, Neutralisierung, Archiphonem usw. liefern, die in den Folgekapiteln auf das Italienische ‚angewendet' werden. In Kapitel 4 („Lautgestalt des Italienischen", 145-201) werden die Phoneme des Italienischen vorgestellt, regionalsprachliche Besonderheiten in der Aussprache, phonotaktische Strukturen, Prosodie und Intonation beschrieben, während Kapitel 5 („Von der Lautung zur Schrift", 203-227) neben der Graphematik hauptsächlich die Technik der Transkription zum Gegenstand hat, verschiedene Transkriptionssysteme vorstellt und auch je zwei phonetische Transkriptionen zweier Texte von Umberto Eco und Giorgio Bassani in toskanischer Standardlautung und lombardisch-norditalienischer Regionallautung enthält. Kapitel 6 („Das italienische Lautsystem im Fremdsprachenerwerb", 229-249) enthält unter anderem Unterkapitel zur Orthoepik und Aussprachehinweise für deutsche Muttersprachlerinnen und -sprachler. Jedes Kapitel beschließen zwei Unterkapitel: Auf kommentierte weiterführende bibliographische Hinweise folgen – und das ist eine ganz besondere Stärke dieser Einführung – zwischen zehn und zwanzig Aufgaben, die in den allermeisten Fällen auf der Grundlage bzw. unter Anwendung des zuvor präsentierten Wissens relativ einfach gelöst werden können. Es ist also im Gegensatz zu Aufgaben in manch anderen Einführungswerken keine weitere (Bibliotheks-)Recherche notwendig, um zu einer Lösung zu gelangen. Eine umfangreiche Bibliographie (251-261), das IPA-Zeicheninventar und ein genauer Index (267-274) beschließen den Band. Wie auch im Fließtext sind die deutschen Begrifflichkeiten fett hervorgehoben; es folgt kursiv – eine weitere Stärke dieses Bands – die Entsprechung des Fachausdrucks auf Italienisch (z. B. „**Silbenkontaktgesetz** – it. *legge del contatto sillabico*", 104).

In den 53 Jahren seit dem Erscheinen von Lichem (1969) hat sich die Forschung in der Phonetik und Phonologie weiterentwickelt und Lichem widmet neben einigen einführenden Bemerkungen (vgl. ebd., 11-16) der allgemeinen Phonetik und Phonologie nur etwas mehr als zwölf Seiten (vgl. ebd., 38-51), was nicht einmal 10 % seines Gesamttexts ausmacht. Umgekehrt legen Heinz und Schmid, wie gezeigt wurde, einen Schwerpunkt auf die Kapitel 2 und 3 und die Grundlagen der allgemeinen Phonetik und Phonologie; sie sparen dabei insbesondere im Kapitel

3 im Sinne einer klugen Dramaturgie auch sehr weitgehend Beispiele aus dem Italienischen aus, während zur Illustration das Deutsche, Englische, Spanische, Französische, teilweise auch das Türkische (vgl. 87) und das Portugiesische (vgl. 142) herangezogen werden. Vor diesem Hintergrund ist die Aussage, dass sich das Werk an „Studierende in allen, auch den frühen Phasen des Studiums" (XIII) richtet, etwas kritisch zu bewerten, was am Ende dieser Rezension etwas genauer beleuchtet werden soll. Ebenso dürften phonologische Regeln (vgl. 67-69), die in Form abstrakter Formeln dargestellt werden, auf Studienanfängerinnen und -anfänger etwas abschreckend wirken, wobei diese Formalismen, wenn sie später wieder verwendet werden, stets von einer entsprechenden Paraphrase begleitet sind (vgl. z. B. 184). Das dritte Kapitel zur Phonologie erweist sich jedoch auch als sehr ‚inhaltsreich', da es viele Lautwandelprozesse, die in Lehrveranstaltungen zur Sprachgeschichte, sofern solche im weiteren Verlauf des Studiums vorgesehen sind, vorwegnimmt (Kapitel 3.3 thematisiert phonologische Prozesse mit verschiedenen Assimilationsarten wie Sonorisierung, Spirantisierung, Lenisierung). In Kapitel 3.3.4 werden außerdem die für die historische Lautlehre relevanten Prozesse der Tilgung von Lauten (Aphärese, Synkope und Apokope) sowie deren Einfügung (Prothese, Epenthese, Anaptyxe und Paragoge) anschaulich illustriert. Das Kapitel 3.4 zur Phonotaktik, zu Silbentypen und zu universellen und typologischen Präferenzen für Silbenstrukturen (3.4.5) liefert ebenfalls wertvolle Einsichten in sprachvergleichender Hinsicht – setzt aber bei Studienanfängerinnen und -anfängern ein hohes Abstraktionsvermögen und eine schon gründliche Kenntnis und sichere Anwendung der kurz zuvor erlernten Lautbeschreibungen voraus.

Sehr gut schon zu Beginn herausgearbeitet (vgl. 3-6) und oft wiederholt wird von den Autoren, dass die italienische Standardaussprache – anders als im Französischen und im Spanischen – schwer zu bestimmen ist und in der Alltagskommunikation als stark markiert gilt. Anders als im Französischen, wo eine fast muttersprachliche Beherrschung der Standardlautung ‚neutral' wirkt und als Ausweis hoher Sprachkompetenz gilt, fällt eine sehr standardnahe Aussprache im Italienischen in der Kommunikation mit Muttersprachlerinnen und -sprachlern eher auf, da sie eine entsprechende Schulung voraussetzt; mündliche Kommunikation im Alltag findet, wenn nicht im Dialekt, so doch im *italiano regionale* oder *italiano standard regionale* statt (vgl. 4-5). Die regionalen Varietäten der italienischen Aussprache spielen dort also eine große Rolle. Die Frage, die sich daher allen Italienischlernenden stellt, und die naturgemäß auch Heinz und Schmid nicht eindeutig beantworten können, ist, an welchem Aussprachestandard sie sich orientieren sollen. Die Autoren empfehlen gleichwohl (vgl. 234-235) als Orientierung beim Aussprachetraining die standardsprachliche Norm, deren Beherrschung das „Erfassen abweichender regionaler Lautmuster eher erleichtern" (235) dürfte als die Aneignung diatopisch markierter Lautmuster, von denen ausgehend dann in einem zweiten Schritt die Standardlautung erlernt würde.

Rundum zuzustimmen ist den Autoren, wenn sie argumentieren, dass trotz der Vernachlässigung der Phonetik im Fremdsprachenunterricht zugunsten formzentrierter (Grammatik, Lexikon) oder kommunikativer Aspekte (vgl. 238) die fastmuttersprachliche Beherrschung der Aussprache zumindest im Italienisch-Studium ein Ziel sein sollte. Zum einen wäre es nämlich problematisch, wenn die Aussprache künftiger Italienisch-Lehrender mit L1 Deutsch im Studium unzureichend geschult würde. Sie wären in der Folge ihren Schülerinnen und Schülern ein falsches Vorbild, wenn sie von ihnen imitiert würden. Zum anderen heben Heinz und Schmid zu Recht hervor, dass in der Regel, insbesondere von linguistisch oder sprachdidaktisch nicht vorbelasteten ‚Laien', aus dem Eindruck der Aussprachebeherrschung eines Nicht-Muttersprachlers bzw. einer Nicht-Muttersprachlerin „weitreichende Vermutungen über [ihre/seine] Gesamtbeherrschung der Zielsprache" (239) abgeleitet werden, so unberechtigt dies auch bei näherer Betrachtung sein mag. Vor diesem Hintergrund sind die auf den Seiten 240-248 gelieferten „Aussprachehinweise für Deutschsprachige" sehr wertvoll.

Hier wird aber beim Vergleich mit Lichem (1969) gleichzeitig ein Manko der vorliegenden Einführung deutlich. Der Rezensent hatte Gelegenheit, in einer sprachpraktischen Übung zur italienischen Phonetik am Romanischen Seminar der Johannes Gutenberg-Universität Mainz im Wintersemester 2021/2022 das quasi druckfrische Werk mit Studierenden, die am Anfang des Italienistik-Studiums standen, im Unterricht zu erproben. Das Echo war überwiegend sehr positiv, die klare Struktur, die thematische Schwerpunktsetzung in den einzelnen Kapiteln und die durch Fettdruck hervorgehobene Terminologie wurden sehr vorteilhaft beurteilt. Wie oben angedeutet wurden jedoch die ‚Fülle an Informationen' in Kapitel 3 und das Heranziehen vieler anderer Sprachen teilweise als verwirrend empfunden. Leserinnen und Leser, die über Kenntnisse in verschiedenen romanischen Sprachen verfügen, dürften dagegen gerade hierin eine weitere Stärke des Werks erblicken.

Was bei Lichem (1969) jedoch äußerst genau behandelt wird, kommt hier ein wenig zu kurz, nämlich konkrete Aussracheregeln, die gerade in einer sprachpraktischen Übung von Relevanz sind (nicht in einem wissenschaftlichen Proseminar zur Phonetik und Phonologie des Italienischen – hierfür ist das Buch uneingeschränkt zu empfehlen). So ist beispielsweise weder für Muttersprachlerinnen und -sprachler noch für Lernende die Distribution von [o] und [ɔ] sowie von [e] und [ɛ] in betonter Silbe vorhersagbar, da die italienische Orthographie hier keine Hinweise liefert. Im Grunde genommen muss für jedes Einzellexem erlernt werden, ob der Mittelvokal halbgeschlossen oder halboffen realisiert wird, sofern er in betonter Stellung ist. Gewisse Regelmäßigkeiten lassen sich gleichwohl aufzeigen (wie in der Endung *-mente* bei Adverbien oder im Suffix *-mento* bei Substantiven). Lichem (1969) widmet dieser Fragestellung insgesamt elf Seiten (vgl. ebd., 79-90), wobei er zahlreiche Einzelwörter und Minimalpaare auflistet, obschon die Opposition zwischen [o] und [ɔ] sowie von [e] und [ɛ] funktional nur gering belastet ist. Dies dürfte Studierende zu Beginn des Studiums überfordern; Schmid und Heinz beschränken sich demgegenüber auf vier Seiten (unter Verweis auf Reumuth & Winkelmann 2016). Auch bei der Verteilung von [s] und [z] in intervokalischer Position im Standarditalienischen (vgl. 153-154), dem das *raddoppiamento fonosintattico* auslösenden Lexemen (vgl. 182-186) und vor allem bei Minimalpaaren, die sich in der Akzentposition unterscheiden (vgl. Lichem 1969, 126-130) bzw. vom deutschen Akzentmuster abweichen (vgl. Kühnel 1993, 94-96) würde man sich mehr Orientierung wünschen. Eine listenartige, eventuell übersichtlichere (und natürlich weniger umfangreiche als bei Lichem (1969)) Aufstellung dieser Schwierigkeiten hätte die Einsetzbarkeit des Werkes in stärker sprachpraktisch ausgerichteten Lehrveranstaltungen zur Phonetik verbessert.

Vereinzelte Rechtschreibfehler (span. „*imfierno*", 81; „*er-kennt*", 83), Grammatikfehler („*Diese Wörter werden müssen [...]*", 87) und kleinere Ungenauigkeiten (z. B. Betonung von *hellrot*, 1; *schreibst* als „CCVVCC" (100) statt

CCVVCCC; fehlende Bezugnahme auf das Englische oder ein fehlender Satz nach vorherigen Ausführungen zum Deutschen, 237: „In jüngerer Zeit kommen zwei Tendenzen hinzu...") sind in einem vergleichbar umfangreichen Werk fast unvermeidbar und mindern nicht den Wert dieser Einführung, die sicherlich für die deutsche Italianistik in den kommenden Jahren bzw. Jahrzehnten ein Referenzwerk sein wird. Als Basiswerk für eine wissenschaftliche Beschäftigung mit der italienischen Lautlehre ist das Werk vorbehaltlos zu empfehlen; in stärker sprachpraktisch orientierten Lehrveranstaltungen müssten die Kapitel 2 und 3 wahrscheinlich auszugsweise behandelt und für den Erwerb der italienischen Standardaussprache punktuell zusätzliches Material geliefert werden. Trotz dieses kleinen Vorbehalts ist dieser Einführung aufgrund ihrer klaren Struktur und ihrer in diesem Text genannten Vorzüge eine große Leserschaft zu wünschen.

Literaturverzeichnis

KÜHNEL, Helmut. 1993. *Typische Fehler Italienisch. 3000 „Falsche Freunde" Italienisch und Deutsch.* Berlin & München: Langenscheidt.

LICHEM, Klaus. 1969. *Phonetik und Phonologie des heutigen Italienisch.* München: Hueber.

REUMUTH, Wolfgang & WINKELMANN, Otto. [8]2016. *Praktische Grammatik der italienischen Sprache.* Wilhelmsfeld: Egert.

SCHMID, Stephan. 1999. *Fonetica e fonologia dell'italiano*, Torino: Paravia.

HOLGER WOCHELE (MAINZ/WIEN)

KURWINKEL, Tobias & SCHMERHEIM, Philipp. edd. 2020. *Handbuch Kinder- und Jugendliteratur.* Stuttgart: Metzler, 426 p.

Dass Kinder- und Jugendliteratur nicht ausschließlich an das Medium des Buches gebunden ist, sondern als inter- und transmediales Phänomen begriffen werden kann – das ist eine Tatsache, der sich die Herausgeber sowie Autorinnen und Autoren des vorliegenden Handbuches verpflichtet fühlen, wie bereits aus der Gliederung hervorgeht: In sechs Sektionen erkunden sie zentrale und weniger zent-

rale, wenngleich auch nicht minder innovative Bereiche des einschlägigen The-
mengebietes unter Berücksichtigung der unterschiedlichsten Medien: Unter der
Überschrift „I Grundlagen" (1-48) erfolgen u. a. Begriffsdefinitionen, Ausführungen zu Medien- und Produktverbünden, zum Buch- und Medienmarkt sowie zu
Klassikern und der spezifischen Forschung nach 1945. Die historische Ausrichtung des letztgenannten Teilaspektes kann zugleich als Überleitung zur zweiten
Sektion begriffen werden, in der die „Geschichte der Kinder- und Jugendliteratur"
(49-91) mit den Schwerpunkten BRD, DDR, Schweiz und Österreich, erweitert
um einen internationalen Überblick, beleuchtet wird. In dem dritten Großab-
schnitt „Erzählen in Kinder und Jugendmedien" (93-150) stehen neben den Gat-
tungen Märchen und Sage transmediales, realistisches, phantastisches, serielles
und unzuverlässiges Erzählen im Fokus. „Medien" (151-294), die größte, in die
Teilbereiche „Buch" (153-229), „Film, Fernsehen, Computerspiel" (230-268) und
„Weitere Medien" (269-294) untergliederte Sektion, bildet das Zentrum des
Handbuches. Während unter dem erstgenannten Medium Kinder- und Jugendromane, lyrische und dramatische Texte, Sach- und Bilderbücher, Mangas und Gra-
phic Novels Berücksichtigung finden, widmet sich der zweite Teilabschnitt Film,
Fernsehen und Computerspiel. Unter weiteren Medien verstehen die Herausge-
benden Theater, Hörbücher, Zeitschriften und digitales Erzählen. „Methodische
Zugänge und kulturwissenschaftliche Aspekte" (297-372) finden in der fünften
Sektion Eingang in das Handbuch. Motive, Stoffe und Themen bilden dabei einen
ersten Schwerpunkt. Weitere sind neben der Trias von Intertextualität, -medialität
und Transmedialität Interkulturalität, Komparatistik sowie Gender, Spatial und
Illustration Studies. Es folgt eine Sektion zur Didaktik (372-422), unterteilt in
„Literacy und Didaktik der Kinder- und Jugendliteratur" (375-404) und „Ausgewählte (literatur-)didaktische Konzepte und Methoden" (405-422). Ein Anhang
(vgl. 425-426) mit Kürzestangaben zu Autorinnen und Autoren der einzelnen Beiträge beschließt den Band.

    Diese differenzierte und gleichsam vielschichtige Gliederung ist eingängig. Sie
nimmt die inter- und transmediale Perspektive auf den Gegenstand ernst. Auf
diese Weise gelingt es, das Phänomen der Kinder- und Jugendliteratur möglichst
breit aufzufächern. Das ist ein großes Verdienst des vorliegenden Handbuches,

das, so viel sei vorweggenommen, zumindest auf längere Sicht ein wichtiges Referenzwerk bilden wird.

Gleichwohl resultieren aus dieser Anlage in Einzelfällen auch Schwächen: So werden dramatische Texte und Theater nicht zusammengedacht, sondern finden Beachtung in getrennt voneinander stehenden Rubriken. Betrachtet man die beiden Aufsätze im Detail, so betont zumindest Johanna Tydecks zu Beginn ihrer Ausführungen zu dramatischen Texten (vgl. 183-188), dass diese „nicht primär für die Lektüre, sondern für die theatrale Darstellung und daher mit dieser untrennbar intermedial verknüpft sind" (183). Ihr Beitrag legt sodann eine nachvollziehbare Begriffsdefinition von dramatischen Texten vor (wobei sie dabei auch unterschiedliche dramatische Formen beleuchtet). Sie zeichnet in einem zweiten Schritt, ausgehend vom protestantischen Schultheater (16. und 17. Jahrhundert), historische Linien der Dramatik für Kinder und Jugendliche nach. Schwerpunkte bilden dabei die 1950er und 1960er Jahre (mit Dramatisierungen von Weihnachtsmärchen und kinderliterarischer Weltliteratur in der BRD und Übersetzungen des sowjetischen Kindertheaters in der DDR und der Entstehung eines lebendigen Gegenwartstheaters im Umfeld etwa von Peter Hacks oder Peter Ensikat), die 1970er und 1980er Jahre (mit der Herausbildung des kritisch-emanzipatorischen, eminent didaktisch ausgerichteten Kindertheaters in der BRD (nicht zuletzt im Umfeld des Grips-Theaters) und Übersetzungen „kunstvolle[r] Märchen-, Mythen- und Klassikerbearbeitungen aus der zeitgenössischen schwedischen, holländischen oder italienischen Dramatik" (184)) und den 1990er und 2000er Jahren (mit zunächst einem ‚Boom' des Erzähltheaters und dann der sehr großen Förderung der Entwicklung von dramatischen zeitdiagnostisch-realistischen Texten für Kinder und Jugendliche und schließlich der zunehmenden Auflösung der „Abgrenzung von Kinder- und Jugendtheater und Erwachsenentheater" (185)). Unter dem Abschnitt „Typologien" (185) stellt Tydecks Überlegungen zu Gattungszuordnungen an (etwa: Illusionstheater, naturalistisch-neorealistisches Erzählen, epische Dramaturgien, revuehaftes Drama, Postdramatik). Daher kommt es verschiedentlich zu Redundanzen zu vorherigen Abschnitten, die auch in dem folgenden Absatz „Narratoästhetik" (185) im Einzelfall zu konstatieren sind. „Inter- und transmediale Aspekte" (186) (z. B. zum Musiktheater, zu Roman- und Bilderbuchadaptionen, zum Internet) runden den Beitrag ab.

Redundanzen zu dem Beitrag von Tydecks ergeben sich in dem Aufsatz von Philipp Schmerheim zum Theater. Das liegt insbesondere darin begründet, dass er, wie andere Darstellungen auch, der identischen Grobgliederung folgt. Erleichtert das einheitliche Vorgehen der Gedankenanlage grundsätzlich die Orientierung und Vergleichbarkeit der Beiträge, so sorgt sie in diesem konkreten Fall insbesondere in den Abschnitten „historische Entwicklungen" (270) und „Narrotoästhetik" (274) für Wiederholungen. Unabhängig davon sind auch die Ausführungen von Schmerheim kenntnisreich und meist pointiert. So legt er etwa eine „Minimaldefinition" von Theater vor, der zufolge „Theater […] ein sich in Echtzeit abspielender Kommunikationsprozess im Modus des Als-ob zwischen Aufführenden und Rezipierenden" (269) ist, und differenziert in einer handlungsorientierten Perspektive zwischen einem Kinder- und Jugendtheater (KJT) für Kinder bzw. Jugendliche, von Kindern bzw. Jugendlichen und mit Kindern bzw. Jugendlichen. Die Kategorien „Sparten", „Räume" und „Produktionsmodi" finden unter der Überschrift „Typologien" (272) Berücksichtigung. Inter- und transmediale Horizonte werden mit Blick auf Medienkombinationen, das Verhältnis von Theatertext und Inszenierung respektive Aufführung, Transformationen von KJT für das Fernsehen sowie Adaptionen von Bilderbüchern für das Kindertheater eröffnet.

Beide Aufsätze, jener zum dramatischen Text wie jener zum Theater, sind, so lässt sich zusammenfassen, je für sich genommen lesenswert; die Gesamtkonzeption des Bandes verwehrt jedoch in diesen konkreten Fällen eine deutlicher integrative Perspektive beider Bereiche zu Ungunsten von Wiederholungen. Wer methodisch-didaktische Implikationen in beiden Beiträgen (wie auch in anderen) vermisst, der wird, in der gebotenen Kürze, grundlegende Hinweise in der sehr überzeugenden Darstellung „Kinder- und Jugendliteratur im Unterricht des Elementar- und Primarbereichs sowie des Sekundarbereichs" (381-399, hier: 388-389) von Ulf Abraham, Matthis Kepser, Alexandra Ritter und Michael Ritter erhalten.

Das Vorstellen weiterer Aufsätze kann in Anbetracht der Fülle des Bandes nur exemplarisch geschehen. Ein Beispiel, das aufzugreifen sich gerade im Kontext unserer Zeitschrift anbietet, ist der Beitrag „Thematologie: Motive, Stoffe und Themen" (297-311) der Romanisten Roland Ißler und Ludger Scherer, die die historische Entwicklung der komparatistischen Forschungsrichtung, ausgehend vom

Französischen *thématologie* und seiner Verwendung in der Germanistik seit den 1970er Jahren, skizzieren und folgende angemessene Begriffsdefinition vorlegen:

> Die Thematologie untersucht in diachroner, synchroner und interkultureller Perspektive die Gegenstände literarischer Texte und betrachtet diese in einem pluriperspektivischen, oftmals interdisziplinär ausgreifenden Kontext, der die Inhalts- und Gestaltungsebene der Texte sowie deren literarhistorische und gattungsspezifische Ausprägungen mit verschiedenen kulturwissenschaftlichen Aspekten zusammenführt (297).

Zudem bietet der Beitrag eine Problematisierung zentraler Begriffe der Thematologie (Motive, Stoffe, Themen) unter Verweis auf weiterführende Literatur zur Vertiefung, sowie einen kurzen Forschungsüberblick. Im Zentrum der Ausführungen stehen beispielhafte Motiv- und Themenfelder in der Kinder- und Jugendliteratur seit 1945. Im Einzelnen handelt es sich um (1) „Familie", (2) „Kindheit, Heranwachsen, Körpererfahrung, Identitätssuche", (3) „Krankheit, Alter, Tod und Trauer", (4) „Freundschaft", (5) „Liebe", (6) „Schule, Internat, Kindergarten", (7) „Freizeit", (8) „Motive und Themen aus Märchen", (9) „Natur, Umwelt", (10) „Gesellschaft", (11) „Geschichte und Zeitgeschichte", (12) „Krieg, Flucht, Vertreibung", (13) „Sachthemen" (z. B. Fahrzeuge, Berufsfeld, Erfinder und Entdecker, archäologische und astronomische Ereignisse, Wissenschaftlerpersönlichkeiten) und (14) „Philosophie, Ethik und Religion". Diese Auswahl ist sinnvoll, da sie sowohl häufig vorkommende und zeitüberdauernde Konstanten (etwa Freundschaft oder Heranwachsen) als auch Aspekte fokussiert, die gerade in der jüngeren Vergangenheit und Gegenwart von besonderer Bedeutung sind (etwa Flucht und Vertreibung oder Natur und Umwelt). Positiv ist zudem hervorzuheben, dass die Autoren, der Gesamtkonzeption des Handbuches folgend, ihren Überblick intermedial ausrichten. Darüber hinaus legen sie den Konstruktionscharakter ihrer Klassifizierungen offen, indem sie betonen, dass die häufig getrennt voneinander betrachteten Gegenstandsbereiche „einander bedingen und sich in der Regel überlagern, komplementieren oder ergänzen und so zu Motiv- und Themenfeldern verschiedener Größe verdichten" (299).

Abschließend sei der Beitrag von Caroline Roeder zu den „Spatial Studies" (353-361) – ein in den Fachdidaktiken der romanischen Sprachen selten beachtetes, wenngleich auch in den Fachwissenschaften seit der Jahrtausendwende vielbeachtetes Paradigma – in den Grundzügen vorgestellt: Neben der Rekapitulation einschlägiger Begriffsdefinitionen nimmt die Autorin eine Abgrenzung zwischen

Raum und Ort vor und erwähnt schlagwortartig die Begriffe der Topographie und Topologie als weitere für den Gegenstand relevante Koordinaten. Die Ausführungen zur historischen Entwicklung der Raumforschung berücksichtigen die zentralen Linien sowie wegweisenden Theoretikerinnen und Theoretiker. Im Zentrum des Aufsatzes steht der Forschungsstand, unterteilt in die Rubriken (1) „Raum und Text", (2) „Kinderliteratur als Kindheitsliteratur", (3) „Erinnerungsräume", (4) „Handlungsräume", (5) „Imaginationsräume" und (6) „Inter- und transmediale Forschungsperspektiven". Die Darstellung verbindet gekonnt die Erfahrungswelt der Heranwachsenden mit ihren literarisch-medialen Repräsentationen. Mit Blick auf die zweite Rubrik heißt es etwa: Die

> Ortsverbundenheit der Kinder- und Jugendliteratur korrespondiert mit dem hohen Stellenwert, den Raum-Erfahrungen im Entwicklungsprozess von Kindern und Jugendlichen haben. Kindliches Erleben wird geprägt von emotional gestimmten Räumen, seien es wirkliche oder imaginierte Räume. Spiel-Räume und Rückzugsorte, Verstecke und ferne Welten [...] findet man in der Literatur kartiert (355).

Als „Raum-Dominanten" (ebd.), anhand derer sich weitere Forschungen ausrichten lassen, identifiziert Roeder in diesem Zusammenhang die Kategorien „Erinnerung, Handlung und Imagination" (355), die sie sodann im Weiteren beispielhaft auslotet.

Insgesamt stellt das sauber lektorierte Handbuch eine reich ausgestattete, wohlgeordnete Fundgrube für zahlreiche Bereiche der Kinder- und Jugendliteratur dar, gibt Hinweise zu Vertiefungsmöglichkeiten und zeigt Forschungsdesiderate auf. Dadurch, dass die Verfasserinnen und Verfasser häufig in der Fachdidaktik des Deutschen tätig sind, ergeben sich für Fachdidaktikerinnen und Fachdidaktiker der romanischen (und anderer) Fremdsprachen mehrfach ungewohntere Perspektivierungen und Möglichkeiten, die eigene Forschung zu bereichern.

JENS F. HEIDERICH (MAINZ)

MORKÖTTER, Steffi & SCHMIDT, Katja & SCHRÖDER-SURA, Anna. edd. 2020.
Sprachenübergreifendes Lernen. Lebensweltliche und schulische Mehrspra-
chigkeit. **Tübingen: Narr Francke Attempto, 285 p.**

Der deutschsprachige Sammelband vereint neun Beiträge zu verschiedenen mehrsprachigkeitsdidaktischen Ansätzen. Beworben wird er wie folgt:

> Die Förderung der mehrsprachigen Kompetenz durch sprachenübergreifenden Unterricht
> wird in Bildungsstandards und Rahmenplänen in Deutschland und anderen deutschspra-
> chigen Ländern gefordert. Sie betrifft prinzipiell die Gesamtheit der Lernenden in ihrer
> Diversität. Aktuell mangelt es allerdings an ausreichenden Konkretisierungen und me-
> thodischen Vorschlägen. Im vorliegenden Band werden verschiedene Facetten sprachen-
> übergreifenden Lernens beleuchtet, die im Kontext von Unterricht, Lehrmaterialentwick-
> lung, Lehreraus- und -fortbildung sowie Forschung angesiedelt sind (Klappentext).

Das vorliegende Werk richtet sich dementsprechend an sämtliche Akteurinnen
und Akteure der Fachdidaktikforschung, der Lehrerinnen- und -lehrerbildung sowie des Sprach(en)- und Sachunterrichts. Wie die Herausgeberinnen erläutern,
soll der Band „einen Einblick in die Vielfalt der Ansätze und Entwicklungen, die
in der Mehrsprachigkeitsdidaktik mittlerweile entstanden sind […] ermöglichen"
(9). Durch die

> Bündelung verschiedener pluraler Ansätze und Zielsprachen in einem Band, [möchten
> die Herausgeberinnen] einen Austausch und eine Kooperation von Didaktiken (Deutsch-,
> Englisch-, Französisch-, Russisch-, Spanischdidaktik, Sachfachdidaktiken, …) auf Schul-
> und Universitätsebene in den Bereichen Forschung, Unterricht, Lehrmaterialentwicklung
> und LehrerInnenaus- und -fortbildung (10)

anregen. Diese Zielsetzung wird nicht nur postuliert, sondern auch direkt umgesetzt, indem vier verschiedene thematische Blöcke kombiniert werden: „Mehrsprachigkeit und kulturelle Vielfalt in der Primarstufe" (5 bzw. 15), „Mehrsprachigkeitsdidaktische Ansätze in der Sekundarstufe" (5 bzw. 33), „Mehrsprachigkeitsdidaktik in der LehrerInnenbildung" (5 bzw. 95) und „Konzeptionelle Überlegungen
zu mehrsprachigkeitsförderndem Lernen" (6 bzw. 177). Neben den verschiedenen
Schulstufen und Perspektiven werden auch unterschiedliche Sprachen einbezogen:
Englisch (Neveling), Französisch (Neveling und Prokopowicz), Niederländisch
(Kordt), Norwegisch (Kordt), Portugiesisch (Helmchen), Spanisch (Helmchen, Neveling und Melo-Pfeifer), Russisch (Behr) und Schwedisch (Kordt).

Bevor die einzelnen Beiträge im Vorwort kurz vorgestellt werden, geben die Herausgeberinnen eine knappe, präzise Einführung in die klar fremdsprachendidaktisch ausgerichtete Thematik. In diesem Rahmen klären sie auch, wie Titel und Untertitel des Werks zu verstehen sind:

> Der Begriff „sprachen*übergreifendes* Lernen" verweist auf die Förderung von mehrsprachiger und plurikultureller Kompetenz als *einer* komplexen Kompetenz anstelle eines additiven Nebeneinanders einzelzielsprachlicher Kompetenzen [...]. Die Vorstellung von *einer* mehrsprachigen und plurikulturellen Kompetenz und die Berücksichtigung der Gesamtheit sprachlicher Ressourcen der Lehrenden verweisen auf die Notwendigkeit, neben Schulsprache(n), sowohl Herkunftssprachen der Lernenden („lebensweltliche Mehrsprachigkeit") als auch Fremdsprachen („schulische Mehrsprachigkeit") in Sprachlernprozesse einzubeziehen (7).

Trotz aller Kürze bietet dieser erste Teil einen gelungenen Umriss sprachenübergreifenden Lernens. Relevante bildungspolitische Schriften (GeR samt Begleitband, REPA) werden angeführt und die wichtigsten Ansätze sprachenübergreifenden Lernens (die Interkomprehensionsdidaktik, Interkulturelles Lernen, die integrierte Sprachendidaktik und der *Éveil aux langues*) werden skizziert und mit Referenzen versehen. Dadurch wird eine Basis geschaffen, an welche die einzelnen Beiträge direkt anknüpfen können. Auch wenn nicht alle Autorinnen und Autoren explizit auf diese Ansätze Bezug nehmen, so greifen sie diese doch zumindest indirekt auf.

So kann Christian Helmchens Vorstellung des *ERASMUS*+-Projekts *KOINOS – Europäisches Portfolio plurilingualer literaler Praxis* („Das KOINOS-Projekt. Zum praktischen Umgang mit sprachlicher und kultureller Diversität an Grundschulen in Europa", 17-32) beispielsweise dem *Éveil aux langues* zugeordnet werden. Das zeigt sich schon daran, dass es in diesem Projekt in erster Linie um „die Stärkung des Bewusstseins für sprachliche und kulturelle Vielfalt in der unmittelbaren schulischen Umgebung der LehrerInnen und SchülerInnen sowie auf europäischer Ebene" (22) geht. Auch die Ausrichtung auf die Primarstufe entspricht der typischen Ausrichtung dieses Ansatzes (vgl. Schröder-Sura 2018, 24). Eine deutliche Weiterentwicklung und Konkretisierung stellt dagegen dar, dass dieses Projekt eine „Kooperation zwischen Universitäten und Schulen in Deutschland, Portugal und Spanien" (17) ist und neben Konzepten zur Förderung interkultureller Kompetenzen auch Konzepte zur Förderung von Multiliteralität entwickelt

und umgesetzt wurden. Die Präsentation der im Rahmen des Projekts entstande-
nen E-Portfolios gibt nicht nur einen guten Einblick in die Lernprodukte, sondern
inspiriert auch zur Nachahmung und Weiterentwicklung (z. B. in Form eines
eTwinning-Projekts mit Lehramtsstudierenden verschiedener Nationen und kul-
tureller/sprachlicher Hintergründe).

An diesen ersten Block zur mehrsprachigkeitsdidaktischen Unterrichtspraxis in
der Primarstufe, der keine weiteren Beiträge umfasst, schließt sich der zweite
Block zur mehrsprachigkeitsdidaktischen Unterrichtspraxis in der Sekundarstufe
an. Dieser Teilblock besteht aus zwei Artikeln.

Tanja Prokopowicz stellt in ihrem Beitrag („„Pourquoi apprendre le français –
est-ce que l'anglais ne suffit pas ?"", 35-66) eine Unterrichtsreihe aus dem Fach
Französisch vor, welche sowohl die individuelle Mehrsprachigkeit als auch die
Sprachlernkompetenz fördern soll (vgl. 35). Der gewählte sprachübergreifende
Ansatz ist dabei die Interkomprehension (38-39). Neben den zwei Fragebögen kamen auch Lernprotokolle und -produkte als Datenerhebungsinstrumente zum Einsatz. Wie sich zeigte, konnten die Lernenden „ihre individuelle Mehrsprachigkeit
fruchtbar machen und auch ansatzweise ausbauen. Weitere Sprachen in den Ein-
zelzielsprachenunterricht zu integrieren scheint aus SchülerInnensicht jedoch eine
Besonderheit zu sein" (60). Diese Studie dürfte insbesondere für Studierende, die
sich konkrete unterrichtspraktische Anregungen wünschen, sehr inspirierend sein.

Um konkrete unterrichtspraktische Anregungen zu Möglichkeiten der Leistungsüberprüfung zu erhalten, bietet sich eine Lektüre des zweiten Beitrags dieses
Blocks an („Anregungen für die Leistungseinschätzung beim sprachenübergreifenden Lernen im Russischunterricht", 67-93). Ursula Behr stellt die Erprobungs-
ergebnisse einer schriftlichen Klassenarbeit vor, in der ermittelt werden sollte,
„welche Strategien sprachenübergreifenden Lernens SchülerInnen der Klassen-
stufe 8 (Niveaustufe A2) anwenden und inwieweit sie Russisch als Brückensprache für das Erschließen anderer slawischer Sprachen nutzen" (69, Formatierung
angepasst). Die sieben eigens dafür entwickelten Testaufgaben werden vorgestellt, deren Resultate und Einschätzungen diskutiert und durch die Auswertung
eines Reflexionsbogens ergänzt. Angehende und bereits praktizierende Lehrkräfte

erhalten hier sicherlich einige Anregungen, wie eine schriftliche Leistungsüberprüfung zum sprachenübergreifenden Lernen aussehen kann, wobei sich das Beispiel des Russischen leicht auf weitere Fremdsprachen übertragen lassen sollte.

Der dritte Block befasst sich nicht mehr direkt mit der Unterrichtspraxis, sondern mit der Ausbildung von Fremdsprachenlehrkräften. Er besteht aus drei Fra-
gebogenstudien zu Positionierungen und Wissen von Lehramtsstudierenden
fremdsprachlicher Fächer bezüglich Mehrsprachigkeit bzw. Mehrsprachigkeitsdidaktik. Alle drei Beiträge erweisen sich als höchst interessant, da sie viele Anknüpfungspunkte für die hochschuldidaktische Lehre und Forschung bieten.

Den Anfang macht hier Sílvia Melo-Pfeifer („,Plurale Ansätze werden mich in
der zukünftigen Unterrichtsvorbereitung beeinflussen.' – Unsicherheiten und Di-
lemmas künftiger Spanischlehrkräfte in Bezug auf *plurale Ansätze*", 97-117). Die
Autorin präsentiert die Ergebnisse einer Untersuchung an der Universität Hamburg zum „Einfluss eines Master-Semesterseminars auf die Einstellungen künftiger SpanischlehrerInnen zu *Pluralen Ansätzen* (PA) und auf ihre Bereitschaft,
diese in den Fremdsprachenunterricht zu integrieren" (97). Wie ermittelt wird,
befinden „sich die künftigen LehrerInnen in einem Spannungsfeld zwischen der
Anerkennung von potenziellen positiven Lerneffekten auf der einen Seite und den
projizierten Handlungsschwierigkeiten auf der anderen Seite" (109). Die Konfrontation mit PA hält die Autorin für die Professionalisierung von Fremdsprachenlehrkräften für essenziell, da so Reflexionen initiiert werden könnten, die unterrichtspraktische Routinen hinterfragten. Eine Durchbrechung des monolingualen Lehrhabitus erscheine so zumindest wahrscheinlicher, auch wenn dies in Folgestudien überprüft werden müsse (vgl. 114).

Auch bei der nachfolgenden Studie handelt es sich um eine Untersuchung zur
Professionalisierung angehender Fremdsprachenlehrkräfte („Sensibilisierung für
Mehrsprachigkeit in einem sprachenübergreifenden Ausbildungsmodell: Empirische Einblicke in subjektive Theorien von Studierenden des ‚Innsbrucker Modells
der Fremdsprachendidaktik' (IMoF)", 119-150). Im Gegensatz zur vorausgehen-
den Studie interessieren sich Benjamin Fliri, Eva M. Hirzinger-Unterrainer, Katrin
Schwiderer und Barbara Hinger jedoch nicht für fortgeschrittene Studierende, sondern für Studierende, die ihre fremdsprachendidaktische Ausbildung erst beginnen. An der Pilotstudie, welche die Autorinnen und der Autor im Sommersemester

2018 im Rahmen der „Einführung in die Didaktik des Fremdsprachenunterrichts"
an der Universität Innsbruck durchführten, haben 30 Studierende verschiedener
Fremdsprachen teilgenommen und einen Fragebogen mit 60 ich-stimme-zu-/ich-
stimme-nicht-zu-Items ausgefüllt. Durch den Fragebogen werden Wissen und subjektive Theorien zu Mehrsprachigkeit und *Team-Teaching/Team-Learning* untersucht. Als Ergebnis kann man hier zusammenfassen, dass die meisten Studierenden gegenüber dem Phänomen der Mehrsprachigkeit schon zu Beginn ihrer Ausbildung positiv eingestellt sind, aber sich noch unsicher bezüglich der Planung und
Durchführung eines Mehrsprachigkeit berücksichtigenden Fremdsprachenunterrichts sind und sich dementsprechend noch Input zur konkreten Unterrichtspraxis
wünschen.

An dieses Desiderat knüpft Benjamin Fliri durch einen Beitrag zu einem weiteren Lehrprojekt der Universität Innsbruck direkt an („Mehrsprachigkeitsdidaktische Aspekte in der Ausbildung zukünftiger Fremdsprachenlehrpersonen – ein
evidenzbasierter Beitrag zur Professionalisierung in der PädagogInnenbildung
Neu in Österreich", 151-175), in dem er neben der aktuellen curricularen, schulischen und universitären Situation auch ausgewählte Ergebnisse einer zweiteiligen
schriftlichen Befragung im Rahmen eines *design-based research*-Projekts vorstellt. Das Zentrum dieses Projekts bildet

> die Etablierung einer Lehrveranstaltung, die mehrsprachigkeitsdidaktische und sprach-
> sensible Ansätze in der Professionalisierung bearbeitet und Studierende in der Initialaus-
> bildung in einer Kombination aus theoriegeleiteter und praxisorientierter Auseinander-
> setzung mit den Thematiken konfrontiert (160-161).

An der Befragung haben 30 (Fragebogen) bzw. 26 (Reflexion) Studierende teilgenommen. Zu Beginn der Veranstaltung wurde ein quantitativ ausgerichteter
Fragebogen ausgefüllt und zum Ende eine schriftliche Reflexion verfasst. Zusammenfassend schreibt der Autor, „dass das Bewusstsein der Studierenden für die
Herausforderungen des sprachlichen Klassenzimmers geschärft ist und klare Anforderungen an die Initialbildung gestellt werden" (170). Im Rahmen der Initial-
ausbildung werden zwar verschiedene Aspekte von Mehrsprachigkeit und Mehrsprachigkeitsdidaktik thematisiert, aber es mangelt an einer Verknüpfung der theoretischen Ansätze und einer ausreichend praxisorientierten Haltung (vgl. 168-
169). Da nur „[a]usgewählte Ergebnisse der Studie" (162) vorgestellt werden,
kann der Artikel lediglich einen ersten Einblick bieten. Leider werden auch die

Fragebogen-Items nur reduziert dargestellt und bei den Reflexionen werden keine Auszüge, sondern nur die Codings präsentiert. Nichtsdestotrotz bietet der Beitrag interessante Anknüpfungspunkte für weitere hochschuldidaktische Forschung sowie die Entwicklung neuer Curricula und mehrsprachigkeitsdidaktischer Lehrveranstaltungen.

Im vierten und letzten Block werden noch allgemeinere Überlegungen zu mehrsprachigkeitsdidaktischen Ansätzen dargeboten. Hier werden in drei Beiträgen bereits existierende Konzepte vorgestellt und überprüft oder erweitert bzw. neue Konzepte erarbeitet und exemplarisch angewandt.

Als Erstes zeigt Birgit Kordt auf, wie das EuroComGerm-Konzept im schulischen Unterricht eingesetzt werden kann („Zur Eignung des EuroComGerm-Konzepts für das sprachenübergreifende Lernen in der Schule", 179-207). Nachdem sie die sieben Siebe (1. Kognaten, Internationalismen und Germanismen, 2. Lautentsprechungen, 3. Graphien und Aussprachen, 4. Wortbildung, 5. Funktionswörter, 6. Morphosyntax, 7. Syntax) kurz vorgestellt hat, versucht sie mögliche Vorbehalte (wie z. B. die Vorstellung, man habe im Gehirn nicht ausreichend Kapazität, um auch weniger wichtige Sprachen zu speichern) zu entkräften (vgl. 182-185). Danach zeigt sie anhand von drei Metaphern – dem Königsweg, dem Adapter und dem Parkour – auf, inwiefern das EuroCom-Konzept eine Bereicherung sein kann. Anschließend wird das Konzept auf innovative und pädagogisch versierte Weise didaktisch reduziert und transformiert: Die sieben Siebe werden den Schülerinnen und Schülern als „Detektivausrüstung" (190, z. B. als Taschenmesser für die Wortbildung) vermittelt. Ebenso werden Textauswahl (192-194) und Aufgabenstellungen (194-195) erläutert. Zu guter Letzt werden dann noch „Beispiele aus der unterrichtlichen Arbeit" (195) gegeben. Der Artikel bietet zweifelsfrei interessante Anregungen, doch für die meisten Lehrenden dürften mangelnde eigene Sprachkenntnisse und der generelle Zeitdruck im schulischen Alltag weiterhin (zu) große Hürden sein, die den Einbezug des Norwegischen oder Schwedischen verhindern.

Den nicht nur längsten, sondern aus hochschuldidaktischer Sicht wohl auch reichhaltigsten Beitrag liefert Christiane Neveling („Überlegungen zur Analyse und Konstruktion von sprachenübergreifenden Aktivitäten: *It's getting logical*",

209-253). Sie setzt sich nicht nur fundiert theoretisch mit der Analyse und Konzeption von Aktivitäten zum sprachenübergreifenden Lernen auseinander, sondern illustriert ihre Ideen auch mit konkreten Unterrichtsbeispielen. Die Autorin stellt je neun Ziele und Prinzipien für die mehrsprachigkeitsdidaktische Aufgabenkonstruktion vor. Die Ziele fasst sie nochmal zusammen, bevor eine Exemplifizierung durch entsprechende Übungs- und Aufgabenformate erfolgt:

- Sensibilisierung für die Existenz von Gemeinsamkeiten und Unterschieden in einer/mehreren anderen Sprache(n)
- Anregung zur Entwicklung von Sprachbewusstheit
- Anregung zum Transfer (rezeptiv und/oder produktiv) auf der Basis von intra- und/oder interlingualem Wissen
- Anregung zum rezeptiven Transfer auf der Basis von Kontext- oder Weltwissen
- [Anregung zur Entwicklung von Sprachbewusstheit]
- Anregung zum Strategientransfer
- Anregung zur Sprachmittlung
- Anregung zum Transfer von Teilkompetenzen der interkulturellen Handlungskompetenz
- Festigung der Brückensprache(n): sprachliche Mittel und/oder in ihr/ihnen erworbenen Kompetenzen und Strategien (225).

Auch wenn die Fülle an Formaten sehr gute Anregungen bietet, erscheinen manche Aktivitäten noch sehr traditionell. Beispielsweise dürfte die Idee, einen „Lautschriftsalat analysieren und ordnen" (238) zu lassen, bei Lernenden auf wenig Begeisterung stoßen, zumal die Digitalisierung hier auch andere, deutlich lebensweltorientiertere Möglichkeiten eröffnet hat (z. B. könnte man per LearningApps Hörbeispiele sortieren). Gerade diese eher konventionellen Aktivitäten könnten aber ein Ausgangspunkt für kreative Schöpfungen sein, indem angehende und praktizierende Lehrkräfte die erwähnten Aufgaben mit digitalen Tools umgestalten könnten. Insgesamt werden 45 Übungsformate vorgestellt, deren Rahmen *The Logical Song* bilden soll (vgl. 226-228). Der Fokus liegt auf den drei frequentesten Schulfremdsprachen (d. h. Englisch, Französisch und Spanisch), aber weitere Sprachen werden in einigen Aktivitäten zugelassen. Der Artikel bietet eine sehr gelungene, theoretisch fundierte Praxisgrundlage und wird daher – trotz seines beachtlichen Umfangs – von der Rezensentin für die (einzelfachliche und fachübergreifende) Aus- und Fortbildung von Fremdsprachenlehrkräften empfohlen.

Der letzte Beitrag des Bands („Überlegungen zur Erweiterung des Referenzrahmens für plurale Ansätze zu Sprachen und Kulturen um die Dimension des sprachsensiblen Fachunterrichts", 257-275) gibt einen Ausblick darauf, wie plurale Ansätze auch im „sprachsensiblen Fachunterricht" (262) (d. h. einem Sachfachunterricht, bei dem auf einen Ausbau der „inneren Mehrsprachigkeit" (263) durch einen Fokus auf fachsprachliche Bildung angewandt werden könnten und inwiefern dadurch eine Anpassung des REPA nötig wird. Michel Candelier zeigt hier auf, dass die Aneignung von Bildungssprache als ein spezifisches Register und die Beschäftigung mit verschiedenen Diskurstypen/Genres (beides typische Elemente des sprachsensiblen Fachunterrichts) im engen Zusammenhang mit mehrsprachigkeitsdidaktischen Ansätzen stehen, obwohl sich die pluralen Ansätze bisher vorwiegend auf „Sprachen" (z. B. Deutsch, Englisch, Französisch) und nicht auf „Sprachvarietäten" (z. B. Alltagssprache vs. Bildungs-/Fachsprache) beziehen (vgl. 263). Für diese Anpassung werden zunächst Argumente geliefert und dann exemplarisch aufgezeigt, wie die Deskriptorensätze des REPA konkret erweitert werden könnten. Der Beitrag rundet das vielseitige Sammelwerk ab, indem er einen Ausblick gibt, wie sprachenübergreifendes Lernen nicht nur für den Fremdsprachenunterricht, sondern auch für weitere Fächer relevant sein kann. Der REPA könnte so zu einem Referenzwerk werden, das fach- (und nicht nur sprach-)übergreifende Anwendung findet.

Abschließend kann festgehalten werden, dass dieser Sammelband verschiedene, äußerst interessante deutsche und österreichische Perspektiven vereint und einen guten Einblick in die Vielfalt mehrsprachigkeitsdidaktischer Forschung und Lehre bietet. Das Werk kann für nahezu alle Beteiligten des Fremdsprachenunterrichts eine Bereicherung sein – ganz besonders sei es allerdings Forschenden, Hochschullehrenden und Lehramtsstudierenden einer Fremdsprache empfohlen.

Literaturverzeichnis

CANDELIER, Michel & CAMILLERIE-GRIMA, Antoinette & CASTELLOTTI, Véronique & DE PIE-TRO, Jean-François & LÖRINCZ, Ildikó & MEIßNER, Franz-Joseph & NOGUEROL, Artur & SCHRÖDER-SURA, Anna. 2012. *Le CARAP: Un cadre de référence pour les approches plurielles des langues et des cultures.* Straßburg: Europarat.
SCHRÖDER-SURA, Anna. 2018. „Französischunterricht heute – mehrsprachigkeitsdidaktisch durch plurale Ansätze", in: *französische heute* 49/4, 23-28.

JANINA REINHARDT (BIELEFELD)

ZEITSCHRIFTENSCHAU

Die *Zeitschriftenschau* im vorliegenden Band setzt inhaltlich nahtlos an der *Zeitschriftenschau* von *ZRomSD* 15,2 (2021) an. Sie gibt einen Überblick über aktuelle Publikationen zur Didaktik der romanischen Sprachen in zehn Fachzeitschriften der letzten beiden Quartale. Zusammengestellt wird die *Zeitschriftenschau* von einem Team ausgewiesener Fachleute aus Forschung und Praxis (s. u.). Die Kurztexte zu den einzelnen Beiträgen wurden selbst verfasst oder stellen (wörtliche) Übernahmen, Paraphrasierungen bzw. Adaptionen ins Deutsche von Abstracts aus den jeweiligen Zeitschriften selbst dar.

DER FREMDSPRACHLICHE UNTERRICHT FRANZÖSISCH

Vive la différence ! *Kompetenzorientierte Differenzierung sinnvoll umsetzen*
Vielfalt existiert nicht nur in Lerngruppen, sondern auch in fachlichen Inhalten, die mit den Kompetenzen der Bildungsstandards in Einklang gebracht werden müssen. Der Basisartikel definiert das Ziel einer kompetenzorientierten Differenzierung, stellt Maßnahmen und Materialien auf den Ebenen Inhalte – Prozesse – Produkte vor und gibt Hinweise zur Planung, Durchführung und Auswertung in der unterrichtlichen Praxis.

Markus Buschhaus (171/2021, 2-8)

Chacun à son rythme et à sa sauce ! – *Mit der* **fiche pliée** *Texte und Wortschatz individualisiert einüben*
Die *fiche pliée* ist ein in vier Spalten unterteiltes Blatt, anhand dessen Lernende im Anfangsunterricht Schritt für Schritt und eigenständig Wortschatz trainieren und ihr Textverständnis überprüfen können. Die Grundlage der vorgestellten Unterrichtssequenz bildet ein fehlerhaftes Résumé (Wörter sind vertauscht) der authentischen Geschichte „Ketchup" von Bernard Friot, mit dem die Wortfelder „les plats et les aliments" wiederholt bzw. vertieft werden können.

Anne Schwaechler (171/2021, 9-15)

la vitesse – le risque – le succès – *Sportprofis und Binnendifferenzierung in der Sekundarstufe I*
Das Hör-Seh-Verstehen und Sprechen neigungsdifferenziert im dritten Lernjahr zu schulen, ist das Ziel des Praxisbeitrags von Ute Woerner. Anhand unterschiedlicher authentischer Interviews lernen Schülerinnen und Schüler erfolgreiche französische Nachwuchssportlerinnen und -sportler kennen und nutzen den Inhalt und die Sprache, um anschließend ihre eigenen Interviews auf Basis einer fiktiven Sportleridentität zu erstellen.

Ute Woerner (171/2021, 16-21)

Participer au challenge zéro déchet – *Lernerautonomie durch Differenzierungsmöglichkeiten fördern*
Eine Challenge zum Thema „Müllreduktion" motiviert Schülerinnen und Schüler ab dem zweiten Lernjahr und fördert selbstregulierendes Lernen. Das Projekt *être ZD* (*zéro déchet*) bildet den authentischen Rahmen für eine Lernaufgabe, die in einer digitalen Schülerpräsentation mündet und in der verschiedene und individuelle Maßnahmen zur Müllvermeidung vorgestellt werden.

Britta Linden (171/2021, 22-28)

Ces jeunes (extra)ordinaires – *Jugendliches Engagement neigungsdifferenziert untersuchen*
Die vorgestellte Lernaufgabe fordert jugendliche Schülerinnen und Schüler ab dem fünften Lernjahr heraus, sich gegen das Vorurteil einer faulen Generation zu wehren. Ziel ist das Verfassen eines Kommentars, den die Lernenden neigungsorientiert anhand verschiedener *témoignages* (in Form von Text, Audio und Video) vorbereiten und in einem selbst gewählten Format präsentieren. Dabei wird interkulturelles Lernen geschult und es findet eine Perspektivübernahme statt.

Haika Hartmann (171/2021, 29-35)

« Bruxelles, je t'aime » – *Differenziertes Arbeiten mit einem Gedicht von Laurence Vielle*
Textgrundlage für interkulturelles und differenziertes Lernen bildet das Gedicht *Lettre à Bruxelles*, durch das die Schülerinnen und Schüler die unterschiedlichen Facetten der Hauptstadt Belgiens kennenlernen und analysieren. Der Praxisbeitrag schlägt vor, wie Lernende ab dem sechsten Lernjahr kleinschrittig an das anspruchsvolle Gedicht herangeführt werden können, um das Thema der kulturellen Diversität interessensgeleitet aus unterschiedlichen Blickwinkeln zu betrachten.

Christian Cirkel (171/2021, 36-43)

Blick hinter die Fassade – Eine handlungs- und produktionsorientierte Annäherung an Yasmina Rezas literarische Werke

Yasmina Reza bedient sich vor allem tragischer Themen, die sie auf ihre ganz eigene Weise literarisch umsetzt. Der Basisartikel stellt dieses ‚Reza-Typische', ihre Biografie sowie ihre wiederkehrenden Themen anhand der Komödien *Art* und *Le Dieu du carnage* exemplarisch vor und argumentiert, warum sich eine Auseinandersetzung mit ihr anhand unterschiedlicher handlungs- und produktionsorientierter Verfahren lohnt.

Stefanie Fritzenkötter (172/2021, 2-8)

Wer bin ich? Identität und Erinnerung anhand von Rezas **Nulle part** *erarbeiten und gestalten*

Lernende ab dem 5./6. Lernjahr denken in dieser Unterrichtseinheit anhand des autobiographischen Stücks *Nulle part* über die Komplexität des Identitätsbegriffs nach und erarbeiten individuelle und kollektive Merkmale. Den Abschluss stellt eine *poésie caviardée/caviardage* dar, eine Technik, bei der die Schülerinnen und Schüler bestimmte Wörter eines Textes hervorheben, die anschließend wieder ein Gedicht ergeben.

Julia Tsaruhas (172/2021, 9-15)

La vie en couple, c'est l'enfer ! *Die negative Paarbeziehung in Rezas* **Babylone** *analysieren und über konstruktives Miteinander reflektieren*

Ein eheliches Streitgespräch aus dem Roman *Babylone* steht im Mittelpunkt der ca. sechsstündigen Unterrichtssequenz für Lernende ab dem fünften Lernjahr. Es dient als abschreckendes Beispiel für eine kaputte Beziehung, die von den Lernenden analysiert und inszeniert werden soll, um im Rahmen eines Perspektivwechsels zu reflektieren, was eine gesunde Beziehung ausmacht.

Stefanie Fritzenkötter (172/2021, 16-21)

Faire bonne mine au bon jeu – *Kommunikationsprobleme in Rezas* **Bella Figura** *identifizieren und inszenieren*

Anhand eines Alltagsstreits aus dem Stück *Bella Figura* sollen Schülerinnen und Schüler ab dem 5. Lernjahr erkennen, wie Gespräche durch sprachliche und nonverbale Handlungen beeinflusst werden können. Dazu werden Kommunikationsprobleme analysiert und anhand einzelner Sätze verschiedene Reaktionen praktisch inszeniert. Schließlich soll das originale Gespräch so neu inszeniert werden, dass es nicht in einem Streit endet und die Kommunikation somit gelingt.

Janina Reinhardt (172/2021, 22-28)

Qu'est-ce que le bonheur ? *Den Glücksbegriff in Rezas Kurzgeschichte* **Pascaline Hutner** *untersuchen*

Die Kurzgeschichte „Pascaline Hutner" ermöglicht es, mit fortgeschrittenen Lernenden (ab 6./7. Lernjahr) über das Wichtige im Leben nachzudenken und den Glücksbegriff aus der eigenen und fremden Perspektive zu hinterfragen. Die Geschichte handelt von Pacaline und Lionel Hutner, die erkennen, dass *sie* es sind, die ihre Definition von Glück und der ‚perfekten' Familie neu bewerten müssen, nachdem sie ihren Sohn, der dauerhaft in die Rolle der Sängerin Céline Dion schlüpft, in eine psychiatrische Klinik eingewiesen haben.

Karina Dahm (172/2021, 29-35)

Buckeln für die Karriere – **Trois versions de la vie** *von Yasmina Reza arbeitsteilig erschließen*

Eine Geschichte über komplizierte berufliche Situationen und Abhängigkeiten, die in drei verschiedenen Varianten erzählt und aufgeführt wird, bildet die Basis einer Unterrichtssequenz für Lernende ab dem siebten Lernjahr. Die Schülerinnen und Schüler erarbeiten arbeitsteilig die unterschiedlichen Versionen, die anschließend gemeinsam besprochen und verglichen werden. Der Fokus liegt dabei auf den zwischenmenschlichen Beziehungen.

Silke Topf (172/2021, 36-43)

La conscience linguistique – *Sprachbewusstheit fordern, um Kommunikation*
zu fördern
Der Basisartikel zeigt auf, wie Sprachbewusstheit als transversale Kompetenz das
Erlernen einer fremden Sprache aktiv unterstützen kann, ohne Selbstzweck zu
bleiben. Zur Bewusstmachung sprachlicher Strukturen wird eine gezielte Förderung (systematisiert in Kompetenzbereiche, Domänen und Varietäten) vorgestellt
und anhand eines Planungsmodells sowie Anwendungsbeispielen veranschau-
licht. Lernende sollten im Unterricht motiviert werden, sprachliche Phänomene
zu entdecken, zu erarbeiten und zu verwenden.

Janina Reinhardt (173/2021, 2-8)

Comment formuler les questions ? *Das Bewusstsein für Frageformen fördern*
Den Gebrauch unterschiedlicher Frageformen im Französischen bewusst zu machen und anschließend korrekt anzuwenden, ist das Ziel des Praxisbeitrages für
Lernende ab dem dritten Lernjahr. Eingebettet in das Thema „Schüleraustausch"
analysieren die Schülerinnen und Schüler unterschiedliche Frageformen in mündlichen und schriftlichen Texten, z. B. im eingesetzten Lehrwerk.

Janina Reinhardt (173/2021, 9-15)

Prêt(e) pour une l'œuf-story ? *Kreative Sprachspiele in Werbungen entdecken*
und verstehen
In dem Praxisbeitrag begeben sich Lernende ab dem vierten Lernjahr auf die Suche nach Sprachspielen in der Werbung. Über deutsche Sprachspiele werden die
Schülerinnen und Schüler an die unterschiedlichen Werbestrategien herangeführt,
die sie anschließend in einem französischen Werbespot von Monoprix (wieder-)-
entdecken und verstehen sollen. Den kreativen Abschluss bildet das Erstellen eigener Sprachspiele, die auf Produktverpackungen verewigt werden.

Christine Adammek (173/2021, 16-22)

Jouons avec des proverbes ! *Französische Sprichwörter erklären, spielerisch festigen und kreativ darstellen*

15 Sprichwörter sind ausgewählt worden, um mit Lernenden im vierten/fünften Lernjahr sprachvergleichende und spielerische Aktivitäten zur Förderung der Sprachbewusstheit durchzuführen. Es werden ein Zuordnungsspiel zur Konfrontation, ein Memo- und Dominospiel zur Festigung sowie ein situationsorientierter Dialog zur Anwendung der Sprichwörter vorgeschlagen. Daran schließt sich eine kreative Phase an, in der die Lernenden die Sprichwörter zeichnerisch oder fotografisch darstellen.

Stefanie Fritzenkötter (173/2021, 23-29)

Pauvre langue ? *Eine performativ-reflexive Operatorenschulung am Beispiel der* langage SMS

In der vorgestellten Unterrichtssequenz wird französische Jugendsprache in Form der *langage SMS* thematisiert. Lernende ab dem fünften Lernjahr analysieren die zentralen Mechanismen dieser Form von Jugendsprache und diskutieren auf Grundlage einzelner Auszüge die Vor- und Nachteile. Ziel ist es, sich über diese Art der Kommunikation bewusst zu werden und den Operator *peser le pour et le contre* besser zu verstehen.

Britta Nolte (173/2021, 30-36)

Comment parlent les YouTubeurs ? *Sprachbewusstheit entwickeln für einen authentischen Alltagswortschatz*

„YouTube" knüpft an die Lebenswelt der Schülerinnen und Schüler an und stellt eine Fundgrube für gesprochenen Alltagswortschatz dar. Anhand eines Videos der französischen YouTuberin Héloïse Monchablon erarbeiten Lernende im fünften Lernjahr wichtige Merkmale des *code parlé* und setzen diesen in eigenen Videos über den Lieblingsfilm oder -schauspieler um.

Tanja Prohl (173/2021, 37-43)

L'interface parallèle : *Ein Plädoyer für die digitale Bildung*
Die *crise sanitaire* der Jahre 2020 und 2021 legte Probleme und Herausforderungen in Bezug auf die Digitalisierung und Medienbildung in der Schule offen. Davon ausgehend beschäftigt sich der Beitrag mit dem Begriff der Medienkompetenz in der (fremdsprachen-)didaktischen Diskussion, wobei das zentrale Anliegen, das Konzept der Medienkompetenz um informatische Kompetenzen zu erweitern, im Vordergrund steht. Der Französischunterricht kann neben der Förderung von Medienkompetenz auch einen Beitrag zur Förderung informatischer Kompetenzen leisten.

Benjamin Inal & Jennifer Wengler (3/2021, 5-11)

L'oiseau de Twitter qui dévore – *Medienreflexion mit „Carmen" von Stromae*
In dem 2013 auf dem Album *Racine carrée* erschienenen Lied „Carmen" setzt sich Stromae mit dem Nachrichtendienst „Twitter" auseinander. Das Lied mit seinem aufwändig animierten Musikvideo greift den medienpädagogischen Aspekt internetbasierter Kommunikationskulturen auf und thematisiert die Gefahren eines übermäßigen Medienkonsums. In seinem Beitrag skizziert der Autor drei Aufgaben mit steigendem Anforderungsniveau und zeigt somit auf, wie medienreflexive Lernprozesse im Französischunterricht initiiert werden können. Die Aufgaben beinhalten die Förderung unterschiedlicher Teilkompetenzen und ermöglichen stellenweise auch binnendifferenziertes Arbeiten in unterschiedlichen Sozialformen.

Benjamin Inal (3/2021, 12-16)

Gegen Cyber-Mobbing mit dem Wettbewerb **Non au harcèlement**
Zu Beginn des Beitrags wird das Internet als Ort der sozialen Interaktion fokussiert. Der Autor legt dabei einen Schwerpunkt auf die Jugendlichen als Produzentinnen und Produzenten ihrer eignen Medienumwelt, den von Softwarefirmen entworfenen Algorithmus sowie dessen Einfluss auf den individuellen Medienkonsum und geht schließlich auf die Arten und Gefahren von Cybermobbing ein. Im Folgenden wird die in Frankreich sehr populäre Kampagne „Non au harcèlement"

der französischen Regierung präsentiert, welche sich an Schülerinnen und Schüler zwischen 8 und 18 Jahren richtet und u. a. auch einen Wettbewerb beinhaltet. Der Autor skizziert in seinem Beitrag, wie eine Teilnahme an eben diesem Wettbewerb im Französischunterricht umgesetzt werden kann. Hierfür wird der Unterrichtsverlauf skizziert und entsprechendes Material zur Verfügung gestellt.

Maximilian Barkhausen (3/2021, 17-21)

*Videos von YouTuber*innen im Französischunterricht*

Eingangs erfolgt eine Auseinandersetzung mit der Diversität des Mediums und gattungsspezifischen Charakteristika. Anschließend werden die didaktischen Potentiale ausgelotet. Diese sind – neben der Förderung der funktional-kommunikativen Kompetenzen – insbesondere im Bereich der interkulturellen Medienkompetenz als Teil einer fremdsprachlichen unterrichtlichen digitalen Bildung zu sehen. Ausgehend von der Forderung, „YouTube"-Videos themenbezogenen in den Fremdsprachenunterricht zu integrieren, werden in dem vorliegenden Beitrag konkrete Videovorschläge zu entsprechenden Themengebieten vorgestellt und auch die methodische Umsetzung aufgezeigt.

Marco A. Cristalli (3/2021, 22-26)

Programmieren mit Scratch *im Französischunterricht*

Nachdem die Autorin vielfältige Gründe dargelegt hat, warum Programmieren im Französischunterricht gewinnbringend sein kann, stellt sie die Plattform „Scratch" vor, welche insbesondere für 8- bis 16-Jährige konzipiert wurde. Anhand eines Beispiels, in dem sich Figuren vorstellen und begrüßen, demonstriert die Autorin die grundlegende Funktionsweise dieser Plattform. Darüber hinaus wird exemplarisch aufgezeigt, welches Potential die Arbeit mit „Scratch" im Unterricht aufweist, da vielfältige Produkte wie Übersetzungstools, interaktive Stadtpläne oder Vokabelspiele kreiert werden können.

Jennifer Wengler (3/2021, 27-32)

Apprendre une langue en réalité virtuelle – de nouvelles perspectives à l'horizon ?
Der vorliegende Beitrag zeigt neue Möglichkeiten auf, wie *Virtual Reality* im Fremdsprachenunterricht gewinnbringend genutzt und damit eine Immersion in die fremdsprachliche Lebenswelt ermöglicht werden kann. Zunächst setzt sich der Autor mit Begriffsdefinitionen und unterschiedlichen Formen der *Virtual Reality* auseinander. Er geht dabei auch auf technische Möglichkeiten, z. B. unterschiedlicher VR-Brillen, ein. Anschließend stellt er eine Befragung vor, im Rahmen derer zehn Fremdsprachenlehrkräfte und fünfzehn Studierende unterschiedliche Apps testeten und von ihren Erfahrungen berichteten.

Berry van de Wouw (3/2021, 33-36)

Rêver les yeux ouverts ? *Virtual und Augmented Reality und ihre Potenziale*
Im Rahmen des kurzen Beitrags werden die Begriffe „Virtual Reality" und „Augmented Reality" definiert und jeweils im Hinblick auf einen gewinnbringenden Einsatz im Fremdsprachenunterricht näher beleuchtet.

Jennifer Wengler (3/2021, 37)

Die **valise européenne** *– ein reflexives europadidaktisches Portfoliokonzept*
In diesem Beitrag wird das Projekt *valise européenne* des Vereins „Réunir l'Europe – Europa verbinden e.V. (RÊVE)" vorgestellt, welches sich als reflexiver Portfolioansatz im Bereich der Europadidaktik versteht. Es handelt sich hierbei um einen Turnbeutel, wie er von vielen Jugendlichen getragen wird, in dem je nach Zielgruppe exemplarische Gegenstände zur Vorbereitung auf Begegnungssituationen enthalten sind und der währenddessen individuell als Portfolio gefüllt wird. Neben dem grundlegenden Ansatz erläutert der Autor die drei in dem Projekt vereinten didaktischen Grundprinzipien, einen europadidaktischen, einen biografischen sowie einen Portfolio-Ansatz. Im weiteren Verlauf des Beitrags werden die auf unterschiedliche Zielgruppen abgestimmten Gegenstände in der *valise européenne* vorgestellt und die Arbeit damit aufgezeigt.

Tom Rudolph (4/2021, 5-9)

Städtepartnerschaften im Französischunterricht: Simulation einer Sitzung des Umweltausschusses der Partnerstadt

Die Einbeziehung der Städtepartnerschaften in den Französischunterricht kann auf vielfältige Weise angebahnt werden und etabliert einen authentischen Kontext, welcher den Lernprozess der Schülerinnen und Schüler auf positive Weise fördert. In ihrem Beitrag stellt Clara Lambers eine in der Oberstufe erprobte Lernaufgabe vor, im Rahmen derer eine Ratssitzung des Umweltausschusses der Partnerstadt simuliert wird. Die in der Sitzung vorzustellenden Umweltprojekte wurden im Rahmen der Arbeit mit dem Dokumentarfilm *Demain* von der Lerngruppe entwickelt. Nachdem die Autorin die sprachliche, inhaltliche und methodische Vorbereitung präsentiert hat, geht sie ebenso auf die Durchführung und Auswertung der Diskussionsrunde ein.

Clara Lambers (4/2021, 10-15)

Im deutsch-französischen Tandem mit Werbeclips für Menschenrechte eintreten

Das Projekt kann ab dem Ende des 3. Lernjahres durchgeführt werden und lässt sich thematisch auch an verschiedenen Stellen mit der Lehrbucharbeit verknüpfen. Die Autorin präsentiert in ihrem Beitrag die Vorbereitungs-, Durchführungs- und Auswertungsphase einer Lernaufgabe mit dem Titel „Campagne publicitaire franco-allemande de l'engagement international pour les organisations non-gouvernementales et les droits de l'Homme". Darin haben Lernende einer 9. Klasse gemeinsam mit ihrer französischen Partnerklasse Werbespots erstellt, die auf die Arbeit unterschiedlicher Nichtregierungsorganisationen aufmerksam machen und zum Engagement in eben diesen Organisationen aufrufen.

Elena Kroik (4/2021, 16-21)

Lesend, schreibend und spielend eine Epoche deutsch-französischer Geschichte entdecken

Die beiden Autorinnen skizzieren die verschiedenen Phasen eines vom Deutsch-Französischen Jugendwerk und der Kommission für die Entschädigung der Opfer von Enteignung geförderten Projektes der Pariser Autorin, Regisseurin und Theaterpädagogin Christine Deroin zu deren Buch *36 Rue Amelot*. In ihrem Roman wird von der Freundschaft zwischen Nathan, einem jüdischen Jungen, der mit seiner Familie vor dem Naziregime von Berlin nach Paris flieht, und dem gleich-altrigen Pariser Mathieu erzählt. Das binationale Literatur- und Videoprojekt, in dem Lernende u. a. Leerstellen des Romans durch eigene kreative Schreibpro-dukte füllten und Videos zu selbstgeschriebenen Szenen produzierten, führten die Autorinnen mit zwei Grundkursen der 11. und 12. Jahrgangsstufe eines Berliner Gymnasiums und einer Integrierten Sekundarschule sowie der *Troisième* eines Pariser *Collège* durch.

Elke Philipp & Kerstin Rauch (4/2021, 22-26)

Transkulturelle Konzeptvergleiche didaktisch inszenieren – Impulse für Aus-tauschprogramme und Unterricht
Der vorliegende Beitrag widmet sich dem Themenfeld der transkulturellen Wort-schatzarbeit und Wortschatzvergleichen. Dabei legt der Autor zunächst einen Schwerpunkt auf ausgewählte Mediationskompetenzen, die im Rahmen von Aus-tauschmaßnahmen gewinnbringend eingebracht werden können. Im Anschluss er-folgt ein Blick auf Möglichkeiten der Didaktisierung von Konzeptvergleichen, wobei Maik Böing hierfür auf ein Modell aus dem bilingualen Sachfachunterricht zurückgreift. Abschließend werden Methoden und Verfahren einer mehrperspek-tivischen, transkulturellen Wortschatzarbeit präsentiert, die sowohl im Schulun-terricht als auch während eines Austauschs eingesetzt werden können.

Maik Böing (4/2021, 27-33)

Programme des Pädagogischen Austauschdienstes für Deutsch-Französische Partnerschaften
Auf zwei Seiten werden unterschiedliche Programme für (angehende) Lehrkräfte sowie für Schülerinnen und Schüler des Pädagogischen Austauschdienstes prä-sentiert.

Maria Birkmeir & Veit R.J. Husemann (4/2021, 34-35)

Plattform und Netzwerk des zivilgesellschaftlichen deutsch-französischen Engagements: VDFG/FAFA

Der Beitrag ermöglicht einen Einblick über die Ziele und die Arbeit des Dachverbands Vereinigung Deutsch-Französischer Gesellschaften für Europa e.V. (VDFG) sowie der französischen Schwesterorganisation *Fédération des Associations Franco-Allemandes pour l'Europe* (FAFA)

Detlef Puhl (4/2021, 36-37)

DER FREMDSPRACHLICHE UNTERRICHT SPANISCH

Spanisch lernen mit Bewegung

Viele Studien belegen es bereits: Durch Bewegung kann das Lernen gefördert werden. Es wird zwischen zwei Typen unterschieden: „Bewegung als Ausgleich" und „Bewegung als Zugang". Zum ersten Typen zählen z. B. das Lernen im Gehen oder körperliche Aktivierungsübungen. Zum zweiten Typen gehört beispielsweise das Verbinden von Wörtern und Sätzen mit Gesten. Darüber hinaus eignen sich auch Theater bzw. Theaterimpulse. Die Autorin empfiehlt das Lernen mit Bewegung für Kinder, Jugendliche und Erwachsene.

Michaela Sambanis (73/2021, 2-7)

Olympische Sprachspiele im Klassenraum

Die Autorin stellt zehn verschiedene Sprachspiele kurz vor: Verbtürme-Turnier, Biathlon mit Fledermäusen, Skateboard mit neuen Wörtern, Konjugations-Rennen, Wortfamilien-Triathlon, Activity-Freestyle, Mindmap-Kunstturnen, Verben-Staffellauf, Stilles Semantisches Sportklettern und Quiz-Taekwondo.

Gisela Kanngiesser-Krebs (73/2021, 8-9)

¡A moverse! – Laufend lernen, oder wie man Schüler vom Hocker reißt

Im Rahmen von sechs Stationen durchlaufen die Lernenden einen Vokabel-Parcours zum Thema „el colegio". Die Stationen umfassen die Bereiche Aussprache, Betonung, Wortschatz, Konjugation und dialogisches Sprechen. Die Lernenden dokumentieren ihren Lernfortschritt mit einem Laufzettel, der auch zur Reflexion genutzt werden kann. Die Stations-Karten stehen als editierbare Dateien zum Download bereit, sodass sie auf andere Inhalte angepasst werden können.

Kerstin-Sabine Heinen-Ludzuweit (73/2021, 10-15)

Aprender el español en el patio del colegio – Didactizar los espacios de ocio y recreación

Das Thema „Wegbeschreibungen" wird in diesem Beitrag spielerisch bearbeitet. Die Lehrkraft bereitet aus Kartons verschiedene Gebäude vor und zeichnet mit Kreide einen Stadtplan auf den Schulhof. Zuerst werden Vokabeln im Klassenraum erlernt und wiederholt. Danach werden die Wegbeschreibungen auf dem gemalten Stadtplan in Pärchen geübt und abgelaufen. Bei schlechtem Wetter könnte die Einheit in der Turnhalle oder im Schulgebäude durchgeführt werden.

Fernando Henríquez (73/2021, 16-20)

Lernen auf dem Marktplatz = Lernen in Bewegung – Variationen einer vielseitigen Methode

Im Rahmen der Marktplatz-Methode bewegen sich die Lernenden durch den Klassenraum und müssen auf ein Signal hin mit der nächststehenden Person eine Aufgabe bearbeiten. Die Autorin stellt fünf verschiedene spielerische Aufgaben vor: *Dame 5* (Nennen von fünf Begriffen zu einer Oberkategorie), *Muévete* (Ausführen einer Bewegung mittels des Imperativs), *Conversación paseo* (Spaziergang zu einem Thema einer Konversationskarte), *Dos en uno* (Sätze mit zwei neuen vorgegebenen Vokabeln bilden) und *Hollywood* (Entwicklung eines kurzen Plots auf Basis von Bildern).

Madeleine Neumann (73/2021, 21-27)

Rayuela: ein globales und zeitloses Spiel

Das in Deutschland unter den Namen „Hüpfkasten" oder „Himmel und Hölle" bekannte Hüpfspiel ist auch in spanischsprachigen Ländern weit verbreitet. Für den Einsatz im bewegten Spanischunterricht wird beim Hüpfen in ein Kästchen laut ein entsprechender Begriff gesagt. Die Autorin stellt verschiedene Beispiele in Kästchen, Kreisen oder Schneckenform zu den Themen „Wochentage", „Monate" und „Zahlen" vor. Darüber hinaus hat sie einen Verben-Hüpf-Parcours entwickelt.

Evangelia Parassidis-Diarrisso (73/2021, 28-33)

Acción y concentración – Juegos energéticos para la clase de español
Es werden fünf Bewegungsspiele vorgestellt, bei denen der Fokus auf den funktionalen kommunikativen Kompetenzen liegt: „Caza de palabras" (Abklatschen von Vokabeln mit einer Fliegenklatsche), „Capitán, capitán, ¿qué nos ponemos hoy?" (Fangspiel zu Kleidung und Farben), „Ensalada de frutas" (Stuhlkreisspiel zu verschiedenen Wortschatz- und Grammatikaspekten), „Simón dice" (Ausführen von Befehlen zur Festigung des Imperativs) und „Reporteros voladores" (Übung von Schreiben und Sprechen durch Merken eines Textabschnittes). Alle Spiele sind ohne große Vorbereitung einsetzbar.

Judith Springer (73/2021, 34-37)

¡Posiciónate! – El posicionamiento físico como motivador de la expresión oral
Der Klassenraum kann zur Positionierung genutzt werden, um sich über Inhalte, Organisation oder Reflexion auszutauschen. Konkret werden drei Beispiele vorgestellt: „Barómetro de opinión" (Positionierung auf einer Skala auf dem Boden zu verschiedenen Aussagen), „¡Ponte en fila!" (Positionierung nach einem Ordnungsprinzip, z. B. Alter) und „Mi esquina dorada" (Positionierung zur Reflexion eines Themas in den Ecken).

Judith Springer (73/2021, 38-42)

Chancen und Grenzen von Erklärvideos im Spanischunterricht
Das Autorenteam erläutert sowohl theoretische als auch praktische Aspekte rund um Erklärvideos. Neben einer Begriffsklärung und der Erläuterung von Gestaltungsprinzipien wird auch das Konzept des *Flipped Classroom* vorgestellt. Darüber hinaus werden Grammatik-Erklärvideos kritisch beleuchtet und die

Videoproduktion durch Lernende vorgestellt. Abgerundet wird der Beitrag durch Informationskästen zu verschiedenen Video-Tools sowie Vor- und Nachteilen von Erklärvideos.

Jennifer Wengler & Christoph Dröge (74/2021, 2-7)

Material práctico para trabajar con vídeos

Das praktische Material enthält zwei Arbeitsblätter: Zum einen eine Checkliste mit Auswahlkriterien von Erklärvideos, zum anderen eine Tabelle zum Verfassen eines Storyboards.

Ruth Morón Garzarán & Simone Timmermann (74/2021, 8-9)

Grammatik und Wortschatz – Integrative Spracharbeit mit Erklärvideos im Sprachunterricht

Grammatik- und Wortschatzarbeit sollte stets in einem kommunikativen Rahmen eingebunden sein. Mittels zweier Erklärvideos kommt der Autor dieser Forderung nach: Im Rahmen eines Videos zu Aktivitäten in den Sommerferien erarbeiten die Lernenden das *pretérito perfecto*. Das *pretérito indefinido* wird mit Hilfe eines Videos zu Haushaltstätigkeiten vertieft. Ergänzt wird der Beitrag durch eine Vorstellung und Bewertung von sechs Videoplattformen im Downloadbereich.

Nils Eigenwald (74/2021, 10-18)

¡Suscríbanse! – Tutorials aus spanischsprachigen Ländern für interkulturelles Lernen nutzen

Ausgehend von einer Lernaufgabe beschäftigen sich die Lernenden mit Tutorials zu mexikanischen Traditionen, Bräuchen, Feierlichkeiten und typischen Gerichten zur Förderung der interkulturellen Kompetenz. Zunächst wird ein Tutorial gemeinsam bearbeitet, danach erfolgt eine arbeitsteilige Gruppenarbeit.

Katharina Kräling & Helene Pachale & Juliane Plückhahn & Anja Schreck (74/2021, 19-27)

Lektürearbeit einmal anders – *Ein Erklärvideo zum Drehbuch* Todo sobre mi madre *produzieren*

Die Lernenden erstellen Erklärvideos zu der Figurenkonstellation von *Todo sobre mi madre* und analysieren und bewerten darin das Drehbuch. Die Schülerinnen und Schüler erhalten ein Arbeitsblatt zur Unterstützung der technischen Umsetzung und entwickeln ein Storyboard. Nach einer Fehlerkorrektur durch die Lehrkraft kann die Filmproduktion durchgeführt werden. Zum Abschluss werden alle Videos von den Lernenden angeschaut und mithilfe eines Kriterienrasters bewertet. Im Downloadbereich finden sich zwei Umsetzungsbeispiele.

Katharina Hillenbrand (74/2021, 28-34)

¿Docente y estrella de YouTube? Vídeos explicativos creados por docentes para sus alumnos

Anstatt viel Zeit in die Recherche von geeigneten Erklärvideos zu investieren, motiviert die Autorin dazu, selber Videos für den Unterricht zu produzieren. Da es meistens Vorbehalte seitens der Lehrkräfte gibt, erläutert und entkräftet sie einige davon – z. B. die lange Zeit der Vorbereitung oder das notwendige technische Wissen. Die Autorin beschreibt den Weg der Produktion vom Verfassen des Drehbuchs, dem möglichen Erstellen von Aufgaben, Textelementen und Grafiken über die Aufnahme bis hin zur Publikation. Auf ihrem eigenen „YouTube"-Kanal „Señora Mor" finden sich zahlreiche Beispiele. Im Downloadbereich befindet sich ein Informationsblatt mit Hinweisen und Werkzeugen zur Videoproduktion.

Ruth Morón Garzarán (74/2021, 35-38)

El día de Emma en vídeo – *Ein Erklärvideo mit* Stop Motion Studio *selbst drehen und mit* H5P *in ein interaktives Video verwandeln*

Zum Thema „Un día normal en mi vida" produzieren die Lernenden in Gruppenarbeit ihre eigenen Videos mithilfe des kostenfreien Programms „Stop Motion Studio". Um interaktive Übungen in die Videos zu integrieren, kann das ebenfalls kostenlose Programm „H5P" verwendet werden. Ergänzt wird der Beitrag mit zwei Videobeispielen im Downloadbereich.

Simone Timmermann (74/2021, 39-42)

Video- und audiogestützte Positivkorrektur – Neue Wege aus dem Korrektur-Dilemma

Um Zeit bei der Erläuterung von Korrekturen einzusparen, können Lehrkräfte mithilfe ihres Smartphones ein Video aufnehmen, während sie den Text korrigieren oder den korrigierten Text mündlich kommentieren. Alternativ kann ein Bildschirmvideo aufgenommen werden, während der Text am Tablet mit dem Stift korrigiert wird. Für Profis schlägt die Autorin vor, auch Audio- und Videoprodukte der Lernenden mit der kostengünstigen App „Explain Everything" zu korrigieren. Abschließend wird die Möglichkeit eines reinen Audiofeedbacks vorgestellt.

Jennifer Wengler (74/2021, 43-36)

Hispanorama

¡Bienvenid@s al podcast de gramática! **Der Einsatz von Grammatik-Podcasts im Spanischunterricht**

Im Beitrag wird beschrieben, auf welche Weise Podcasts im Spanischunterricht Verwendung finden können. Dazu werden zunächst die Vorteile von Podcasts in Unterrichtssettings ausgelotet, wobei u. a. die Möglichkeit einer flexiblen Verwendung sowie die Tatsache, dass sie authentisches Sprachmaterial liefern, hervorgehoben wird. Im Anschluss wird näher auf Grammatik-Podcasts eingegangen, die sich an Fremdsprachenlernende richten und Inhalte in didaktisch aufbereiteter Form vermitteln. Dazu werden drei bekannte Podcasts vorgestellt und ihre Vor- und Nachteile diskutiert: „Hoy hablamos" ist ein Audio-Podcast zweier Sprachlehrer aus Spanien, „Español Automático" ist nicht nur als Hör-, sondern auch als Hör-Seh-Text angelegt, sodass Inhalte visualisiert werden können, und „Merkhilfe Spanisch" ist ein Video-Podcast, in dem die Inhalte auf Deutsch erklärt werden und der auch Übungsmaterial enthält.

Georgia Gödecke & Andreas Wirag & Eric Wolpers (173/2021, 70-74)

Sprachverwendungsangst im Kontext der Sprechprüfung
Der Autor beschreibt eine Studie zum Zusammenhang von Sprachverwendungsangst (*Foreign Language Anxiety*, kurz: FLA) und dem Erfolg von Lernenden in
einer schulischen Sprechprüfung, die er im Rahmen seiner Masterarbeit durch-
führte. Dabei stellte sich heraus, dass Prüflinge mit einem hohen Grad an FLA
hier signifikant schlechter abschneiden und die Prüfungssituation sowie die Lehrkraft zudem negativer wahrnehmen als Prüflinge mit niedrigen oder mittleren
Angstgraden. Solche Ergebnisse legen nahe, dass eine Sensibilisierung von Lehrkräften für die Problematik der FLA notwendig ist, denn diese können durch ihr
Handeln (z. B. Schaffung einer angenehmen Atmosphäre, positive Fehlerkultur)
zu einer Reduzierung von FLA beitragen. Ebenso erscheinen Übungen und Strategien vielversprechend, mittels derer Lernende ihre Angst mindern können.

Nicolaus Bertram (173/2021, 75-80)

Ein literarischer Zugang zum historischen Lernen im Spanischunterricht –
Una conversación en la Alhambra (1859) *von Pedro Antonio de Alarcón*
Im Text wird ein Unterrichtsprojekt zur Vermittlung historischer Inhalte beschrieben, das mit einer Lerngruppe des Niveaus B1 durchgeführt wurde. Die in
diesem Rahmen behandelte Kurzgeschichte „Una conversación en la Alhambra"
(1859) enthält Verweise auf unterschiedliche historische Begebenheiten, u. a. auf
die Vertreibung der moriskischen Bevölkerung aus Spanien sowie den Spanisch-
Marokkanischen Krieg. In mehreren Schritten nähern sich die Lernenden diesen
historischen Referenzen sowie dem Entstehungskontext des Werkes und erkennen
Bezüge zur Gegenwart. Eine im Anschluss an das Projekt erfolgte qualitative Datenerhebung konnte zeigen, dass die Lernenden das Projekt in verschiedener Hinsicht positiv bewerteten. Sie konnten ihr Sach- und fremdsprachliches Wissen
ausweiten und wurden zu kritischem Denken sowie zur Beschäftigung mit eigenen und fremden Identitätskonflikten angeregt.

Marta Maria Röder (173/2021, 81-86)

La Edad de Plata en la novela gráfica – Consideraciones para las clases de lengua extranjera

Im Beitrag wird dargelegt, inwiefern die *novela gráfica*, eine hybride Gattung mit textuellen und visuellen Elementen, im Spanischunterricht gewinnbringend genutzt werden kann. Die Autorin stellt zunächst fest, dass die *Edad de Plata* (1898-1936) in schulischen Curricula oft vernachlässigt wird, obgleich Wissen über dieses Zeitalter für ein tiefergehendes Verständnis verschiedener aktueller Phänomene zentral ist. Ausgehend davon beschreibt sie ausführlich drei kürzlich erschienene Werke, die sich mit der *Edad de Plata* beschäftigen: *Los Caballeros de la Orden de Toledo, Residencia de estudiantes* und *Buñuel en el laberinto de las tortugas*. Sie sieht v. a. den ersten Band des erstgenannten Werks für den Oberstufenunterricht als geeignet an, weist jedoch auch auf mögliche Probleme hin, beispielsweise historisch unpräzise chronologische Darstellungen, die im Unterricht richtiggestellt werden sollten.

Anna Teresa Macías García (174/2021, 61-65)

Wann ist es strafbar über Elefanten zu rappen? – Politischer Rap für die gymnasiale Oberstufe

Zu Beginn dieses Jahres wurde der katalanische Rapper Pablo Hasél zu einer neunmonatigen Haftstrafe verurteilt, ein Vorfall, der auf beachtliches gesellschaftliches wie mediales Interesse stieß. Der Autor beschreibt, wie die Causa Hasél und insbesondere die Texte des Rappers in den Spanischunterricht eingebunden werden können. Er argumentiert, dass Rapsongs ein hohes kommunikatives Potenzial bieten, authentisches Sprachmaterial darstellen und einen multimedialen Zugang eröffnen. Gerade im vorliegenden Fall bieten sie außerdem Ansatzpunkte für politische Bildung. Anhand ausführlicher Arbeitsbeispiele illustriert er, wie Haséls Rapsong „Juan Carlos el Bobón" im Unterricht verwendet werden kann. Im Anschluss schlägt er eine weiterführende Beschäftigung mit ausgewählten Tweets Haséls vor, wofür ebenfalls Aufgabenbeispiele gegeben werden.

Daniel Münch (174/2021, 66-73)

El proceso de evaluación en línea: ¿un reto o una oportunidad?
Da Evaluierung im schulischen Kontext häufig eher summativ als formativ verstanden wird und folglich keinen Beitrag zum Fortschritt des Lernprozesses selbst
leisten kann, plädieren die Autorinnen für neue Evaluierungsmodelle: Sie betrachten Lernen aus einer konstruktivistischen Perspektive, wobei Lern- und Evaluie-
rungsprozess nicht getrennt voneinander zu denken sind. Im Fremdsprachenunterricht sollte sich die Evaluierung außerdem auf die kommunikative Kompetenz
der Lernenden beziehen. Im Anschluss an die Feststellung, dass gerade die mit
der Pandemie einhergehende Umstellung auf Online-Lehre Lehr- und Evaluie-
rungsprozesse grundlegend verändert hat, beschreiben die Autorinnen Voraussetzungen für neue Online-Modelle. Sie empfehlen schließlich das Portfolio und das
Lernforum und illustrieren ihre Aussagen schlussendlich anhand zweier konkreter
Evaluierungsmodelle für die Niveaustufen A2.1 und A1.1.

Núria Xicota & Cristina Pozo Vicente (174/2021, 74-79)

Tuit + literatura = Tuiteratura: *ein innovatives digitales Genre für den Spanischunterricht*
Tuiteratura, ein literarisches Genre, das auf der Plattform „Twitter" produziert
und rezipiert wird, ist für den Fremdsprachenunterricht bisher kaum erschlossen.
Dabei zeichnet es sich durch zahlreiche Merkmale aus, die einen kreativen und
produktionsorientierten Literaturunterricht ermöglichen. So ist ein zentrales Cha-
rakteristikum der *Tuiteratura* ihre Interaktionalität, was bedeutet, dass Rezipie-
rende aktiv an der Produktion mitwirken können. Sie setzt sich außerdem aus
zahlreichen Subgenres zusammen – neben narrativen Formen finden sich beispielsweise auch lyrische. Die Multimodalität bzw. Hybridität der *Tuiteratura* eröffnet außerdem Möglichkeiten einer kreativen Transformation solcher Texte.
Die Auseinandersetzung mit diesem Genre bietet daher großes Potenzial, weshalb
sie die Lektüre gedruckter literarischer Texte zwar nicht ersetzen sollte, aber doch
sinnvoll ergänzen kann.

Andrea Rössler (174/2021, 80-85)

Rotkäppchen revisited*: Sieben differenzierende Zugänge zum* Digital Storytelling *mit Märchen*

Die Behandlung von Märchen im Fremdsprachenunterricht birgt zahlreiche Vorteile. So folgen Märchen oft sprach- und kulturübergreifend einer bestimmten Struktur, was bei Lernenden eine entsprechende Erwartungshaltung erzeugen kann, und enthalten feste sprachliche Formeln. Weiter erlauben sie einen affektiven Zugang und entfalten so rezeptionsästhetische Wirkung. Werden Märchen nun via *Digital Storytelling* nacherzählt, werden zahlreiche Kompetenzen gefördert, so etwa die literarische Handlungskompetenz. Die Autorin beschreibt daher anhand des Märchens „Caperucita Roja" sieben unterschiedlich komplexe Möglichkeiten, wie das *Digital Storytelling* mit Märchen genutzt werden kann. Ihre Beispiele erstrecken sich von der Verfilmung eines Bilderbuchs über die Erstellung von Bildergeschichten und eBooks bis hin zur Nachbildung von Märchen in „Minecraft" oder „Minetest".

Jennifer Wengler (174/2021, 86-93)

ITALIENISCH – ZEITSCHRIFT FÜR ITALIENISCHE SPRACHE UND LITERATUR

Educazione globale/ecodidattica*: das Projekt ‚Weltfairsteher' im Italienischunterricht*

Gegenstand des Artikels von Iulia Stegmüller ist die Frage, wie das wichtige Thema „Nachhaltigkeit" in den schulischen Italienischunterricht integriert werden kann. Die Autorin geht zunächst auf den Lernbereich „Globale Entwicklung" und seine Verankerung im deutschen Bildungswesen ein und beschreibt in diesem Zusammenhang verschiedene bei den Lernenden zu entwickelnde Kompetenzen: Neben dem Wissen, z. B. über globale Probleme und deren Gründe (*knowledge*), kommen Fertigkeiten wie kritischem Reflektieren oder kooperativem Konfliktlösen (*skills*), Einstellungen wie Umweltbewusstsein oder Empathie (*attitudes*) sowie der Handlungsorientierung nach dem Grundsatz „think globally and act locally" (*action*) besondere Bedeutung zu. Wie diese Aspekte im Unterricht gefördert werden können, stellt Stegmüller im Anschluss an ausgewählten Beispielen vor. Ein weiteres Kapitel widmet sie dem Bildungsprojekt für nachhaltige Entwicklung „Weltfairsteher" bzw. seiner konkreten Umsetzung im Fach Italienisch. Die Schülerinnen und Schüler werden in so genannten „Challenges", bei denen alle zusammen arbeiten statt miteinander zu konkurrieren, ermutigt, kritisch über konventionelle Verhaltens- und Konsummuster nachzudenken und nachhaltig zu handeln, so etwa in der Challenge „Leichtes Gepäck", bei der die Lernenden überprüfen, ob sie viele Gegenstände besitzen, die sie nicht benötigen, und die sie dazu ermuntern soll, eine Tauschbörse zu starten.

Iulia Stegmüller (85/2021, 108-131)

ZEITSCHRIFT FÜR FREMDSPRACHENFORSCHUNG

Multimodales Feedback lernförderlich gestalten: Möglichkeiten und Herausforderungen für (angehende Lehrkräfte)

Der Artikel diskutiert unter Berücksichtigung von Erkenntnissen aus den Bereichen der Feedbackforschung, insbesondere des *Screencast Feedbacks*, des Multimedialernens und der Gestaltung von Erklärvideos, wie eine Integration multimodaler Verfahren dazu beitragen kann, schriftliches und mündliches Feedback lernwirksamer zu gestalten und welche Prinzipien für die Gestaltung desselben abgeleitet werden können. Illustriert werden diese Überlegungen anhand von Fallbeispielen aus einem seit Oktober 2018 laufenden Forschungsprojekt, in dem Englisch-Lehramtsstudierende im Rahmen eines Peer-Designs untereinander Textentwürfe austauschen und diese gegenseitig anonym kommentieren und Screencast Feedbacks erstellen. Die Autorin kommt zu dem Ergebnis, dass sich im Aufbau der Videos gemeinsame Tendenzen erkennen lassen und beschreibt eine Vielzahl von verwendeten multimodalen Feedbackstrategien.

Jennifer Schluer (32,2/2021, 157-180)

Sprache(n) im Unterricht beobachten: Auf dem Weg zu einer Grounded Theory *mehrsprachiger Praktiken im Französischunterricht*

Vorgestellt wird das Projekt „Unterrichtssprache(n) – Sprache(n) im Unterricht", das „die Entwicklung einer empirisch verankerten Theorie (*grounded theory*) mehrsprachiger Praktiken des Französischunterrichts" (182) mittels teilnehmender Beobachtung zum Ziel hat. Mithilfe von Unterrichtsethnographie und *grounded theory* soll untersucht werden, wie die am Fremdsprachenunterricht beteiligten Akteurinnen und Akteure sich durch Sprachwahl und Aushandlungsprozesse mehrsprachig positionieren und welche Normen hinsichtlich des Sprachenlernens dabei als selbstverständlich realisiert werden. Für das Projekt wurden zwischen September 2019 und Januar 2020 in drei Kontexten 20 Unterrichtseinheiten dokumentiert und die Erkenntnisse in Form von Beobachtungsprotokollen festgehalten. Der Untersuchungsfokus wurde dabei auf das übergeordnete Gefüge semiotischer Ressourcen der Lernenden und nicht ausschließlich auf die Ebene der verbalsprachlichen Kompetenzen gelegt. In einem Prozess des Schreibens und ‚aufbrechenden' Codierens wurden in einem ersten Zugriff drei Bereiche identifiziert, die in den teilnehmenden Beobachtungen auf der Ebene fokussierter Ausschnitte als zur Mehrsprachigkeit zugehörig konturiert wurden.

Birgit Schädlich (32,2/2021, 181-202)

Narratives Schreiben im Englischunterricht: Eine korpuslinguistische und genreanalytische Betrachtung von Schreibprodukten der Sekundarstufe I
Zunächst wird in diesem Beitrag ein Überblick über den aktuellen Forschungsstand auf dem Gebiet der schulischen fremdsprachlichen Schreibkompetenz gegeben. Anschließend wird das Forschungsprojekt *Creative Writing in Language Teaching* (CwiLT) vorgestellt, „welches kreative Texte (Erzählungen) aus dem Englischunterricht der Sekundarstufe I in einem quasi-longitudinalen Vergleich über mehrere Jahrgangsstufen hinweg als Korpus sammelt und analysiert" (204). Mittels einer Korpusanalyse- und einer Statistiksoftware wurden die Erzählungen zunächst quantitativ hinsichtlich der Anzahl der geschriebenen Wörter je Text, der Zahl der verschiedenen verwendeten Wörter je Schülerin bzw. Schüler, der durchschnittlichen Satzlänge pro Geschichte sowie der Anzahl koordinierender und subordinierender Konjunktionen analysiert, wobei diese anschließend in einem rückwärtigen Modellselektionsprozess mit den entsprechenden soziobiographischen Daten der Verfasserinnen und Verfasser in Verbindung gebracht und ausgewertet wurden. Gerlach und Götz kommen zu der Einschätzung, dass sich

mittels des entwickelten Modells statistisch messbare und signifikante Kompetenzentwicklungen über den Verlauf verschiedener Jahrgangsstufen hinweg nachweisen lassen. Ergänzend zur quantitativen Auswertung wurde zur Untersuchung der Erzählkompetenz eine qualitative Analyse von Fallbeispielen kreativ-narrativer Textprodukte anhand eines Textanalyserasters vorgenommen und eine Unterteilung in prototypische Schreibprodukte getroffen. Der Artikel schließt mit einem Resümee zu Potenzialen und Grenzen des vorgestellten Untersuchungsdesigns sowie der Formulierung schreibdidaktischer Forschungsdesiderata.

David Gerlach & Sandra Götz (32,2/2021, 203-228)

Repetition in non-native texts: A comparison of argumentative essays written by L2 learners of English and German

Das Autorenteam stellt die Ergebnisse einer Studie vor, die die Verwendung von Wiederholungen als einem bestimmten Typ der Kohäsionsmittel in argumentativen Texten von kroatischen Erstsemester-Studierenden, die Deutsch oder Englisch als L2 lernen, untersucht. Im Fokus stehen hierbei die Form der wiederholten Einheiten sowie die Unterschiede zwischen den deutschen und englischen Texten. Zur Erforschung des Erkenntnisinteresses nutzt die explorative Studie ein kombiniert quantitativ-qualitatives Forschungsdesign. Das Datenkorpus umfasst 60 argumentative Essays mit einer durchschnittlichen Länge von 200 bis 230 Wörtern, davon jeweils die Hälfte deutsche und englische Texte. Die Texte wurden manuell hinsichtlich der Wiederholungen von *textual units* untersucht, wobei die gefundenen Items in die Kategorien „word class categories" und „syntactic constituents" unterteilt wurden. Das Autorenteam kommt zu dem Ergebnis, dass in den Texten beider Sprachen „words, compounds, phrases, clauses, but also (parts of) clauses and sentences" (241) vorrangig ohne Variation wiederholt werden. Im Vergleich wurden in den deutschsprachigen Texten tendenziell häufiger die gleichen *textual units* wiederholt als in den englischsprachigen Texten. Nach einer Diskussion möglicher Gründe für die gefundenen Ergebnisse schließt der Artikel mit einem Ausblick auf die Implikationen der Studie für Anschlussforschungen ebenso wie für didaktische Ansätze zur Vermittlung von Konnektoren.

Leonard Pon, Višnja Pavičić Takač & Vesna
Bagarić Medve (32,2/2021, 229-251)

Möglichkeiten und Grenzen einer Mehrsprachigkeitsdidaktik im frühen Fremdsprachenunterricht – Spannungsfelder in der schulischen Praxis

Vor dem Hintergrund der Verankerung des Themas der Mehrsprachigkeit in Forschung und curricularen Vorgaben untersucht der Artikel Potenziale und Grenzen der Implementierung mehrsprachigkeitsdidaktischer Ansätze im Fremdsprachenunterricht in der Grundschule. Er stellt das über drei Jahre laufende Projekt „MEG-SkoRe" (Sprachliche und kognitive Ressourcen der Mehrsprachigkeit im Englischerwerb in der Grundschule) vor und thematisiert neben dem Aufbau des Interventions- und Transferprojekts ebenfalls die Herausforderungen bei der Konzeption und Umsetzung von Mehrsprachigkeit. In einer Interventionsstudie wurden in den Schuljahren 2018/19 und 2019/20 in einem Zeitraum von sechs Monaten in der vierten Jahrgangsstufe in vier niedersächsischen Grundschulen mehrsprachigkeitsdidaktische Ansätze implementiert, wobei es an jeder Schule eine Interventions- und eine Vergleichsklasse gab. Der Artikel beleuchtet die fünf Phasen des Projekts: 1. die Entwicklung eines für den Primarschulbereich geeigneten mehrsprachigkeitssensiblen Fremdsprachenunterrichts; 2. die Umsetzung des Konzepts im regulären Englischunterricht; 3. die Erfassung der Wirkung der Intervention durch begleitende Kompetenzmessungen in einem Prä-Post-Test-Design; 4. das Führen qualitativer Interviews mit Lehrkräften und Lernenden, um deren Akzeptanz der Maßnahmen zu erheben; 5. Dissemination, i. e. die Verbreitung der Erkenntnisse an weitere Akteurinnen und Akteure im Schulkontext. Der Beitrag schließt mit Überlegungen zu Mehrsprachigkeit als fachlicher oder als Querschnittsaufgabe und formuliert Desiderate für die weitere Erforschung und Implementierung mehrsprachigkeitsdidaktischer Ansätze.

Jenny Jakisch & Holger Hopp & Dieter Thoma (32,2/2021, 253-275)

FREMDSPRACHEN LEHREN UND LERNEN

Zur Einführung in den Themenschwerpunkt

Vogt und Funk, die den Themenschwerpunkt koordinieren, betonen in ihrer Einführung die Abhängigkeit des berufsorientierten Fremdsprachenlehrens und -lernens von gesellschaftlichen Entwicklungen (Migration, berufliche Mobilität etc.).

Darüber hinaus geben sie einen Überblick über die Entwicklung der berufsbezogenen Fremdsprachendidaktik der letzten 50 Jahre in Deutschland. Als Überleitung zu den Einzelbeiträgen skizzieren sie kurz sechs Herausforderungslagen unter anderem in Bezug auf Terminologie, Forschungspraxis oder spezifische Bedarfe von Lehrenden und Lernenden.

Karin Vogt & Hermann Funk (50,2/2021, 5-17)

Sprachliche Kompetenzen im Beruf messbar machen: Die „Deutscheinschätzung für Stellensuchende"

Der Beitrag stellt die Bedeutung von Zielgruppen- und Sprachbedarfsanalysen für die Entwicklung diagnostischer Instrumente dar, um sprachliche Kompetenz im und für den Beruf messbar zu machen. Zur Illustration geht der Autor vertiefend auf die „Deutscheinschätzung für fremdsprachige Stellensuchende" ein, die vom Zürcher Amt für Wirtschaft und Arbeit entwickelt wurde. Ausgehend von diesem Beispiel wird im Beitrag betont, dass kein aussagekräftiges diagnostisches Verfahren ohne vorgeschaltete Zielgruppen- und Sprachbedarfsanalyse konstruiert werden sollte.

Olaf Bärenfänger (50,2/2021, 18-36)

Englischunterricht an Berufsschulen: Die Balance zwischen Allgemeinbildung und Berufsorientierung

Die Autoren präsentieren – aufbauend auf ersten Pilotierungsergebnissen – weitere Befunde aus ihrem in der Schweiz angesiedelten laufenden Projekt, das sich mit dem Englischunterricht an Berufsfachschulen beschäftigt. Dieses geht von unterschiedlichen Lehrauffassungen und Qualifikationen der Lehrkräfte aus und beschäftigt sich mit der Diskrepanz zwischen Allgemeinbildung und Berufsorientierung im Englischunterricht, die unter anderem damit zusammenhängt, dass es sich nur bei einem Teil der Lehrkräfte um ausgebildete Fremdsprachenlehrkräfte handelt. In einem Ausblick plädieren die Autoren dafür, Allgemeinbildung und Berufsorientierung nicht als Gegensätze zu betrachten, sondern zusammen zu denken.

Michael C. Prusse & Lukas Rosenberger (50,2/2021, 37-52)

Die GER-Niveaustufen als normative Zulassungskriterien – zur Problematik des B2-Kriteriums am Beispiel der Pflegeberufe

Der Beitrag geht von der Feststellung aus, dass das Niveau B2 als Abschluss-Niveau für nach Deutschland einwandernde Personen in Spezial-Berufsfachkursen festgeschrieben ist und dass sich der weitaus größte Teil der Kursteilnehmenden auf den Pflege- und Pflegehilfsbereich verteilt. Vor diesem Hintergrund präsentieren Funk und Kuhn eine Analyse von Kommunikationssequenzen im Pflegebereich und stellen fest, dass die Sprachhandlungen deutlich unter dem B2-Niveau verortet werden können. Daher bewerten sie die normative B2-Setzung als fragwürdig in Hinblick auf die tatsächlichen beruflichen Sprachanforderungen. Als Konsequenz schlagen sie alternative Kursdesigns vor, die sich an der beruflichen Alltagssprache unterhalb des B2-Niveaus orientieren.

Hermann Funk & Christina Kuhn (50,2/2021, 53-68)

Französischunterricht an beruflichen Schulen – eine Bestandsaufnahme

Trotz der beruflichen Bedeutung von Französischkenntnissen, die die Autorinnen über statistische Daten aus der Wirtschaft herleiten, konstatiert der Beitrag einen Bedeutungsverlust des beruflichen Französischunterrichts, der am Beispiel der Grenzregion Baden-Württemberg illustriert wird. So gehen sinkende Zahlen der Lernenden mit einer sinkenden Zahl an Lehrkräften, die für die Vermittlung von beruflichem Französisch ausgebildet wurden, einher. Abschließend zeigt der Beitrag Forschungsdesiderata auf und gibt einen Überblick über Entwicklungspotenziale.

Elke Zapf & Karin Vogt (50,2/2021, 69-84)

Berufssprachliche kommunikative Handlungskompetenz in der Zweitsprache Deutsch: Befähigung und Beschränkung aus Sicht der Lernenden

Die Autorin setzt sich kritisch mit dem Konzept der berufssprachlichen kommunikativen Handlungskompetenz auseinander, wie es DaZ-Kursen unterliegt. Trotz der handlungsorientierten Grundierung des Konzeptes werde die sprachliche Handlungskompetenz ausschließlich über eine standardisierte, am GeR orientierte Sprachprüfung überprüft und nachgewiesen. Diese Fokussierung verhindere den Blick auf andere (auch beruflich relevante) Ressourcen der Deutschlernenden und werde der sprachlichen Praxis am Arbeitsplatz nicht gerecht. Außerdem werde damit der Zielsetzung der sprachlichen Perfektion Vorschub geleistet, die weder realistisch sei noch beruflichen Anforderungen entspreche. Dieses Ziel könne durch seine einseitige Fokussierung auf in Kursen vermittelte Normsprache vielmehr zum Hemmnis werden. Abschließend gibt der Beitrag Anregungen zur Anpassung von Konzepten und Curricula.

Andrea Daase (50,2/2021, 85-100)

Bedarfsanalysen im Unternehmenskontext – Verfahren und Schwierigkeiten
Zunächst wird eine Übersicht über die Entwicklung der Bedarfsanalysen im Fremdsprachenunterricht seit den 1960er Jahren geliefert, wobei der Fokus auf den entsprechenden Fachdiskussionen in Deutschland und China liegt. Es zeigt sich, dass insbesondere in den vergangenen Jahren eine methodologische Entwicklung stattgefunden hat. Abschließend werden die Schwierigkeiten bei der Umsetzung in Unternehmenskontexten diskutiert und Wege zur Umsetzung skizziert.

Hong Cai (50,2/2021, 101-116)

Respect matters: A position paper for standards of good conduct in video-based foreign language teacher professional development
Der Beitrag des nicht-thematischen Heftteils geht von dem zunehmenden Einbezug von Unterrichtsvideographie in der fremdsprachendidaktischen Forschung aus. Er konstatiert diverse Herausforderungen, die mit der Nutzung von Unterrichtsvideos einhergehen können (z. B. Sichtbarwerdung von *critical incidents*). Daran anschließend stellen die Autorinnen sieben Prinzipien unter dem Akronym RESPECT vor. Diese lauten *Rooms for diverse perspectives, Establishment of a structured learning setting, Shared professional language for a mutual understanding, Privacy in digital learning surroundings, Encouragement for evidence-based perspectives, Context and contextualization* und *Teambuilding in video discussion groups*.

Heike Niesen & Annika Kreft & Britta Viebrock & Daniela Elsner (50,2/2021, 117-134)

DIE NEUEREN SPRACHEN

Erziehung zur Mehrsprachigkeit in der Schule – Der Umgang mit Mehrsprachigkeit in der Lehrerbildung

Der Aufsatz gibt einen Überblick zur Ausgestaltung mehrsprachigkeitsorientierten Fremdsprachenlernens an Schulen. Unter Berücksichtigung der Bedingungen einer plurilingualen Gesellschaft und der sprachlichen Bildung werden linguistische und didaktische Implikationen des Ansatzes für Lehrkräfte und lehrerbildende Curricula erörtert. Der Beitrag schließt mit einer Darstellung von Kompetenzen (z. B. Sprachlernkompetenz) und Kommunikationstechniken und -strategien, die der neue Ansatz auf Schülerebene entwickeln soll.

Konrad Schröder & Michaela Schäfers (10 für 2019 (2021), 13-29)

Mehrsprachigkeit in der Fremdsprachenlehrerausbildung: konkrete Anregungen, Möglichkeiten und Forderungen

Schäfers und Schröder stellen die praktischen Konsequenzen dar, die sich aus den Ansprüchen eines plurilingualen und plurikulturellen Fremdsprachenunterrichts für die Lehrerbildung, Lehrerfortbildung und Lehrplanerstellung ergeben. Dabei wird ausdrücklich betont, dass die Erziehung zur Mehrsprachigkeit eine transversale Zielsetzung ist, die den Fremdsprachenunterricht in Gänze betrifft. Dieser neue Ansatz kann nur dann erfolgreich sein, wenn alle beteiligten Akteure zusammenarbeiten, in allen Phasen der Lehrerbildung entsprechende Module entwickelt und auf bildungspolitischer Ebene konkrete Lehrpläne sowie Handreichungen für Lehrkräfte konzipiert werden.

Michaela Schäfers & Konrad Schröder (10 für 2019 (2021), 30-36)

Sprachenbewusstheit fördern können – Von der Theorie zu konkreten Aufgabenstellungen

Reinhardt und Sauer zeigen Möglichkeiten auf, wie angehende Fremdsprachenlehrkräfte auf die Entwicklung und Förderung von Sprachenbewusstheit vorbereitet werden können. Dabei stellen sie Unterrichtsbeispiele für die Fächer Englisch, Französisch und Spanisch vor, die in Fachdidaktikseminaren überarbeitet und weiterentwickelt werden sollen, um zukünftige Fremdsprachenlehrkräfte für sprachenübergreifendes Arbeiten zu sensibilisieren.

Janina Reinhardt & Jochen Sauer (10 für 2019 (2021), 37-48)

Simulations globales *im Lehramtsstudium Französisch: Förderung von Mehr-sprachigkeit und Mehrkulturalität*

Die Autorin präsentiert ein hochschuldidaktisches Projektseminar, das bean-sprucht, Mehrsprachigkeit und Mehrkulturalität sowie Handlungsorientierung und Forschendes Lernen miteinander zu verbinden. Konzeptionell-theoretische Grundlage der didaktischen Überlegungen ist ein handlungs- und reflexionsbezo-gener Mehrsprachigkeitsbegriff. Davon ausgehend stellt sie am Beispiel der *si-mulation globale* Möglichkeiten vor, wie zukünftige Französischlehrkräfte mehr-sprachigkeitsorientierte Lehr-Lern-Prozesse initiieren und mit Schülerinnen und Schülern kritisch reflektieren können.

Laura-Joanna Schröter (10 für 2019 (2021), 49-59)

Mehrsprachigkeit in der Augsburger Lehrerbildung. Bericht über ein Seminar

Der Beitrag zeigt auf, wie Lehramtsstudierende an der Universität Augsburg im Rahmen eines Seminars auf den Umgang mit sprachlicher und kultureller Vielfalt vorbereitet werden. Dabei liegt der Fokus auf nicht-gymnasialen Bildungsgängen, in denen die Mehrsprachigkeit der Schülerschaft in besonders hohem Maße aus-geprägt ist. Das Autorenteam empfiehlt, Mehrsprachigkeit durch Bewusstma-chung der Existenz verschiedener Sprachen und Kulturen sowie durch Vergleich und Wertschätzung selbiger zu fördern.

Sara Vali & Marie Horstmeier & Thomas Heiland (10 für 2019 (2021), 60-69)

Die Ausbildung von Kompetenzen zur Erstellung und Durchführung von kom-petenzorientierten Lernaufgaben als Aufgabe der Lehrerbildung

Die Autorin stellt in ihrem Beitrag zum einen Kompetenzen vor, welche die an-gehenden Lehrkräfte für die Umsetzung eines lernaufgabenorientierten Fremd-sprachenunterrichts benötigen. Zum anderen plädiert sie für eine stärkere Berück-sichtigung des Konzepts der Lernaufgabe in universitären Studiengängen der Lehrerausbildung. Dazu skizziert sie ein Ausbildungskonzept und prüft, ob und inwiefern die darin genannten Aspekte im bestehenden Ausbildungsprogramm des Masters of Education an der FU Berlin vorhanden sind und integriert werden können.

Katja Wiebke Fredrichs (10 für 2019 (2021), 70-81)

Die Arbeit mit Praxisbeispielen im Praxissemester

Die Autorinnen zeigen an einem Praxisbeispiel aus dem Spanischunterricht der 10. Klasse (drittes Lernjahr) auf, wie sie anhand der kasuistischen Vorgehensweise Studierende im Praxissemester die Möglichkeit geben, Unterrichtserfahrungen und -beobachtungen mithilfe von Leitfragen zu reflektieren. Ziel soll es sein, sowohl fachdidaktische Theorie und Unterrichtspraxis als auch pädagogisch-psychologische und fachdidaktische Perspektiven zu verbinden und deren Relevanz erfahrbar zu machen.

Elke Hildenbrand & Ruth Schwabe (10 für 2019 (2021), 82-93)

Reflektiertes Unterrichten in Schulpraktischen Übungen – ein Versuch, Theorie in die Praxis zu bringen

Ausgehend vom romanistischen Teilprojekt „Unterrichtsvideos" an der Technischen Universität Dresden, das auf die Entwicklung und Förderung der Reflexionskompetenz der Lehramtsstudierenden zielt, stellt der Autor in seinem Beitrag zentrale Bausteine des Projekts sowie Ergebnisse einer Studierendenbefragung hinsichtlich der Verbindung von Theorie und Praxis in der romanischen Fachdidaktik vor.

Christoph Oliver Mayer (10 für 2019 (2021), 94-105)

Fachzeitschriften für den Fremdsprachenunterricht: damals und heute

Die Autorin erläutert in ihrem Beitrag schlaglichtartig die Rolle der Fachzeitschriften für die Entwicklung der Fremdsprachendidaktik und des Fremdsprachenunterrichts und nimmt vor diesem Hintergrund eine Einschätzung der aktuellen Situation vor.

Friederike Klippel (10 für 2019 (2021), 106-111)

Über Europa hinaus denken: Zur Situation des Schulfachs Chinesisch in der deutschen Bildungslandschaft

Der Autor stellt in seinem Beitrag vor dem Hintergrund der wachsenden ökonomischen und politischen Bedeutung Chinas die Relevanz einer breiten Diskussion über die Schulfremdsprache Chinesisch dar. Primäres Ziel des Schulfachs Chinesisch könne nicht die Entwicklung einer berufstauglichen Kommunikationsfähigkeit sein, sondern China bei seinem Aufstieg aufgeschlossen, kritisch und fachkompetent zu begleiten.

Andreas Guder (10 für 2019 (2021), 112-114)

FREMDSPRACHEN UND HOCHSCHULE

Erfahrungen in der Umsetzung der Inhalte des Begleitbands zum GeR im Hochschulkontext – Ergebnisse eines Projektes des Europarates und Handlungsbedarf für Hochschulsprachenzentren

In diesem Beitrag werden die Ergebnisse eines Projekts des Europarats vorgestellt, das darauf abzielt, die Inhalte des GeR-Begleitbandes (Europarat 2020) im Kontext des Sprachlehrens, -lernens und -prüfens für Nicht-Fachleute an europäischen Hochschulen umzusetzen. Dabei hat sich gezeigt, dass einige Konzepte (wie z. B. Sprachmittlung) präzisiert und weiterentwickelt werden müssen und dass es Überschneidungen zwischen bestimmten Kategorien gibt (z. B. Kommunikationsmodi). Zusammenfassend stellen Fischer und Wolder in einem Ausblick heraus, dass ein gezielter Ausbau der Fortbildungsaktivitäten zur Anwendung und Nutzung des GeR-Begleitbandes wünschenswert ist.

Johann Fischer & Nicole Wolder (96/2021, 11-31)

Mediation im Begleitband zum GeR: Neue Dimensionen der Handlungsorientierung und der Lernendenzentrierung in der Praxis fremdsprachlichen Unterrichts an Hochschulen

Was intralinguale Sprachmittlung insbesondere auszeichnet und wie sie sich von anderen Kommunikationsformen unterscheiden lässt, sind die Ausgangsfragen des Beitrags. Dabei wird argumentiert, dass die spezifischen Zwecke, Ziele und

Zielgruppen hinsichtlich der Sprachmittlung komplexe Kompetenzcluster einfordern, die es in spezifischen Mediationsaktivitäten zu aktivieren gilt. Es werden Vorschläge unterbreitet, wie Mediation als Instrument des Lernens und Lehrens in Universitätssprachkursen implementiert werden kann und Möglichkeiten diskutiert, Mediationsaufgaben auch in Prüfungen einzusetzen.

Ursula Hassel & Ursula Hehl (96/2021, 33-55)

Building bridges: Experiencing mediation in English for Specific Academic Purposes (ESAP)

Der Mangel an Mediationsaufgaben in der universitären Sprachpraxis des *English for specific Acadamic Purposes* (ESAP) führt zu wenig erfolgreichen Kommunikationsstrategien der Studierenden. So lautet die zentrale These des Beitrages. Ausgehend von einer theoretischen Grundlage werden Ergebnisse einer Pilotstudie vorgestellt, in der Mediationsaufgaben an der University of Westminster in London empirisch untersucht wurden. Dabei werden Taxonomien von Mediationsstrategien für ESAP herausgearbeitet, deren Implementation in der Praxis anschließend zur Diskussion gestellt werden.

Julio Gimenez (96/2021, 57-72)

Teaching languages for specific purposes at universities: Using the CEFR Companion Volume to develop students' cross-linguistic skills

Dieser Beitrag zeigt auf, dass der Gemeinsame europäische Referenzrahmen für Sprachen (GeR 2001) und der Begleitband (2020) als Instrument für die Förderung der Sprachmittlungskompetenz in Hochschulkontexten dienlich sein können. Dabei werden verschiedene Möglichkeiten zur Gestaltung von Sprachpraxiskursen ausgelotet, die eine sprachübergreifende Mediation in den Fokus stellen und zugleich die Grundbedingungen von Fachsprachenkursen berücksichtigen. In den vorgestellten Kursen gilt es eine plurilinguale Sprachmittlungskompetenz der Studierenden zu entwickeln, die in der Fähigkeit münden soll, sich als sprachübergreifende Mediatorinnen und Mediatoren zwischen den Sprachen bewegen zu können.

Maria Stathopoulou (96/2021, 73-89)

Plurilingual stundents' mediation of course content through the same shared language at a Canadian university

In diesem Beitrag wird eine Synthese von Daten aus drei Studien vorgestellt, die Mehrsprachigkeit hinsichtlich akademischer Lese- und Schreibkompetenz in verschiedenen Disziplinen an Universitäten in Vancouver untersuchen. Der Fokus liegt hierbei auf Sprachmittlungslern- und -lehrprozessen von Studierenden und Dozierenden in plurilingualen Gruppen. Der Autor untersucht einerseits, wie und warum Studierende ihre plurilinguale Kompetenz unter Verwendung derselben Sprache nutzen. Andererseits versucht er Bedingungsfaktoren in Lehrprozessen seitens der Dozierenden zu erfassen. Die Analyse basiert auf Daten aus Interviews mit Studierenden und Dozierenden sowie auf Audioaufzeichnungen der Interaktionen im Unterricht. Zusammenfassend wird aufgezeigt, inwiefern eine erfolgreiche Kompetenzförderung in plurilingualen Lerngruppen im Hochschulkontext von der Bereitstellung mehrsprachlicher Lernarrangements abhängen kann.

Steve Marshall (96/2021, 91-109)

Adapting the CEFR mediation descriptors to the designing of an ESAP course for a client consultation competition for student lawyers

Um die Förderung der Sprachmittlungskompetenz von Jurastudierenden in Polen zu unterstützen, wird die Teilnahme am nationalen Wettbewerb des *Brown Mosten International Client Consultation Competition (ICCC)* empfohlen. In diesem Zusammenhang stellen Gee Milan und Gee vor, wie die neuen und erweiterten Deskriptoren-Skalen für Sprachmittlung (GeR Companion Volume 2020) im Rahmen eines Vorbereitungskurses auf den *Brown Mosten ICCC* angepasst werden können. Dabei wird eine eingehende Analyse der Evaluationskriterien des Wettbewerbs präsentiert, die eine spezifische sprachliche und juristische Kompetenzbestimmung erlaubt, wodurch die Anpassung der Mediationsdeskriptoren für den speziellen Vorbereitungskurs ermöglicht wird.

Ewelina Gee Milan & Peter Gee (96/2021, 111-125)

PROFIL

PROF. DR. CLAUDIA SCHLAAK
Professorin für Fremdsprachenlehr- und -lernforschung:
Didaktik des Französischen und Spanischen
an der Universität Kassel

Zu einer Zeit, als sich noch niemand die Ausmaße und Folgen der Covid19-Pandemie für Wissenschaft und Gesellschaft ausmalen konnte, erhielt ich im Februar 2020 meinen Ruf auf die Professur für „Fremdsprachenlehr- und -lernforschung: Didaktik des Französischen und Spanischen" im Fachbereich Geistes- und Kulturwissenschaften der Universität Kassel. Dass es nur wenige Wochen danach zu einem totalen Lockdown mit Schulschließungen und einer beispiellosen Einschränkung des gesellschaftlichen Lebens kam, war auch für mich zu dem Zeitpunkt noch unvorstellbar. Weitere Lockdowns, wiederkehrende Öffnungen und Schließungen, Distanzunterricht usw. folgten. Zu einem ‚normalen' Leben werden wir nicht gänzlich zurückkehren, die Folgen von Corona sind in der gesamten Gesellschaft und nicht zuletzt im Schulsystem und dem Fremdsprachenunterricht zu spüren und haben diese weitreichend verändert.

Der Antritt der Professur zum 1. September 2020 in Kassel stand also unter einem besonderen Stern. Da der Bildungs- bzw. Schulbereich von der Corona-Pandemie stark betroffen war und genau dies die Inhalte bzw. Gegenstände einer Didaktik-Professur ausmacht, war nicht daran zu denken, erst einmal abzuwarten, wie sich alles entwickelt, sondern es waren schnelle Reaktionen durch digitale Lösungen, um den Veränderungen zu begegnen, gefragt: Zum einen mussten die Lehre und auch Forschung(-skommunikation) komplett neugestaltet werden, zum anderen kamen viele meiner früheren Kolleginnen und Kollegen aus der Schule und meine langjährigen Kooperationspartnerinnen und -partner aus dem Bildungsbereich auf mich zu, da sie Unterstützung im Bereich des digitalen Unterrichtens suchten. Ich hatte das Glück, während meiner Schulpraxiszeiten vor allem an technisch gut ausgestatteten Schulen gearbeitet und dort großartige Kooperationspartnerschaften aufgebaut zu haben. Allerdings hatte ich nicht damit gerechnet, dass dieser Teil meiner bisherigen Forschungsaktivitäten – die Digitalisierung – plötzlich so stark nachgefragt war. Als frisch gebackene Professorin stand für mich fest, dass ich gerade in diesen Zeiten – wie ich doch mein universitäres Handeln auch bisher immer verstanden hatte – die Pflege von Kooperationen, das Miteinander, das gegenseitige Unterstützen weiter pflegen würde. Schnell entwickelte ich ein Fortbildungs- und Beratungsangebot, in dem digitale Tools, interaktive Plattformen sowie Chancen und Herausforderungen des digitalen Unterrichtens von Fremdsprachen diskutiert wurden. Die Termine wurden von vielen Lehrkräften sowie Kolleginnen und Kollegen aus der Wissenschaft frequentiert.

In dieser besonderen Zeit erfuhr ich darüber hinaus an der Universität Kassel einen unglaublichen Zusammenhalt, der mich sehr beeindruckte und den ich in dieser Art und Weise von anderen Instituten aus meinen Qualifikationszeiten nicht so kannte – das Miteinander und Einstehen füreinander am Institut für Romanistik hält bis heute an. Dass es im Vergleich eher zu den kleineren Romanistiken zählt, ist möglicherweise ein Grund dafür. Genau hier lag vielleicht die Stärke in Zeiten der Pandemie.

Mit dem Antritt der Professur hat für mich – so kann ich inzwischen bereits rückblickend sagen – faktisch ein neuer Lebensabschnitt begonnen, denn die Zeit, in der ich immer wieder mit mir haderte, ob ich an der Universität im Bereich der

Fachdidaktik meine Erfüllung sehe oder doch meinem ursprünglich geschmiede-
ten Plan folgen sollte, Lehrerin für die Fächer Französisch und Politische Bildung
zu werden (später studierte ich zusätzlich noch DaF/DaZ und Spanisch nach), ist
nun vorbei. Heute bin ich froh darüber, diesen Weg gegangen zu sein. Begeistert
bin ich darüber, mit meinem Team an der Universität Kassel den Bereich der
Fremdsprachenlehr- und -lernforschung bzw. Didaktik des Französischen und
Spanischen gestalten zu können. Die Forschungs- und Projektmöglichkeiten sowie interdisziplinären Lehrtätigkeits- und Kooperationsangebote, kurzum die ge-
ballte Gestaltungskraft an der Universität Kassel ist so vielfältig, dass ich manchmal gar nicht weiß, wie ich zu einem neuen Projektangebot „Nein" sagen soll.
Vielleicht liegt es auch daran, dass ich grundsätzlich ein positiv gestimmter, inte-
ressierter und energiegeladener Mensch bin, der sich nicht unterkriegen lässt und
immer an der Sache orientiert ist – auch wenn die Qualifikationsphase bis zum
Erreichen der Professur nicht nur kurvig, sondern vielmehr steinig verlief, weil
auch ich mich dafür etwa in teilweise sehr ungerechte Abhängigkeitsverhältnisse
begeben musste oder weil sich, oft alles andere als sachorientiert, unterschiedliche
‚Schulen' auf Konferenzen oder auch in Berufungskommissionen bekämpften.
Mit meiner interdisziplinären und vor allem fächerübergreifenden Perspektive fiel
es mir schon immer leicht, offen für neue Themen und andere Gebiete zu sein.
Von meiner Ausbildung als Linguistin mit Lehramtsperspektive und heute Fach-
didaktikerin mit linguistischer Spezialisierung profitiere ich enorm und die letzten
beiden Jahre seit Antritt der Professur und auch ein weiterer Ruf haben mir bereits
gezeigt, dass ich – vor allem im Bereich der Entwicklung neuer Projekte und der
Einwerbung von Drittmitteln – von meinem multiperspektivischen Ansatz enorm
profitiere. Ich kann daher absolut nicht verstehen, dass Vertreterinnen und Vertreter fachdidaktischer Institutionen bzw. Verbände zum Teil äußern, man sei in
der Fachdidaktik nicht richtig, wenn man nicht von Beginn seiner Qualifikationszeit an in der Fachdidaktik ‚herangewachsen' sei. Ich bin fest davon überzeugt,
dass ein Lehramtsstudium mit erstem und zweitem Staatsexamen und zumindest
eine Qualifikationszeit – ob vor oder nach der Promotion – notwendig sind, um
im Gebiet der Fremdsprachenlehr- und -lernforschung tätig zu sein, aber es sei
exemplarisch darauf hingewiesen, dass es zu Beginn meiner Promotion am Institut für Romanistik der Universität Potsdam noch gar keine eigene Fachdidaktik

gab. Dies zeigt, dass die Fachdidaktik zwar als eigenständige Disziplin bereits seit vielen Jahrzehnten existent, aber strukturell und institutionell noch nicht so lange (vielleicht noch immer nicht?) etabliert ist und im Jahr 2007 eine fachdidaktische Nachwuchsförderung kaum vorhanden war. Ich habe mir vorgenommen, mir daher treu zu bleiben und auch in Zukunft engagierte und gute Wissenschaftlerinnen und Wissenschaftler nicht danach zu beurteilen, welcher ‚Schule' sie vermeintlich angehören, bei wem sie promoviert und sich habilitiert haben, sondern nach ihren Inhalten, wissenschaftlichen Argumentationen sowie Lehr- und Forschungstätigkeiten – und hier bin ich sehr dankbar, dass ich in meiner Zeit als Nachwuchswissenschaftlerin intensive Kontakte aufbauen und enge Vertraute – vor allem an den Universitäten Jena, Heidelberg, Köln, Leipzig, Münster, Mainz und Potsdam – gewinnen konnte, die für mich bis heute auch dahingehend Korrektive sind.

Wenn man mich heute fragt, welche wesentlichen Änderungen sich mit der Professur ergeben haben, sind für mich zum einen klar die größere Verantwortung und zum anderen der deutlich größere kreative Gestaltungsspielraum zu nennen:

Verantwortung, weil es nun an mir selbst liegt, die fachdidaktische Lehre und Forschung – inhaltlich, strukturell, personell und organisatorisch – zu vertreten. Insbesondere ist hier die Nachwuchsförderung als großes, für mich neues Feld hinzugekommen, da es nun zu meinen wichtigsten Aufgaben gehört, den kommenden Nachwuchs für die Schule, also die künftigen Lehrkräfte, im Sinne eines zukunftsträchtigen, nachhaltigen und modernen Fremdsprachenunterrichts, auszubilden, aber auch Nachwuchs für die Wissenschaft selbst zu gewinnen. Es gilt, Promovendinnen und Promovenden sowie Habilitandinnen und Habilitanden in ihrer fachdidaktischen Qualifikation zu unterstützen und meinen eigenen, mir selbst auferlegten Prinzipien treu zu bleiben.

Gestaltungskraft, weil es mit der Professur insbesondere einen größeren Spielraum vor allem im Bereich der Projektgenerierung bzw. Entwicklung von Drittmittelprojekten gibt. Es gibt viele Möglichkeiten, bei Ministerien, Stiftungen, Verbänden und Organisationen finanzielle Unterstützung für Projekte zu erhalten, da meine aktuellen Forschungen im Bereich der Mehrsprachigkeitsdidaktik, Digitalisierung, Bildung für nachhaltige Entwicklung und Inklusion sowie deren Implementierung in einem kompetenzorientierten Fremdsprachenunterricht gesellschaftlich aktuell und sehr relevant sind – insbesondere, wenn man neben der

Corona-Pandemie auch die aktuellen weltpolitischen Konflikte sowie Kriege und damit Flüchtlingsbewegungen im Blick behält. Erste Drittmittelanträge sind bereits positiv beschieden worden. Meine Lehre, aber auch meine Forschungsaktivitäten sind zudem davon gekennzeichnet, stark praxisorientiert zu sein, was mir ermöglicht – im Sinne des Third Mission-Auftrags der Wissenschaft – anschlussfähig und gesellschaftsrelevant zu arbeiten.

Überraschend für mich ist, dass die bürokratischen Hürden im universitären Bereich doch enorm sind und auch weiterhin ein sehr hierarchisches Denken herrscht. Wenn man für die Etablierung eines neuen Studiengangs inklusive Akkreditierung etwa drei Jahre braucht oder Berufungsverfahren auch weiterhin zwei bis drei Jahre dauern, frage ich mich, wie die deutsche Hochschullandschaft international und im Branchenvergleich wettbewerbsfähig bleiben möchte. Als Professorin kann man die langwierigen Verwaltungsabläufe durch direktere Beteiligung zwar besser nachvollziehen, aber hier bedarf es meiner Meinung nach dringend grundlegender Reformen und bürokratischer Entschlackung. Wie der Status als Professor bzw. Professorin universitätsintern, aber auch im Zusammenspiel mit anderen Organisationen des Wissenschaftsbetriebs, noch einmal zu mehr Anerkennung und Durchschlagskraft verhilft oder bei Entscheidungen zählt, hat mich ebenfalls überrascht. Es ist schon auffällig, dass es einen Unterschied macht, ob eine Professorin bzw. ein Professor der Verwaltung schreibt oder eine Wissenschaftliche Mitarbeiterin bzw. ein Wissenschaftlicher Mitarbeiter. Bei der Beantragung von Drittmitteln oder auch bei sachlichen Diskussionen, Gremienarbeiten, Berufungsverfahren: Das Wort der Professorin bzw. des Professors zählt, auch wenn der wissenschaftliche Mittelbau thematisch vielleicht wesentlich tiefer in der Materie steckt. Hier folge ich eher der Maxime von Albert Einstein, der einmal meinte: „Ich spreche mit jedem auf die gleiche Weise, sei es der Müllmann oder der Präsident der Universität." Vom Status versuche ich mich also weiterhin nicht beirren zu lassen und allein aufgrund dessen einen Unterschied zu machen, sondern ich versuche pragmatisch und sachorientiert zu denken und schätze jede Leistung und Expertise – ob nun von der Studentin, einer wissenschaftlichen Hilfskraft, einem Verwaltungsmitarbeiter, einer wissenschaftlichen Mitarbeiterin oder einem Professor. So habe ich es vor allem in meiner zweiten Qualifikations-phase sowohl bei Sylvia Thiele als auch bei meiner langjährigen Mentorin Sybille Große gelernt.

Aktuell pflege ich verschiedene wertvolle wissenschaftliche und schulische Verbindungen und profitiere von neuen interessanten Kooperationsmöglichkeiten bzw. Partnerinnen und Partnern. Ich setze mich auch dafür ein, dass Fachwissen-schaft und Fachdidaktik verstärkt miteinander verzahnt werden. Wie in vielen an-deren Projekten zuvor stelle ich in einer aktuellen Forschungskooperation mit Christoph Gabriel und Jonas Grünke von der Johannes-Gutenberg-Universität Mainz im Bereich der Aussprachenförderung fest, dass das Projekt scheitern oder zumindest nicht die Qualität erreichen würde, wenn nicht die linguistische Exper-tise meiner Kollegen aus Mainz und mein fachdidaktisches Sachverständnis zu-sammengeführt werden würden. Aber auch durch die Öffnung der Romanistik zu nicht-romanistischen und thematisch sogar außerhalb der Sprachen und Philolo-gien liegenden Fachgebieten ergeben sich aus meiner Sicht relevante und zu-kunftsträchtige Forschungsmöglichkeiten. Meine Forschungen im Bereich der Di-gitalisierung, konkret im Bereich der virtuellen Realitäten, wären ohne das fach-wissenschaftliche Know-How aus der Informatik nicht umsetzbar. Ob Virtual Re-ality im Fremdsprachenunterricht zukünftig den Fremdsprachenunterricht bzw. den Erwerb von Fremdsprachen wirklich prägen und grundlegend verändern wird, sei dahingestellt und ist sicherlich zu diskutieren, doch wären die aktuellen For-schungen und empirischen Untersuchungen jedenfalls allein mit einer romanis-tisch-fachdidaktischen Herangehensweise nicht umsetzbar. Das gemeinsame Handeln und fächerübergreifende Miteinanderagieren sollten daher auch von den Wissenschaftsförderern verstärkt unterstützt werden. Wenn man sich die derzei-tigen gesellschaftlichen Krisen ansieht, wird deutlich, dass egoistisches Handeln und einzelkämpferisches Denken nicht zukunftsorientiert sind, sondern nur zu Isolation führen. Ich möchte nicht dafür plädieren, dass Fachgebietsstrukturen aufgelöst werden sollten, vielmehr möchte ich dafür werben, multiperspektivisch zu denken und zu handeln, nicht zuletzt, weil nur dies eine Problembehandlung im Sinne der nachhaltigen Entwicklung ermöglicht. Wir sollten es als Privileg ansehen, dass es uns die Steuerzahlerinnen und Steuerzahler ermöglichen, frei zu forschen und zu lehren und uns dabei trotzdem immer wieder fragen, was wir der Gesellschaft an Erkenntnissen aus unserer Arbeit zurückgeben können.

Bei meinen geschätzten Kolleginnen und Kollegen aus bisherigen Forschungs- und Lehrtätigkeiten möchte ich mich herzlich bedanken. Besonderer Dank gilt meinen lieben Kolleginnen und Kollegen des Instituts für Romanistik an der Universität Kassel, die mich nicht nur herzlich aufgenommen haben, sondern mit denen ich schon viele wunderbare Projekte anstoßen konnte. Ich freue mich sehr auf die kommenden Zeiten und neuen Herausforderungen, auch wenn ich uns allen nach den letzten zwei Jahren doch auch etwas Ruhe und Erholung wünsche.

LEHRVERANSTALTUNGEN

Lehrveranstaltungen:
Didaktik der Romanischen Sprachen (WiSe 2021/22)

Aachen
Vorbereitungsseminar MEd Englisch, Termin C und MEd Spanisch (Seminar Fremdsprachendidaktik) (Frauke Intemann)

Augsburg
Einführung in die Fachdidaktik I + II (Fr./It./Sp.) (Manuel Schwarz)
Einführung in die Fachdidaktik I (Fr./It./Sp.) (Christiane Fäcke)
Mehrsprachigkeit im Unterricht (Fr./It./Sp.) (Sara Vali)
Interkulturelle Kommunikative Kompetenz im Fremdsprachenunterricht (Fr./It./Sp.) (Sara Vali)
Examenskolloquium (Fr./It./Sp.) (Christiane Fäcke)
Examenskolloquium (Fr./It./Sp.) (Manuel Schwarz)

Bamberg
Einführung in die Didaktik (Fr./It./Sp.) (Benno Berschin)
Einführung in die Didaktik des Spanischen und Italienischen (Benno Berschin)
Einführung in die Didaktik des Französischen (Benno Berschin)
Erziehungs-/Bildungswissenschaften meets Fremdsprachendidaktik: Heterogenitätsfacetten im modernen Fremdsprachenunterricht (Benno Berschin/Verena Keimerl)
Kompetenzorientierung im Fremdsprachenunterricht (Fr./It./Sp.) (Benno Berschin)
(Begleit-)Seminar zum Praktikum: „Sprachen unterrichten" (Benno Berschin)
Schüleraktivierende Materialien im Anfangsunterricht Französisch (Petra Karneth)
Staatsexamensvorbereitung für Lehramt (Fr./It./Sp.) (Benno Berschin)

Berlin (FU)
Einführung in die Didaktik der romanischen Sprachen (Daniela Caspari)
Einführung in die Didaktik der romanischen Sprachen (Ludger Schiffler)
Sprechen im Fremdsprachenunterricht (Jeannine Feix)
Literatur von Anfang an (Jeannine Feix)
Individualisierung und Differenzierung im digitalen und analogen Fremdsprachenunterricht (Jeannine Feix)
Motivation für das Fremdsprachenlernen (Schwerpunkt Französisch) (Daniela Caspari)
Betreuung Praxissemester Französisch (Ellen Beermann)
Betreuung Praxissemester Französisch (Dorothea Bolte/Katia Wild)
Begleitung, Reflexion sowie Nachbereitung Praxissemester Französisch (Daniela Caspari)
Betreuung Praxissemester Italienisch (Juliane Seidel)
Grammatik im Italienischunterricht (Juliane Seidel)
Begleitung und Reflexion sowie Nachbereitung Praxissemester Italienisch (Juliane Seidel)
Betreuung Praxissemester Spanisch (Jeannine Feix)
Begleitung und Reflexion sowie Nachbereitung Praxissemester Spanisch (Jeannine Feix)

Berlin (HU)

Grundlagen der Didaktik des Französisch- und Italienischunterrichts (Nevena Stamenkovic)

Produktive Kompetenzen im romanischen Fremdsprachenunterricht (Katja Friedrichs)

Grundlagen der Didaktik des Spanischunterrichts (Nevena Stamenkovic)

Problemfelder des Fremdsprachenlehrens und -lernens (Nevena Stamenkovic)

Perspektiven fremdsprachendidaktischer Forschung: Jugendromane (Christoph Mayer)

Perspektiven fremdsprachendidaktischer Forschung: Populärkultur (Christoph Mayer)

Inklusion und Heterogenität im Französisch- und Italienischunterricht (Nevena Stamenkovic)

Durchführung des Schulpraktikums Französisch (Christoph Mayer/Tatjana Hentschel)

Nachbereitung des Schulpraktikums Französisch (Christoph Mayer/Tatjana Hentschel)

Fremdsprachliche Lehr- und Lernprozesse: Einsatz von Texten und Medien im Spanischunterricht (Nevena Stamenkovic)

Inklusion und Heterogenität im Spanischunterricht (Nevena Stamenkovic)

Durchführung des Schulpraktikums Spanisch (Nevena Stamenkovic/Franziska Pack)

Nachbereitung des Schulpraktikums Spanisch (Nevena Stamenkovic/Franziska Pack)

Kolloquium für Masterstudierende (Christoph Mayer)

Bielefeld

Einführung in die Fremdsprachendidaktik (Janina Reinhardt)

Fremdsprachenunterricht in inklusiven Settings (Eva Mensching)

Grundlagen und Methoden der Diagnostik und Förderung (Janina Reinhardt)

Begleitseminar Praxissemester – Französisch und Spanisch (Janina Reinhardt)

Vorbereitung des Praxissemesters: Theorien und Methoden der Fremdsprachendidaktik –
Französisch (Janina Reinhardt)

Vorbereitung des Praxissemesters: Theorien und Methoden der Fremdsprachendidaktik –
Spanisch (Janina Reinhardt)

Berufsfeldbezogene Praxisstudie (Eva Mensching)

Bochum

Einführung in die fremdsprachliche Literaturdidaktik (Christian Grünnagel)

Literaturunterricht empirisch erforschen (Felix Nickel)

Einführung in die Didaktik der französischen Sprache (Barbara Ringel)

Grammatik lernen und lehren im Medium des Digitalen (Barbara Ringel)

Begleitseminar zum Praxissemester Französisch (Christian Grünnagel)

Begleitseminar zum Praxissemester Französisch (Barbara Ringel)

Einführung in die Didaktik der italienischen Sprache (Jan Scheitza)

Sprachdidaktik (Italienisch) (Irene Gallerani)

Begleitseminar zum Praxissemester Italienisch (Christian Grünnagel)

Einführung in die Didaktik der spanischen Sprache (Katharina Pater)

Kompetenz- und Aufgabenorientierung im Spanischunterricht (Katharina Pater)

Didáctica interseccional para la enseñanza de lenguas extranjeras (español) (Ignacio Andrés
Soria)

Literarische Textarbeit im Spanischunterricht der Qualifizierungsphase (Nadine Andreas)

Begleitseminar zum Praxissemester Gruppe A (Spanisch) (Katharina Pater)

Begleitseminar zum Praxissemester Gruppe B (Spanisch) (Nadine Andreas)

Bonn

Sprachlehr- und -lerntheorien (Sarah Dietrich-Grappin)

Didaktik und Methodik des kommunikativen Fremdsprachenunterrichts (Sarah Dietrich-Grappin)

Didaktik und Methodik des kommunikativen Fremdsprachenunterrichts (Roland Ißler)

Didaktik und Methodik des kommunikativen Fremdsprachenunterrichts (Anne Brosius)

Didaktik der klassischen und romanischen Mehrsprachigkeit (Anne Brosius/Rita Hillert/Roland Ißler)

Begleitseminar zum Praxissemester, Gruppe A (Roland Ißler)

Begleitseminar zum Praxissemester, Gruppe B (Roland Ißler)

Begleitseminar zum Praxissemester, Gruppe C (Anne Brosius)

Dresden

Einführung in die Didaktik der romanischen Sprachen (Jochen Plikat)

Resonanz als Konzept für das Fremdsprachenlernen (Jochen Plikat)

Fremdsprachendidaktische Forschung (Jochen Plikat)

Unterricht planen – simulieren – reflektieren (Christoph Mayer)

Duisburg-Essen

Didaktisch-methodische Prinzipien des Französischunterrichts, Gruppe 1 (Regina Schleicher)

Hörverstehen im Französischunterricht (Regina Schleicher)

Tutorium: Französische Fachdidaktik (Luisa Schalhorn)

Spanischunterricht mit heterogenen Gruppen (Regina Schleicher)

Begleitseminar zum Praxissemester (Französisch) (Daniel Reimann)

Didaktisch-methodische Prinzipien des Spanischunterrichts, Gruppe 1 (Regina Schleicher)

Didaktisch-methodische Prinzipien des Spanischunterrichts, Gruppe 2 (Regina Schleicher)

Tutorium: Spanische Fachdidaktik (Hania Sayed)

Begleitseminar zum Berufsfeldpraktikum (Französisch und Spanisch) (Daniel Reimann)

Begleitseminar zum Praxissemester (Spanisch) (Regina Schleicher)

Forschungsmethoden in der spanischen und französischen Fachdidaktik (Daniel Reimann)

Forschungskolloquium Fremdsprachenforschung (Daniel Reimann)

Eichstätt

Didaktik der romanischen Sprachen und Literaturen (Domenica Elisa Cicala)

Fachdidaktik des Französischen (Domenica Elisa Cicala)

Fachdidaktik des Italienischen (Domenica Elisa Cicala)

Fachdidaktik des Spanischen (Domenica Elisa Cicala)

Fachdidaktik des Französischen: Text und Medien (Domenica Elisa Cicala)

Fachdidaktik des Spanischen: Text und Medien (Domenica Elisa Cicala)

Fachdidaktik des Italienischen: Text und Medien (Domenica Elisa Cicala)

Fachdidaktik des Französischen: Theorie und Praxis (Domenica Elisa Cicala)

Fachdidaktik des Spanischen: Theorie und Praxis (Domenica Elisa Cicala)

Fachdidaktik des Italienischen: Theorie und Praxis (Domenica Elisa Cicala)

Unterrichtspraxis 3 (RG/GY) Französisch (Domenica Elisa Cicala)

Unterrichtspraxis 3 Italienisch (Domenica Elisa Cicala)

Unterrichtspraxis 3 Spanisch (Domenica Elisa Cicala)

Erlangen-Nürnberg
Einführung in die Didaktik der romanischen Sprachen (Martina Gold)
Begleitseminar zum studienbegleitenden fachdidaktischen Praktikum Französisch (Christian Jechnerer)
Fachdidaktik Italienisch (Nathalie Arnoldt)
Léxico-gramática en la clase de ELE (Jörg Witt)
Seminar zum studienbegleitenden fachdidaktischen Praktikum Spanisch (Jörg Witt)

Flensburg
Einführung in die Fachdidaktik des Französischen (Anne Saboia)
Fachdidaktisches Seminar (Anne Saboia)
Fachdidaktisches Begleitseminar (BA) (Esteban T. Strube)
Begleitseminar Praxissemester Französisch (MA Sek., Sek. I, Gem., Gym.) (Anne Saboia)
Begleitseminar Praxissemester Spanisch (MA Sek., Sek. I, Gem., Gym.) (Esteban T. Strube/ Ana Victoria)

Frankfurt am Main
Einführung in die Fachdidaktik (Charlotte Boder)
Einführung in die Fremdsprachendidaktik (Maria Cristina Belloni)
Cortometrajes (Karen Genschow)
Fachdidaktik und Schulpraxis: Ein Spannungsverhältnis (Jochen Strathmann)
Mehrsprachigkeitsdidaktik (Jacopo Torregrossa)
Poesía en la clase de ELE (Karen Genschow)
Kreatives Schreiben im FSU (Martina Sobel)
Unterrichtsentwicklung vor/während/nach Corona (Martina Sobel)
Visuelle Medien (Catherine Schlaud)
Lehrerbildung, Schulsystem und koloniales Erbe in Frankreich (Karen Genschow)
Représentations littéraires et cinématographiques de l'école (Karen Genschow)
Kompetenzentwicklung im Italienischunterricht 1 (Maria Cristina Belloni)
Kompetenzentwicklung im Italienischunterricht 2 (Maria Cristina Belloni)
Medien, Materialien und Methoden (Maria Cristina Belloni)
Kolloquium für Examenskandidat*innen (Jacopo Torregrossa)

Freiburg
Einführung in die Fachdidaktik romanischer Sprachen (Schwerpunkt Französisch) (Markus Reith)
Einführung in die Fachdidaktik der romanischen Sprachen (Schwerpunkt Spanisch und Italienisch) (Katja Zaki)
Orthographe et prononciation du français (Isabelle Mordellet-Roggenbuck)
Fachdidaktische Forschung und Theoriebildung (Schwerpunkt Französisch) (Markus Reith)
Fachdidaktische Forschung und Theoriebildung (Schwerpunkt Spanisch und Italienisch) (Katja Zaki)

Gießen
Einführung in die Didaktik der romanischen Sprachen und Literaturen (Vorlesung) (Hélène Martinez)
Einführung in die Didaktik der romanischen Sprachen und Literaturen (Übung, Gruppe 1) (Maurizio Neuroth)
Einführung in die Didaktik der romanischen Sprachen und Literaturen (Übung, Gruppe 2) (Maurizio Neuroth)
Praktikumsvorbereitung (Französisch) (Maurizio Neuroth)
Praktikumsdurchführung (Blockpraktikum) (Französisch) (Maurizio Neuroth)
Der GeR und sein Companion (Begleitband): Was sind die neuen Richtlinien des Europarats für den Französisch- und Spanischunterricht? (Hélène Martinez)
Ich lerne, also bin ich! Zum Einsatz von Lernstrategien im Französischunterricht (Hélène Martinez)
Digitale Aufgabenformate im hybriden Fremdsprachenunterricht (Französisch/Spanisch) (Hélène Martinez)
Lernstrategien und ihre Bedeutung für einen autonomiefördernden und lerner*innenorientierten Spanischunterricht (Johanna Lea Korell)
Praktikumsvorbereitung (Spanisch) (Maurizio Neuroth)
Praktikumsdurchführung (Blockpraktikum) (Spanisch) (Maurizio Neuroth)

Göttingen
Einführung in die Fachdidaktik Französisch in schulbezogenen Zusammenhängen A (Laura Joanna Schröter)
Einführung in die Fachdidaktik Französisch in schulbezogenen Zusammenhängen B (Ann-Christin Rudolf)
Einführung in die Fachdidaktik Französisch in nicht-schulbezogenen Vermittlungszusammenhängen: les compétences interculturelles et transculturelles (Mélanie Dijoux)
Einführung in die Fachdidaktik Französisch und Spanisch in nicht-schulbezogenen Vermittlungszusammenhängen B: Methoden handlungs- und produktionsorientierten Fremdsprachenunterrichts (Tanyasha Yearwood)
Grundlagen für Studium und Beruf (Svenja Dehler/Mailyn Lübke)
Grundlagen der Unterrichtsplanung (Svea Schmid)
Vorbereitung auf das fünfwöchige Fachpraktikum Französisch (Sybille Schröder)
Begleitseminar zur Nachbereitung des Fachpraktikums Französisch (Sybille Schröder)
Grundlagen der Unterrichtsplanung (für das vierwöchige Forschungspraktikum) (Sybille Schröder)
Vorbereitung auf das vierwöchige Forschungspraktikum Französisch: Literatur- und Kulturdidaktik – La Corse (Birgit Schädlich)
Nachbereitung des vierwöchigen Forschungspraktikums (SoSe 21 oder früher) (Birgit Schädlich)
La musique dans l'apprentissage du français (Melanie Dijoux)
Digitalisierung im Fremdsprachenunterricht: Didaktische Konzepte, Unterrichtspraxis und Forschungsfragen (Birgit Schädlich)
Masterarbeitsmodul (Französisch und Spanisch) (Birgit Schädlich/Marta García)
Einführung in die Fachdidaktik Spanisch in schulbezogenen Vermittlungszusammenhängen (Svenja Dehler)

Einführung in fachdidaktische Fragen in nicht-schulbezogenen Vermittlungszusammenhängen A (Lidia Bellido Barea)

Einführung in die Fachdidaktik Französisch und Spanisch in nicht-schulbezogenen Vermittlungszusammenhängen B: Methoden handlungs- und produktionsorientierten Fremdsprachenunterrichts (Tanyasha Yearwood)

Grundlagen für Studium und Beruf (Svenja Dehler/Mailyn Lübke)

Grundlagen der Unterrichtsplanung (Spanisch) (Virtudes González)

Begleitseminar zur Vorbereitung des Fachpraktikums (fünfwöchig): Planung, Durchführung und Reflexion von Spanischunterricht (Doris Gillwald)

Nachbereitung des Fachpraktikums Spanisch (fünfwöchig) (Virtudes González)

Vorbereitung des vierwöchigen Forschungspraktikums – La interacción en el aula de ELE (Marta García)

Nachbereitung des vierwöchigen Forschungspraktikums (aus dem SoSe 2021 oder früher) (Marta García)

Lesekompetenz im Fremdsprachenunterricht (Tanyasha Yearwood)

Nuevos enfoques y tendencias en la enseñanza del español (Marta García)

Vermittlungskompetenz Italienisch und Portugiesisch: Grundlagen für Studium und Beruf (Svenja Dehler/Mailyn Lübke)

Halle-Wittenberg

Einführung in die Fachdidaktik Romanistik (Katharina Wieland)

Digitale Medienkompetenz im Französisch-, Italienisch- und Spanischunterricht (Katharina Wieland)

Tutorium zur „Einführung in die Fremdsprachendidaktik für Romanisten" Gruppe 1 (Katharina Wieland)

Tutorium zur „Einführung in die Fremdsprachendidaktik für Romanisten" Gruppe 2 (Katharina Wieland)

Tutorium zur „Einführung in die Fremdsprachendidaktik für Romanisten" Gruppe 3 (Katharina Wieland)

Schulpraktische Übungen Französisch (Katharina Wieland/Björn Brockhoff)

Begleitseminar zu den SPÜ Französisch/Spanisch (Katharina Wieland)

La chanson en cours de français langue étrangère (Christopher Losfeld)

Kolloquium für wissenschaftliche Hausarbeiten und Staatsexamen (Katharina Wieland)

Historische Themen im Fremdsprachenunterricht (Fr./It./Sp.) (Martina Bender)

Digitale Medienkompetenz im Französisch-, Italienisch- und Spanischunterricht (Katharina Wieland)

Schulpraktische Übungen Italienisch (Martina Bender)

Wortschatzarbeit im Italienisch- und Spanischunterricht (Katharina Wieland)

Schulpraktische Übungen Spanisch (Katharina Wieland)

Hamburg

Vorlesung: Einführung in die Fachdidaktik Französisch/Spanisch (Silvia Maria Martins Melo Pfeifer)

Seminar: Einführung in die Fachdidaktik Französisch (Lisa Marie Brinkmann)

Seminar FD Französisch: Kompetenzorientierung im Fremdsprachenunterricht (Silvia Maria Martins Melo Pfeifer)

Seminar: Einführung in die Fachdidaktik Spanisch (Franziska Gerwers)
Seminar FD Spanisch: Plurale Ansätze im Fremdsprachenunterricht (Silvia Maria Martins
  Melo Pfeifer)
Seminar FD Spanisch: Plurale Ansätze im Fremdsprachenunterricht II (Silvia Maria Martins
  Melo Pfeifer)

Hannover
  Einführung in die Didaktik des Spanischen (Andrea Rössler)
  Aprender léxico en la clase de ELE (Andrea Rössler)
  Comprender textos audiovisuales (Andrea Rössler)
  Hybrider Spanischunterricht (Jennifer Wengler)
  Seminar zum Fachpraktikum Spanisch (Andrea Rössler)
  Master- und Doktorandenkolloquium 2021 und 2022 (Andrea Rössler)

Heidelberg (PH)
  Introduction à la didactique (Stéfanie Witzigmann)
  Didactique du FLE (Hétérogénéité inclusion) (Delphine Sur)
  Hétérogénéité et didactique du FLE (école primaire) (Sylvie Méron-Minuth)
  Tendances actuelles de la didactique du FLE/TICE II (Noël Azzara)

Jena
  Einführung und Didaktik der französischen Sprache (Diana Vesga)
  Französischdidaktisches Begleitseminar zum Praxissemester (Nicola Dittrich/Rebecca Giersch)
  Förderung der funktionalen kommunikativen Kompetenzen im Französischunterricht
    (Lukas Eibensteiner)
  Mehrsprachigkeit als Ressource für das Lernen der zweiten und dritten Fremdsprache (Felix
    Röhricht)
  Testen, Diagnostizieren und Bewerten fremdsprachlicher Kompetenzen im Französisch- und
    Spanischunterricht (Sophie Engelen)
  Einführung und Didaktik der spanischen Sprache (Diana Vesga)
  Spanischdidaktisches Begleitseminar zum Praxissemester (Anngret Lieb/Yvonne Münch)
  Fachdidaktisches Kolloquium für StaatsprüfungskandidatInnen und DoktorandInnen (Lukas
    Eibensteiner)

Karlsruhe (PH)
  ISP primaire/Préparation de cours/Sprachwerkstatt (Sylvie Méron-Minuth)
  Introduction à la DEL2 au primaire/au collège (Sylvie Méron-Minuth)
  Introduction à l'enseignement du FLE au primaire/au collège (Stefanie Witzigmann)

Kassel
  Einführung in die Fachdidaktik der französischen Sprache (Claudia Schlaak)
  Diagnostische Kompetenz im Fremdsprachenunterricht – Umgang mit Heterogenität in
    Schule und Unterricht (Claudia Schlaak)
  Virtual Reality im Französischunterricht (Claudia Schlaak)
  L'enseignement de l'histoire et de la culture de la francophonie (Céline Wieders-Lohéac)
  Einführung in die Fachdidaktik der spanischen Sprache (Claudia Schlaak)

Leistungsmessung im Unterricht (Mareike Kremling)
Repräsentationen des Widerstands in Comics, Romanen und Tagebüchern als Thema im bilingualen Geschichtsunterricht (Christina Pflüger)
SPS II Französisch (Jannik Schwebel-Schmitt)
SPS II Spanisch (Mareike Kremling)
Empirische Forschungsmethoden in der Fachdidaktik: Fragebogen (Bianka Götz)

Kiel
Didaktische und methodische Planung, Durchführung und Analyse von Unterricht: Französisch (Kathrin Krüger)
Theoretische Grundlagen und Vertiefung fachbezogenen Lehrens und Lernens: Französisch (Kathrin Krüger)
Theoretische Grundlagen und Vertiefung fachbezogenen Lehrens und Lernens: Französisch (Antje Wilker)
Vorbereitungskurs Praxissemester: Französisch (Kathrin Krüger)
Vorbereitungskurs Praxissemester: Französisch (Antje Wilker)
Theoretische Grundlagen und Vertiefung fachbezogenen Lehrens und Lernens: Italienisch (Hendrik von Mühlenfels)
Vorbereitungskurs Praxissemester: Italienisch (Hendrik von Mühlenfels)
Didaktische und methodische Planung, Durchführung und Analyse von Unterricht: Spanisch (Susanna Hönig)
Theoretische Grundlagen und Vertiefung fachbezogenen Lehrens und Lernens: Spanisch (Susanna Hönig)
Theoretische Grundlagen und Vertiefung fachbezogenen Lehrens und Lernens: Spanisch (Victoria Hickmann-Krath)
Vorbereitungskurs Praxissemester: Spanisch (Susanna Hönig)
Vorbereitungskurs Praxissemester: Spanisch (Victoria Hickmann-Krath)

Koblenz-Landau
Grundlagen der Fachdidaktik Französisch (Primarstufe) (Patrick Bayer-Schäfer)
Fachdidaktik des Französischen für die Grundschule (Nils Daigger)
Einsatz von Kinderliteratur im Grundschulunterricht (Nils Daigger)
Gesprochene Sprache und ihre Vermittlung (Patrick Bayer-Schäfer)
Wortschatz und Grammatikarbeit (Patrick Bayer-Schäfer)

Köln
Grundlagen der Didaktik der modernen Fremdsprachen (Aline Willems)
Aktuelle Tendenzen der Fremdsprachendidaktik: Literacies (Ina Kuhl)
Fachdidaktik Französisch: Grundlagenübung (Ina Kuhl)
Differenzierung und Inklusion im Französischunterricht (Ina Kuhl)
Lektüren im Französischunterricht – en français (Ina Kuhl)
Förderung der kommunikativen Kompetenzen Schreiben und Hör-Sehverstehen (Nicole Eßer)
Förderung der kommunikativen Kompetenz Sprachmittlung und der interkulturellen Kompetenz (Nicole Eßer)
Förderung der kommunikativen Kompetenzen Sprechen und Leseverstehen (Nicole Eßer)

Lehrbucharbeit (Nicole Eßer)

Aktuelle Ansätze zum Umgang mit Grammatik und Wortschatz im Fremdsprachenunterricht (Nicole Eßer)

Nachbereitung Praxissemester: Zentrale Aspekte der Unterrichtsgestaltung (Nicole Eßer)

Vorbereitung zum Praxissemester: Französisch – Lehramt HRGe, GyGe, BK I und SoPäd (Ina Kuhl)

Fachdidaktik Italienisch: Grundlagenübung (Raffaele Farella)

Fachdidaktik Italienisch: Nachbereitung des Fachpraktikums/Nachbereitung Praxissemester (Raffaele Farella)

Sprechen und Gesprächsführung im Italienischunterricht (Raffaele Farella)

Vorbereitung zum Praxissemester: Italienisch – Lehramt GyGe (Raffaele Farella)

Fachdidaktik Spanisch: Grundlagenübung (Ina Kuhl)

Fachdidaktik Spanisch: Grundlagenübung (Mirko Ruf)

Fachdidaktik Spanisch: Nachbereitung des Fachpraktikums/Nachbereitung Praxissemester (Olga Weiß)

Fachdidaktik Spanisch: Nachbereitung des Fachpraktikums/Nachbereitung Praxissemester (Olga Weiß)

Differenzierung und Inklusion im Spanischunterricht (Ina Kuhl)

Umsetzung der Kompetenz „Verfügen über sprachliche Mittel" im Spanischunterricht (Mirko Ruf)

Vorbereitung zum Praxissemester: Spanisch – Lehramt HRGe, GyGe, BK I und SoPäd (Mirko Ruf)

Leipzig

Einführung in die Didaktik der romanischen Sprachen (Christiane Neveling)

Planung des Französisch- und Italienischunterrichts/Einführung (Kurse A und B) (Patrick Steinmetz)

Planung des Spanischunterrichts/Einführung (Kurse A und B) (Felix Röhricht)

Film, Roman und BD im Französisch- und Italienischunterricht (Kurse A und B) (Christiane Neveling)

Spanischsprachige Kinder- und Jugendliteratur (Kurse A und B) (Christiane Neveling)

Planung des Französisch- und Italienischunterrichts/Vertiefung (Kurse A und B) (Patrick Steinmetz)

Planung des Spanischunterrichts/Vertiefung (Kurse A und B) (Patrick Steinmetz)

Empirische Sprachdidaktik Leipzig (Christiane Neveling/Grit Mehlhorn/Norbert Schlüter/ Karen Glaser)

Ludwigsburg PH (geöffnet für Studierende der Universität Stuttgart)

Introduction à la didactique du FLE (Jürgen Mertens)

L'audiovisuel en cours de FLE (Richard Bossuet)

L'enseignement/L'apprentissage du vocabulaire (Marcus Reinfried)

La compréhension orale en classe de FLE (Nathalie Arnaud)

La pédagogie de projet (Nathalie Arnaud)

Enseigner la grammaire (Jürgen Mertens)

Les « grandes » méthodologies du FLE (Marcus Reinfried)

Colloque didactique (Jürgen Mertens)

Mainz

Projektstudie Französisch/Italienisch/Spanisch & Schreibwerkstatt (Ayşe Gürel/Rafael Raffele)
Fachdidaktik Französisch (Ayşe Gürel)
Sprachdidaktik Französisch (Ayşe Gürel)
Literaturdidaktik Französisch (Andrea Blanco)
Fachdidaktik Italienisch (Mariateresa Greco)
Sprachdidaktik Italienisch (Mariateresa Greco)
Literaturdidaktik Italienisch (Mariateresa Greco)
Sprachdidaktik Spanisch (Andrea Blanco)
Literaturdidaktik Spanisch (Andrea Blanco)
Fachdidaktisches Kolloquium (Sylvia Thiele)

Mannheim

Grundlagen Fachdidaktik Italienisch (Anna Kesseler) – in Kooperation mit der Uni Heidelberg
Transfer im Fremdsprachenunterricht an Schulen und Hochschulen (Johannes Müller-Lancé)

Marburg

Fachdidaktische Grundlagen für den Französisch- und Italienischunterricht (Theorie) (Tobias Fritsche)
Lernwerkstatt Literatur: Differenzierte Leseförderung in der Sekundarstufe I und II (Claudia Helfer)
Atelier culture, civilisation et didactique (Claire Köhling)
PraxisLab Französisch und Italienisch (Claudia Helfer)
Studi culturali mit Fachdidaktik (Paola Pacchioni-Becker)
Fachdidaktische Grundlagen für den Spanischunterricht (Theorie) (Tobias Fritsche)
Estudios culturales mit Fachdidaktik (Pedro Alonso)

München

Einführung in die Fachdidaktik des Französischen (Bernadette Hofinger)
Theorie und Praxis des Französischunterrichts (Gy/RS) Kurs A: Fachdidaktik und Sprachwissenschaft (Bernadette Hofinger)
Theorie und Praxis des Französischunterrichts Kurs B: Kompetenzorientierte Textarbeit im Französischunterricht (Literatur, BD, Film) (Josef Zellner)
Kolloquium zum studienbegleitenden Praktikum Französisch/Italienisch (Bernadette Hofinger)
Einführung in die Didaktik des Spanischen (Grundkurs) (Alexander Hecker)
Fremdsprachliche Literatur lesen und (er)leben (Spanisch) (Julia Wuttig)
Multilinguale Lerner:innen – Spanisch als Tertiärsprache (Spanisch) (o. A.)
Übung zur Examensvorbereitung: Fachdidaktik (Spanisch) (Julia Wuttig)
Kolloquium zum studienbegleitenden fachdidaktischen Praktikum Spanisch (Julia Wuttig)

Münster

Einführung in die Didaktik der romanischen Sprachen (Corinna Koch)

Texte der Migration und (autobiographische) Erzählungen translingualer Autor*innen im kompetenzorientierten Französischunterricht (Yseult Roch)

Einsatz von Bildern und Bild-Text-Kombinationen im Französischunterricht der Sekundarstufe I (Yseult Roch)

Vermittlung von Lesestrategien im inklusiven Französischunterricht (Alina Brandt)

Mit Heterogenität im Französischunterricht umgehen (Yseult Roch)

Praxisbezogene Studien (Vorbereitung) in Französisch und Italienisch 1 (Corinna Koch)

Praxisbezogene Studien (Vorbereitung) in Französisch und Italienisch 2 (Corinna Koch)

Praxisbezogene Studien (Begleitung) in Französisch und Italienisch 1 (Yseult Roch)

Praxisbezogene Studien (Begleitung) in Französisch und Italienisch 2 (Yseult Roch)

Pronti per parlare – Methoden zur Förderung der mündlichen Kompetenzen im Italienischunterricht (Anna Finke)

Oggi guardiamo un film?! – Individuelle Förderung der Hör-/Hörsehkompetenz im heterogenen Italienischunterricht (Stefanie Potthoff)

Spanisch im mehrsprachigen Klassenzimmer kompetenzorientiert unterrichten (Svenja Haberland)

Mündlichkeit im kommunikationsorientierten Spanischunterricht (Antonio Manrique Zúñiga)

Texte und Medien im Spanischunterricht (Antonio Manrique Zúñiga)

Vermittlung von Lesestrategien im inklusiven Spanischunterricht (Alina Brandt)

Individuelle Förderung im Spanischunterricht (Antonio Manrique Zúñiga)

Mit sprachlich-kultureller Heterogenität im Spanischunterricht umgehen (Yseult Roch)

Praxisbezogene Studien (Vorbereitung) in Spanisch 1 (Antonio Manrique Zúñiga)

Praxisbezogene Studien (Vorbereitung) in Spanisch 2 (Antonio Manrique Zúñiga)

Praxisbezogene Studien (Begleitung) in Spanisch 1 (Corinna Koch)

Praxisbezogene Studien (Begleitung) in Spanisch 2 (Corinna Koch)

Fachdidaktisches Masterarbeitskolloquium (Corinna Koch)

Osnabrück

Einführung in die Didaktik der romanischen Sprachen (Tom Rudolph/Annika Thoma)

Masterkolloquium – Fachdidaktik Romanische Sprachen (Mark Bechtel)

Vorbereitung auf das schulische Fachpraktikum Französisch/Spanisch (Tom Rudolph/Annika Thoma)

Französischunterricht analysieren anhand von Unterrichtsvideos (Tom Rudolph)

Interkulturelle Kompetenz im Spanischunterricht fördern (Annika Thoma)

Einsatz von Kinder- und Jugendliteratur im Französisch- und Italienischunterricht der Sek I und II (Markus Frye)

Amor y desamor – ein Gang durch die Literaturgeschichte im Spanischunterricht der Sek. II (Gunnar Nilsson)

Paderborn

Einführung in die Didaktik des Französischen und des Spanischen (Victoria del Valle)

Court-métrage, bande dessinée, musique ... Medieneinsatz und die Förderung kommunikativer Kompetenzen im Französischunterricht (Benjamin Inal)

Vivre la littérature (Victoria del Valle)
Analyse und Planung von Französischunterricht (Christoph Bürgel)
Strukturierte Beobachtung und Reflexion von Französischunterricht (Christoph Bürgel)
Microficciones im Spanischunterricht (Stefanie van der Valk)
(Digitaler) Schüleraustausch im Spanischunterricht: Förderung von Interkulturellem und Globalem Lernen? (Mara Büter)
Entwicklung und Förderung mündlicher Kommunikationsfähigkeit im Spanischunterricht (Christoph Bürgel)
Vorbereitung auf das Praxissemester Spanisch (Benjamin Inal)
Begleitveranstaltung für das Praxissemester Spanisch (Mara Büter)
Forschendes Lernen im Praxissemester Französisch und Spanisch (Christoph Bürgel)

Potsdam
Einführung in die Fremdsprachendidaktik (Französisch) (Kathleen Plötner)
Planung und Gestaltung von Französischunterricht (Ariane Rudolph)
Schulpraktische Studien Französisch (Ariane Rudolph)
La France plurielle en cours de FLE (Kathleen Plötner/Anne-Marie Lachmund)
La grammaire en action (Ariane Rudolph)
Traversons la jungle des méthodes: L'utilisation de méthodes pour un enseignement communicatif et individualisé du français (Florian Wüpping)
360-Grad-Anwendungen und Virtual Reality im Fremdsprachenunterricht (Kathleen Plötner)
Praxissemester Begleitseminar Französisch (Anne-Marie Lachmund)
Planung und Gestaltung des Spanischunterrichts (Florian Wüpping)
Schulpraktische Studien Spanisch (Katia Wild/Doris Frese)
Individualización, diferenciación y feedback en la clase de ELE (Manuela Franke)
La interconexión entre lengua y cultura en la clase de ELE (Manuela Franke)
Didáctica de la competencia léxica (Zutoia Ríos Mugarra)
Didáctica de la expresión oral en ELE (Zuoia Ríos Mugarra)
Begleitung wissenschaftlicher Projekte (Schwerpunkt: Fachdidaktik) (Manuela Franke)
Praxissemester Begleitseminar Spanisch (Manuela Franke)

Regensburg
Einführung in die Fachdidaktik der romanischen Sprachen (Edith Szlezák)
Wortschatz- und Grammatikarbeit im Französisch- und Italienischunterricht (Edith Szlezák)
Interkulturelle Kompetenz im Französisch- und Italienischunterricht (Edith Szlezák)
Curso básico de didáctica de la enseñanza de español (Laura Cano Caraballo)
Unterrichtspraxis Spanisch (Begleitveranstaltung zum studienbegleitenden Praktikum) (Katja Zaki)
Examensvorbereitungskurs Fachdidaktik (Edith Szlezák)

Rostock
Einführung in die Didaktik der romanischen Sprachen (Steffi Morkötter)
Aufgaben, Kompetenzen, Evaluation im Französischunterricht (Steffi Morkötter)
Partir sur de bonnes bases – Vermittlung und Förderung der Grundfertigkeiten im modernen Französischunterricht (Stefanie Wagner)

Analog und Digit@l – motivierenden Fremdsprachenunterricht abwechslungsreich & lernwirksam gestalten (Stefanie Wagner)

Schulpraktische Übungen Französisch (Isabel Mund)

Schulpraktische Übungen Französisch in der Grundschule (Steffi Morkötter)

Aufgaben, Kompetenzen, Evaluation im Spanisch- und Italienischunterricht (Anna Schröder Sura)

Aprendizaje individualizado – Individualisiertes Fördern und Lernen im Spanischunterricht (Anna Schröder-Sura)

Schulpraktische Übungen Spanisch (Stefanie Wagner)

Saarbrücken

Grenzüberschreitend und im Tandem (Christina Reissner)

Crossing language borders – Sprachgrenzen überschreiten (Christian Reissner)

Sprachenvernetzender Fremdsprachenunterricht: Von der Theorie in die Praxis – Schulprojektseminar (Fabienne Korb/Anna Mensch/Nicole Schröder)

Fächerverbindender Unterricht mit digitalen Tools: Deutsch-französische Erinnerungs- und Begegnungsorte in der Saarregion (Anna Mensch/Nicole Schröder)

Sprachliche Vielfalt mit digitalen Medien fördern, nutzen und gestalten (Fabienne Korb/Anna Mensch/Nicole Schröder u. a.)

Schwerpunkt Frühes Fremdsprachenlernen Französisch: Theoretische Grundlagen (Christina Reissner)

Schwerpunkt Frühes Fremdsprachenlernen Französisch: Anwendungsperspektiven (Christina Reissner)

Begleitveranstaltung zum semesterbegleitenden Praktikum Französisch (Byrte Oetting)

Begleitveranstaltung zum Blockpraktikum Französisch (Nils Hollendieck)

Literaturdidaktik Französisch (Nils Hollendieck)

Landeskundedidaktik Französisch (Tanja Gemin)

Initiieren und Fördern von Sprachlernprozessen Französisch (Tanja Geminn)

Begleitveranstaltung zum semesterbegleitenden Praktikum Spanisch (Maria Villarrasa)

Landeskundedidaktik Spanisch (Anette Müller)

Initiieren und Fördern von Sprachlernprozessen (Heike Kolacki)

Siegen

Einführung in die Fachdidaktik Französisch und Spanisch, Gruppe 1 (Marta Maria Röder)

Einführung in die Fachdidaktik Französisch und Spanisch, Gruppe 2 (Marta Maria Röder)

Begleitseminar zum Praxissemester – Französisch und Spanisch (Christian Koch)

Trier

Introduction à la didactique du français (Alex Demeulenaere)

Tendances acutelles en FLE (Alex Demeulenaere)

Grundlagen der Fachdidaktik Literaturwissenschaft Italienisch (Mara Onasch)

Grundlagen der Fachdidaktik Sprachwissenschaft Italienisch (Mara Onasch)

Italienisch Fachdidaktik Sprachwissenschaft/Literaturwissenschaft (Mara Onasch)

Grundlagen der Fachdidaktik Sprachwissenschaft Spanisch (Hanna Merk)

Aspectos pragmático-discursivos II – Didáctica de la lengua y de la literatura en la clase de ELE (Miriam Trescoli Gracia)

Tübingen

La compréhension écrite (Lisa Marlen Ströbel)
La compréhension orale (Lisa Marlen Ströbel)
L'expression orale (Lisa Marlen Ströbel)
La competencia de aprendizaje de idiomas (Thomas Kurz)
La producción escrita (Thomas Kurz)
La comprensión auditiva (Damian Vernaci)
Kolloquium Fachdidaktik Spanisch (Bernd Tesch)
Kolloquium Fachdidaktik Französisch, Italienisch (Bernd Tesch)

Wuppertal

Einführung in die Didaktik der romanischen Sprachen (Französisch) (Tobias Scholl)
Vorbereitungsveranstaltung Praxissemester (Französisch) (Tobias Scholl)
Begleitveranstaltung Praxissemester (Französisch) (Tobias Scholl)
Fremdsprachen lernen (Französisch) (Tobias Scholl)
Introduction à l'apprentissage et l'enseignement bilingue (Tobias Scholl)
Diagnostik, Förderung und Beratung (Tobias Scholl)
Fremdsprachen vermitteln (Tobias Scholl)
Fremdsprachendidaktische Forschung und Entwicklung von Unterricht (Spanisch und Französisch) (Marcus Bär)
Beratung, Differenzierung und Inklusion (Französisch und Spanisch) (Marcus Bär)
Einführung in die Didaktik der romanischen Sprachen (Spanisch) (Marcus Bär)
Vorbereitung zum Praxissemester Spanisch (Marcus Bär)
Begleitung zum Praxissemester Spanisch (Marcus Bär)
Fremdsprachen vermitteln (Spanisch) (Marcus Bär)
El aprendizaje del español/Fremdsprachen lernen Spanisch (Markus Hinz)
LITERATURA & Cine, Cómics, Música, Twitter y Más: Motivando a leer viendo, escuchando y escribiendo. (Melanie Adelin Arriagada Espinoza)
Fremdsprachen lernen (Melanie Adelin Arriagada Espinoza)

Würzburg

Diversitätssensibler Fremdsprachenunterricht (Frank Schöpp)
Literarische Texte im Französischunterricht (Frank Schöpp)
Begleitübung zum studienbegleitenden fachdidaktischen Praktikum Französisch (Frank Schöpp)
Literarische Texte im Spanischunterricht (Frank Schöpp)
Begleitübung zum studienbegleitenden fachdidaktischen Praktikum Spanisch (Frank Schöpp)
Examenskurs Fachdidaktik (Frank Schöpp)

Verzeichnis der Herausgeberinnen und Herausgeber

Prof. Dr. **Christoph Bürgel**, Jahrgang 1971, ist Professor für Didaktik des Französischen und Spanischen an der Universität Paderborn. Zuvor hatte er eine Juniorprofessur an der Universität Osnabrück inne (2008-2015) und Vertretungsprofessuren an den Universitäten Hamburg (SoSe 2012 bis SoSe 2013) und Regensburg (SoSe 2014) übernommen. Bis 2009 war er in Doppelfunktion als wissenschaftlicher Mitarbeiter für die Fachdidaktik des Französischen an der Universität Hannover und als Gymnasiallehrer mit den Fächern Französisch und Politik / Wirtschaft an der St. Ursula-Schule Hannover tätig. Zu seinen Arbeits- und Forschungsschwerpunkten gehören: Sprechdidaktik (Dialogforschung – Dialogschulung: Von der Reflexion zur Praxis), Lesedidaktik (Textsortenspezifische Lesestrategien), Leistungs- und Kompetenzdiagnostik (Sprachkompetenzen von Französisch-, Spanisch- und Englischlernern und -lehrern), Korpuslinguistik und Fremdsprachendidaktik (Korpusinduzierte Lernergrammatik und -lexikographie). Im Bereich des Wissenstransfers ist Herr Bürgel als Berater für die Entwicklung von Lehr- und Lernmaterialien beim Schulbuchverlag Klett tätig. Zudem hat er im Jahr 2011 die regelmäßig stattfindende Symposiumsreihe ‚Sprachwissenschaft – Fremdsprachendidaktik' gemeinsam mit Prof. Dr. Dirk Siepmann (Universität Osnabrück) begründet.

Weitere Informationen unter: http://go.upb.de/christophbuergel

Jens F. Heiderich, Jahrgang 1978, Studium in Trier, Lille und Lyon (gefördert durch diverse Stipendien, u.a. des DAAD), ist Lehrer für Deutsch, Französisch und Ethik am Frauenlob-Gymnasium in Mainz. Zudem übt er als Studiendirektor die Funktion des regionalen Fachberaters für Deutsch an Gymnasien, Integrierten Gesamtschulen, Kollegs und Freien Waldorfschulen des Schulaufsichtsbezirks Neustadt (Bereich Rheinhessen) aus. Viele Jahre war er zur Hälfte seines Deputats an die Universität Trier abgeordnet, wo er Literatur- und Mediendidaktik des Deutschen lehrte. Neben seiner Mitherausgeberschaft der *Zeitschrift für Romanische Sprachen und ihre Didaktik* (www.ZRomSD.de) und der Schriftenreihe *Französischdidaktik im Dialog* (www.franzoesischdidaktik-im-dialog.de) ist Herr Heiderich Autor von Lehrerhandreichungen und fachdidaktischen Aufsätzen für Deutsch und Französisch. Seine Forschungsschwerpunkte sind: literarische Ökonomik, Dramen-, Theater- und Filmdidaktik, Gegenwartsdramatik, fächerübergreifendes Arbeiten sowie Authentizität im Unterricht. Geehrt wurde Herr Heiderich im Dezember 2014 mit der Verleihung des „Deutschen Lehrerpreises – Unterricht innovativ".

Weitere Informationen unter: www.jensheiderich.de

Prof. Dr. **Corinna Koch**, Jahrgang 1985, ist Professorin für Romanistische Fachdidaktik an der Westfälischen Wilhelms-Universität Münster. Nach ihrem Lehramtsstudium in den Fächern Englisch, Französisch und Spanisch an der Ruhr-Universität Bochum, war sie dort für zwei Jahre als Lehrkraft für besondere Aufgaben im Bereich der Didaktik der romanischen Sprachen und Literaturen tätig und vertrat eine Juniorprofessur für die Didaktik der romanischen Sprachen. Während dieser Zeit schloss sie ihre mit dem Ludger-Schiffler-Preis für Fremdsprachendidaktik ausgezeichnete Dissertation *Metaphern im Fremdsprachenunterricht: Englisch, Französisch, Spanisch* ab. Anschließend absolvierte sie ihr Referendariat. Bis 2018 war sie an der Universität Paderborn als Juniorprofessorin für die Didaktik des Französischen und Spanischen tätig und wurde dort positiv zwischenevaluiert. Frau Koch ist seit 2015 Mitherausgeberin der

Zeitschrift für Romanische Sprachen und ihre Didaktik, seit 2018 Mitherausgeberin der Schriftenreihe *Französischdidaktik im Dialog* und seit 2014 Mitglied des wissenschaftlichen Beirates der Reihe *Studien zur Fremdsprachendidaktik und Spracherwerbsforschung*. Sie ist Mitglied der „Klett-Akademie für Fremdsprachenunterricht – Sektion Spanisch". Ihre Arbeits- und Forschungsschwerpunkte umfassen unter anderem das Seh-Lese-Verstehen im Fremdsprachenunterricht, vor allem in Comics, die kommunikationsorientierte Vermittlung sprachlicher Mittel, Mehrsprachigkeitsdidaktik und das Praxissemester.

Weitere Informationen unter:
https://www.uni-muenster.de/Romanistik/Organisation/Lehrende/Koch/index.html

Prof. Dr. **Claudia Schlaak**, Jahrgang 1982, ist Professorin für Fremdsprachenlehr- und -lernforschung: Didaktik des Französischen und Spanischen an der Universität Kassel. Davor hat sie an den Universitäten in Potsdam, Heidelberg, Mainz sowie Münster gelehrt und geforscht. Sie verfügt über ein abgeschlossenes Lehramtsstudium (Gymnasium) für die Fächer Französisch, Spanisch, Politische Bildung und Deutsch als Fremdsprache/Deutsch als Zweitsprache sowie eine mehrjährige praktische Erfahrung in mehreren Schultypen und Bildungseinrichtungen; das Zweite Staatsexamen schloss sie im Mai 2017 erfolgreich an einer Integrierten Sekundarschule und einem Oberstufenzentrum ab. Im Januar 2019 wurde ihr Habilitationsverfahren an der Johannes-Gutenberg-Universität Mainz eröffnet. Seit 2014 bietet sie zudem regelmäßig Fortbildungen für Fremdsprachenlehrkräfte an. Zu ihren Arbeits- und Forschungsschwerpunkten gehören die Mehrsprachigkeitsdidaktik, Fremdsprachendidaktik und Inklusionspädagogik, Kreativität bei der Literaturarbeit im Französisch- und Spanischunterricht sowie die Wortschatz- und Grammatikarbeit in einem kompetenzorientierten Fremdsprachenunterricht.

Weitere Informationen unter:
https://www.uni-kassel.de/fb02/institute/romanistik/fachgebiete/
fremdsprachenlehr-und-lernforschung-didaktik-des-franzoesischen-und-spanischen.html

Prof. Dr. **Judith Visser**, Jahrgang 1975, ist seit 2013 Professorin für Romanische Philologie, insbesondere Sprachwissenschaft und Didaktik der Romanischen Sprachen, an der Ruhr-Universität Bochum. Sie hat an den Universitäten Lausanne, Bonn und Salamanca Französisch und Spanisch für das Lehramt Sekundarstufe I/II (Gymnasium/Gesamtschule) studiert. Von 2001 bis 2013 (Promotion 2004, Habilitation 2011) war sie wissenschaftliche Mitarbeiterin an der Universität Bonn im Bereich romanischer Sprachwissenschaft. Zu ihren Schwerpunkten in Forschung und Lehre gehören Politolinguistik und Demokratiebildung, Metaphernforschung, Laienlinguistik und Sprachbewusstheit, Subjektive Theorien, interdisziplinäre Lateinamerikaforschung sowie der Bereich der Ausbildung von *Digital Literacy*. Frau Visser ist Mitherausgeberin der interdisziplinären Zeitschrift *metaphorik.de*, der Reihen *Romanistik und angewandte Sprachwissenschaft* (Universitätsverlag St. Ingbert), *Linguistik in Empirie und Theorie* sowie der Unterreihe *Sprache, Geschichte, Politik und Kommunikation* (Metzler/Springer) und der Reihe *Grundlagen der Romanistik* im Erich Schmidt-Verlag. In der Professional School of Education der Ruhr-Universität leitet sie seit 2018 das Ressort „Lehrentwicklung".

Weitere Informationen unter:
https://homepage.ruhr-uni-bochum.de/judith.visser/

VERZEICHNIS DER AUTORINNEN UND AUTOREN

Adammek, Christine (Rheine) — christineadammek@web.de

Becher, Alexandra (Bonn) — alexandra-isa@hotmail.de

Bürgel, Prof. Dr. Christoph (Paderborn) — christoph.buergel@upb.de

Büter, Mara (Paderborn) — mara.bueter@uni-paderborn.de

Del Valle Luque, Jun.-Prof. Dr. Victoria (Paderborn) — victoria.del.valle@uni-paderborn.de

Drackert, Jun.-Prof. Dr. Anastasia (Bochum) — anastasia.drackert@rub.de

Ganguillet, Simone (Bern) — simone.ganguillet@phbern.ch

Götz, Bianka (Kassel) — bianka.goetz@uni-kassel.de

Haberland, Svenja (Münster) — svenja.haberland@uni-muenster.de

Heiderich, Jens F. (Mainz) — jensheiderich@gmx.de

Inal, Dr. Benjamin (Paderborn) — benjamin.inal@uni-paderborn.de

Konzett-Firth, Ass-Prof. Mag. Dr. Carmen (Innsbruck) — carmen.konzett@uibk.ac.at

Mertens, Prof. Dr. Jürgen (Ludwigsburg) — jmerblitz@yahoo.de

Pustka, Univ.-Prof. Dr. Elissa (Wien) — elissa.pustka@univie.ac.at

Reinhardt, Dr. Janina (Bielefeld) — janina.reinhardt@uni-bielefeld.de

Schlemminger, Prof. Dr. Gérald (Karlsruhe) — schlemminger.gerald@gmail.com

Schöpp, Frank (Würzburg) — frank.schoepp@uni-wuerzburg.de

Stadler, Univ.-Prof. Dr. Wolfgang (Innsbruck) — wolfgang.stadler@uibk.ac.at

Thoma, Annika (Osnabrück) — annika.thoma@uni-osnabrueck.de

Venus, Dr. Theresa (München) — theresa-venus@web.de

Visser, Prof. Dr. Judith (Bochum) — judith.visser@rub.de

Wengler, Jennifer (Hannover) — wengler@romanistik.phil.uni-hannover.de

Wochele, Dr. Holger (Mainz/Wien) — hwochele@uni-mainz.de

Zapf, Miriam (Erlangen-Nürnberg) — miriam.zapf@fau.de